21世纪高等医学院校教材

化妆品化学

主　编　李明阳

编　者（按姓氏笔画排序）

李发胜　李　健

徐恒瑰

科学出版社

北　京

内 容 简 介

本书以化学及其相关理论阐述了应用于化妆品的各种原料，如油脂和蜡、保湿剂、防晒剂、防腐剂和抗氧剂、色素、胶粘剂、香料和香精、营养剂、表面活性剂等的分类、结构、性质及其作用机制，并详细介绍了皮肤、毛发、口腔及美容和特殊用途等化妆品的分类、作用、简单制备方法和参考配方，使读者对各类化妆品有较清晰的了解。本书内容丰富，实用性强，可作为高等医学院校和成人教育美容医学专业化妆品化学课程的教材，也可供美容及相关专业人员参考。

图书在版编目（CIP）数据

化妆品化学 /李明阳主编. — 北京：科学出版社，2002.2

21 世纪高等医学院校教材

ISBN 978-7-03-009791-0

Ⅰ.化… Ⅱ.李… Ⅲ. 化妆品-化学工业-医学院校-教材 Ⅳ. TQ658

中国版本图书馆 CIP 数据核字（2001）第 064157 号

责任编辑：黄　敏　曹丽英　胡治国／责任校对：潘瑞琳

责任印制：赵　博／封面设计：陈　敬

科学出版社出版

北京东黄城根北街 16 号

邮政编码：100717

http://www.sciencep.com

北京建宏印刷有限公司印刷

科学出版社发行　各地新华书店经销

*

2002 年 2 月第　一　版　开本：850×1186　1/16

2025 年 1 月第十八次印刷　印张：21 1/2

字数：449 000

定价：76.00 元

（如有印装质量问题，我社负责调换）

前 言

自改革开放以来，随着我国人民生活水平不断提高，美容业的发展异常迅猛，尤其是美容医学的兴起，已成为一门新型的医学专业。为了适应社会对美容医学人才的需求，大连医科大学于 1993 年正式招收美容医学专业学生，并制定了相应的教学大纲和教学计划，其中“化妆品化学”作为一门专业基础课专为美容医学专业学生开设。

因教学需要，编者曾于 1994 年编写了《化妆品化学》教材以保证教学用书。近几年，国内许多高等医学院校增设了美容医学专业，有的也采用了该教材作为教学用书，并受到了用书师生的好评。

本书是在原有教材基础上，结合教学实践，吸收了用书师生的建议，并参考国内外有关书刊和资料，整理补充，重新编写而成。

本书共分十六章，主要以化学及其相关理论介绍应用于化妆品的原料，如油脂和蜡、保湿剂、防晒剂、防腐剂和抗氧剂、色素、香料和香精、营养剂、表面活性剂等的分类、结构和性质及其在化妆品中的作用机制；还分别介绍了皮肤、毛发、口腔及特殊用途等化妆品的作用及其相关配方，使读者对各类化妆品有较清晰的了解，能够与所学的其他课程紧密联系并有所帮助。本书编写具体分工为：第 1～8 章，李明阳；第 10～13 章，李发胜；第 14～15 章及附录，徐恒瑰；第 9 章和第 16 章，李健。

本书编写过程中得到了大连医科大学有关领导的大力支持和帮助，在此表示感谢。

限于编者水平有限，错误和不妥之处在所难免，恳请广大师生批评指正。

编者

2001 年 7 月于大连医科大学

目　　录

第一章

绪论

化妆品化学(cosmetic chemistry)又称为化妆品学(cosmetics),是一门以化学为基础的交叉学科。这是由于化妆品原料制备、精制与提纯、组分的结构与性能、质量分析;各种化妆品的配方、制备、产品质量监控及化妆品的作用机制、应用、保贮等诸方面所涉及的有关问题均与化学及其分支学科,如有机化学、分析化学、表面化学、生物化学、染料化学、香料化学及药物化学等的理论和实验方法有密切关系。因此,化妆品化学主要是以化学及其分支学科的理论和方法来研究并阐述化妆品的有关理论及其相关问题的一门学科。

一、化妆品的发展概况

化妆品的应用与生产具有悠久历史。通过历史文献记载及古代文物考证都已证明了自从有了人类文明便有了化妆品,古代人民在日常生活、宗教及各种庆典仪式等活动中就应用了化妆品。

我国是世界文明古国之一,具有悠久的历史和文化传统,也是较早应用化妆品的国家之一。如古籍《汉书》中就有画眉、点唇的记载;北魏贾思勰的《齐民要术》中记述了将丁香粉加入香粉中,使之具有芳香气味的做法;明代李时珍《本草纲目》记载"白旃檀涂身亦取其清爽可爱,香味隽永"的说法。可见,我国有关化妆品的使用与生产具有较早的历史。但由于种种历史原因,直至解放前化妆品的应用和生产在我国还是十分落后,处于较低水平。解放以后,虽然化妆品生产有了初步的发展,但由于长期受封建落后思想的影响,人们在思想上还是把化妆品看做是一种奢侈品,加之人民生活水平不高,使化妆品的发展十分缓慢。进入20世纪80年代以来,随着改革开放的不断深入,国民经济快速发展,人民的生活水平不断提高,化妆品从奢侈品逐步转变为人们日常生活的必需品。因此,我国的化妆品生产、应用、销售便得以迅速发展。目前,国内有近3000家化妆品生产厂,2000年已突破产值近500亿元,出口创汇1.5亿美元以上。

目前，化妆品的研究、开发、生产和应用在我国还处于发展阶段，与世界先进水平相比较还有一定的差距。这可以从市场上化妆品的种类、作用和性能、产品质量等，特别是有关化妆品技术法规和行政法规等方面的问题作为佐证。同时，这些问题也促进了化妆品的研制、开发和生产的发展。面对国际化妆品的更新换代周期短、新产品不断出现的特点，只有不断创新、开发新品种，提高产品的竞争能力，才能满足市场需要。

二、现代化妆品发展的重要标志

进入20世纪以后，科学技术的发展推动了社会文明的发展，可以说科学技术也融入化妆品科学之中，化妆品也由传统的化妆品转变为现代化妆品，其发展的重要标志可认为有以下几方面：

1. 多功能综合作用的化妆品　随着科学技术的发展，人们的生活水平不断提高，对化妆品的观念有了较大变化。应用化妆品从以美容为主要目的转变为美容与护理并重，进而发展到以科学护理为主，兼顾美容的效果。这就对化妆品的作用和性能提出了更高的要求，除了具备美容、护理作用外，还需有营养、抗衰老、防治某些疾病等多功能综合性能。当然，还必须安全、有效。

2. 天然化妆品　科学技术的发展，特别是合成化学的发展，合成并制备了大量的化学合成产品。由于其产量高、价格低廉等特点，使其代替了天然产品而大量应用于化妆品生产中。虽然化学合成产品的大量应用推动了化妆品的发展，但是随之带来的环境污染和毒性作用，以及化妆品的安全性等问题引起了人们的关注。从而，“返璞归真”、“回归大自然”的倾向波及到化妆品的原料和生产。可以认为，化妆品的原料、生产及产品经历了由天然产品向化学合成产品，继而又从化学合成产品向天然产品的二次转变。必须明确指出的是，现代天然化妆品不是简单的复旧，它完全不同于古代的原始化妆品。现代天然化妆品是应用现代科学技术，通过对天然物质的合理选择，对其中有效成分进行分离、提纯、改性，再与其他原料合理调配而成。其结果使现代天然化妆品比原始的化妆品从性能、稳定性、安全性等方面都大为改观，如最新崛起的天然水果中含有的有机果酸系列护肤美容化妆品以及富含多种维生素、氨基酸、微量元素、活性酶和黏多糖的芦荟系列化妆品等受到了消费者的广泛青睐。

近年来，中草药的有效成分被添加到化妆品中，使化妆品具有防晒、防裂、祛斑、抗衰老、防治痤疮等作用，并因此而得到普遍的认同，这无疑给我们提出了研究、开发的新课题，也必将对我国化妆品的发展起到积极推动作用。

3. 生物技术应用于化妆品　生物技术的发展对化妆品科学的发展起了极大的促进作用，这表现在以生物化学和分子生物学的理论从分子水平上揭示了对皮肤老化、色素形成过程、光毒性机制及营养成分对皮肤的影响等生物化学过程，并从理论上给以科学解释。在此基础上，人们可以依据皮肤的内在作用机制，并通过适当的体外模型，有针对性地选择化妆品原料，设计新配方，制得有疗效的化妆品，达到改善或抑制某些不良过程的效果。特别是利用生物技术制得有生理活性的生物制品，如超氧化歧化酶(SOD)、表皮生长因子(EGF)、透明质酸和聚氨基葡萄糖等添加到化妆品中，使化妆品具有某种特殊功能。

4. 高新技术应用于化妆品 高新技术应用于化妆品科学主要表现在新材料、新技术方面。除上述生物技术外，最热门的是纳米技术。纳米是一种度量单位，长度仅为10^{-9}m，略等于四五个原子排列起来的长度。纳米技术是指创造出体积不超过数百个纳米的细小微粒，其宽度只有几十个原子聚集在一起的宽度。采用纳米技术研制的化妆品，其特点是将化妆品中最具功效的成分特殊处理成纳米级的微小结构，使之尽量成为超微细粒子，而能顺利地渗透到皮肤内层，被吸收后，有效地发挥护肤、疗效作用。最具代表性的是纳米技术与DNA结合，经纳米技术处理的DNA添加于化妆品，已成为化妆品生产中非常新颖的原材料，同时，给予人们新的启发，即应用纳米技术处理其他材料，将会使化妆品原料及生产技术有新的突破。据报道，纳米化妆品最大的突破是解决祛斑顽症，它是将祛斑成分处理成纳米级，使之极易渗透，提高其功效。另外，纳米化妆品还具有膏体细腻润滑、皮肤感觉好等优点。

三、化妆品的定义

化妆品是以化妆为目的物品的总称。在希腊语中，“化妆”的词义是“装饰的技巧”，意思是把人自身的优点加以发扬，而把缺陷加以弥补。

我国《化妆品卫生监督条例》中给化妆品下的定义是：“化妆品是指以涂搽、喷洒或其他类似的方法，散布于人体表面任何部位(皮肤、毛发、指甲、口唇等)，以达到清洁、消除不良气味、护肤、美容和修饰目的的日用化学工业产品”。

美国食品和药品管理局(FDA)对化妆品的定义为：用涂搽、散布、喷洒或其他方法使用于人体的物品，能起到清洁、美化、增添魅力或改变外观的作用。

日本医药法典中对化妆品的定义为：化妆品是为了清洁和美化人体、增添魅力、改变容貌，保持皮肤及头发健美而涂搽、散布于身体或用类似方法使用的物品。

化妆品对人体的作用必须缓和、安全、无毒、无副作用，并且主要以清洁、保护、美化为目的。因此，对于用于治疗的具有药效活性的制品，我国《化妆品卫生监督条例》中称之为“特殊用途化妆品”，如用于育发、染发、烫发、脱毛、美乳、健美、除臭、祛斑、防晒等目的化妆品。美国FDA也对特殊化妆品做了具体要求。日本则称之为类医药品。

所以，无论是化妆品，或是特殊用途化妆品都不同于医药用品，其使用目的在于清洁、保护和美化，给人们以容貌整洁、讲究卫生的好感，并有益于身体的健康，而不是为了达到影响人体构造和机能的目的。因此，为方便起见，常将两者统称为化妆品。

综上所述，化妆品的定义可做如下概述：化妆品是指以涂敷、揉搽、喷洒等不同方式施于人体皮肤、面部、毛发、口唇、口腔和指甲等部位，起到清洁、保护、美化(修饰)等作用的日常生活用品。这不仅回答了化妆品使用的方式、方法,作用于人体的部位,而且也回答了化妆品的作用;更明确地指出化妆品是日常生活用品,而不是药品。

四、化妆品的分类

化妆品的种类繁多,但国内外对化妆品没有统一的分类方法,一般常见的分类方法有:按化妆品的作用分类;按化妆品的外部基本形态分类;按化妆品的作用部位分类;按化妆品的用途分类等。

1. 按化妆品作用分类

(1) 清洁作用:去除皮肤、面部、毛发、口腔和牙齿上面的脏物以及人体分泌与代谢过程中产生的污物等。如清洁霜、清洁奶液、净面面膜、磨砂膏、清洁用化妆水、泡沫浴盐、洗发香波、牙膏等。

(2) 保护作用:保护皮肤、面部及毛发等处,使其滋润、柔软、光滑、富有弹性,以抵御风寒、烈日、紫外线辐射等的损害,增加分泌机能,防止皮肤皲裂、毛发枯断等作用。如雪花膏、冷霜、奶液、润肤霜、防晒霜、防裂油膏、润发乳、发乳、护发素等。

(3) 营养作用:用来补充皮肤、面部及毛发的营养,增加组织活力,保持皮肤角质层的含水量,减少皮肤细小皱纹,减缓皮肤衰老及促进毛发的生理机能,防止脱发等作用。如人参霜、蜂王浆霜、维生素霜、珍珠霜及其他各种营养霜,还有营养面膜、发蜡等。

(4) 美化作用:美化面部及毛发,使之增加魅力或发散香气。如粉底霜、粉饼、香粉、胭脂、唇膏、发胶、摩丝、染发剂、卷发剂、眉笔、睫毛膏、眼影膏、香水、指甲油等。

(5) 防治作用:预防或治疗皮肤、毛发、口腔和牙齿等部位的影响外表或功能的生理、病理现象。如雀斑霜、粉刺霜、抑汗剂、祛臭剂、生发水、药性发乳、痱子水、药物牙膏等。

2. 按化妆品的外部基本形态分类

(1) 乳剂类:如清洁霜、雪花膏、冷霜、润肤霜、营养霜、清洁奶液、按摩乳等。

(2) 油剂类:如防晒油、浴油、按摩油、发油等。

(3) 水剂类:如香水、古龙水、花露水、化妆水、冷烫水、营养洗发水等。

(4) 粉状类:如香粉、爽身粉、痱子粉等。

(5) 块状类:如粉饼、胭脂等。

(6) 凝胶状类:如面膜、染发胶、抗水性保护膜等。

(7) 膏状类:如洗发膏、睫毛膏、剃须膏等。

(8) 气溶胶类:如喷发胶、摩丝等。

(9) 笔状类:如唇线笔、眉笔等。

(10) 锭状类:如唇膏、眼影膏等。

3. 按化妆品的作用部位分类

(1) 皮肤用化妆品。

(2) 毛发用化妆品。

(3) 口腔用化妆品。

(4) 指甲用化妆品。

4. 按化妆品的用途分类

(1) 清洁用途化妆品:与上述清洁作用化妆品相同。

(2) 一般用途化妆品:主要指皮肤、面部、毛发护理和美容化妆品。

(3) 特殊用途化妆品:该类化妆品是介于化妆品和药品之间,具有某种特殊化妆用途,如防晒、漂白、祛汗、除臭等用途的化妆品。

(4) 药效化妆品:指具有某种治疗功效的化妆品,如祛斑、祛痘、生发、防裂、去头屑等用途的化妆品。

五、化妆品的安全性

化妆品是每天都使用的日常生活用品,因此它的安全性居首要地位。化妆品与外用药物不同,外用药物即使具有某些暂时性的副作用,只要与主要治疗作用相比较是微不足道的,也可以在一定条件下暂时允许使用。但化妆品则是长期使用,并长时间停留在皮肤、面部、毛发等部位上。因此,化妆品不应有任何影响身体健康的不良反应或有害作用。

为了对化妆品的安全性有更为严格的要求和控制,各国分别对化妆品的安全性制定出了相应的政策和法规。我国卫生部于 1987 年 5 月正式颁布,并于 1987 年 10 月 1 日开始实施的我国第一部关于化妆品卫生质量的国家标准,它包括《化妆品卫生标准》(GB 7916-87)、《化妆品卫生化学标准检验方法》(GB 7917.1~GB 7917.4-87)、《化妆品微生物标准检验方法》(GB 7918.1~GB 7918.5-87)、《化妆品安全性评价程序和方法》(GB 7919-87)。1989 年 9 月 26 日,国务院又批准了《化妆品卫生监督条例》,并于 1990 年 1 月 1 日起实施。这些标准与条例的颁布与实施,标志着我国对于化妆品的安全性检验标准、监督和管理从此走上法制化轨道。

化妆品经常出现的安全性问题常表现在如下几方面:

1. 毒性 化妆品的毒性是由于化妆品的原料或组分中含有有毒性的物质。这是因为有毒性的物质含量超出规定允许限量的范围,或添加了规定禁止使用的某些有毒性的成分。

例如,粉类化妆品中的无机粉质原料中常含有某些重金属元素,如汞、铅、砷等,这些重金属元素通过皮肤进入体内,长期积累不仅造成色素沉积,而且还可能引起重金属中毒。《化妆品卫生标准》(以下简称《标准》)规定了化妆品中有毒物质汞的限量为 $1mg \cdot kg^{-1}$;铅的限量为 $40mg \cdot kg^{-1}$;砷的限量为 $10mg \cdot kg^{-1}$。《标准》中列出的限用物质共有 226 种。这些物质允许作为化妆品的组成成分,但是不准超过规定的最大允许浓度,必须在允许的使用范围和使用条件下应用,并且规定了在产品标签上必须加以说明的内容。在《化妆品卫生标准》中规定了 359 种物质禁止用作化妆品的原料或成为化妆品的组分，主要有农药、药物以及放射物质等，如西药毒药品、毒性中药、麻醉药类和抗精神病药等(详见附录一)。

2. 致病菌感染性　化妆品的原料有油脂、蛋白质、淀粉、维生素、水分等，这些营养性物质组成的体系为微生物的生长与繁殖提供了丰富的物质条件和良好的营养环境。化妆品虽然通过添加防腐剂来防止微生物污染变质，但是在生产和使用过程中还是很容易受到微生物的污染。微生物将化妆品的某些成分分解，致使化妆品腐败变质，不仅使化妆品的色、香、味及剂型发生变化，而且对使用者的健康造成危害。

化妆品的微生物污染来源主要有原料、生产过程、使用过程等。

化妆品的原料种类繁多，来源也各异，大多数原料容易受到不同程度的微生物污染。如果受微生物污染的原料不经处理或处理不洁净而用于化妆品生产，必然会造成化妆品严重的一次污染。

化妆品生产过程中的污染主要是生产环境；生产设备，如输送管道、阀门、泵、罐等；生产操作人员卫生；产品包装容器等消毒不干净而把微生物带入化妆品中。

化妆品使用过程中的污染又称为二次污染，使用化妆品时不注意卫生也会引入微生物而在化妆品中孳生。

化妆品污染常见的微生物种类很多，有细菌、真菌和酵母菌等。据有关报道记载，从化妆品中检出并对人致病的细菌有铜绿假单胞菌、金黄色葡萄球菌、肺炎克雷白杆菌、粪大肠杆菌、蜡样芽孢杆菌和链球菌等；真菌主要有青真菌、曲真菌、交链孢真菌等。

使用被微生物污染的化妆品可能引起皮肤、面部器官等局部甚至全身感染。微生物随着化妆品涂布于人体皮肤、面部、毛发上，一些致病菌可通过皮肤的损伤部位或口腔而侵入体内。如铜绿假单胞菌常引起人的眼、耳、鼻、咽喉和皮肤等处感染，严重时能引起败血症。金黄色葡萄球菌能引起人体局部化脓，严重时也可导致败血症。链球菌易引起的是皮炎、毛囊炎和疖肿。某些真菌可能引起面部、头部等部位的癣症。

为了防止化妆品的微生物污染，《化妆品卫生标准》中关于化妆品的微生物质量明确规定：眼部、口唇、口腔黏膜用化妆品以及婴儿和儿童用化妆品细菌总数不得大于 500 个 $\cdot ml^{-1}$ 或 500 个 $\cdot g^{-1}$。其他化妆品细菌总数不得大于 1000 个 $\cdot ml^{-1}$ 或 1000 个 $\cdot g^{-1}$。

3. 刺激性　化妆品常含有酸、碱、盐、表面活性剂等化学性成分。这些化学性物质作用于皮肤、器官的黏膜等后经常引起刺激性皮肤病变，又称为刺激性接触皮炎，是化妆品引起的最为常见的一种皮肤损害，也是皮肤局部迅速出现的急性炎症。它的发生与角质层损伤有关，原因是由于：①化学因素：酸碱度过高，即 pH 值过低或过高，皮脂膜被脱脂性溶液所溶解、脱去；②物理因素：皮肤因过度机械性摩擦而受损，结果使皮肤角质层损害而不能提供保护性屏障，进而使刺激性物质对皮肤的刺激作用增强。其表现为轻者仅有刺痒的感觉，皮肤外观没有明显的变化。比较多见的是局部皮肤瘙痒并同时出现红斑、丘疹、脱屑或刺痛感；个别严重者的皮肤在大片红斑或丘疹的基础上出现水疱，水疱破溃后常见继发感染，甚至出现全身性反应。其皮肤病变的特点是使用该种化妆品者都有可能发生皮肤病变，而且初次使用后即可发生；停止使用后，皮肤可迅速好转、消退；再用，可再复发。

除了皮肤用化妆品外，毛发用化妆品也可能出现这种刺激性接触皮炎，如染发剂中含有的对苯二胺在氧化反应过程中生成的中间产物苯醌二亚胺，卷发剂中含有的巯基乙酸等也可刺激皮肤引发皮炎等。

另外，眼部化妆品的睫毛膏中含有的间苯二酚、甲苯二酚等；毛发用化妆品的洗发香波中含有的碱性表面活性剂对眼睛产生刺激性，而引发眼部炎症等均属于化妆品刺激性范畴。

4. 过敏性　化妆品引起的过敏性接触皮炎，也称为变应性接触皮炎，是化妆品引起的常见不良反应之一。它与皮肤角质层无关，是一种人体免疫现象。这种皮炎是由于化妆品内存在的致敏性物质引起的抗原-抗体反应，属于迟发性变态反应。它还与化妆品使用者的身体素质有关，即免疫功能低下者易发生不良反应。皮肤病变往往具有以下特征：初次使用化妆品时，反应极其轻微或者没有任何不良反应；在使用一段时间以后，接触部位开始出现病变，皮炎部位的外观多种多样，出现米粒样丘疹，境界常不很清楚；停止使用后，皮肤的病变也不会很快消失；如再次使用后，可迅速诱发或加重，重者皮肤红肿或出现弥漫性黑斑，即所谓黑变病。

引发过敏性接触皮炎的物质也称致敏原。在化妆品中的色素成分如偶氮类有机合成染料，抗氧剂中的丁基羟基茴香醚、二丁基羟基甲苯，染发剂中的对苯二胺，还有某些香料成分等都可引发过敏性接触皮炎。此外，还有鼻炎、荨麻疹、哮喘等症状发生。

第二章

油脂和蜡类

油脂和蜡类是用于化妆品生产的油性原料总称，它们是组成膏霜、乳蜜等乳化体型及油蜡型化妆品的基质性原料。主要起滋润、柔滑、护肤、护发等作用。

通常，在常温下呈液态的称为油；呈半固态或软性固体的称为脂；呈固态的称为蜡。油脂和蜡类根据其来源和化学成分不同，可分为动植物油脂和蜡、矿物油脂和蜡、合成油脂和蜡。前两大类也称为天然油脂和蜡。

近年来，随着合成化学的发展，不断出现了许多性能好、品质优良的合成油脂和蜡，使油脂和蜡的品种更加繁多，为制备特殊要求或性能的化妆品提供了广阔的原料来源。

第一节　动植物油脂和蜡

一、动植物油脂

由动植物组织中得到的油脂称为动植物油脂。从化学组成来说，动植物油脂主要是由甘油脂肪酸酯构成的，所以，它们的理化性质有很多相似之处，故在此一起介绍。

1. 动植物油脂的分类　动植物油脂品种很多，但适合于用作化妆品原料的并不多，下面给出的是可用于化妆品生产的代表性油脂。

(1) 动物油脂：牛脂、猪脂、羊脂、貂油、海龟油等。

(2) 植物油脂：橄榄油、椰子油、棕榈油、蓖麻油、杏仁油、豆油、花生油、棉籽油、可可油、红花油、鳄梨油、芝麻油、扁桃油、麦胚芽油等。

为了满足化妆品的需要，提高动植物油脂凝固点、黏稠度及不易被氧化变质等性质，常将上述动植物油脂进行加氢，得到硬化油。化妆品较常用的硬化油有硬化大豆油、硬化椰子油、硬化蓖麻油、硬化牛脂等。

2. 动植物油脂的化学组成和结构　从化学组成和结构来看，动植物油脂的主要化学成分是一分子甘油和三分子高级脂肪酸所形成的甘油酯，称为三脂酰甘油或三酰甘油。其结构式如下：

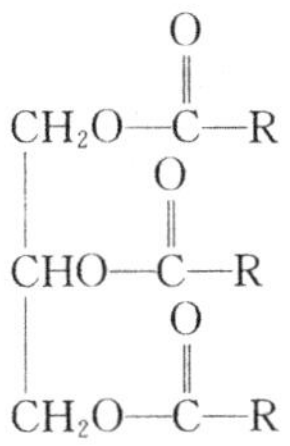

单甘油酯

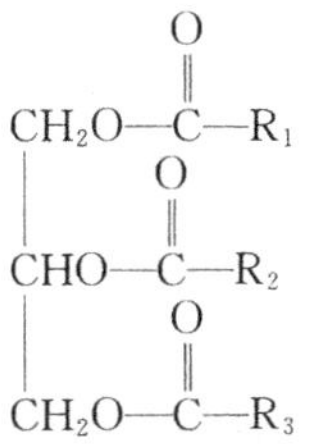

混甘油酯

如果三分子高级脂肪酸是相同的，所生成的酯称为单甘油酯（又称单三酰甘油）；如果是不相同的，则生成的酯称为混甘油酯（又称混三酰甘油）。实际上，动植物油脂的主要成分是混甘油酯，而且是多种不同的混甘油酯的复杂混合物。

此外，动植物油脂还有少量的游离脂肪酸、高级醇、高级烃、磷脂、维生素和色素等。所以，动植物油脂常具有颜色、气味等性质。通常，应用于化妆品的动植物油脂必须经物理、化学等方法进行精制、提纯，以得到性能符合要求的精制油。

组成动植物油脂的种类很多，它们具有以下共同的结构特征：

(1) 组成油脂的脂肪酸绝大多数是含偶数碳原子的直链一元羧酸，其中以含16和18个碳原子的脂肪酸分布最广。

(2) 这些脂肪酸的碳链结构可以是饱和的或不饱和的。不饱和脂肪酸分子中第一个碳碳双链的位置都在C9和C10之间，而含多个碳碳双键的不饱和脂肪酸也都是非共轭多烯酸，且几乎所有双链都是顺式构型。

组成动植物油脂的主要脂肪酸名称、结构式如表2-1所示：

表2-1　油脂中所含的主要脂肪酸

类别	名称	结构式
饱和脂肪酸	月桂酸（十二碳酸）lauric acid	$CH_3(CH_2)_{10}COOH$
	豆蔻酸（十四碳酸）myristic acid	$CH_3(CH_2)_{12}COOH$
	棕榈酸（十六碳酸）palmitic acid	$CH_3(CH_2)_{14}COOH$
	硬脂酸（十八碳酸）stearic acid	$CH_3(CH_2)_{16}COOH$
不饱和脂肪酸	棕榈油酸（9-十六碳烯酸）palmitoleic acid	$CH_3(CH_2)_5CH{=}CH(CH_2)_7COOH$
	油酸（9-十八碳烯酸）oleic acid	$CH_3(CH_2)_7CH{=}CH(CH_2)_7COOH$
	亚油酸（9,12-十八碳二烯酸）linoleic acid	$CH_3(CH_2)_4CH{=}CHCH_2CH{=}CH(CH_2)_7COOH$
	亚麻酸（9,12,15-十八碳三烯酸）linolenic acid	$CH_3(CH_2CH{=}CH)_3(CH_2)_7COOH$
	蓖麻酸（12-羟基-9-十八碳烯酸）	$CH_3(CH_2)_5CH(OH)CH_2CH{=}CH(CH_2)_7COOH$

3. 动植物油脂的物理性能　纯净的动植物油脂一般是无色、无臭、无味的中性物质。它们的密度小于 $g \cdot cm^{-3}$，不溶于水，易溶于乙醚、石油醚、氯仿、苯等有机溶剂，可利用这些溶剂从动植物组织中提取油脂。由它们的化学组成可知(表 2-2)，它们都是混合物，所以无恒定的熔点(凝固点)和沸点，不同油脂仅有一个取值范围。通常，油脂的熔点随不饱和脂肪酸的含量增加而降低。这是由于不饱和脂肪酸分子中双链是顺式构型，碳链排布形成一定的角度而弯曲，使相邻脂肪酸分子间的碳链不能紧密靠近，结构松散，因此熔点较低。大多数动植物油脂都是 L-构型，都具有旋光性。

表 2-2　动植物油脂的脂肪酸含量、皂化值、碘值和熔点

油脂	棕榈酸含量(%)	硬脂酸含量(%)	油酸含量(%)	亚油酸含量(%)	皂化值(mg)	碘值(g)	熔点(℃)
牛脂	24～32	14～32	35～48	2～4	190～200	38～44	43～45
猪脂	28～30	12～18	41～48	6～7	195～208	46～66	36～38
羊脂	24～25	30～32	30～36	3～4	192～198	31～47	—
橄榄油	7～16	2～4	76～88	4～15	186～194	79～88	0～6
棕榈油	40～47	3～5	39～45	7～11	196～210	43～60	—
椰子油	8～11	1～3	5～8	2～3	246～264	7～11	20～28
豆油	6～10	2～4	21～29	50～59	188～195	123～142	—
花生油	6～9	2～6	50～57	13～26	185～195	93～198	—
棉籽油	19～24	1～2	23～33	40～48	190～197	102～120	—
蓖麻油	0～2	—	0～9	3～7	176～187	80～90	3<
蓖麻油酸				80～90			

4. 动植物油脂的化学性质　油脂是脂肪酸的甘油酯，它具有酯的典型反应。此外，构成各种油脂的脂肪酸在不同程度上含有双键，还可以发生加成、氧化反应等。

(1) 皂化反应：油脂在酸、碱或酶的作用下发生水解反应，生成一分子甘油和三分子脂肪酸。油脂在碱性条件下进行水解，产物是甘油和脂肪酸盐，这些盐即为皂类。因此，油脂在碱性水溶液的水解也称为皂化反应。例如：

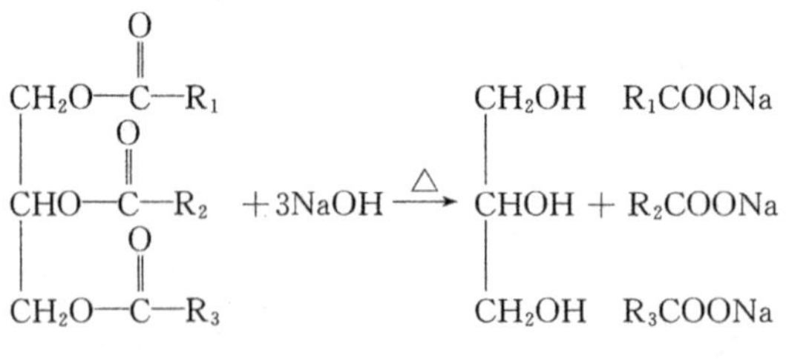

使 1g 油脂完全皂化所需要的氢氧化钾的毫克(mg)数称为皂化值(saponification number，SN)。由于油脂多为混甘油酯，组成不同油脂的脂肪酸的相对分子质量不同，所以皂化值也不同。根据皂化值的大小，可以推知油脂的近似平均相对分子质量。皂化值与油脂的平均相对分子质量成反比，皂化值越大，表示油脂的平均相对分子质量越小，即油脂中含低相对分子质量的脂肪酸比例大。各种油脂都有一定的皂化值范围(表 2-2),如测出的皂化值在此范围之外,表明该油脂不纯。因此,皂化值可以表明油脂的纯度,还可根据其值得出皂化一定量的油脂转变为皂类所需的碱量。

油脂中常混有少量(约 1%～3%)的不可皂化物,或称为非皂化物。这些物质包括固醇,脂溶性维生素 A、D、E、K 及烃类等。

(2) 加成反应:含不饱和脂肪酸的油脂,分子中不饱和键可以与氢、碘等发生加成反应。

1) 氢化:油脂在金属催化剂(Ni、Pt、Pd)的作用下加氢,可制得氢化油。加氢后可提高油脂中饱和脂肪酸的含量,由原来液态转变为半固态或固态,这样的氢化油又称硬化油。如果使之熔点提高,防止酸败,对改进许多其他性质是有益的。因此,为了化妆品的某些性能要求,有时选用硬化油脂来满足需要。

2) 加碘:油脂中含的不饱和脂肪酸与碘可发生加成反应。由一定量的油脂所能吸收碘的数量来测定油脂的不饱和程度。一般将 100g 油脂所能吸收碘的克(g)数定义为碘值(iodine number,IN)。碘值大,表明油脂中不饱和酸的含量高或不饱和程度高。化妆品中常用的油脂的碘值列于表 2-2 中。

3) 酸败:油脂在空气中放置过久或贮存在不适宜的条件下,就会变质而产生难闻的气味,这种变化叫做酸败。酸败是一个复杂的化学变化过程,其实质是油脂受空气中的氧、水、光、热及微生物的作用,发生氧化、水解等一系列反应。其化学本质是由于油脂水解或原来存在的游离脂肪酸,其中不饱和脂肪酸的双键部分受到空气中的氧的作用,发生加成反应生成过氧化物,再继续分解或氧化,生成具有特殊异味的低分子醛和羧酸。例如:

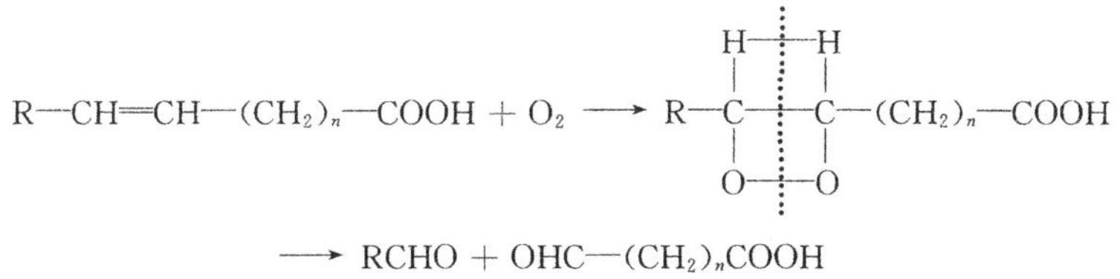

在微生物和酶等的作用下,油脂可水解生成脂肪酸。脂肪酸在一系列微生物或酶等的作用下发生 β-氧化,即羧酸中的 β 碳原子氧化为羰基,生成 β-酮酸,β-酮酸进一步分解则产生碳原子数较少的酮或羧酸。

长链脂肪酸的整个 β-氧化过程包括脱氢、水化、再脱氢、降解等四个连续反应,其反应式如下:

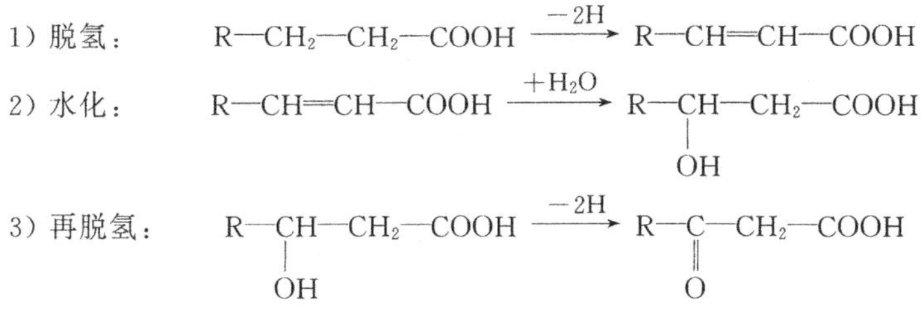

4）降解：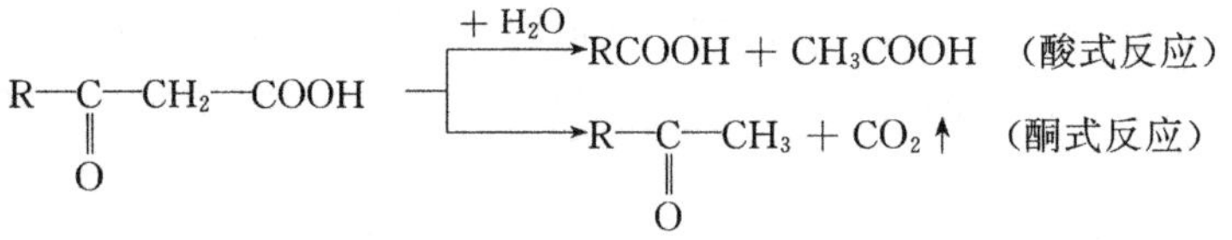

其结果使油脂中游离脂肪酸的含量增加。为此，常用酸值(acid number，AN)来表示，中和 1g 油脂中游离脂肪酸所需氢氧化钾的毫克(mg)，数称为油脂的酸值。酸值大，说明油脂中游离脂肪酸含量较高，即油脂酸败程度严重。为了防止油脂的酸败，油脂应贮存于密闭的容器中，放置在阴凉处，并添加适当的抗氧剂。

化妆品多用各种动植物油脂，化妆品的变质和酸败很重要的原因是由于油脂的酸败所致。有关化妆品的防腐和抗氧将在讲述防腐剂和抗氧剂的章节介绍。

由上述讨论可知，皂化值、碘值及酸值等是油脂质量的重要理化指标，为了保证化妆品的质量、性能，严格控制这些指标是十分重要的。

5. 化妆品用动植物油脂　常用于化妆品的动植物油脂有：

(1) 橄榄油(olive oil)：由橄榄仁经压榨、精制而得到的淡黄色液体油脂。略有特征气味，溶于乙醚、氯仿等溶剂中。其主要成分为油酸、棕榈酸的甘油酯，主要用于化妆皂、膏霜、防晒及油类型等化妆品。

(2) 椰子油(cocoanut oil)：由椰子果肉提取而得到的白色半固体油脂。略有椰子香味，溶于乙醚、氯仿等溶剂中。其主要成分为月桂酸、豆蔻酸的甘油酯，含少量的棕榈酸、硬脂酸、油酸等甘油酯。主要用于化妆皂、香波类化妆品，还可用于制备表面活性剂，如月桂醇硫酸钠、月桂醇醚硫酸钠等的重要原料。椰子油和棉籽油混合，半硬化后可用于膏霜、乳液类化妆品。

(3) 杏仁油(almond oil)：由甜杏仁经压榨、精制而得的白色液体油脂。略有杏仁气味，溶于乙醚、苯、氯仿等，微溶于乙醇。其主要成分为油酸甘油酯。用于膏霜、乳蜜类化妆品。

(4) 蓖麻油(castor oil)：由蓖麻籽以冷法压榨而制得。呈黄色黏稠状液体油脂，略有特殊气味，溶于乙醇、乙醚、苯和氯仿中。蓖麻油中蓖麻酸的结构特点是其分子具有羟基和碳碳双键两个基团。因此，它易溶于低碳醇而难溶于非极性石油醚等。另外，因其结构特点，黏度受温度影响较小，在各种不同温度下，黏度变化小，凝固点低。所以，它的应用范围较广，主要用于化妆皂、洗发香波、膏霜类，尤其适用于毛发定型、唇膏及戏剧用化妆品。

(5) 牛脂(tallow)：由牛油经精制脱臭而得到的白色或淡黄色半固体或固体油脂。很少直接用于化妆品，主要用它水解，经蒸馏，再经三次压榨而得到三压硬脂酸($C_{17}H_{35}COOH$)等。硬脂酸的粗品称为硬脂蜡，是含 50%硬脂酸、45%棕榈酸和 5%油酸的混合物。三压硬脂酸是用于膏霜类，如雪花膏等化妆品的重要原料。

(6) 角鲨烷(squalane)：由深海鲨鱼提取的角鲨烯经加氢还原而得到的饱和烃，是无臭、无味、无色透明油状液体，因其结构为角状而得名。其主要成分为异三十烷或六甲基二十四烷($C_{30}H_{62}$)。其特点是稳定性好，即抗氧性、抗微生物性好，并且熔点低，没有油脂的强油腻感，所以，它是化妆品常用的油性原料。主要应用于膏霜类化妆品。角鲨烷结构式：

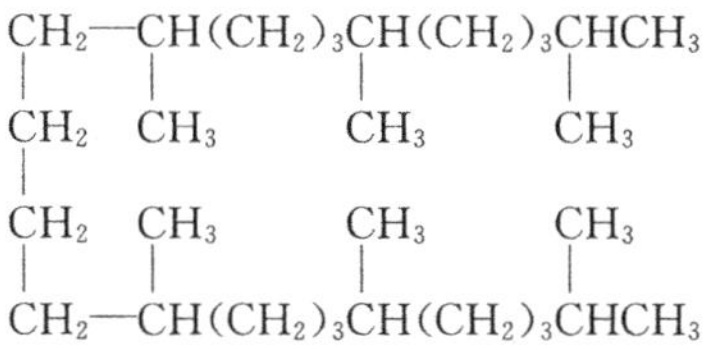

二、动植物蜡

动植物蜡是指由动植物组织中得到的蜡性物质。其化学组成主要是由高碳脂肪酸与高碳脂肪醇所形成的酯构成的。化学通式为RCOOR′,其碳链长度为C16～C30,因蜡的来源不同而异。此外,还含有一定量的游离脂肪酸、游离脂肪醇和高碳烃类等。所以,它们的熔点比油脂高,常温下呈固体。

动植物蜡在化妆品中除起到油蜡物质作用外,还可起到增强化妆品的稳定性、调节黏稠度、提高液体油脂的熔点、改善使用感觉和滋润、柔软皮肤的作用。另外,因蜡分子含有憎水性烃基,使憎水性表面膜的形成功能增强,并提高化妆品的光泽性。

判断蜡类物质的品质和性能,除了一般的颜色、气味等性质外,还要依据与油脂相同的理化指标,如熔点、皂化值、碘值、酸值、不皂化物等,参见表2-3。

表2-3 动植物蜡的皂化值、碘值、酸值、不皂化物和熔点

动植物蜡	皂化值(mg)	碘值(g)	酸值(mg)	不皂化物(%)	熔点(℃)
蜂蜡	80～100	5～15	17～22	52～55	60～67
虫蜡	80～92	1.5～2	3～13	49～50	65～68
小烛树蜡	46～65	10～22	14～24	65～67	68～72
巴西棕榈蜡	78～95	5～14	2～10	50～55	80～86
鲸蜡	118～135	5以下	1以下	—	42～50
羊毛脂	90～105	18～36	4以下	—	36～42

1. 动植物蜡的分类 根据蜡类物质的来源不同,可分为动物蜡和植物蜡。其代表性物质如下：

(1) 动物蜡：蜂蜡、鲸蜡、虫蜡、羊毛脂、卵磷脂等。

(2) 植物蜡：巴西棕榈蜡、小烛树蜡、棉蜡、霍霍巴蜡等。

2. 化妆品用动植物蜡

(1) 蜂蜡(bees wax)：将蜜蜂的蜂巢经熔化、水煮、氧化、脱色、漂白等步骤而得到的白色或淡棕色无定型蜡状物。薄片时呈透明状,略有蜂蜜芳香的气味。微溶于乙醇,溶于乙醚、氯仿及油性溶剂中。其主要成分为棕榈酸蜂蜡醇酯(十六酸三十酯,$C_{15}H_{31}COOC_{30}H_{61}$)、十六碳烯酸三十酯($C_{15}H_{30}COOC_{30}H_{61}$)、二十六酸三十酯

($C_{25}H_{51}COOC_{30}H_{61}$)、游离脂肪酸(13.3%～14.5%)、游离脂肪醇(1%～1.25%)和高级烃类化合物(10.4%～13.6%)等。

蜂蜡质软但熔点高，韧性强而有塑性。与矿物油脂和蜡可共熔混合，如与石蜡调配使用时，可改善石蜡的黏附性、韧性、密封性及防水性等。所以在化妆品中，蜂蜡常与矿物油脂和蜡调配使用，提高化妆品的性能和作用。

蜂蜡一直是经典的护肤用化妆品冷霜的重要原料之一，也是用于唇膏、美容类化妆品的原料。此外，它还具有抗细菌、真菌和愈合创伤的功能，因而近年来用于洗发香波、去头屑香波等化妆品中。

(2) 虫蜡 (shellac wax)：虫蜡是由寄生于女贞树或白蜡树上的白蜡虫分泌的蜡质，将其经热水熔化、过滤、漂白而得到的白色或淡黄色的纤维状结晶性蜡。微溶于乙醇和乙醚，溶于氯仿、苯、二甲苯等溶剂中。其组成为异二十七酸异二十七酯($C_{26}H_{53}COOC_{27}H_{55}$)，约占 60%；二十六酸二十六酯($C_{25}H_{51}COOC_{26}H_{53}$)，15%；二十四酸二十六酯($C_{23}H_{47}COOC_{26}H_{53}$)，14%；三十酸二十六酯($C_{29}H_{59}COOC_{26}H_{53}$)，2%。

虫蜡的特点是强度高、熔点高、流动性好、有光泽，但性能脆且易收缩，故不易单独使用，与其他蜡调配使用，可用于发乳、发蜡、摩丝等毛发用化妆品。

(3) 巴西棕榈蜡：因巴西北部卡那巴棕榈树的叶子分泌物而得名卡那巴蜡(carnauba wax)。呈黄色无定形蜡，质硬而韧，有光泽，具有令人愉快的气味。溶于热乙醇、乙醚及碱性溶液。其主要成分为二十六酸三十酯($C_{25}H_{51}COOC_{30}H_{61}$)，约占50%；其余为 C_{24}、C_{26}、C_{30}脂肪酸的 C24～C34 的偶碳醇酯，约占 34%～35%；还有二元醇、少量的游离酸和游离醇，约占 6%～7%。

卡那巴蜡特点是硬度大，熔点高，与其他蜡混合后，可以提高熔点、硬度、坚韧性、光泽性，降低黏着性、塑性及结晶倾向。一般多与蜂蜡、地蜡或油酸等调配使用。可用于唇膏、发胶、发乳等化妆品中。

(4) 小烛树蜡(candlellila wax)：由美国、墨西哥等地生长的一种芦苇状植物的鱼鳞片表层中提取的一种淡黄色蜡。具有光泽和芳香气味。溶于丙酮、氯仿、苯及油性溶剂中。其主要成分为高碳烃类，约占 50%～51%；高碳脂肪酸和高碳脂肪一元醇所形成的蜡酯，约占 28%～29%；游离酸，7%～9%；游离醇，12%～14%。

小烛树蜡的特点是质硬而脆、有光泽，与蓖麻油相容性好，多用于锭形化妆品，如唇膏的固化剂及毛发化妆品的光亮剂等。

(5) 鲸蜡(spermaceti wax)：由抹香鲸鱼脑部的油脂，经加工处理，再精制而得到的珠白色半透明脂肪状物质。无臭、无味，暴露于空气中易酸败。溶于乙醚、氯仿及热乙醇中。其主要成分为鲸蜡酸鲸蜡醇酯($C_{15}H_{31}COOC_{16}H_{33}$)、硬脂酸酯、豆蔻酸酯和月桂酸酯等。在碱性溶液中水解后得相应的鲸蜡酸和鲸蜡醇等。

鲸蜡、鲸蜡醇等都是用于润肤、护肤等膏霜类化妆品的重要原料。

(6) 霍霍巴蜡(hohuoban wax)：是由名为霍霍巴植物的种子得到的一种浅黄色、无臭、无味的液体油脂。其主要成分与一般动植物油脂不同。不是甘油酯，而是脂肪酸与脂肪醇形成的酯，即蜡。它具有无毒、无刺激性、不易氧化和酸败的优点，而且还有容易被吸收及良好的保湿性等特点，是近年来刚开始应用的化妆品原料。现已应用于润肤膏霜、香波、头发调理剂、唇膏、指甲油等化妆品。但由于价格较贵，尚没有广泛应用。

(7) 羊毛脂(lanolin)：羊毛脂是由清洗羊毛废水中提取的，并经一系列物理、化学方法处理精制而得到的无水和含水羊毛脂，前者主要用于化妆品。羊毛脂呈白色或淡黄色油蜡状，略有臭味。能溶于热乙醇、乙醚、苯、石油醚、氯仿、丙酮等溶剂中。其主要成分为各种酯的复杂混合物和少量的游离醇、游离脂肪酸和烃类。构成各种酯的醇是C18～C26脂肪醇、少量的二醇和胆固醇等。

因羊毛脂具有与其他油脂相容性好，并具有优良的润湿、保湿性和渗透性，作用于皮肤易形成一层薄润肤膜而无油腻感等性能，因此是化妆品的重要动物油脂原料之一。可广泛用于护肤、洁肤、美容等化妆品中。

羊毛脂经化学反应处理，可得到一系列改性羊毛脂衍生物，其性能和作用远超过天然羊毛脂，将在后面合成油脂和蜡部分介绍。

(8) 卵磷脂(lecithin)：由动植物组织及蛋黄中得到的呈淡黄色蜡状物质。能溶于乙醇、乙醚和氯仿中。卵磷脂是由甘油、脂肪酸、磷酸和胆碱组成磷酸甘油酯，其构成式：

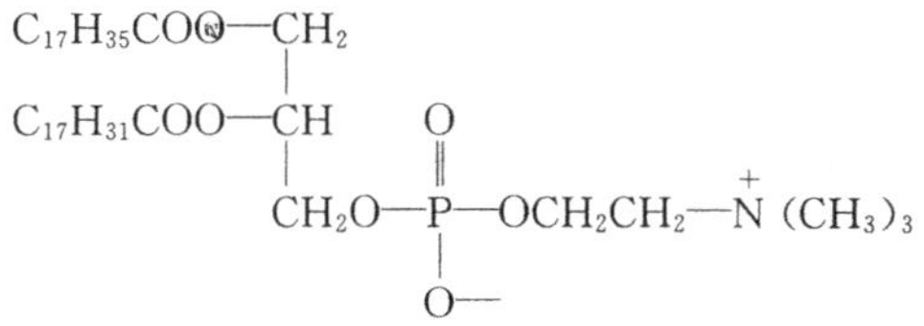

具有良好的乳化作用和滋润皮肤的作用，用于润肤霜等护肤化妆品。

第二节 矿物油脂和蜡

矿物油脂和蜡是主要来源于石油、煤为原料的加工产物，再经进一步精制而得到的油蜡性物质。虽然它们的化学组成与动植物油脂和蜡不同，但它们的物理性质却有很多相似处，所以在化妆品原料选择上，常将两类物质配合使用，以求达到更佳的效果。

矿物油脂和蜡的化学组成是只含有碳、氢两种元素的高级烃类，包括烷烃和烯烃两大类。在化妆品中，它们是作为油脂和蜡性基质原料，常与动植物油脂和蜡调配使用。起到提高稳定性，或起到清洁皮肤的溶剂作用。还可在皮肤表面上形成憎水性油膜，抑制皮肤表面水分的蒸发，从而提高化妆品的效果。

化妆品常用的矿物油和蜡类：

(1) 液状石蜡(liquid paraffin)：化妆品配方中常称为矿物油或白油。呈无色、无臭、无味透明液。是化妆品用的烃类油性原料中用量最多的一种。其主要成分为16个碳以上的直链饱和烃、支链饱和烃及环状饱和烃的混合物。其性能与角鲨烷一样，抗氧化、抗酸败性很好。主要用于膏霜类及油性类化妆品。

(2) 凡士林(vaseline)：也称矿物脂，是白色或黄色透明黏稠状半固体矿物油脂。主要成分为20个碳以上的液状石蜡、固体石蜡等混合饱和烃及微量的不饱和烃。常以加氢精制得到的凡士林用于化妆品中，以使其稳定性得到提高。它与液状石蜡一起成为重要的油性原料，用于冷霜、乳液等基础化妆品。

(3) 石蜡(paraffin)：石蜡是石油加工过程中的液状石蜡，经压滤除去其所含的油分，余下者即为石蜡。它是无臭、无味、白色半透明的蜡状固体，并有一定的脆性。其主要是由16个碳以上的直链饱和烃以及少量支链烷烃和环烃组成。与其他矿物油脂和蜡一样，化学稳定性好，价格低廉。可与其他蜡类或合成脂类一起用于冷霜、唇膏、发蜡等化妆品。

(4) 地蜡(ozocerite)：地蜡是因最初来自于天然地蜡矿而得名的。由于其结晶很细，又称微晶蜡。现在地蜡大量来源于石油，故称石油地蜡。它是无臭、无味、乳白色的蜡状物。具有一定的韧性，不易破碎。主要成分为25个碳以上带支链的环烷烃和支链烷烃，并含少量的直链烷烃。主要用于唇膏、发蜡等化妆品。

第三节 合成油脂和蜡

化妆品用油脂和蜡，除来源于动植物、矿物油脂和蜡亦称天然油脂和蜡外，还有一重要来源，即合成油脂和蜡。合成油脂和蜡可分为两类：一类是将天然油脂和蜡类物质经化学反应，再经分离、提纯或精制等一系列处理后得到的各种油脂和蜡类物质的衍生物。另一类是以合成化工的原料，模拟天然油脂和蜡的结构，进行化学合成而制得的油脂和蜡类化合物。其目的是为了更好地发挥天然油脂和蜡所具有的特性，舍弃它们的不足或缺点；另外，也是为了制备满足化妆品性能和作用所需要的新型油脂和蜡类化合物，使所得到的合成油脂和蜡在纯度、物理性质(如颜色、气味及在水或油中的溶解性等)、化学稳定性(抗氧化性等)、抗微生物性、皮肤吸收性、滋润性、刺激性及过敏性等诸方面具有更优良的性能和作用。

下面仅就羊毛脂衍生物或称改性羊毛脂、多元醇脂肪酸酯、一元醇脂肪酸酯及聚醚类化合物等加以介绍。

一、羊毛脂衍生物

羊毛中含有10%～20%的羊毛脂，是由羊的皮脂腺分泌出来的油蜡性物质。在润滑羊毛及保护羊毛免受日光照射、风寒等外界因素侵袭具有重要作用。

从羊毛制得的羊毛脂，可采取溶剂萃取、碱水清洗等方法。先得到粗制羊毛脂，然后再经过精制、漂白、脱臭等步骤得到精制羊毛脂。它是一种黄色黏稠状脂肪物质，并有特殊气味。其大部分是由高碳脂肪酸和高碳脂肪醇形成的酯和聚酯的混合物，还有一部分羊毛脂由甾醇、胆固醇、游离脂肪醇、脂肪酸及高碳烃类等所组成的。

用于化妆品的羊毛脂衍生物有如下几类：

1. 乙酰化羊毛脂(acetylated lanolin)　将羊毛脂与乙酸酐反应,羊毛脂分子内的羟基和乙酸酐发生乙酰化反应,而制得乙酰化羊毛脂。其反应式如下:

$$\underset{\text{羊毛脂}}{R-\overset{OH}{\overset{|}{C}}H-COOR'} + \underset{\text{乙酐}}{(CH_3CO)_2O} \longrightarrow \underset{\text{乙酰化羊毛脂}}{R-\overset{OCOCH_3}{\overset{|}{C}}H-COOR'} + \underset{\text{乙酸}}{CH_3COOH}$$

乙酰化羊毛脂的生成使得原来羊毛脂分子上的羟基被乙酰基保护起来,与水分子发生作用的可能性降低,增加了它在油性溶剂中的溶解性。反之,也使乙酰化羊毛脂具有较好的抗水性能。当它在皮肤表面上形成抗水性薄膜时,则有利于减少皮肤水分蒸发。因此对保持皮肤的水分、改善皮肤的柔软性有良好作用。

2. 羊毛酸异丙脂(isopropyl of lanolin acid)　羊毛脂和异丙醇发生置换反应(也称酯交换反应),得到羊毛酸异丙酯、羊毛醇和未反应的羊毛脂混合物。其反应式如下:

$$\underset{\text{羊毛脂}}{R-\overset{OH}{\overset{|}{C}}H-COOR'} + \underset{\text{异丙醇}}{HOCH(CH_3)_2} \longrightarrow \underset{\text{羊毛酸异丙酯}}{R-\overset{OH}{\overset{|}{C}}H-COOCH(CH_3)_2} + \underset{\text{羊毛醇}}{R'OH}$$

这样得到的反应混合物,既保持了羊毛脂的润肤作用,又改进了它在油脂性中的溶解度和展开性能。其反应结果也使较大分子的羊毛脂转变为相对分子较小的羊毛酸异丙酯和羊毛醇,而使反应混合物呈无黏滞性轻油状物。加入化妆品后,可减少产品的油腻感,兼有调湿和润肤作用,增加对皮肤、毛发的渗透性,并使之柔软和光滑。

3. 聚氧乙烯羊毛脂(polyoxyethylene lanolin)　羊毛脂分子内的羟基具有醇羟基的性质,可与环氧乙烷发生加成反应,生成聚氧乙烯羊毛脂。其反应式如下:

$$\underset{\text{羊毛脂}}{R-\overset{OH}{\overset{|}{C}}H-COOR'} + \underset{\text{环氧乙烷}}{n\underset{\diagdown\ O\ \diagup}{CH_2-CH_2}} \longrightarrow \underset{\text{聚氧乙烯羊毛脂}}{R-\overset{(OCH_2CH_2)_nOH}{\overset{|}{C}}H-COOR'}$$

聚氧乙烯羊毛脂根据环氧乙烷(ethylene oxide,EO)和可加成的环氧乙烷物质的量可以表示为 nEO 羊毛脂或聚氧乙烯(n)羊毛脂,如与 5mol 环氧乙烷加成的产物表示为 5EO 羊毛脂或聚氧乙烯(5)羊毛脂等。一般最多可与 75mol 环氧乙烷加成,即得到 75EO 羊毛脂或聚氧乙烯(75)羊毛脂。由聚氧乙烯羊毛脂分子结构可知,随着聚氧乙烯链增加,其含氧原子数目增加,使其水溶性、醇溶性、表面活性增加,但又不失去其润肤的性能。

例如,5EO 羊毛脂是淡黄色固体,有愉快的气味,HLB=5(HLB 值为亲水和亲油平衡值,将在论述表面活性剂的章节介绍),不溶于水和乙醇中,但能溶于矿物油、异丙酯等,是亲油性乳化剂。75EO 羊毛脂是淡黄色蜡状固体,有愉快的气味,HLB=15,溶解于水和乙醇,而不溶于矿物油,是非离子型乳化剂。

可见,羊毛脂的乙氧基化结果是,使其水溶性增强,并具有增溶、分散的表面活性剂作用,改变了原来羊毛脂的性能。加入化妆品后,制得的液状产品无黏腻的感觉,可适用于去污产品,如洗涤剂、香波等。

4. 羊毛酸和羊毛醇(lanolin acid and lanolin alcohol) 从化学结构上,羊毛脂主要成分是高碳脂肪酸与高碳脂肪醇所形成的酯,所以它具有酯类的一般化学性质。如水解反应可生成相应的羊毛酸(也称羊毛蜡酸)和羊毛醇(也称羊毛蜡醇),其反应式如下:

$$\underset{\text{羊毛脂}}{R-CH(OH)-COOR'} \xrightarrow{H_2O} \underset{\text{羊毛酸}}{R-CH(OH)-COOH} + \underset{\text{羊毛醇}}{R'OH}$$

羊毛醇是蛋黄色蜡状固体,能吸收多倍的水,不致有水分析出,是优良的亲油性乳化剂。羊毛酸是黄色蜡状固体,能溶于异丙酯、热矿物油中。它们还可以进一步反应制得其他衍生物,如羊毛醇与环氧乙烷加成的乙氧基化反应,羊毛酸与胺类等的酰化反应等。

5. 羊毛基酰胺季铵盐(lanolin amido-quaternary ammonium salt) 羊毛酸与胺反应得到酰胺,再与氯化物继续反应可生成羊毛基酰胺季铵盐,其反应式如下:

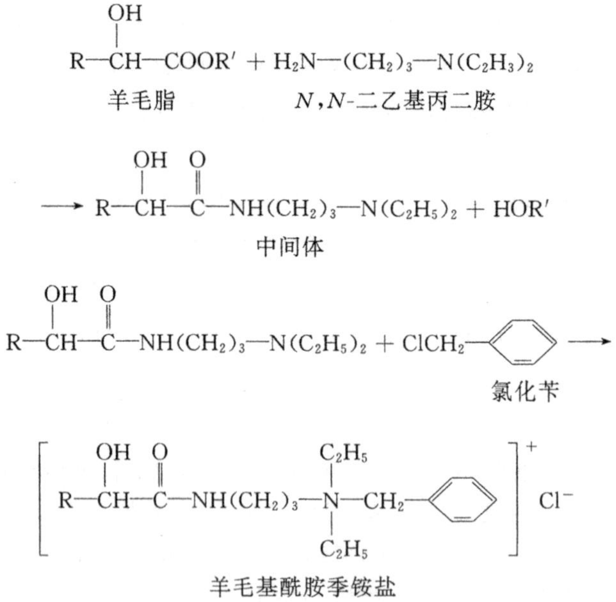

生成的羊毛基酰胺季铵盐是一种新型的阳离子表面活性剂,除具有一般阳离子表面活性剂的特点外,还具有无毒、无刺激性及抗菌作用的特性,广泛用于皮肤、毛发化妆品中。

6. 氢化羊毛醇(hydrogenated lanolin alcohol) 羊毛脂在催化剂作用下,可发生加氢还原反应。根据加氢反应的深度,可能有几种情况:即生成羊毛酸和羊毛醇;而羊毛酸的羧基被还原成羟基,羟基又可进一步还原成烃基。其反应式如下:

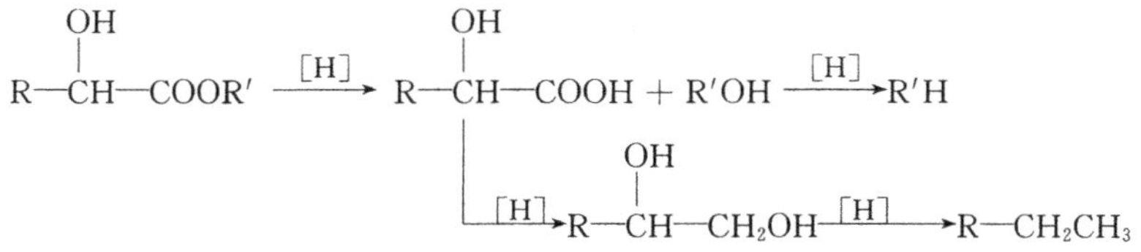

因此，加氢还原反应要严格控制反应条件，以得到所需要的产物，即主要得到氢化羊毛醇产物。

氢化羊毛醇与水解法得到的羊毛醇和一般的羊毛脂在性能与作用上有显著的不同，表现在如下几方面(表 2-4)：

(1) 氢化羊毛醇是呈白色、无臭、无味的蜡状固体，与羊毛脂比较，在气味、颜色有明显改进。应用于化妆品后，对化妆品的颜色、气味影响很小。

(2) 氢化羊毛醇的碘值降低，表明其稳定性提高，并有较强的抗氧性和抗微生物性。酸值的降低说明其游离酸、羊毛酸也被加氢还原；羟值的增加，表明羊毛脂被氢化，可分裂为固醇、脂肪醇等，使其亲水性增强，进而使之润湿、保湿性能提高。

(3) 氢化羊毛醇的不黏稠性和塑性，使其既可用于水/油型乳化体，也可用于油/水型乳化体，并起到稳定剂作用，扩大了其应用范围，可广泛用于面部的护肤化妆品和唇膏等。

(4) 经动物试验已证明，氢化羊毛醇无刺激性和无过敏性。

表 2-4　羊毛脂衍生物的理化性质

羊毛脂衍生物	色泽及形状	碘值	皂化值	酸值	羟值	熔点(℃)
羊毛脂	淡黄色油脂状物	18～36	90～105	4.0	23～32	36～42
羊毛醇	淡黄色蜡状固体	12～13	5～7	2.0	126～160	60～72
氢化羊毛醇	白色蜡状固体	6～7	3～4	0.3	130～153	48～54
乙酰化羊毛脂	象牙色或黄色半固体	—	95～105	<3	<10	30～40
羊毛酸	黄色蜡状固体	<10	155～175	125～150	40～60	55～62
羊毛酸异丙酯	淡黄色或黄色半固体	—	135～165	12～18	50～60	
5EO 羊毛脂	象牙色半固体	23～30	120～135	<3	<14	
15EO 羊毛醇醚	黄色蜡状固体	—	<8	<1.5	60～70	
5PO 羊毛醇醚	淡黄色透明液体	—	<6	<2	90～120	

7. 聚氧乙烯羊毛醇醚(polyoxyethylene lanolin alcohol ether)　羊毛醇分子内的羟基也具有醇羟基的性质，可以与环氧乙烷发生加成反应，得到的产物为聚氧乙烯羊毛醇醚。其反应式如下：

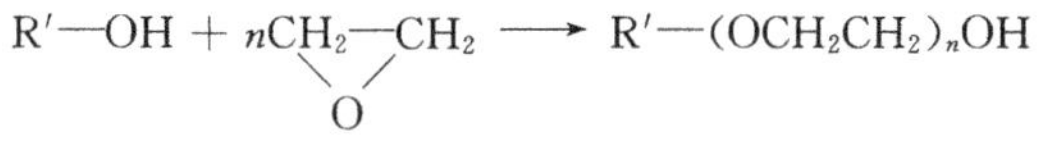

羊毛醇　　环氧乙烷　　　　聚氧乙烯羊毛醇醚

聚氧乙烯羊毛醇醚的表示方法与聚氧乙烯羊毛脂表示方法相似。一般用于化妆品的聚氧乙烯羊毛醇醚分子的乙氧基数目$n=5$、10、15、20、25 等。例如，$n=5$，则可表示为聚氧乙烯(5)羊毛醇醚或5EO 羊毛醇醚，依此类推。

由聚氧乙烯羊毛醇醚的分子结构可见，随着乙氧基数目增加，极性氧原子数目增加，与水分子作用“点”也增加，在水中溶解性增大，可提高它的亲水性能，而HLB值也相应提高。例如，5EO 羊毛醇醚能分散于水中，10EO 羊毛醇醚能部分溶于水并呈胶状溶液，而15～20EO 羊毛醇醚则能全部溶解于水中。同样，10～20EO 羊毛醇醚全部溶于乙醇中。在化妆品中可将其用作乳化剂、润湿剂、增溶剂和分散剂等。如15～20EO 羊毛醇醚具有良好的亲水性能，可用于润肤化妆水及透明微粒状清洁、润肤化妆品。

现已证明，羊毛醇中的主要成分胆固醇的聚氧乙烯醇醚对皮肤无刺激性，对保持皮肤健康有显著的效果。

8. 聚氧丙烯羊毛醇醚(polyoxypropylene lanolin alcohol ether)　羊毛醇也可以与环氧丙烷发生加成反应，得到聚氧丙烯羊毛醇醚。其反应式如下：

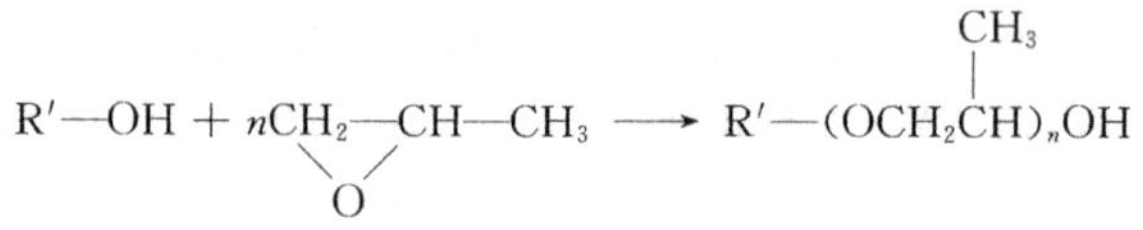

羊毛醇　　环氧丙烷　　　　聚氧丙烯羊毛醇醚

聚氧丙烯羊毛醇醚表示方法与聚氧乙烯羊毛醇醚表示方法相同。分子内引入丙氧基后，性能也有较大的改变。例如，聚氧丙烯(5)羊毛醇醚或5PO 羊毛醇醚是淡黄色透明液体，有愉快的气味，需要HLB=10，溶于乙醇、异丙酯、蓖麻油等，而不溶于水，分散在矿物油中呈混浊状，是亲油性润肤剂，可作为粉质类物质的分散剂。聚氧丙烯(20)羊毛醇醚或20PO 羊毛醇醚除具有上述性能和作用外，还可以与其他有机溶剂、增塑剂、树脂等形成溶液，涂布后能产生光亮的薄膜，是一种很好的涂布剂，可用于指甲油等化妆品中。

二、多元醇脂肪酸酯

动植物油脂的主要成分是甘油脂肪酸酯，虽具有天然油脂的所有性能，但是它们的气味、颜色、杂质等都不能完全符合化妆品原料的要求，尤其是它们的溶解性、润肤、保湿作用方面更不能满足某些化妆品的性能和作用要求。为此，模拟甘油脂肪酸酯的结构，合成多元醇的脂肪酸酯，使它们既具油脂的亲油性结构，又具有亲水性结构。其中主要的多元醇如甘油、乙二醇、丙二醇和山梨醇等，与天然油脂所含的脂肪酸如月桂酸、棕榈酸、油酸、硬脂酸等，通过酯化反应制得相应的单酯、双酯等，下面介绍常用于化妆品的多元醇脂肪酸酯。

1. 甘油脂肪酸酯　是一类以甘油与肪酸酸酯化反应而制得的酯类。例如：

(1) 单硬脂酸甘油酯(glyceryl monostearate)$C_{17}H_{35}COOCH_2CH(OH)CH_2OH$

(2) 单油酸甘油酯(glyceryl monooleate)

$CH_3(CH_2)_7CH=CH(CH_2)_7COOCH_2CH(OH)CH_2OH$

2. 丙二醇脂肪酸酯　是一类以1,2-丙二醇与脂肪酸酯反应而制得的酯类。例如：

(1) 单硬脂酸丙二醇酯(propyleneglycol monostearate)

$C_{17}H_{35}COOCH_2CH(OH)CH_3$

(2) 单月桂酸丙二醇酯(propyleneglycol monolaurate)

$C_{11}H_{23}COOCH_2CH(OH)CH_3$

3. 乙二醇脂肪酸酯　是一类以乙二醇与脂肪酸酯化反应而制得的酯类。例如：

(1) 单月桂酸乙二醇酯(ethyleneglycol monolaurate)$C_{11}H_{23}COOCH_2CH_2OH$

(2) 单硬脂酸乙二醇酯 (ethyleneglycol monostearate)$C_{17}H_{35}COOCH_2CH_2OH$

4. 山梨醇脂肪酸酯　是一类以山梨醇与脂肪酸酯化反应而制得的酯类。但由于在酯化反应条件下，山梨醇易发生分子内失水，因此得到的酯也称为脂肪酸失水山梨醇酯。例如：

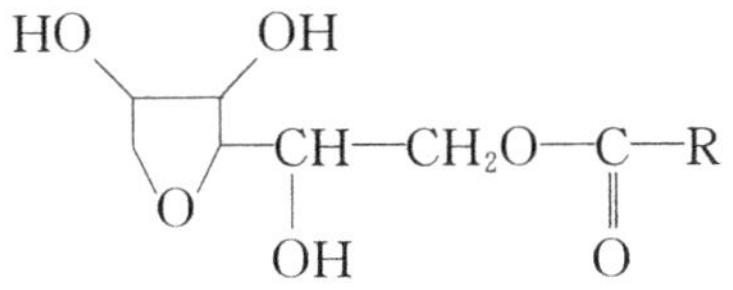

$R=C_{10}H_{21}$，为单月桂酸失水山梨醇酯(sorbitan monolaurate)。

$R=C_{15}H_{31}$，为单棕榈酸失水山梨醇酯(sorbitan monopalmitate)。

$R=C_{17}H_{33}$，为单油酸失水山梨醇酯(sorbitan monooleate)。

$R=C_{17}H_{35}$，为单脂酸失水山梨醇酯(sorbitan monostearate)。

这些多元醇脂肪酸酯都是油脂性原料，有良好的滋润、亲油性乳化剂性能。由于分子内仍具有羟基，也可与环氧乙烷发生加成反应，生成相应的聚氧乙烯多元醇脂肪酸酯或 EO 多元醇脂肪酸酯，如聚氧乙烯(6)失水山梨醇单油酸酯、聚氧乙烯(20)失水山梨醇单硬脂酸酯、聚氧乙烯(20)失水山梨醇单棕榈酸酯等。

这些乙氧基化的多元醇脂肪酸酯，随着分子内乙氧基数目增加，可以使其具有由亲油到亲水型的各种不同的非离子表面活性剂的作用。有关这方面的内容将在第十章详述。

三、一元醇脂肪酸酯

一元醇的脂肪酸酯是由一元醇与脂肪酸通过酯化反应而制得的。为了使其具有天然油脂和蜡的性能和作用，一元醇多为带支链的高碳脂肪醇，而脂肪酸可以是高碳脂肪酸或特殊的脂肪酸等。常用于化妆品的一元醇脂肪酸脂如：

(1) 豆蔻酸 2-辛基十二醇酯 (2-octyldodecyl myristate)

$C_{13}H_{27}COOCH_2CH(C_8H_{17})(CH_2)_9CH_3$

(2) 油酸 2-辛基十二醇酯(2-octyldodecyl oleate)

$$C_{17}H_{33}COOCH_2\underset{\displaystyle C_8H_{17}}{\underset{|}{C}}H(CH_2)_9CH_3$$

(3) 乳酸十四醇酯(myristyl lactate) $CH_3\underset{\displaystyle OH}{\underset{|}{C}}HCOOC_{14}H_{29}$

(4) 油酸葵酯(decyl oleate) $C_{17}H_{33}COOC_{10}H_{21}$

(5) 棕榈酸异丙酯(isopropyl palmitate) $C_{15}H_{31}COOCH(CH_3)_2$

四、聚醚类化合物

脂肪醇与羊毛醇等同样能与环氧乙烷、环氧丙烷发生加成反应,生成脂肪醇加成的聚合物,即聚醚类化合物,如:

$$R—OH + n\underbrace{CH_2—CH_2}_{O} \longrightarrow R—(OCH_2CH_2)_n OH$$

$$R—OH + n\underbrace{CH_2—CH}_{O}—CH_3 \longrightarrow R—(OCH_2—\overset{\displaystyle CH_3}{\overset{|}{C}}H)_n OH$$

脂肪醇一般要求四个碳以上,例如:

(1) 聚氧乙烯(20)丁醚[polyoxyethylene (20) butylether]

$C_4H_9(OCH_2CH_2)_{20}OH$

(2) 聚氧乙烯(10)十六烷基醚[polyoxyethylene (10) cetylether]

$C_{16}H_{33}(OCH_2CH_2)_{10}OH$

(3) 聚氧丙烯(15)丁醚[polyoxypropylene (15) butylether]

$$C_4H_9(OCH_2\overset{\displaystyle CH_3}{\overset{|}{C}}H)_{15}OH$$

这些聚醚类化合物,既可以作为油脂性物质,也可以作为非离子表面活性剂用于化妆品。

第三章

保湿剂

要使皮肤光滑、柔软和富有弹性，保持皮肤处于良好状态，必须要保持皮肤角质层的含水量处于最佳范围值。一般认为，其含水量应在10%～20%之间。低于10%，皮肤就会干燥、粗糙，甚至皲裂。

实践已证明，皮肤的干裂不仅仅是由于皮肤表面缺乏类脂性物质，更重要的原因是皮肤角质层中水分不足。现在实验上已证明，仅在干燥皮肤表面上涂抹只含有油脂的化妆品，并不能使其变得柔软。这一实验结果，使人们认识到要保持皮肤处于良好状态，除了要有滋润作用的油脂性物质外，还要保持、补充水分，使皮肤角质层中含有一定量水分。如何做到这些，则是在化妆品中添加保湿剂。

第一节　保湿剂和天然保湿因子

一、保湿剂的定义

保湿剂又称湿润剂。一般认为，能够起到保持、补充皮肤角质层中水分，防止皮肤干燥，或能使已干燥、失去弹性并干裂的皮肤变得光滑、柔软和富有弹性的物质称为保湿剂。这里要指出的是，保湿剂不仅对皮肤有这些作用，而且对毛发、唇部等部位也有相同的作用。

同样，保湿剂添加于化妆品中，对化妆品本身也起着保湿作用，使化妆品在贮存和使用过程中都能起到保持湿度作用，有助于保持化妆品体系的稳定性，有时也能起到抑菌和保香作用等。

二、天然保湿因子

皮肤角质层中水分保持在10%～20%时，皮肤显得紧张、富有弹性，处于最佳状态;如水分低于10%时,皮肤变得干燥,呈粗糙状态;如水分再少,则可能发生干裂现象。正常情况下,皮肤角质层的水分之所以能够被保持,一方面是由于皮肤表面上具有的皮脂膜能够防止水分过快蒸发;另一方面是由于皮肤角质层中存在有天然保湿因子(natural moisture factor,NMF)。NMF不仅有使皮肤角质层中水分稳定作用的能力,而且还有使皮肤具有从空气中吸收水分的能力。根据Striance等人的研究,天然保湿因子的组成如表3-1所示。

表3-1 天然保湿因子(NMF)的组成

成分	含量(%)	成分	含量(%)
氨基酸类	40.0	钙	1.5
吡咯烷酮羧酸	12.0	镁	1.5
乳酸盐	12.0	磷酸盐(PO_4^{3-})	0.5
尿素	7.0	氯化物(Cl^-)	6.0
氨、尿酸、肌酸	1.5	柠檬酸	0.5
钠	5.0	糖、有机酸、肽等其他未确定物	8.5
钾	4.0		

由表3-1可见,天然保湿因子的组成如氨基酸、吡咯烷酮酸、乳酸、尿酸及其盐类等都是亲水性物质。从化学结构上看,这些亲水性物质都具有极性基团,这些极性基团易与水分子以不同形式形成化学键而发生作用,使得水分挥发度降低,其结果使其起到保湿作用。另一方面,天然保湿因子的亲水性物质能与细胞脂质和皮脂等成分相结合,或包围着天然保湿因子,防止这些亲水性物质流失,也对水分挥发起着适当的控制作用。

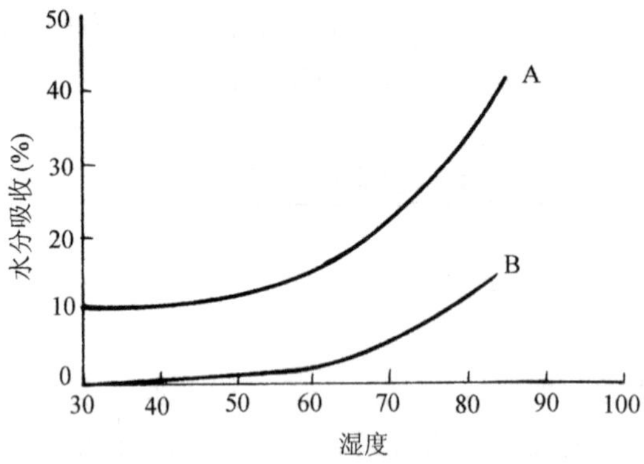

图3-1 在各种湿度下角质吸湿度

A:天然的角质;B:失去NMF的角质

图3-1表明了天然的角质与失去了NMF物质的角质之间吸湿能力的差异,从而说明角质层中的天然保湿因子在保湿、吸湿的作用是非常显著的。

由此可知,如果皮肤角质层缺少了天然保湿因子,使角质层丧失吸收水分的能力,皮肤就可能会出现干燥甚至开裂的现象。这时就需要补充保湿性好的亲水性物质,以维持皮肤角质层具有一定量的保湿性物质,起到天然保湿因子作用。这就是为什么在各种化妆品中添加保湿剂的原因。

此外,存在于真皮内的起保持水分作用的黏多糖类也是重要成分。所以,化妆品最好以这些天然皮肤保护剂为模型来制造。例如,近年来采用的天然保湿因子主要成分吡咯烷酮酸盐以及透明质酸等,都是在这一理论指导下用于化妆品的。

三、润肤剂的保湿作用

上述所论述的天然保湿因子的吸湿、保湿作用仅是保湿作用的一个方面,在考虑皮肤保湿时,还要涉及皮肤表面上的皮脂膜和细胞内脂质等油脂性成分,这些油脂性成分与天然保湿因子的亲水性物质相结合,或包围着天然保湿因子,防止它们流失并对水分挥发起着适当控制作用。如果由于某种原因皮脂膜被破坏,则不能抑制水分的过快蒸发,同样会出现皮肤干燥甚至开裂等现象。

为了起到保湿作用,在化妆品中除了添加一定数量的保湿剂外,还可将油溶性物质和水溶性物质在表面活性剂作用下制造出油/水或水/油型乳化体制品。

通常,对干性皮肤适宜选用水/油乳化体制品,因为这类制品中滋润性油脂、蜡类物质较多,对皮肤有更好的滋润作用。对油性皮肤则选用油/水型乳化体制品,因为这类制品中含有较多的亲水性乳化剂等。

皮肤干燥的主要原因是由于角质层的水分含量减少,因此,如何保持皮肤适量的水分是保持皮肤湿润、柔软和弹性,防止皮肤老化的关键。恢复干燥皮肤水分的正常平衡的主要途径是赋予皮肤滋润型油膜、保湿和补充皮肤所缺少的养分,防止皮肤水分过快挥发,促进角质层的水合作用。润肤物质是表皮水分的封闭剂,可减少或阻止水分从它的薄膜通过,促使角质层再水合。此外,滋润物还有润滑皮肤的作用。

通常,用于皮肤的润肤物质即滋润剂可分为两大类,即水溶性和油溶性滋润剂。多元醇如甘油、1,2-丙二醇、山梨醇、聚氧乙烯失水山梨醇醚和聚乙二醇等。这些物质常被用于油/水型乳化体中作为保湿剂,因为它们能阻滞水分的挥发。一般认为这些物质都有润肤的作用,因为它能使皮肤柔软和光滑。在一定温度和相对湿度的条件下,这些物质可吸收空气中的水分起到保湿和润肤的作用。保湿剂能保持水分,当涂敷在皮肤上能和皮肤紧密地接触,且能将水分传递给表皮。

采用保湿剂作为滋润物质要有适宜用量,一般在乳化体中加入1%～5%的保湿剂就可以起到保湿作用。

水在乳化体中也是一种重要的润肤物。水作为连续相时能有效地使角质层轻微膨胀,使油相乳化成细微粒子更易于渗透入表皮。当水为分散相时,由于受连续相油脂的包围,不易挥发,乳化的微小水珠和水/油型乳化体同时渗入上表皮,对角质的水合作用起到有益的作用。

保湿剂的要求:

1. 对皮肤和化妆品应具有适度的吸湿、保湿能力,吸湿、保湿能力应持久。
2. 吸湿、保湿能力应不易受环境条件(如湿度、温度等因素)的影响。
3. 挥发性尽量低、凝固点应尽量低。
4. 黏度适宜、使用感好,对皮肤的亲和性好。

5. 无色、无臭、无味，与其他成分相容性好。

第二节 保湿剂分类

保湿剂的作用如上所述，即它可以起着两方面的作用：一方面是保湿剂对皮肤、毛发、唇部等部位起到滋润、柔软、保湿作用；另一方面在化妆品中对化妆品本身起着水分保留剂作用，使化妆品在贮存与使用时能保持一定湿度，有助于保持体系的稳定性。因此，保湿剂分类也依据这两方面作用来考虑。

按保湿剂作用来分类可分为：亲水性物质和亲油性物质两大类。

按保湿剂的化学结构分类：脂肪醇、脂肪酸、脂肪酸酯、取代羧酸及其盐类、含氮化合物等。

一、按保湿剂作用分类

1. 亲水性物质　是指能增强皮肤角质层的吸水性，易与水分子结合而达到保湿作用的物质。这些亲水性物质多为天然保湿因子的组成成分，其分子结构特征是具有极性基团，保湿作用极强。

代表性物质：各种脂肪醇类、氨基酸及其盐类、乳酸及其盐类、吡咯烷酮酸及其盐类、尿素及其衍生物等。

2. 亲油性物质　是指能够在皮肤表面上形成油膜状的保护性物质。形成的油膜能减少或防止角质层中水分的损失，而且保护角质层下面水分的扩散。那些能够吸湿，在皮肤表面上可以形成连续油膜的油脂，可以使角质层恢复弹性，使皮肤变得光滑。恢复了弹性的皮肤角质层也可以从下层组织中得到水分，同时可以防止水分的损失。

其代表性物质分类如下：

(1) 蜡脂：羊毛脂、鲸蜡、蜂蜡等。

(2) 脂肪醇：月桂醇、鲸蜡醇、油醇和脂蜡醇等。

(3) 类固醇：胆固醇和其他羊毛脂醇等。

(4) 多元醇酯：乙二醇、二甘醇、丙二醇、甘油(丙三醇)、聚乙二醇、山梨醇、甘露醇、季戊四醇、聚氧乙烯山梨醇等的单脂肪酸和双脂肪酸酯等。

(5) 三甘油酯：各种动植物油脂。

(6) 磷脂：卵磷脂和脑磷脂。

(7) 脂肪醇醚：鲸蜡醇、脂蜡醇和油醇等的环氧乙烷加成物。

(8) 烷基脂肪酸酯：脂肪酸的甲酯、异丙酯和丁酯等。

(9) 烷烃类油和蜡：液状石蜡(矿物油)、凡士林和石蜡等。

(10) 亲水性羊毛脂衍生物：聚氧乙烯山梨醇羊毛脂和聚氧乙烯羊毛脂衍生物。

(11) 亲水性蜂蜡衍生物：聚氧乙烯山梨醇蜂蜡。

（12）硅酮油：二甲基聚硅氧烷和甲基苯基聚硅氧烷。

二、按化学结构分类

1. 脂肪醇类 脂肪醇的结构特征是分子内含有醇羟基，低碳数醇、多羟基醇易溶于水，醇羟基自身可以通过形成氢键而缔合，而醇羟基与水分子也可以形成氢键，使水分子不易挥发，起到保湿作用。

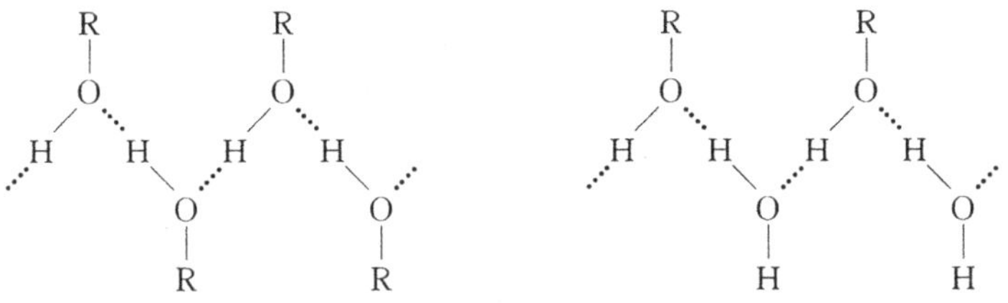

化妆品中常用的醇有：

（1）甘油（glycerol 或 glycerin）$HOCH_2CH(OH)CH_2OH$：又称丙三醇，是一直使用的保湿剂，为无色、无臭且有甜味的透明黏性液体。它以甘油酯的形式广泛存在于动植物油脂中，可以通过皂化油脂得到，也可以直接合成制得。甘油是性能良好的保湿剂，还可以起到防冻剂、润滑剂的作用，广泛用于牙膏、雪花膏等化妆品中。

（2）1，2-丙二醇（1，2-propanediol 或 propylene glycol）$CH_3CH(OH)CH_2OH$：用于化妆品的仅限于1，2-丙二醇。它是无色、无臭、略带苦辣味的透明黏性液体，易溶于水。具有与甘油相似的外观和物理性质，其黏性比甘油低，手感好，可作为甘油的代用品而用于化妆品。

（3）1，3-丁二醇（1，3-butanediol 或 1，3-butylene glycol）$CH_3CH(OH)$-CH_2CH_2OH：是应用较晚的保湿剂，是无色、无臭、略有甜味的透明黏性液体，溶于水和乙醇，微溶于乙醚。它除具有保湿作用外，还具有良好的抑菌作用。

（4）双甘油（diglycerol 或 diglycerin）$HOCH_2CH(OH)CH_2OCH_2CH(OH)$-$CH_2OH$：又称一缩二甘油。由两个甘油分子缩合而制得。是白色或淡黄色、无臭、无味的透明黏性液体，溶于水。可作为甘油的代用品。因其冰点低，也可作较好的防冻剂。

（5）山梨醇（sobitol） $HOCH_2—\underset{OH}{CH}—\overset{OH}{CH}—\underset{OH}{CH}—\overset{OH}{CH}—CH_2OH$ ：又称山梨糖醇。是一种多元醇，白色、无臭结晶粉末，有清凉的甜味，溶于水，微溶于乙醇、乙酸，几乎不溶于其他有机溶剂。用作甘油的代用品，保湿性较甘油缓和，因口味好，起到矫味作用，也可以与其他保湿剂配合使用，起到协同效果。

(6) *D*-甘露醇(*D*-mannitol) 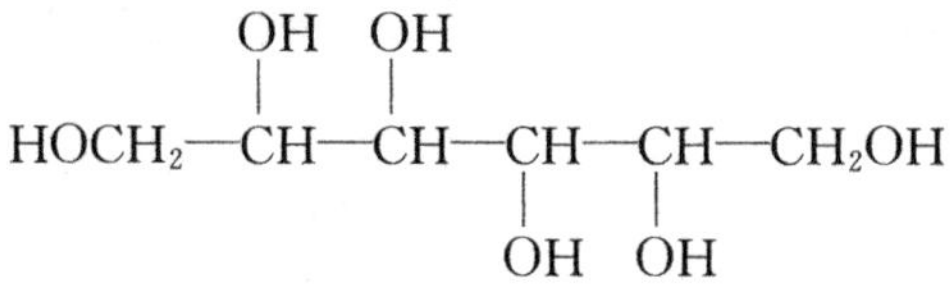 :*D*-甘露醇也称 *D*-甘露糖醇。其性能和作用与山梨醇相似。

除上述醇以外,用作保湿剂的脂肪醇类化合物还有乙二醇、异丙醇、十六醇、木糖醇(xylitol)、双丙二醇(dipropylene glycol)、低相对分子质量聚乙烯醇(polyvinyl alcohol,PVA)等。

(7) 聚乙二醇(polyethylene glycol,PEG)$HOCH_2(CH_2OCH_2)_nCH_2OH$:是由环氧乙烷聚合而得到的聚合物。用作化妆品保湿剂的是平均相对分子质量为 600 以下的聚乙二醇,常温下呈液体状,是几乎无色的透明黏性液体,稍有气味。聚乙二醇吸湿能力随着相对分子质量的增大而相应的降低,但其凝固点相对上升。可根据需要选用不同相对分子质量的聚合物。主要用于润肤膏霜、蜜类护肤品、化妆水、牙膏等化妆品中,用作保湿剂。

(8) 木糖醇(xylitol) 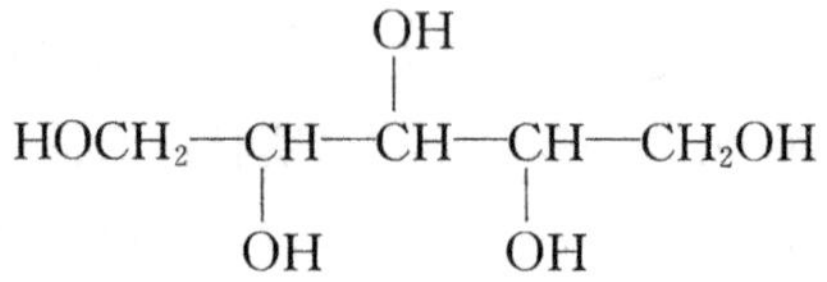 :也是一种多元醇,白色结晶或结晶性粉末,无气味,有甜味。

(9) 十六醇(hexadecanol)$CH_3(CH_2)_{14}CH_2OH$:又称鲸蜡醇(cetanol),是高级脂肪醇的混合物,主要成分为十六醇。白色薄片、粒状或块状物,稍有气味,熔点 46~55℃。最早是由鲸蜡得到而得其名,或人工合成经分离、精制而得到。

(10) 十八醇(octadecanol)$CH_3(CH_2)_{16}CH_2OH$:又称硬脂醇(stearyl alcohol)或脂蜡醇,是高级脂肪醇的混合物,主要成分为十八醇。白色薄片、粒状或块状物体,略有气味,熔点 54~61℃。

(11) 油醇(oleic alcohol) $CH_3(CH_2)_7CH{=}CH(CH_2)_7CH_2OH$:又称 9-十八碳烯醇(9-octadecenol),是高级脂肪醇的混合物,主要成分为油醇。白色或淡黄色透明液体,略有气味,熔点 6℃以下。

(12) 鲨肝醇(batyl alcohol)$CH_3(CH_2)_{17}OCH_2CH(OH)CH_2OH$:主要成分为甘油的 α-单十八烷基醚(3-octadecyloxy-1,2-propanediol),是多元醇烷基醚化合物。由鲨鱼肝脏取得而得名。白色或微黄色结晶性粉末,稍有特异的气味。

(13) 羊毛醇(lanolin alcohol):是由羊毛脂皂化后得到的高级脂肪醇、脂环族醇和胆固醇的混合物。其胆固醇含量在 30%以上,淡黄色或黄褐色软膏状或蜡状物质,有特异气味,熔点 45~75℃。

(14) 氢化羊毛醇(hydrogenated lanolin alcohol):是羊毛醇加氢的产物,其胆固醇含量在 30%以上,白色或黄褐色蜡状物质,稍有特异气味,熔点 55~75℃。

2. 脂肪酸及其盐类 脂肪酸分子中含有羧基属极性基团,它可以与水分子作用形成氢键,而使水分不易挥发,起到保湿作用。但因其具有酸性,可能产生刺激性作用和影响化妆品的 pH 值。所以,多以脂肪酸盐或酯形式使用,可减缓其刺激性或对 pH 值影响，同时也增大其在水中或油中的溶解度。常用的脂肪酸及其盐类有：

(1) 乳酸钠(sodium lactate)$CH_3CH(OH)COONa$：又称 2-羟基丙酸钠。可由乳酸与碳酸钠反应得到，也是人体代谢产物乳酸的钠盐。淡黄色黏稠液体，易溶于水。是天然保湿因子的重要成分之一，具有较强的吸湿和保湿能力。多用于润肤霜膏、蜜类化妆品，也可用作甘油的代用品。市售乳酸钠盐通常是 50%～60%的水溶液。

(2) 2-吡咯烷酮-5-羧酸钠(sodium 2-pyrrolidone-5-carboxylate)

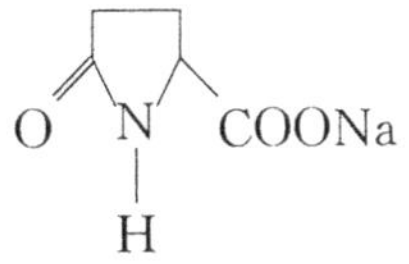

：常简称为吡咯烷酮酸钠。其羧酸是白色结晶粉末，其水溶液是呈无色、无味、透明的液体。只有以盐的形式才有良好的吸湿、保湿能力，是天然保湿因子的主要成分，其保湿能力比甘油强，表3-2 的结果表明了在不同的湿度条件下它们吸湿能力的差异。

表 3-2 2-吡咯烷酮-5-羧酸钠的吸湿能力

保湿剂	31% 湿度	58% 湿度
甘油	13	35
吡咯烷酮酸	<1	<1
吡咯烷酮酸钠	20	61

(3) 海藻酸钠(sodium alginate)：在化妆品中既是胶粘剂，又可起到保湿剂的作用。同样，其他胶粘剂如黄蓍树胶、阿拉伯胶等也有类似的保湿作用(详见第七章)。

(4) 透明质酸(hyaluronic acid)：是由 *β-D-*葡萄糖醛酸和 *β-D-*乙酰氨基葡萄糖以 *β*-1，3 苷键连接成二糖衍生物，以此作为重复结构单位，通过 *β*-1，4 苷键再结合成大分子的黏多糖，相对分子质量约为 2×10^5～2.5×10^5，其分子结构式为：

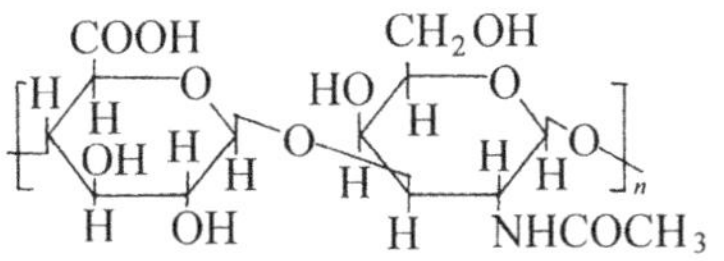

*β-D-*葡萄糖醛酸　*β-D-*乙酰氨基葡萄糖

透明质酸广泛存在于生物机体中，如哺乳动物的眼球玻璃体、角膜、关节液、脐带及结缔组织中。由于其分子结构类似于羟基纤维素，因此具有较强的吸湿、保湿作用。据测定，它的保湿能力远超过一般常用的保湿剂，如上述的甘油、山梨醇、吡咯烷酮羧酸盐等。

它易与水分子结合形成黏稠凝胶，具有成膜和润滑性能，特别是用于护肤化妆品中，效果尤为显著。据报道，已从鸡冠中提取、分离得到透明质酸，但因价格高而未能广泛应用于一般化妆品，仅限用于高品质的护肤化妆品投放市场。

3. 脂肪酸酯类　常用作保湿剂的有脂肪酸乙酯、异丙酯、十四烷基和十六烷基酯；聚乙二醇或聚丙二醇脂肪酸酯；甘油三酸酯（如杏仁油、豆油、橄榄油、鳄梨油、蓖麻油和麦芽胚油等），下面仅举一些代表性例子：

（1）低碳醇的脂肪酸酯：

1）月桂酸己酯（hexyl laurate）$CH_3(CH_2)_{12}COOC_6H_{13}$

2）豆蔻酸异丙酯（isopropyl myristate）$CH_3(CH_2)_{12}COOCH(CH_3)_2$

3）豆蔻酸丁酯（butyl myristate）$CH_3(CH_2)_{12}COOC_4H_9$

4）棕榈酸异丙酯（isopropyl palmitate）$CH_3(CH_2)_{14}COOCH(CH_3)_2$

5）棕榈酸丁酯（butyl palmitate）$CH_3(CH_2)_{14}COOC_4H_9$

它们是合成油脂，在常温下为无色透明液体，属低黏度的轻油类物质。用于护肤膏霜和蜜类化妆品中，用量为2%～10%。可在皮肤上形成一层细腻、润滑膜，无油腻感，不发黏，被认为是所有润肤剂，中渗透力最好的一类滋润剂，并能提高其他润肤剂，如羊毛脂等的渗透力。

（2）高碳醇的脂肪酸酯：

1）豆蔻酸鲸蜡醇酯（cetyl myristate）$CH_3(CH_2)_{12}COOC_{16}H_{33}$

2）豆蔻酸豆蔻基酯（myristyl myristate）$CH_3(CH_2)_{12}COOC_{14}H_{29}$

3）三脂肪酸甘油酯各种植物油脂

4）聚乙二醇单油酸酯（polyethylene glycol monooleate）$CH_3(CH_2)_7CH=CH(CH_2)_7COOCH_2(CH_2OCH_2)_nCH_2OH$

这些高碳醇的脂肪酯多为油蜡性质，是极好的保湿剂，在膏霜类中用量可达5%，在蜜类化妆品中的用量为0.5%～2%。尤其在人体皮脂内含有三脂肪酸甘油酯30%以上的结果被证实后，使得植物油脂用作润肤剂，被广泛应用于护肤化妆品中。

4. 尿囊素　是尿素的衍生物，化学名称为5-脲基咪唑啉-2,4-二酮（5-ureidoimidazolidine-2,4-dione），结构式为：

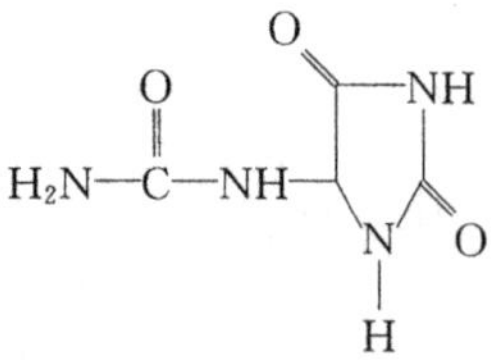

它是白色结晶性粉末，无臭、无味。不仅可以促进肌肤、毛发最外层的吸水能力，而且有助于提高角蛋白分子的亲水力。因此，可改善肌肤、毛发和口唇组织中的含水量。对于皮肤出现干燥、粗糙、角化，或毛发干枯、硬脆、断裂及口唇干裂等问题，得到湿润和调理，使之柔软、具有弹性和光泽。

可添加到各种化妆品基质中，其性能稳定。在乳化体中也很稳定，亦无变色，也无破坏乳化体稳定性等问题产生。添加量一般在0.5%左右就有显著效果，用于护肤、护发的化妆品中。

目前，其衍生物也得到广泛应用，如氯羟基尿囊素铝、尿囊素蛋白质、尿囊素聚半乳糖醛酸等，既起到保湿剂作用，又具有收敛剂的功效。

第四章

防晒剂

防晒剂是指添加于具有防晒作用的化妆品中，能够散射、反射和吸收紫外线而起到防止或减弱对皮肤伤害作用的成分。本章将介绍紫外线对皮肤的作用及涉及的化学反应；防晒剂的防晒作用机制；化妆品中所使用的防晒剂及其分类等有关内容。

第一节　紫外线及其作用

一、紫外线对皮肤的作用

紫外线通常用UV(ultraviolet)表示。它是指太阳光线中波长为200～400nm的射线，是太阳光中波长最短的一种，约占太阳光线中总能量的6%。

按紫外线对皮肤的作用不同，可分为三个区段：UVA、UVB和UVC区段。

1. UVA区段紫外线的波长为320～400nm，又称晒黑段，透射能力可达真皮层，具有透射力强、作用缓慢持久的特点。UVA虽然不会引起皮肤急性炎症，但它对玻璃、衣物、水及人体表皮有很强的穿透力，可以先穿透表皮到达皮肤的底层并潜伏起来，而且这种作用具有不可逆的累积性，长时间就会严重扰乱皮肤的免疫系统，造成体内氧化游离基(自由基)增多，损害弹性组织。由此产生的后果是：肌肤提前衰老，肌肉松弛、下垂，角质层过厚，表皮粗糙，有皱纹和色斑出现，同时增加UVB对皮肤的损伤。

2. UVB区段紫外线的波长为280～320nm，又称晒红段，透射力可达人体表皮层，能引起红斑。该段是防止紫外线晒伤的主要波段，是导致皮肤晒伤的根源。轻者可使皮肤红肿、产生疼痛感，重者则会产生水泡、脱皮等。红斑反应是迅速的，阳光直晒几个小时(h)即可出现，在12～24h内发展到高潮，数天后逐渐消退。皮肤反应的剧烈程度视皮肤对阳光的敏感性及其吸收能量的高低而有所不同，UVA 和 UVB 射线照射过量，可能会引起细胞DNA 的突变，是导致皮肤癌产生的致病因素之一。

3. UVC 区段的紫外线波长为200～280nm，又称杀菌段，透射力只到皮肤的角质层，且绝大部分被大气阻留（主要是臭氧层的吸收），所以不会对人体皮肤产生危害。

太阳光经过地球的过滤（主要是臭氧层的吸收）到达地面时，其波长低于280nm 的波段所剩无几。但波长280～400nm 的紫外线照射，则仍是很强烈的。而且，除了直接照射外，间接由天空大气层散射的紫外线也不能忽视。

二、紫外线与化学反应

紫外线对皮肤的作用，主要涉及的化学反应有两种：

1. 紫外线与维生素 D_3 的合成　太阳光中的紫外线能杀死和抑制皮肤表面上的细菌生长，能促进人体皮肤中的7-脱氢胆甾醇转化为维生素 D_3，对人体的生长发育具有重要作用，其反应式如下：

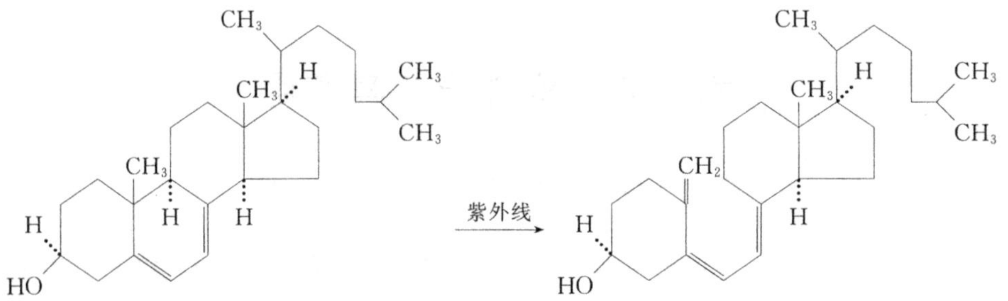

7-脱氢胆甾醇　　维生素 D_3

维生素D_3 属D 族维生素，是D 族维生素生理活性最强的一种。缺少它会引起缺钙等症状。严重不足时，婴儿会引起佝偻病，成人则发生软骨病。

2. 紫外线与黑色素形成　皮肤表皮层的基底层黑色素细胞内的黑色素含量的多少，是决定人体皮肤颜色的重要因素。黑色素形成的生物化学过程现已研究的比较清楚，认为它是由酪氨酸在含高价铜离子（Cu^{2+}）的酪氨酸酶作用下，氧化生成3，4-二羟基苯丙氨酸（多巴），再由酪氨酸酶氧化为多巴醌，进一步氧化为5，6-二羟基吲哚，聚合后生成黑色素，其反应过程可表示如下：

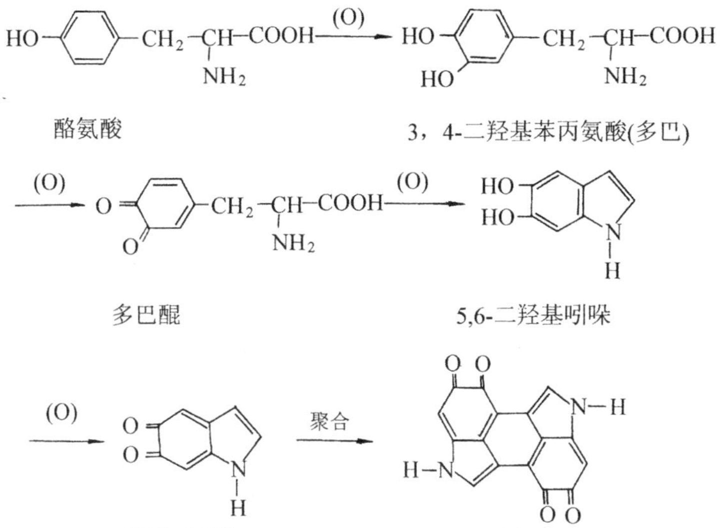

酪氨酸　3，4-二羟基苯丙氨酸(多巴)

多巴醌　5,6-二羟基吲哚

吲哚-5,6醌　黑色素

紫外线照射可促使酪氨酸酶的活性升高，尤其以UVB紫外线作用更为强烈，促使皮肤黑色素增多而变黑。如面部皮肤上的雀斑、黄褐斑等色斑，也会因日光照射而加重。

由上述紫外线所涉及人体皮肤的化学反应可知，适宜的日光照射对身体是有益的，反之过度的日晒对人体是有害的。皮肤变黑的原因主要有两方面，其内因是体内的酪氨酸酶的活性，其外因是紫外线作用于皮肤所致。为了防止或减弱紫外线对皮肤的照射，除了使用遮阳的防晒用具外，应用防晒用化妆品也是常用的方法。

第二节　防晒机制

由于紫外线的波长短，能量高，很多物质的分子吸收紫外线后，容易形成电子激发态，这种激发态的分子可以引起一系列的光物理过程和光化学反应。从理论上讲，也是防晒剂具有防晒作用的理论基础。

一、光物理过程

光物理过程是物质分子吸收光量子后其能态的变化过程，如图4-1所示。当分子吸收光量子后，分子由基态 S_0 激发成最低激发单线态 S_1 或更高激发的单线态 S_2。被激发的分子又可能通过三种途径回到基态：

(1) 发射荧光回到基态或内部先过渡到三线态 T_1，然后释放出磷光回到基态。

(2) 将能量以热能的形式传递给其他分子而回到基态。

(3) 能量转移给能量转移剂而回到基态。

总之，光物理过程是将大部分被吸收的能量转化为对物质分子无害的热能和波长较长的光。

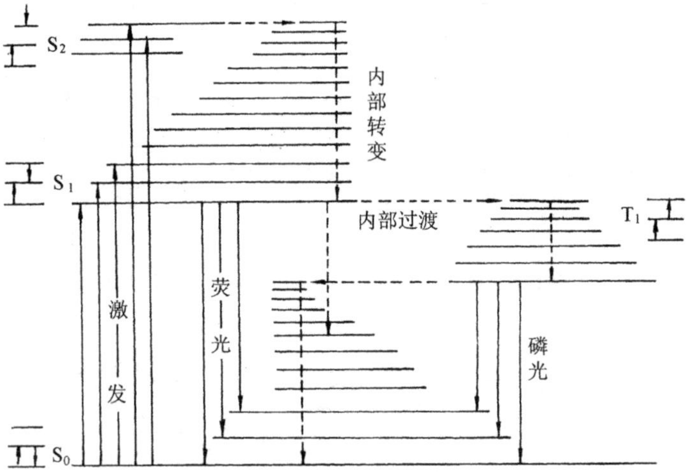

图 4-1 激发态分子的光物理过程

防晒剂分子吸收紫外线后,将紫外线能量转变为其他的能量形式而起到防晒作用。

二、光化学反应

紫外线的波长短,能量高(322～343kJ/mol 光量子),它可以使皮肤内的某些分子如酪氨酸、7-脱氢胆固醇等,或者用了防晒剂分子(RH)成为激发态,或断裂其化学键,以引起游离基(自由基)链式反应。同时,周围有氧的存在,可以参与反应过程。所以,光化学反应也称为"光氧化反应"。其反应过程如下:

(1) 链的引发阶段:

$$R—H \xrightarrow{hv} R\cdot + \cdot H \quad ①$$

$$R—H \longrightarrow R—H^{*}(\text{激发态分子}) \quad ②$$

$$R\cdot + O_2 \longrightarrow ROO\cdot \quad ③$$

$$R—H^{*} + O_2 \longrightarrow ROOH \longrightarrow \begin{cases} ROO\cdot + \cdot H \\ RO\cdot + \cdot H \end{cases} \quad ④$$

(2) 链的增长阶段:

$$ROO\cdot + R—H \longrightarrow ROOH + R\cdot \quad ⑤$$

$$ROOH \longrightarrow RO\cdot + \cdot OH \quad ⑥$$

$$RO\cdot + R—H \longrightarrow ROH + R\cdot \quad ⑦$$

$$HO\cdot + R—H \longrightarrow R\cdot + H_2O \quad ⑧$$

(3) 链的终止阶段:

$$R\cdot + R\cdot \longrightarrow R—R \quad ⑨$$

$$2ROO\cdot \longrightarrow ROOR + O_2 \quad ⑩$$

$$ROO\cdot + RO\cdot \longrightarrow ROR + O_2 \quad ⑪$$

从以上反应可以看出，光氧化机制与氧化机制（在第五章论述）基本相同。其不同之处在于链引发阶段如式②所示，物质分子 R—H 受光作用，首先生成激发态分子，接着是如式④所示的氧化过程。此外，在链增长阶段，还可能要受到光的影响。

当然，物质分子的结构不同，其光氧化过程也不完全一样。例如，可形成氢键、含有双键、共轭体系等结构的分子，容易被激发而引起光氧化反应。此外，不同结构的分子对各种不同波段紫外线的敏感程度也是不同的，这就为吸收某波段的紫外线而选择不同结构的防晒剂提供了理论依据。

第三节 防晒剂

一、防晒剂的分类

防晒化妆品是一类用于防止或减弱紫外线对皮肤伤害的制品。在其中起到防晒作用的是防晒剂。可以添加于防晒用化妆品的防晒剂种类很多，按照防晒剂对紫外线的作用或防晒机制，防晒剂主要分为两类：

1. 紫外线散射剂　也称紫外线屏蔽剂。这一类防晒剂在化妆品中所起到的防晒作用是通过对紫外线散射作用（或屏蔽作用）而减少紫外线对皮肤的直接照射。

这一类物质主要是白色粉质类物质，如钛白粉、氧化锌、高岭土、碳酸钙、滑石粉等。这类物质又称为无机紫外线散射剂或物理散射剂。

近年来，对无机紫外线散射剂的高效作用研究日趋活跃，尤其是在纳米技术的应用之后更为活跃。如制备超细微粒（纳米级）物质，用作化妆品的防晒剂，其效果优异。还有将云母与具有抗紫外线能力的金属氧化物（如 TiO_2、ZnO 等）混合、加热、熔融，制得透明性、耐湿性等良好的新型复合抗紫外线的细粉体等。

2. 紫外线吸收剂　是指对紫外线有吸收作用的物质，这一类物质的分子结构一般是具有羰基共轭或杂环的芳香族有机化合物，又称为化学吸收剂。它们能吸收紫外线的光能，并将其转换为热能，而本身结构不发生变化。由于这些物质的分子结构不同，可以对不同波段紫外线有选择性吸收。可以依据防晒剂的要求来选择不同结构的紫外线吸收剂。按其化学结构可分为：

（1）水杨酸酯类：是较老的一类紫外线吸收剂，其特点是价格便宜，毒性低，与其他成分相容性好。其缺点是紫外线吸收率低，吸收波段较窄（340nm 以下），本身对紫外线不甚稳定，长时间光照以后发生重排反应，而明显地吸收可见光，使之带有颜色。可根据不同的防晒要求，以 1.0%～10.0%的浓度添加于防晒霜、防晒油等化妆品。代表性化合物见表 4-1。

表 4-1 水杨酸酯类防晒剂

中文名称	英文名称	结构式
水杨酸苯酯	phenyl salicylate(salol)	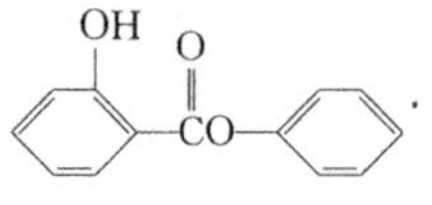
水杨酸-4-异丙基苄基酯	4-isopropylbenzylsalicylate	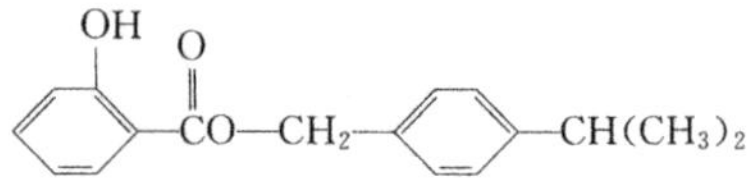
水杨酸-2-乙基己基酯	2-ethylhexyl salicylate	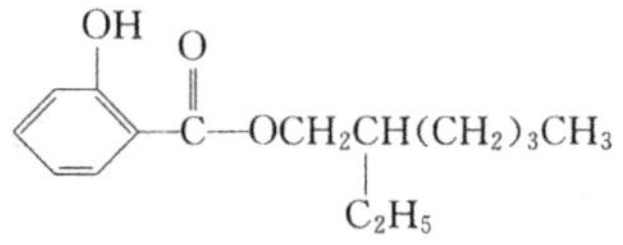
水杨酸薄荷酯	menthyl salicylate	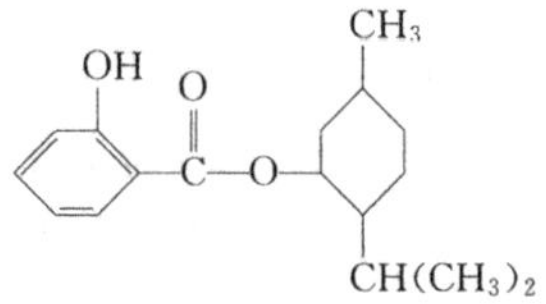
水杨酸盐(钾、钠和三乙醇胺盐)	salicylic acid salts(potassium, sodium and triethanolamine salts)	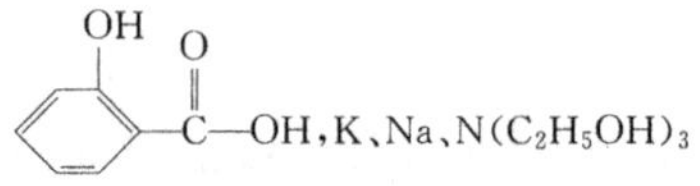

(2) 二苯酮衍生物：是一类重要的紫外线吸收剂。从结构上看有两种类型：一种是只有一个邻位羟基，能吸收波长290～380nm的紫外线。另一种含有两个邻位羟基，吸收的波段向长波方向偏移，能吸收波长300～400nm的紫外线。所以，二苯酮类紫外线吸收剂对UVA和UVB区段兼能吸收，是一类广谱紫外线吸收剂。另外，它具有很高的热和光稳定性，但易发生氧化反应。与皮肤和黏膜有良好的亲和性，不会发生光敏反应等特点。常用的二苯酮衍生物见表4-2。

表 4-2 二苯酮衍生物防晒剂

中文名称	英文名称	结构式
2-羟基-4-甲氧基二苯酮	2-hydroxy-4-methoxy-benzophenone	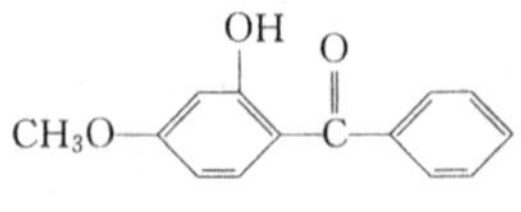
2-羟基-4-甲氧基-5-羧甲基二苯酮	2-hydroxy-4-methoxy-5-carboxymethyl benzophenone	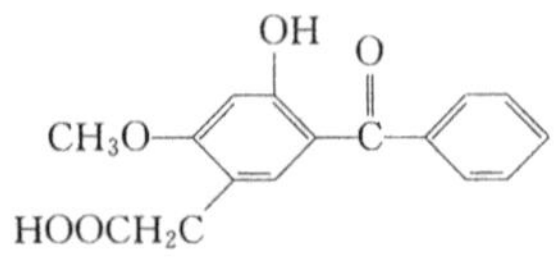

续表 4-2

中文名称	英文名称	结构式
2-羟基-4-正辛氧基二苯酮	2-hydroxy-4-*n*-octoxy-benzophenone	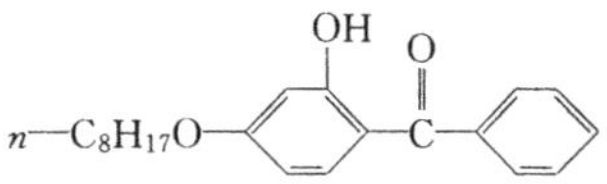
2,2′-二羟基-4-甲氧基二苯酮	2,2′-dihydroxy-4-methoxy benzophenone	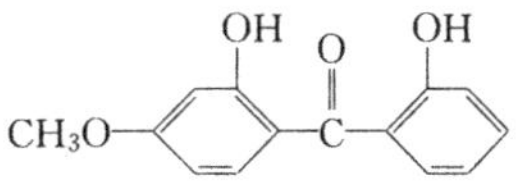
2,2′-二羟基-4,4′-二甲氧基二苯酮	2,2′-dihydroxy-4,4′-dimethoxy benzophenone	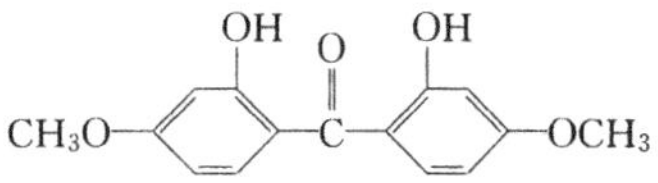
2-甲氧基-4-羟基-5-苯甲酰基苯磺酸	2-methoxy-4-hydroxy-5-benzoylbenzene sulfonic acid	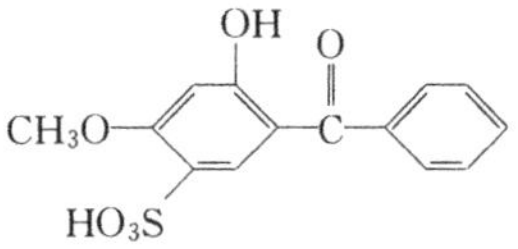

(3) 三嗪类：三嗪类化合物是较新的一类紫外线吸收剂。它是醇溶性和油溶性紫外线 UVB 型吸收剂，可吸收波长 280～320nm 的紫外线。与油脂性成分相容性好，防晒效果优异，可用于防晒油和油/水型防晒霜中。代表性化合物：

1) 2,4,6-三(2′,4′-二羟基苯基)-1,3,5-三嗪[2,4,6-tri(2′,4′,-dihydroxyphenyl)-1,3,5-triazine]，结构式为：

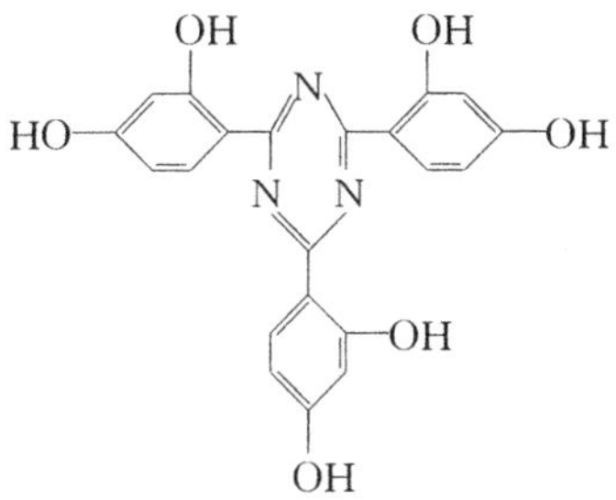

2) 2,4,6-三(2′-羟基-4′丁氧基苯基)-1,3,5-三嗪[2,4,6-tri(2′-hydroxy-4′-butoxyphenyl)-1,3,5-triazine]，结构式为：

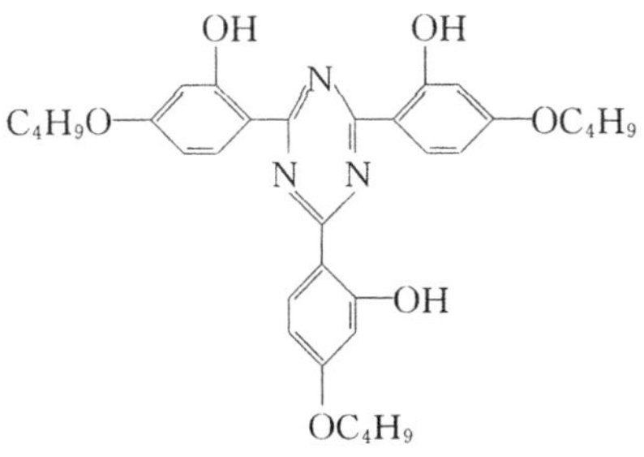

(4) 苯并三唑类:此类吸收剂能吸收波长 280～380nm 的紫外线,也属于UVA和UVB 区段兼能吸收剂,是一类广谱紫外线吸收剂。热稳定性好,挥发性小,在醇和油性中均有较好的溶解性,可用于防晒油和油/水型防晒剂中。代表性防晒剂:2-(2-羟基-5-甲基苯基)苯并三唑[2-(2-hydroxy-5-methylphenyl)benzotriazole],结构式为:

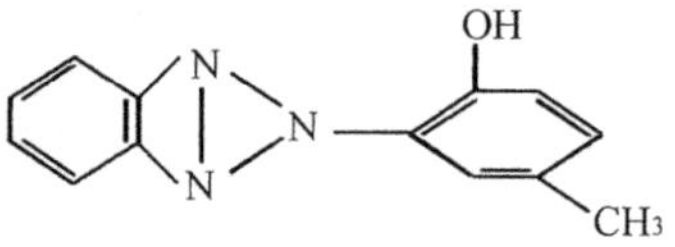

上述水杨酸酯类、二苯酮类、三嗪类、苯并三唑类的衍生物,结构上具有一个共同特点,即酚羟基的邻位上有一个接受氢原子的基团,它们能形成分子内氢键。例如:

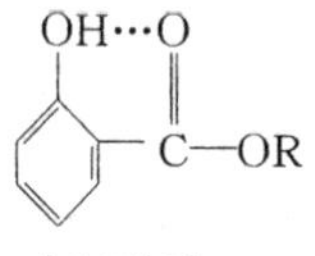

水杨酸酯

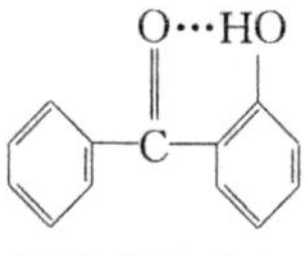

邻羟基二苯酮

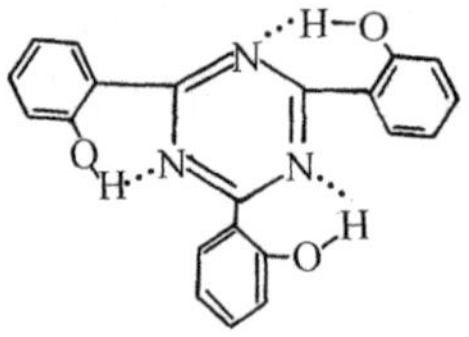

邻羟基酚三嗪

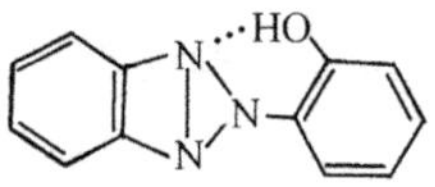

邻羟基酚苯并三唑

理论上认为,这些紫外线吸收剂所吸收的紫外线能量通过氢键的形式而转变为无害的能量。因此,在上述各类吸收剂中,结构中都具有这些有利因素,进一步说明了这些吸收剂能够吸收紫外线的原因。

(5) 肉桂酸酯类:属于紫外线UVB 型吸收剂。为提高其防晒效果,常与其他紫外线吸收剂配合使用,一般使用浓度在1%～2%,是目前国内使用最广、用量最大的一类防晒剂。代表性化合物见表4-3 所示。

(6) 尿刊酸及其乙酯(urocanic acid and its ethyl ester):属于紫外线UVB 型吸收剂。其酸是水溶性的,其乙酯是醇溶性的。与其他紫外线吸收剂相配合使用,可提高其防晒效果。结构式为:

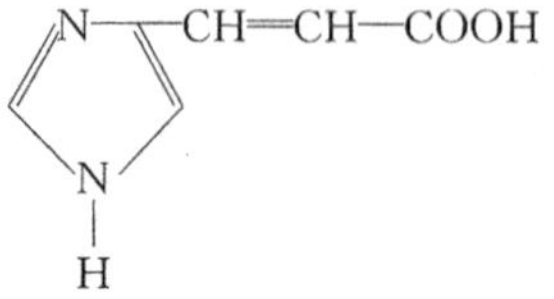

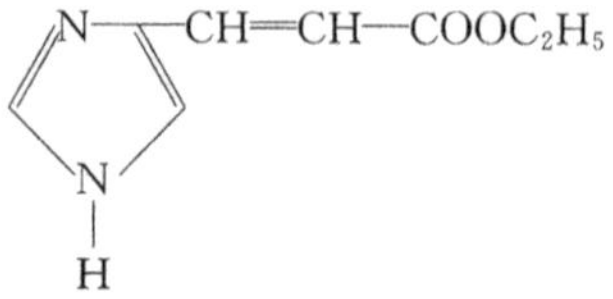

表 4-3 肉桂酸酯类防晒剂

中文名称	英文名称	结构式
4-甲氧基肉桂酸丙酯	propyl-4-methoxy cinnamate	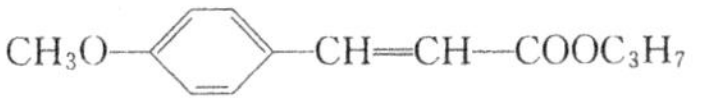
4-甲氧基肉桂酸戊酯	pentyl-4-methoxy cinnamate	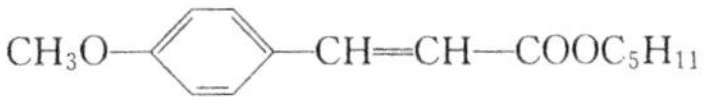
4-甲氧基肉桂酸环己基酯	cyclohexy-4-methoxy cinnamate	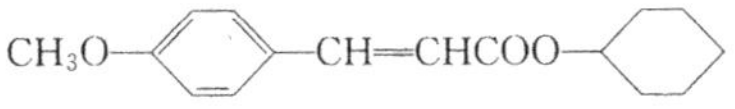
4-甲氧基肉桂酸-2-乙基己基酯	2-ethylhexyl-4-methoxy cinnamate	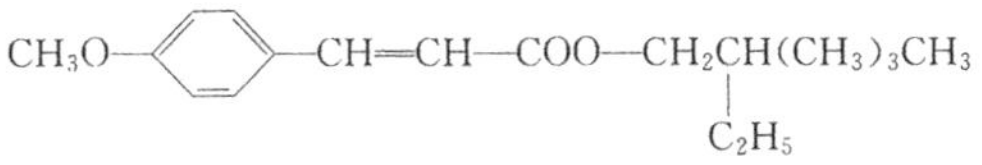
α-氰基-4-甲氧基肉桂酸己酯	hexyl-α-cyano-4-methoxy cinnamate	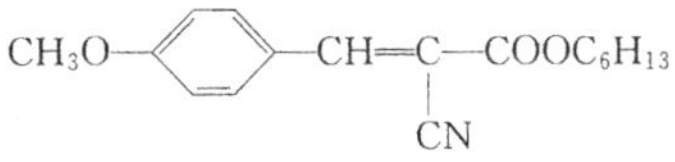

由上述所述的肉桂酸酯类和尿刊酸及其酯，在结构上均具有 C═C 双键和羧基形成的共轭结构体系。如 C═C—C═O，此体系有利于吸收紫外线，亦称为吸收型紫外线吸收剂。它是将吸收的紫外线能量通过共轭体系而转变为无害能量。

(7) 对氨基苯甲酸及其酯类：属于紫外线UVB型吸收剂，常以对氨基苯甲酸及其酯类配合使用效果较好，并提高与皮肤的亲和性，使用浓度为0.5%～5.0%。代表性化合物见表4-4所示。

表 4-4 对氨基苯甲酸及其酯类防晒剂

中文名称	英文名称	结构式
4-氨基苯甲酸	4-aminobenzoic acid	
4-氨基苯甲酸甲酯	methyl-4-aminobenzoate	
4-氨基苯甲酸单甘油酯	glyceryl-4-amino-benzoate	
4-二甲氨基苯甲酸-2-乙基己基酯	2-ethylhexyl-4-dimethyl aminobenzoate	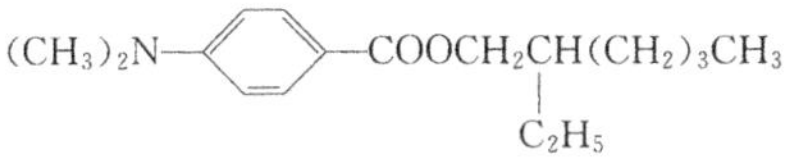
4-双(羟丙基)氨基苯甲酸乙酯	ethyl-4-bis(hydroxy-propyl)aminobenzoate	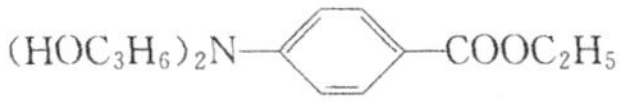
4-双(乙氧基)氨基苯甲酸乙酯	ethyl-4-bis(ethoxy) aminobenzoate	
4-二乙氨基苯甲酸乙酯	pentyl-4-diethyl aminobenzoate	

(8) 3-(4-甲基亚苄基)樟脑[3-(4-methylbenzylidene)-bornan-2-one]:结构式为:

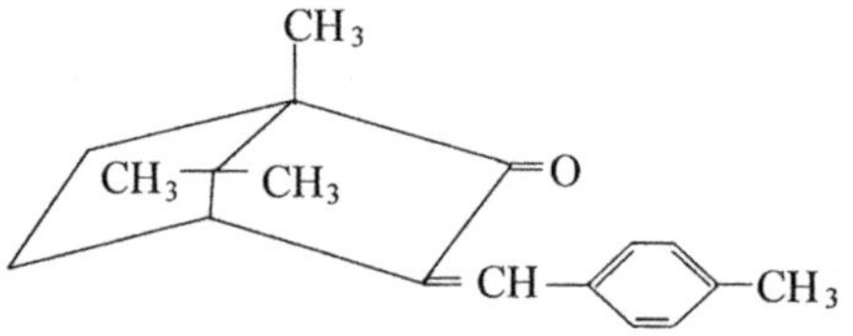

它是一种 UVB 型紫外线吸收剂,分子结构仍具有 C═C—C═O 的共轭体系,也是通过此体系吸收紫外线能量而达到能量转变。

除上述所介绍的防晒剂,还有二苯甲烷衍生物、苯并咪唑类有机化合物,均属于化学防晒剂。这里要指出的是,防晒化妆品中含有过多的紫外线吸收剂,它们在紫外线的照射下发生分解反应,产生出具有刺激性的物质,常有可能引起光毒性或光敏性皮炎。如上述的水杨酸、肉桂酸、对氨基苯甲酸及其酯类化合物都是光敏性物质。为此,我国《化妆品卫生标准》规定化妆品中允许使用的紫外线吸收剂有 36 种,详见附录一中表 5 所示。

二、晒黑剂

由紫外线对皮肤的作用已知,UVA 区段的紫外线波长为 320～400nm,它不会对皮肤产生红斑,而只能使皮肤晒黑。如果防晒剂只能吸收 320nm 以下的紫外线,这种防晒剂称为晒黑剂。这是一种即能防止晒伤又能达到适度晒黑的防晒剂,如添加于化妆品中,则称为晒黑化妆品。

除上述部分 UVB 紫外线吸收剂,还有二羟基丙酮、甘油醛、赤藓酮糖等作为辅助成分应用于晒黑化妆品中。

三、防晒系数

防晒化妆品的防晒效果常用防晒系数(sun protection factor,SPF 值)来表示。有人认为是指防晒化妆品能延长皮肤受日晒引起皮肤泛红所需的时间倍数,这是不确切的。防晒系数通常是指在涂有防晒剂保护的皮肤上,产生最小红斑所需能量与未加保护的皮肤上产生相同程度红斑所需能量之比。

美国 FDA 对防晒产品的 SPF 值测定有较为明确的规定。它以人体为测试对象,采用模拟太阳光或用日光对 20 名以上的被测试者的背部进行照射,以测试其不涂防晒化妆品所产生的红斑量与涂有防晒化妆品所产生的红斑量之比来计算并测得该防晒化妆品的 SPF 值。其 SPF 值的大小表明了防晒化妆品对紫外线的防护能力的高低。

还规定:最低的 SPF 值为 2～6,中等的 SPF 值为 6～8,高度的 SPF 值为 8～

12,高强度的SPF值为12～20,超高强度的SPF值为20～30。一般情况下,使用SPF值为15的防晒化妆品就已经够了,不要盲目追求其SPF值。

有关SPF值各国有不同的测定方法,因此测试结果也有差异。我国尚未对防晒化妆品的防晒能力评价方法做出统一的方法,因此,产品上标明的SPF值也没有办法达到明确可信的程度。

四、防晒剂的要求

(1) 防晒剂作为紫外线吸收剂,首先要对最有害的波长范围内(一般为280～400nm)具有较强的吸收能力,以防止或减弱紫外线的伤害。

(2) 防晒剂自身要对紫外线稳定,在日光作用下不分解,且吸收能量后,能迅速转变为无害的能量。

(3) 尽量无色、无味,不影响化妆品质量。

(4) 安全性高,对皮肤无毒性、无刺激性、无过敏性和无光敏性。

(5) 与化妆品中其他组分相容性好,相互间不发生化学反应。

(6) 易得、价格低廉。

第五章

防腐剂和抗氧剂

为了保证化妆品在保质期内的安全有效性，常在化妆品中添加防腐剂和抗氧剂，它们在化妆品中的作用是防止和抑制化妆品在使用、储存过程中的败坏和变质。防腐剂是能够防止和抑制微生物生长和繁殖的物质。抗氧剂是能够防止和减缓油脂等氧化酸败作用的物质。

本章将分别讨论化妆品因微生物作用或氧化作用而引起化妆品败坏和变质的原因以及影响它们的作用因素；防腐剂和抗氧剂的防腐或抗氧作用的机制；并介绍有关化妆品中常用的防腐剂和抗氧剂。

第一节　防腐剂

一、微生物的作用

化妆品中含有油脂、蜡、蛋白质、氨基酸、维生素和糖类化合物等，还含有一定量的水分，这样形成的体系往往是细菌、真菌和酵母菌等微生物孳生繁衍的良好环境，其结果是使化妆品易发霉、变质，表现为乳化体被破坏、透明产品变混浊、颜色变深或产生气泡以及出现异味、pH 值降低等现象。为了达到防腐、防霉的目的，大部分化妆品中必须添加防腐剂，以起到能够防止和抑制微生物的生长繁殖的作用。

在化妆品中能够生长繁殖的微生物有：①细菌：大肠杆菌、铜绿假单胞菌（绿脓杆菌）等；②真菌：青霉菌、曲霉菌、毛霉菌、酒霉菌等；③酵母菌：啤酒酵母菌、麦酒酵母菌等。

二、影响微生物生长的因素

上述微生物的生长繁殖除需要有一定的营养物质、水分、矿物质等外，还要求具有一定条件，如 pH 值、温度、氧等。

1. 营养物　糖类化合物如淀粉、多糖类胶性物质等；醇类如甘油、脂肪醇等；脂肪酸及其酯类，如动植物性油脂和蜡；蛋白质与各种氨基酸；维生素类等都是微生物所能利用的物质。

2. 矿物质　铁、锰、锌、钙、镁、钾、硫、磷等元素是多数微生物生长所需要的元素。

3. 水分　微生物的生长必须有足够的水分，水是微生物细胞的主要组成部分，其含量达70％～90％。微生物所需的营养物质必须先溶于水，才能被吸收利用，细胞内各种生物化学反应也都要在水溶液中进行。

4. 温度　多数微生物生长的最适宜温度在20～30℃之间，这与化妆品的应用和储存条件基本一致。当温度高于 40℃时，只有少数细菌生长，而温度低于 10℃时，只有霉菌和少数细菌生长，但繁殖速度较慢。所以，化妆品一般贮存于阴凉地方。但温度过低，如低于 0℃以下，则影响化妆品的剂型等变化。

5. pH 值　霉菌能够在较宽的 pH 范围内生长，但最好是在 pH 值 4～6 之间；细菌则易在中性的介质中生长，当 pH 值为 6～8 时生长最好；酵母菌在微酸性的条件下生长为宜，最适宜的 pH 值是 4～4.5。所以，一般微生物在酸性或中性介质中生长较适宜，而在碱性介质中(pH 值 9 以上)几乎不能生长。

6. 氧　多数霉菌是需氧性的，几乎没有厌氧性的。酵母菌尽管在无氧时也能生长，但有氧时生长更好。细菌的需氧性一般，有的厌氧性好。因此，化妆品中多数微生物是需氧性的。所以，排除化妆品的空气或保持容器的严密性对防止和抑制微生物生长是很重要的。

三、防腐剂对微生物的作用

防腐剂不但抑制细菌、真菌和酵母菌的新陈代谢，而且抑制其生长和繁殖。防腐剂对微生物的作用，只有在以足够的浓度与微生物直接接触的情况下，才能产生作用。防腐剂先是与细胞外膜相接触，进行吸附，穿过细胞膜进入原生质内，然后才能在各个部位发挥效应作用，阻碍细胞繁殖或将细胞杀死。实际上，抑制或杀死微生物是基于多种高选择性的多种效应，各种防腐剂都有其活性作用标的部位，即细胞对某种药物存在敏感性最强的部位，如表 5-1 所示各种防腐剂活性作用标的部位。

表 5-1　防腐剂活性作用标的部位

活性作用标的部位	防腐剂
膜的活性	季铵盐化合物、氯己定类、苯氧基乙醇、乙醇、苯乙醇和酚类
巯基酶	2-溴-2-硝基-1,3-丙二醇
羧基酶	甲醛和甲醛供体
氨基酶	甲醛和甲醛供体
核酸	吖啶类
蛋白质变性	酚类和甲醛

由表 5-1 可见，防腐剂对微生物的作用是通过对酶的活性、细胞膜及细胞原生质部分的遗传微粒，即核酸而产生作用。

所以，防腐剂最重要的作用可能是抑制一些酶的反应；或者是抑制微生物细胞中酶的合成；或者抑制重要部分的合成，如蛋白质和核酸的合成。

四、化妆品用防腐剂的要求

理想的化妆品用防腐剂应具备如下特征：

(1) 对多种微生物都应具有抗菌、抑菌效果。

(2) 能溶于水或化妆品中其他成分。

(3) 不应有毒性、刺激性和过敏性。

(4) 在较大的温度范围内都应稳定而有效。

(5) 对产品的颜色、气味均无显著影响。

(6) 与化妆品中其他成分相容性好，即不应与其他成分发生化学反应，而降低其作用。

(7) 不应对产品的 pH 值产生明显反应。

(8) 价格低廉、易得。

虽然防腐剂的品种很多，但能满足上述要求的并不多，特别是面部和眼部用化妆品的防腐剂更要慎重选择。

五、化妆品用防腐剂

我国《化妆品卫生标准》规定了化妆品组分中限用防腐剂 66 种、化妆品中最大允许浓度及限用范围和必要条件（详见附录一表 4），下面将按其化学结构分类介绍，并列举常用或代表性防腐剂加以说明。

1. 醇类　可用作防腐剂的有乙醇、异丙醇、丙二醇、苄醇、2-苯基乙醇、1-苯氧基-2-丙醇、2，4-二氯苄醇、3，4-二氯苄醇等。

较新型常用的醇类防腐剂：2-溴-2-硝基-1，3-丙二醇（2-bromo-2-nitro-1，3-propanediol），商品名称布罗波尔（Bronopol），结构式为：

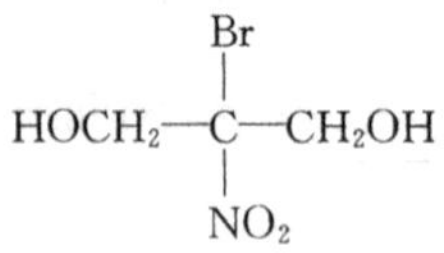

它是白色结晶或结晶状粉末，易溶于水，它的最佳使用 pH 值范围为 5～7。在 pH 值为 4 时最稳定，随介质 pH 值升高稳定性下降。在碱性条件下，溶液颜色容易变深，但对抗菌活性影响不大。与尼泊金酯配伍使用要比单独使用抗菌效果更好。对皮肤一般无刺激性和过敏性。在低浓度下，它就是一种广谱抗菌剂，按规定允许最大用量为 0.1%。常用于膏霜、奶液、香波、牙膏等化妆品中。

2. 酚类　很多酚类化合物不仅具有抗菌、防腐作用，而且还具有抗氧剂作用。酚类可用作防腐剂的有苯酚、间苯二酚、2-苯基苯酚、2-甲基-4-氯苯酚、3-甲基-4-异丙基苯酚、3,5-二甲基-4-氯苯酚、3,5-二甲基-2,4-二氯苯酚、2-甲基-3,4,5,6-四溴苯酚等。

代表性酚类防腐剂有：

(1) 2-苯基苯酚(2-phenylphenol)，结构式：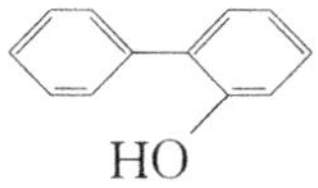

它是白色的片状晶体，略有酚的气味，不溶于水，能溶于碱溶液及大部分有机溶剂。它的防腐活性很高，在低浓度(0.005%～0.006%)时显示出很好的杀菌效果，较苯甲酸和对羟基苯甲酸甲酯、乙酯活性高，化妆品中一般用量为0.05%～0.2%，按规定最大允许用量0.2%。

(2) 六氯酚(hexachlorophenol)：化学名称为2,2′-亚甲基双(3,4,6-三氯苯酚)[2,2′-methylene bis(3,4,6-trichlorophenol)]，结构式：

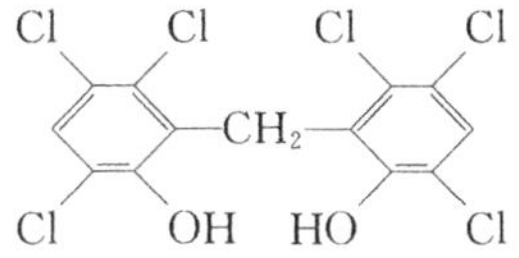

它是白色可流动性粉末，无臭、无味，溶于乙醇、乙醚、丙酮和氯仿中，不溶于水。对革兰阳性菌有很好的杀菌作用，可用作皮肤杀菌剂，一般用于皂类、油膏类化妆品。因在较高浓度(1%～3%)时才对霉菌有作用，所以在化妆品内受到限制，其最大允许浓度为0.1%。与其具有相似作用还有双氯酚，化学名称为2,2′-亚甲基双(4-氯苯酚)，也有较好的抗霉菌作用。

3. 羧酸及其酯类或盐类　用作防腐剂的有苯甲酸及其钠盐、山梨酸及其钾盐、水杨酸及其钠盐、对氨基苯甲酸乙酯等。

常用的防腐剂有：

(1) 脱氢醋酸及其钠盐(dehydroacetic acid and its sodium, DHA)，结构式：

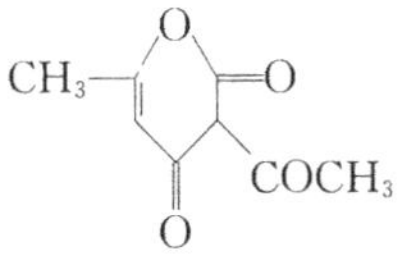　和　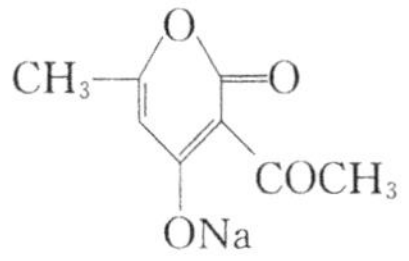

DHA由四分子醋酸通过分子间脱水而制得。易溶于乙醇、稍溶于水，其钠盐易溶于水。都是无臭、无味、白色结晶性粉末。无毒，在酸性介质(pH＜5)时抗菌效果好，最大允许浓度为0.6%。

(2) 对羟基苯甲酸酯类(esters of *p*-hydroxybenzioc acid)：商品名为尼泊金酯，结构式：

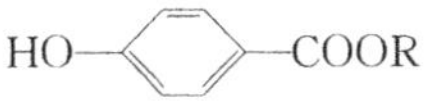

其酯类包括甲酯、乙酯、丙酯、异丙酯和丁酯等，这一系列酯均为无臭、无味、白色晶体或结晶性粉末。该系列用作化妆品防腐剂已有很久历史，因具有不易挥发、无毒、稳定性好等特点，现仍广泛应用，在酸性或碱性介质中都有良好的抗菌活性。其活性随酯基碳链的数目增加而增强，但在水中溶解度降低。其酯类混合使用比单独使用效果更佳，例如甲酯：乙酯：丙酯：丁酯＝7：1：1：1，也可依化妆品不同而改变配比。常用于油脂类化妆品中，最大允许浓度单酯为 0.4%，而混合酯为 0.8%。

(3) *N*-羟甲基甘氨酸钠(sodium *N*-hydroxymethyl aminoacetate)，结构式：

$$HOCH_2—NH—CH_2COONa$$

商品名为 Suttocide A，是一种广谱抗菌剂，在 pH 值 8～12 的范围内防腐活性高。一般使用浓度为 0.003%～0.3%，主要用于香波、护发素等化妆品。

4. 酰胺类　酰胺类化合物用作防腐剂的有：

(1) 卤二苯脲(halocarban)：化学名称为 4,4′-二氯-3-三氟甲基均二苯脲[4,4′-dichloro-3-(trifluoromethyl)carbanilide]，结构式：

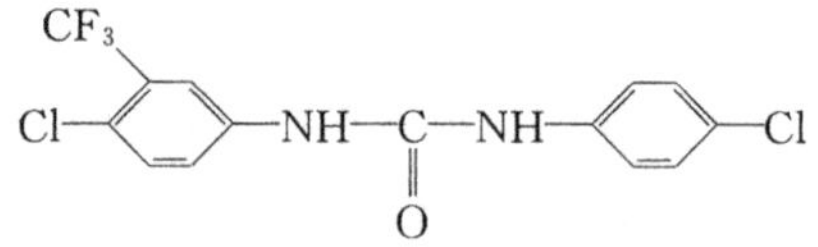

它是无臭、无味、白色粉末，难溶于水，对革兰阳性菌有抗菌作用，最大允许浓度为 0.3%。

(2) 三氯二苯脲(trichlorocarban)：化学名称为 3,4,4′-三氯均二苯脲(3,4,4′trichlorocarbanilide)，结构式：

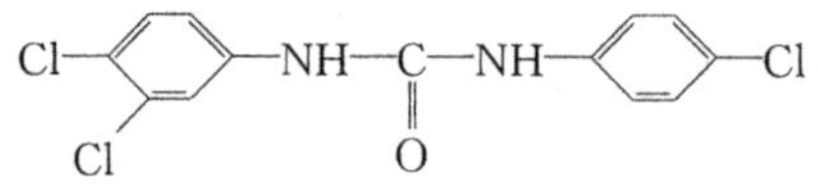

它是无臭、无味、白色细粉末，难溶于水，对革兰阳性菌有抗菌作用，最大允许浓度为 0.3%。

(3) 咪唑烷基脲(imidazolidinyl urea)：商品名为 Germa-115，化学名称为 3,3′-双(1-羟甲基-2,5-二氧代咪唑-4-基)-1,1′-亚甲基双脲 [3,3′-bis(1-hydroxymethyl-2,5-dioxoimidazolidin-4-yl)- 1,1′-methylenediurea]，结构式：

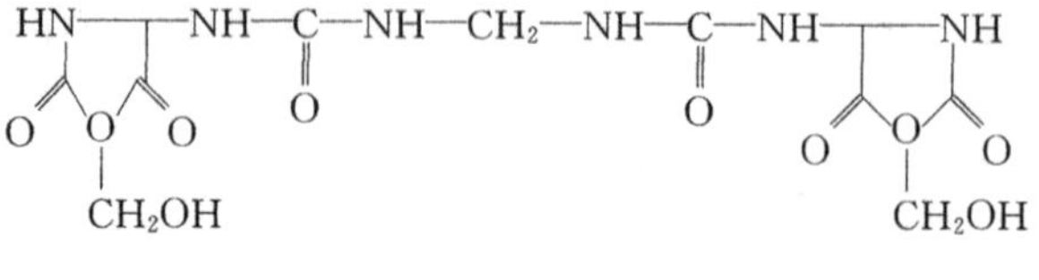

它是无臭、无味、白色粉末，极易溶于水，对皮肤无毒、无刺激性、无过敏性，与尼泊金酯配合使用可大大提高抗菌活力。对各种表面活性剂都能配伍，适宜的 pH

值为4～9。最大允许浓度为0.6%。

(4) *N*-(羟甲基)-*N*-(1,3-二羟甲基-2,4-二氧-5-咪唑啉基)-*N*′-(羟甲基)脲[*N*-(hydroxymethyl)-*N*-(1,3-dihydroxymethyl-2,4-dioxoimidazolidin-4-y1)-*N*′-(hydroxymethyl)urea],结构式:

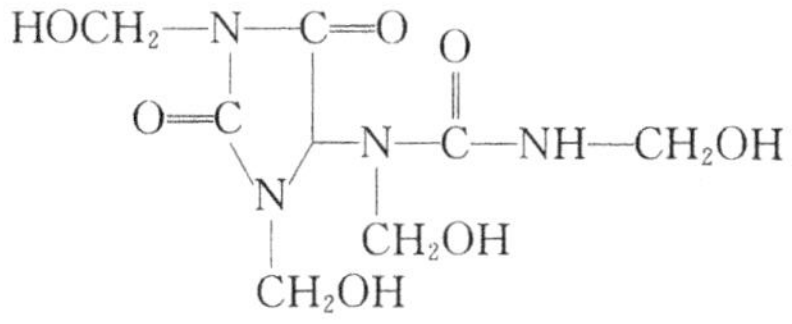

商品名称为Germal Ⅱ。它是白色流动吸湿性粉末,无味或略有特征气味。可在较宽的pH值范围内(4～8)使用;稳定性好,可与所有离子型和非离子型表面活性剂配伍,也可与大多数化妆品成分配伍。其抗细菌活性较咪唑烷基脲好,但抗霉菌活性较咪唑烷基脲差。与对羟基苯甲酸酯类配伍使用,可增强抗霉菌的活性。化妆品中常以Germal Ⅱ 0.2%,对羟基苯甲酸甲酯0.2%和丙酯0.1%混合使用。

5. 杂环类

(1) 5-氯-2-甲基-异噻唑啉-3-酮和2-甲基-异噻唑啉-3-酮的混合物(mixture of 5-chloro-2-methylisothiazol-3-one and 2-methylisothiazol-3-one),结构式:

商品名称为Kathon(G)或(凯松-CG)。它是淡琥珀色透明液体,气味温和。最佳使用pH值范围为4～8,pH>8稳定性下降。可与各种离子型和非离子型表面活性剂配伍。但胺类、硫醇等含硫化合物和漂白剂及高pH值均会使其失活。最大允许用量为0.005%。

(2) 1-羟甲基-5,5-二甲基-乙内酰脲和1,3-双(羟甲基)-5,5-二甲基乙内酰脲的混合物[mixture of 1-hydroxymethyl-5,5-dimethylhydantoin and 1,3-bis(hydroxymethyl)-5,5-dimethylhydantoin],结构式:

它是白色可自由流动性粉末。可与所有离子型和非离子型表面活性剂配伍。在80℃以下及较宽pH值范围(4～9)内使用。一般使用浓度为0.04%～0.25%,适用于膏霜、乳液、香波、婴儿用品、眼部化妆品和防晒化妆品等。

6. 季铵盐类 是阳离子表面活性的重要一类化合物,一般认为它具有较好的抗菌、杀菌作用。用于化妆品防腐剂的有烷基三甲基氯化铵、烷基溴化喹啉、十六烷氯化吡啶等。其中烷基为长碳链烃基，通常碳原子数目为C_{12}～C_{22}。在碱性介质中抗菌活性高，但与阴离子基团接触时，则会发生作用而失效。代表性季铵盐：

1-(3-氯丙烯基)氯化乌洛托品[1-(3-chloropropenyl)urotopinum chloride]，结构式：

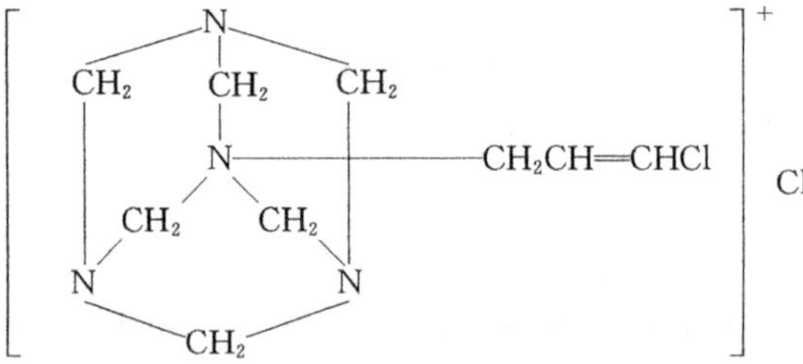

商品名称Dowicil 200。它是浅黄色粉末，无臭、无味，易溶于水、甘油等，不溶于油性溶剂。在pH 值4～9 时抗菌活性高，是一种较新型的抗菌剂，可用于膏霜类化妆品中，一般用量为0.1%。

7. 其他类　用于化妆品防腐剂的其他类有：

(1) 四甲基秋兰姆二硫化物(thiram)。结构式：

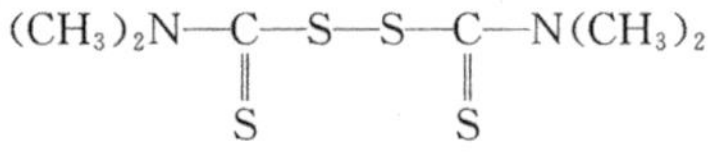

(2) 氯己定(洗必泰)，可以葡萄糖酸、盐酸、醋酸氯己定形式，如葡萄糖酸洗必泰(chlorhexidine gluconate)使用。结构式：

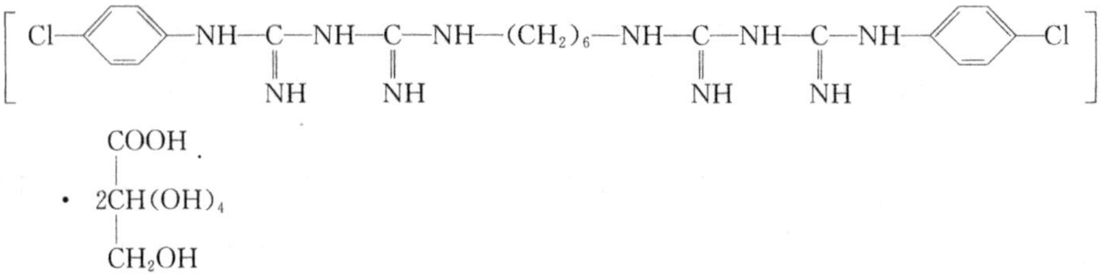

它是淡黄色结晶性粉末，无臭、有苦味，溶于乙醇、水。具有相当强的广谱抑菌、杀菌作用，无毒、无刺激性、无过敏性，最大允许浓度为0.3%。

某些香料也有抑菌效果，一种是具有酚结构的，如丁香酚、香兰素等；另一种是不饱和的香叶烯结构的，如柠檬醛、香叶醇等。

第二节　抗氧剂

一、油脂的酸败

化妆品中常含有油脂、蜡等成分，特别是油脂中的不饱和脂肪酸的不饱和键容易被氧化而发生变质，这种氧化变质称为酸败。从外因看，空气中氧、水分、光、热、微生物及金属离子等均可促使氧化反应进行，而加速酸败。从内因看，酸败的化学本质是由于油脂水解而产生游离的脂肪酸，其中不饱和脂肪酸的双键部分受到空气中氧的作用，发生加成反应而生成过氧化物，此过氧化物继续分解或氧化，生成低级醛和羧酸。其过程如下：

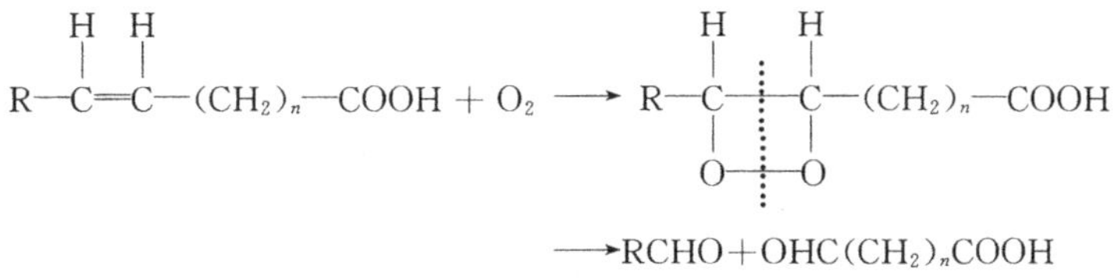

氧化反应生成的过氧化物、醛和羧酸等会引起产品的颜色改变，释放出酸败的臭味，使产品的 pH 值降低等，而使产品质量下降，也会对皮肤产生刺激性，甚至引起炎症。因此，在化妆品的生产、使用和贮存过程中，应尽量避免油脂酸败现象的发生是非常重要的。

二、影响酸败的因素

影响油脂酸败因素很多，既有内因也有外因。

1. 内部因素　主要是油脂中的不饱和脂肪酸的不饱和碳碳双键，此部位是结构中的“弱点”，极容易被氧化而断键。分子结构内的不饱和键愈多，就愈容易被氧化。如果油脂中原来存在的不皂化物部分的天然抗氧剂，如维生素 E 等，在精制过程中被除去，也使氧化反应容易发生。另外，油脂中常存在能促进氧化作用的氧化酶，在适宜的温度、水分、光和热情况下，也会加速氧化酸败的发生。

2. 外部因素

(1) 氧：是造成酸败的主要因素，在生产过程、化妆品的使用和贮存过程中都可能接触空气中的氧，因而氧化反应的发生是不可避免的。

(2) 热：热会加速脂肪酸的水解反应，提供了微生物的生长条件，可以加剧酸败，因此在低温条件下有利于减缓氧化酸败。

(3) 光：可见光虽然并不能直接引起氧化作用，但其中某些波长的光对氧化有促进作用。所以，避免直接光照或用有颜色的包装容器可以消除不利波长的光的影响。

(4) 水分：在油脂中存在水分，为微生物生长提供了必要条件，而它们产生的酶如脂肪酶可水解油脂，而氧化酶则可氧化脂肪酸和甘油酯。因此，过多的水分可能会引起油脂的水解，加速自动氧化反应，也会降低抗氧剂如酚、胺等的活性。

(5) 金属离子：某些金属离子能使原有的或加入的抗氧剂作用大大降低，还有的金属离子可能成为自动氧化反应的催化剂，加速氧化酸败。这些金属离子主要有铜、铅、锌、铝、铁、镍等。所以，制造化妆品的原料、设备和包装容器等尽量避免使用金属制品或含有金属离子。

（6）微生物：霉菌、酶母菌和细菌等微生物都能在油脂性介质中生长，并能将油脂分解为脂肪酸和甘油，然后再进一步分解，加速油脂的酸败。这也是化妆品的原料、生产过程、使用和贮存等要保持无菌条件的重要原因。

三、油脂酸败的机制

油脂的氧化酸败过程，一般认为是按游离基（自由基）链式反应进行的，其反应过程包括三个阶段（RH 代表油脂类化合物分子，R·代表链自由基）。

1. 链的引发　油脂分子 RH 受到热或氧的作用后，在其分子结构的"弱点"部位（如支链、双键等）产生自由基：

$$RH \xrightarrow{\text{热}} R\cdot + \cdot H$$

$$RH + O_2 \longrightarrow R\cdot + \cdot OOH$$

2. 链的传递和增长　自由基 R·在氧的存在下，自动氧化生成过氧化自由基 ROO·和分子过氧化氢：

$$R\cdot + O_2 \longrightarrow ROO\cdot$$

$$ROO\cdot + RH \longrightarrow R\cdot + ROOH$$

分子过氧化氢又分解为链自由基：

$$ROOH \longrightarrow RO\cdot + \cdot OH$$

$$ROOH + RH \longrightarrow RO\cdot + H_2O$$

3. 链的终止　分子链自由基相结合而终止链反应：

$$R\cdot + \cdot R \longrightarrow R{-}R$$

$$R\cdot + \cdot ROO \longrightarrow ROOR$$

$$ROO\cdot + ROO\cdot \longrightarrow ROOR + O_2$$

后两种终止方式，由于生成的过氧化物不稳定，很容易裂解成分子自由基，再引起链的引发和增长。

在上述的不饱和脂肪酸氧化反应中，生成的中间体在链的增长阶段，由于产生烷氧基自由基而使主碳链发生断裂。例如，生成低级醛、醛酸、过氧化物等的反应。

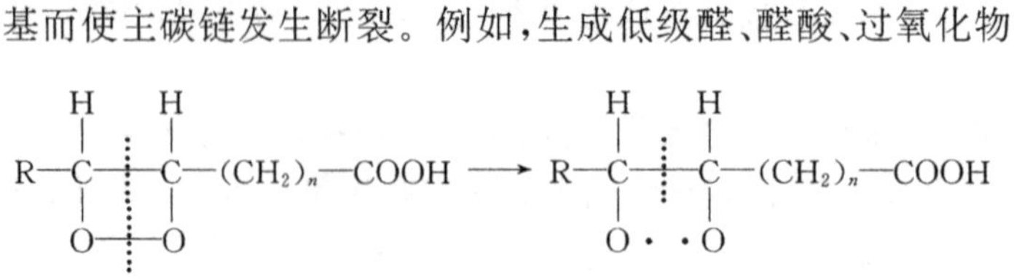

$$\longrightarrow R{-}CHO + OHC{-}(CH_2)_n{-}COOH$$

抗氧剂的作用在于它能抑制自由基链式反应的进行，即阻止链增长阶段的进行。这种抗氧剂称为主抗氧剂，也称为链终止剂，以 AH 表示之。链终止剂能与活性自由基R·、ROO·等结合，生成稳定的化合物或低活性自由基A·，从而阻止了链的传递和增长。例如：

$$R\cdot + AH \longrightarrow RH + A\cdot$$
$$ROO\cdot + AH \longrightarrow ROOH + A\cdot$$

胺类、酚类、氢醌类化合物作为抗氧剂都是较好的主抗氧剂，起到链终止剂的作用。

胺类化合物的作用是作为氢给予体，发生氢转移反应，形成稳定的自由基，降低氧化反应速度。例如：

$$R'_2NH + ROO\cdot \longrightarrow R'_2N\cdot + ROOH$$
$$R'_2N\cdot + ROO\cdot \longrightarrow R'_2NOOR$$

酚类化合物的作用是能产生ArO·自由基，具有捕集ROO·自由基的作用。例如：

$$ArO\cdot + ROO\cdot \longrightarrow ROOArO$$

氢醌(AH_2)类化合物的作用是与自由基反应，使之不再引发反应，也具有捕集ROO·的自由基作用。例如：

$$AH_2\cdot + ROO\cdot \longrightarrow ROOH + AH\cdot$$
$$AH\cdot + AH\cdot \longrightarrow A + AH_2$$

为了能更好地阻断链式反应，还要阻止分子过氧化氢的分解反应，则需要加入能够分解过氧化氢ROOH的抗氧剂，使之生成稳定的化合物，从而阻止链式反应的发展。这类抗氧剂称为辅助抗氧剂，或称为过氧化氢分解剂，它们的作用是能与过氧化氢反应，转变为稳定的非自由基产物，从而消除自由基的来源。属于这一类抗氧剂的有硫醇、硫化物、亚磷酸酯等，它们的反应如下：

$$ROOH + 2R'SH \longrightarrow ROH + R'{-}S{-}S{-}R' + H_2O$$
$$2ROOH + R'{-}S{-}S{-}R' \longrightarrow 2ROH + R'{-}S{-}R' + SO_2$$
$$ROOH + R'{-}S{-}R' \longrightarrow ROH + R'{-}\underset{\underset{\displaystyle O}{\|}}{S}{-}R'$$
$$ROOH + (RO)_3P \longrightarrow ROH + (RO)_3PO$$

另外，羟基酸等如酒石酸、柠檬酸、苹果酸、葡萄糖醛酸、乙二胺四乙酸(EDTA)等，都能与金属离子作用形成稳定的螯合物，而使金属离子不能催化氧化反应，也达到抑制氧化反应的作用。

四、抗氧剂的结构与抗氧作用

胺类、酚类、氢醌类等抗氧剂，在它们的分子中都存在活泼的氢原子，如N—H、O—H，这种氢原子比碳链上的氢原子(包括碳链上双键所联结的氢原子)活泼，它能被脱出来与链自由基R·或ROO·结合，从而阻止了链的增长，起到了抗氧剂的作用。例如，酚类抗氧剂容易与链自由基作用，脱去氢原子而终止链自由基的链式反应，同时又生成酚氧自由基。如：

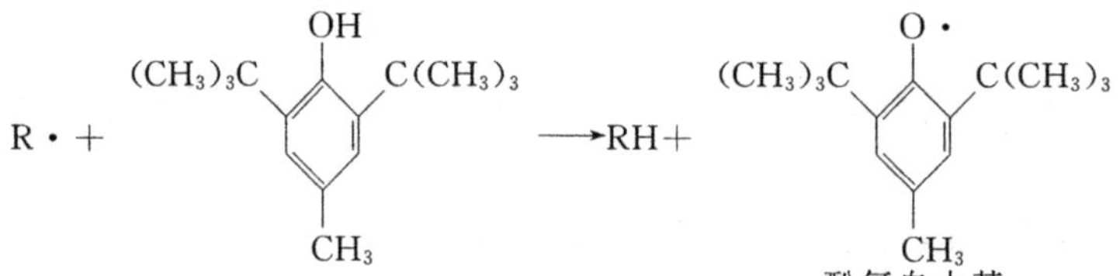

酚氧自由基

酚氧自由基与苯环同处于共轭体系中，比较稳定，其活性也较低，不能引发链式反应，而且还可以再终止一个链自由基。如：

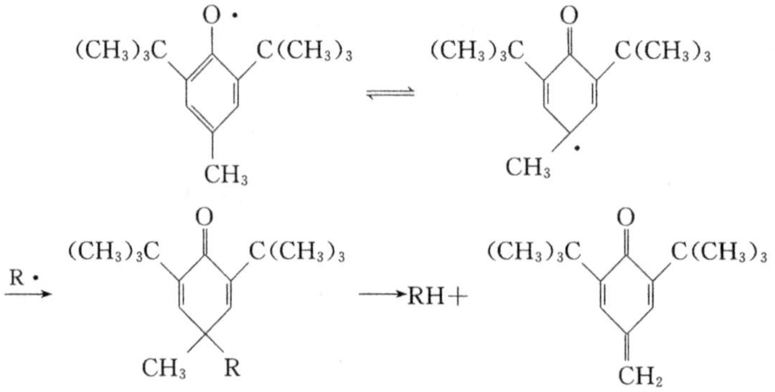

同样，胺类、氢醌类也具有上述的作用。

根据以上的讨论，可以归纳出有效的抗氧剂应该具有下列结构特征：

(1) 分子内具有活泼氢原子，而且比被氧化分子的部位上的活泼氢原子要更容易脱出，胺类、酚类、氢醌类分子都含有这样的氢原子。

(2) 在氨基、羟基所连的苯环上的邻、对位上引进一个给电子基团，如烷基、烷氧基等，则可使胺类、酚类等抗氧剂 N—H、O—H 键的极性减弱，容易释放出氢原子，而提高链终止反应的能力。

另外，从结构上来看，对于酚类抗氧剂，由于邻位取代数目的增加或其分支的增加，可以增大空间阻碍效应。这样可使酚氧自由基受到相邻较大体积基团的保护，降低了它受氧进攻而发生反应的概率，既可以提高酚氧自由基的稳定性，又可以提高它的抗氧性能。

(3) 抗氧自由基的活性要低，以减少对链引发的可能性，但又要有可能参加链终止反应。

(4) 随着抗氧剂分子中共轭体系的增大，使抗氧剂的效果提高。因为共轭体系增大，自由基独电子的离域程度就越大，这种自由基就越稳定，而不致成为引发性自由基。

(5) 抗氧剂本身应难以被氧化，否则它自身受氧化作用而被破坏，起不到应有的抗氧作用。

(6) 抗氧剂应无色、无臭、无味，不会影响化妆品的质量。另外，无毒、无刺激、无过敏性更是必要的。与其他成分相容性好，可达到分散均匀而起到抗氧的作用。

五、抗氧剂的分类

抗氧剂的种类很多，按照它们的化学结构，大体上可分为五类：

1. 酚类　二羟基酚、2，6-二叔丁基对甲酚、2，5-二叔丁基对苯二酚、对羟基苯甲酸酯类、没食子酸及其丙酯与戊酯、去甲二氢愈创木脂酸等。

2. 醌类　叔丁基氢醌、生育酚(维生素 E)、羟基氧杂四氢化茚、羟基氧杂十氢化萘、溶剂浸出的麦芽油等。

3. 胺类　乙醇胺、异羟肟酸、谷氨酸、酪蛋白及麻仁蛋白、嘌呤、卵磷脂、脑磷脂等。

4. 有机酸、醇及酯　草酸、柠檬酸、酒石酸、丙酸、丙二酸、硫代丙酸、维生素 C、葡萄糖醛酸、半乳糖醛酸、甘露醇、山梨醇、硫代二丙酸双月桂醇酯、硫代二丙酸双硬脂醇酯等。

5. 无机酸及其盐类　磷酸及其盐类、亚磷酸及其盐类。

上述五类化合物中，前三类抗氧剂主要起主抗氧剂作用，而后两类则起辅助抗氧剂作用，单独使用抗氧效果不明显，但与前三类配合使用，可提高抗氧的效果。

六、化妆品常用的抗氧剂

1. 丁基羟基茴香醚(butylhydroxyanisol，BHA)　是 3-叔丁基-4-羟基苯甲醚和 2-叔丁基-4-羟基苯甲醚两种异构体的混合物。结构式：

BHA 为稳定的白色蜡状固体，易溶于油脂，不溶于水。在有效浓度内无毒性，允许用于食品中，是一种较好的抗氧剂，与没食子酸丙酯、柠檬酸、丙二醇等配合使用抗氧效果更佳，限用量为 0.15%。

2. 丁基羟基甲苯(butylhydroxytoluene，BHT)　其化学名称为 2，6-二叔丁基-4-甲基苯酚。结构式：

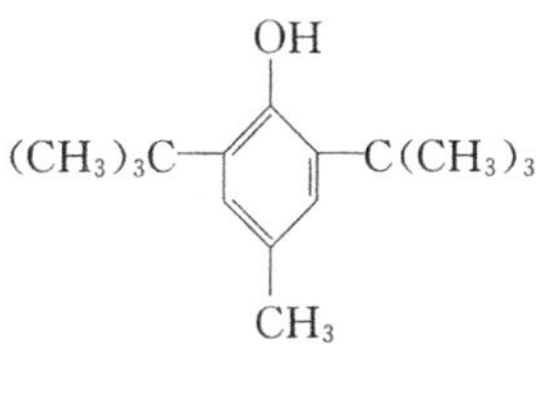

它是白色或淡黄色的晶体，易溶于油脂，不溶于碱，也没有很多酚类的反应，其

抗氧效果与BAH相近，在高温或高浓度时，不像BHA那样带有苯酚的气味，也允许用于食品中。与柠檬酸、维生素C等共同使用，可提高抗氧效果，限用量为0.15%。

3. 2,5-二叔丁基对苯二酚(2,5-di-*t*-butyl-1,4-benzenediol) 结构式：

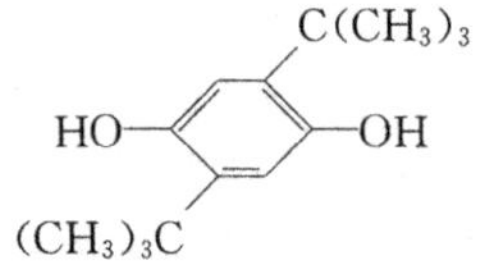

它是白色或淡黄色粉末，不溶于水及碱溶液，可适用于对苯二酚不合适的条件下作为抗氧剂，在植物油脂中有较好的抗氧作用。

4. 去甲二氢愈创酸(nordihydroguaiaretic acid,NDGA) 结构式：

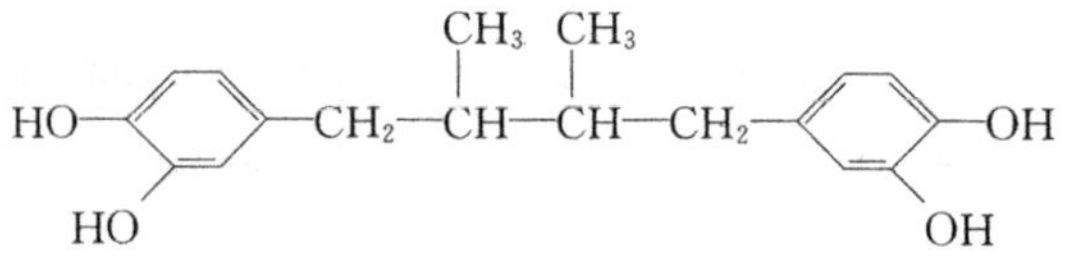

它能溶于甲醇、乙醇和乙醚，微溶于油脂，溶于稀碱液变为红色。对于各种油脂均有抗氧效果，但有一最适宜量，超过这个适宜量，反而会促进氧化反应。与浓度低于0.005%的柠檬酸和磷酸同时使用，则有较好的配合作用效果。

5. 没食子酸丙酯(propyl gallate) 也称为棓酸丙酯。化学名称为3,4,5-三羟基苯甲酸丙酯(propyl-3,4,5-trihydroxy benzoate)，结构式：

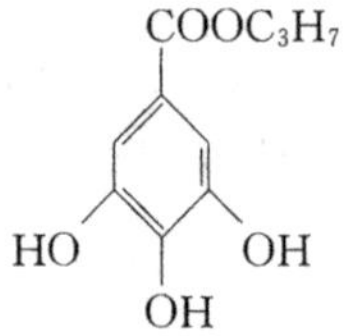

它是白色的结晶粉末，溶于乙醇和乙醚，在水中仅能溶解0.1%左右，加热时可溶于油脂中。单独或配合使用都具有较好的抗氧作用，无毒性，也可用作食品的抗氧剂。

6. dl-α-生育酚(dl-α-tocopherol) 即维生素E，结构式：

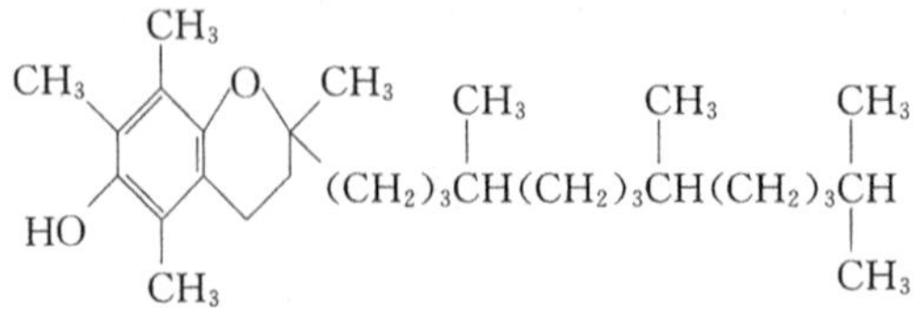

它是淡黄色黏稠液，无臭、无味，不溶于水，易溶于乙醇、乙醚和氯仿。大多数天然植物油脂中均含有它，是天然的抗氧剂。

7. 硫代琥珀酸单十八酯(metsa)和羧甲基硫代琥珀酸单十八酯(mecsa) 结

构式：

$$HOOC{-}\underset{\substack{|\\ SH}}{CH}{-}CH_2{-}COOC_{18}H_{37}$$

和

$$HOOC{-}\underset{\substack{|\\ S-CH_2COOH}}{CH}{-}CH_2{-}CH_2COOC_{18}H_{37}$$

它们是近年来研制出的两种新的抗氧剂，有效浓度仅为 0.005%，但遇热易分解。

第六章

色　素

化妆品与颜色有密切的关系，化妆品不仅具有清洁、保护等作用，而且美化、修饰作用也占有十分重要的地位，为了起到美化、修饰作用，通常在化妆品中添加各种色素，使其色彩鲜艳夺目。同时，添加色素的作用也是为了掩盖化妆品中某些有色组分的不悦色感，以增加化妆品的视觉效果。所以，色素是化妆品不可缺少的组分。

化妆品的色素除了对颜色的要求外，还有严格的安全性要求。为此，国家有关部门对化妆品用色素做出了相应的规定，详见附录一化妆品技术法规和行政法规中《化妆品卫生标准》(GB7916-87)，其中附表 6 明确了化妆品组分中 67 种暂用着色剂的允许使用范围及限制条件。

本章将介绍色素的定义和分类及其相关的概念；物质产生颜色的原因和基本理论；化妆品用色素所包括的合成色素、无机色素、动植物天然色素及珠光颜料等方面内容，并举例介绍各类色素的代表物。

第一节　色素的定义和分类

一、色素的定义

色素也称着色剂或色料，既可以用来改变其他物质或制品颜色的物质的总称。在化妆品中添加各种色素的作用是使化妆品起到美化、修饰的作用，或为了掩盖化妆品中某些有色组分的不悦色感，以增加化妆品产品的颜色美感。

通常化妆品用色素根据其作用、性能和着色方式可分为染料和颜料两大部分。

二、染料和颜料

1. 染料(dye)　染料是色素的一种，它是指那些溶解于水或醇及矿物油，并能以溶解状态使物质着色的色素。染料可分为水溶性染料和油溶性(溶于油和醇)染料。两者在化学结构上的差别是前者分子中含有水溶性基团,如羧酸基、磺酸基等,而后者分子中则不含有水溶性基团。

2. 颜料(pigment)　颜料也是色素的一种,是指那些白色或有色的化合物,一般是不溶于水、醇或油等溶剂的着色粉末(沉淀)性色素。通常,颜料具有较好的着色力、遮盖力、抗溶剂性等特点。

三、调色剂和色淀

1. 调色剂(toner)　指不含吸收剂或稀释剂组分的较纯粹的有机颜料,它们多是在高浓度下使用的颜料。

2. 色淀(lake)　指不溶于水的染料和颜料。它是将可溶性有机染料通过反应生成不溶性金属盐而沉淀出,将其吸附于抗水性颜料而形成色淀。其中可以使可溶性酸性染料转变成不溶性酸性盐染料沉淀出,或使这些金属盐吸附于抗水性颜料,都能形成色淀。这时沉淀剂已是色淀的组成部分。例如,某种水溶性染料使其生成难溶于水的钙盐、钡盐等是色淀形成的方法之一;另一种是利用硫酸铝、硫酸锆等沉淀剂使易溶性染料成为不溶于水,并使之吸附于氧化锆、硫酸锆的染料色淀。颜料通常是粉末状物,必须与稀释剂共同混合均匀才能使用。所以,它也称为色淀颜料。

染料色淀与色淀颜料在使用上没有严格的界限,有时将染料色淀、色淀颜料及难溶于水、醇、油等的粉末性颜料统称为颜料。但染料色淀耐酸性、耐碱性较差。

四、其他术语

(1) 食用色素(food drug and cosmetic,FD&C)指可以适用于食品、药品和化妆品的色素。

(2) 非食用色素(drug and cosmetic,D&C)指可以适用于药品和化妆品,而不能用于食品的色素。

(3) 外用色素(external drug and cosmetic,Ext. D&C)指只能适用于外用药品和化妆品,而不能接触唇部或任何黏膜部位的色素。

(4) 染料索引号(color index)指国际染料学术组织将各种色素统一命名和编号的索引号,将其染料索引名称、色素号(color index generic name 或 CI generic name)也统一给出。

(5) 美国食品药物管理局规定的官方名称(Food and Drug Administration Official name)。

五、化妆品用色素分类

化妆品用色素按其来源分类可分为合成色素、无机色素和动植物天然色素三大类。

合成色素也称有机合成色素或焦油色素。这是由于这类色素是以石油化工、煤化工得到的苯、甲苯、二甲苯、萘等芳香烃为基本原料，再经一系列有机合成反应而制得。

合成色素按其化学结构可分为偶氮系、三苯甲烷系、呫吨系、喹啉系、蒽醌系、硝基系、靛蓝系等色素(有机染料和颜料)。

无机色素也称矿物性色素，它是以天然矿物为原料制得的。因对色素的纯度的要求，现多以合成无机化合物为主。用于化妆品的主要有白色颜料，如滑石粉、锌白(氧化锌)、钛白粉(二氧化钛)、高岭土、碳酸钙、碳酸镁、磷酸氢钙等；有色颜料，如氧化铁、碳黑、氧化铬氯、氢氧化铬氯、群青等。

另外，广泛用于化妆品的珠光颜料，如合成珠光颜料、天然鱼鳞片、无机合成珠光颜料，如氯氧化铋、二氧化钛-云母等。

六、化妆品用色素要求

根据化妆品的性能和作用，对化妆品色素的要求，主要有下列几点：

(1) 颜料鲜艳、美观、色感好。

(2) 着色力强，透明性好或遮盖力强。

(3) 与其他组分相容性好，分散性好。

(4) 耐光性、耐热性、耐酸性、耐碱性和耐有机溶剂性强。

(5) 安全性高，在允许使用范围及限制条件下无毒、无刺激性、无过敏性等。

第二节　生色理论

色素的颜色是其主要特征之一，它本身具有的特征颜色是怎样产生的？其实质是什么？颜色的变化与其结构有什么关系？为了搞清这些问题，下面简要地介绍色素的生色理论。

一、色素的颜色-光吸收现象

眼睛所见到的有色物质的颜色，是由于物质的离子或分子等吸收光质点，选择性地吸收了某种颜色光(即一定波长范围的光)，而以反射或透射等形式反射或透射某一特定波长的光，而使眼睛见到该有色物质的颜色。例如，红色颜料较多地反射红色光，红色染料则较多地透过红色光，而红色以外的光则被吸收。

日常所见的白光，如日光、白炽灯光都是一种混合光，即由波长 400～750nm 的光按一定的强度比例混合而成的。这段波长的光是人的眼睛可以见到的光，又称为可见光。光的波长短于 400nm 的部分称为紫外光，长于 750nm 的部分称为红外光。人的视觉分辨能力是有限的，见到的某一种颜色的光是由一定波长范围组成的光。如日光通过三棱镜时，其中不同波长的光则折射成红、橙、黄、绿、青、蓝、紫七色光，可知白色光是由上述七种波段的单色光混合而成的。各波段的光引起人的颜色视觉关系如表 6-1 所示。

表 6-1 光的波长与颜色的关系

波长(nm)	颜色	波长(nm)	颜色
>750	红外光	500～460	青
750～650	红	460～430	蓝
650～590	橙	430～400	紫
590～580	黄	>400	紫外光
580～500	绿		

当日光照射某种颜料或染料时，而使其具有特征的颜色，是由于显示该颜色的波长的光大部分被反射或透射出来，其余部分波长的光则被吸收所致。所以，按照只能强烈地吸收或反射某一种特定波长的光要求而制得的化学物质称为颜料或染料。

二、光的互补

如果两种颜色的光按合适强度比例混合，可得到一种白色光，这两种光色就称为互补色。图 6-1 为互补光色的示意图。

图中处于对角线关系的颜色为互补色，如红色和蓝绿色光可以混合成白色光；同样，黄色光和蓝色光也可以混合成白色光等。了解光的互补原理，就可以清楚色素与其选择性吸收某种光的二者之间的关系。例如，红色颜料是由于其吸收了蓝绿色波长的光，而反射的则是红色波长的光，而使其具有红色。

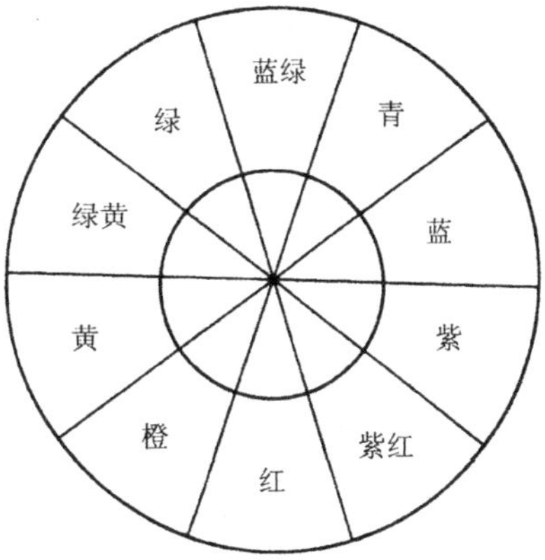

图 6-1 互补光色示意图

三、能量的转换

颜色的产生是物质对可见光选择性吸收的结果，这是物质的运动形式之一。物质的这种运动必然和物质(原子、分子、离子)本身的电子结构相联系。

原子中的电子是按不同能级分层排布的，其外层电子(价电子或成键电子)可以吸收一定的光能，使自身由基态变为激发态，即外层电子从低能级跃迁到高能级。其跃迁时能量变化为 ΔE：

$$\Delta E = E_2 - E_1$$

式中 E_2 为分子或离子处于激发态时的能量；E_1 为它们处于基态时的能量。

因此，分子或离子中的外层电子要实现能级跃迁，必须吸收白光中能量为 ΔE 的光子，而光子的能量是由它的波长决定的，即具有能量为 ΔE 的光子，其波长是由下式限定：

$$\Delta E = h\nu = \frac{hc}{\lambda}$$

式中 h 为普朗克常数，c 为光速，λ 为光的波长。

不同物质的基态和激发态之间的能量差也不相同，因而可能吸收不同波长的光子能量，实现从基态到激发态的跃迁，这就是物质的分子或离子选择性吸收光的原因。应说明的是，分子或离子的这种选择性吸收是它们外层电子的跃迁而产生的，与内层电子无关。因为内层电子的激发能很高，可见光光子所具有的能量较小，无法使它们实现跃迁。

所以，有色物质的颜色本质是某些波长光的光子能量被吸收转变成有色物质分子能量的变化，而未被吸收的波长的光则反射回来，则是该物质显示出来的颜色。

四、发色基团和助色基团

1. 发色基团(chrophoric group)　有机物分子的发色是由于它们分子中某些基团的存在，这些基团称为生色基团或发色基团(发色团)。从化学结构上看，发色基团多为具有双键及类似结构的基团。如：

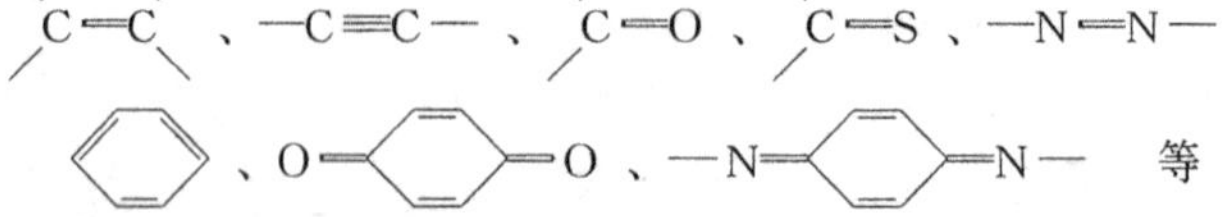

它们都是含有 π 电子的基团。双键中的 π 电子较 σ 电子活泼得多，易被可见光激发而显色，尤其是双键是共轭体系延伸时，如 —C═C—C═C— 更易被激发而显色。这是因为共轭体系中的 π 电子(称为大 π 电子)是流动的，它不专属于某个原子而属于整个共轭体系的所有原子。这种大 π 电子对比围绕着单个原子旋转的电子来说，它受的束缚力小得多，即能量较低，极容易被能量较小的可见光区的光子激发而显色。如这种共轭双键体系延伸得愈长，愈容易被激发，其生色作用愈强。例如苏丹红Ⅲ号的结构：

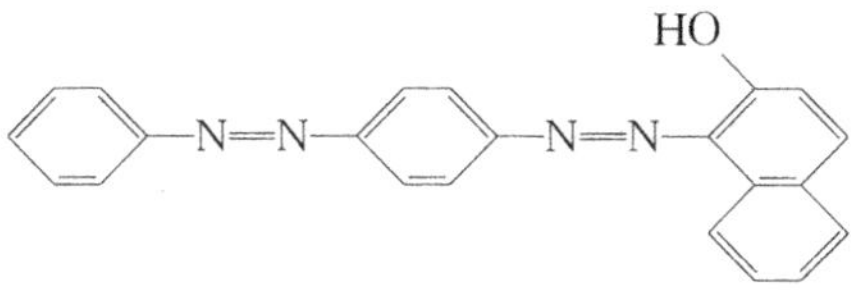

2. 助色基团(auxochromic group)　在有色物质的分子结构中，还有另一类基团，主要是含有氧、氮、硫等原子的基团，如羟基、氨基等。这些基团中的氧、氮、硫等原子都有未共用的电子对，即孤对p电子对，其结构如下：

$$—\ddot{\underset{\cdot\cdot}{O}}H \qquad —\ddot{N}H_2$$

这种未共用的p电子对有较大的活泼性，而基团连在分子母体适当的位置后，便可参加到总的π电子体系中去，从而使共轭体系得到进一步的延伸，使π电子活动范围扩大，能量降低，结果使分子的激发能进一步降低，吸收光子作用加强，使颜色加深，通常把这类能加强发色基团发色作用的基团称为助色基团。

上面提到含有未共用电子对的基团，如羟基、氨基等是给电子基团，此外，还有一种吸电子基团，如硝基、羰基、磺酸基等也属于助色基团，它们的作用与上述基团的作用刚好相反，可以吸引π电子，从而使π电子的活动范围扩大，也能起到降低分子激发能，而使颜色加深的作用。

各种助色基团增色作用的强度顺序是：

$$—HNC_6H_5>—N(C_2H_5)_2>—N(CH_3)_2>—NH_2>—OH>—OCH_3>—NO_2>—SO_3H$$

在分子结构相同情况下，助色基团增色作用愈强，其分子的颜色也就愈深。例如：

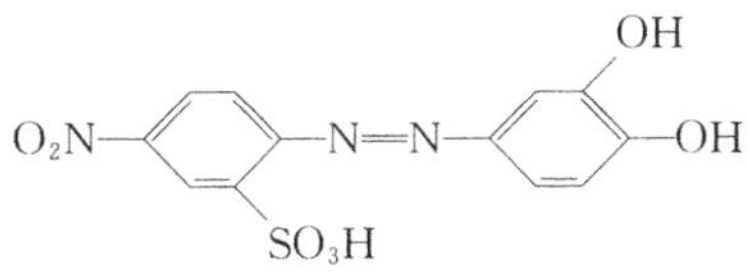

(黄色)

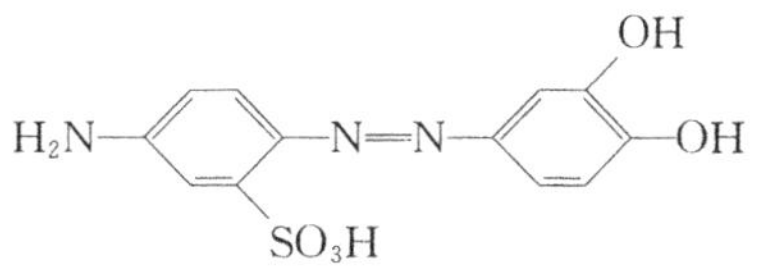

(红橙色)

第三节　合成色素

合成色素也称有机合成或焦油色素，它是以石油焦油、煤焦油中得到的各种芳香烃类为基本原料，根据发色基团和助色基团的结构，进行一系列化学反应而制得的。

合成色素按照它们的化学结构可分为如下几类：

一、偶氮系色素

偶氮系色素适用于化妆品的较多，它们的结构特征是分子结构中都具有生色

基团偶氮键 —N ═N —。其制备方法是先以芳香伯胺与亚硝酸发生重氮反应生成芳香重氮盐，再以芳香重氮盐与相应的酚、芳香胺等进行偶合反应生成具有偶氮基的化合物。

偶氮系色素又可分为四类：①未磺化偶氮型颜料；②未磺化偶氮型染料；③不溶性磺化偶氮型颜料；④可溶性磺化偶氮型染料。

下述例子全部为按规定可适用于化妆品的色素。

1. 未磺化偶氮型颜料　不易溶于水或乙醇等有机溶剂及矿物油等。代表性颜料：

(1) 颜料橙 5(pigment orange 5，color index 12075 或 D&C orange No. 17)，见附录一表6-31号。

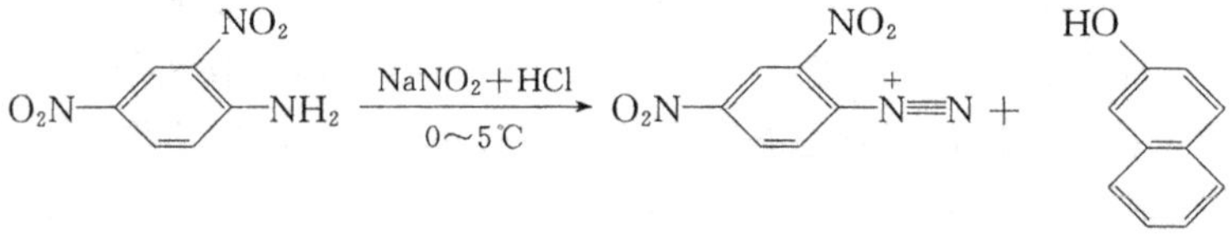

2,4-二硝基苯胺　　2,4-二硝基苯胺重氮盐　　β-萘酚

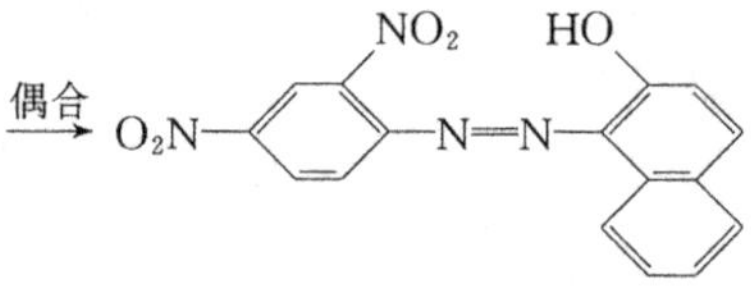

永久橙(亮橙色)

(2) 颜料红 4(pigment red 4，color index 12085 或 D&C red No. 36)，见附录一表 6-18 号。制法：

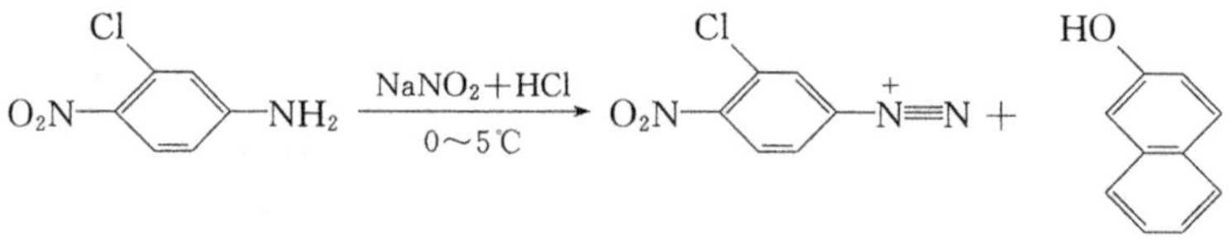

3-氯-4-硝基苯胺　　3-氯-4-硝基苯胺重氮盐　　β-萘酚

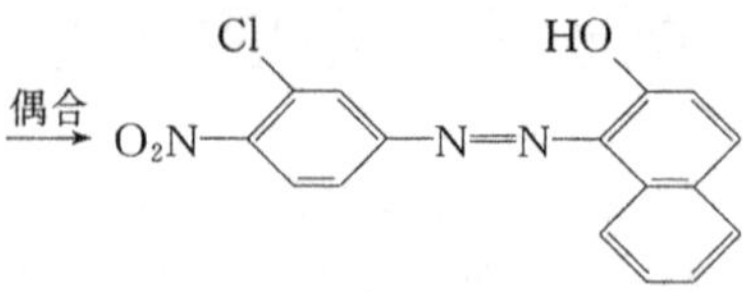

永久红 R(猩红色)

2. 未磺化偶氮型染料　不溶于水，但能溶于乙醇、乙醚等有机溶剂及矿物油等。代表性染料：

溶剂红 23(solvent red 23，color index 26100 或 D&C red No. 17)，见附录一表 6-8 号。制法：

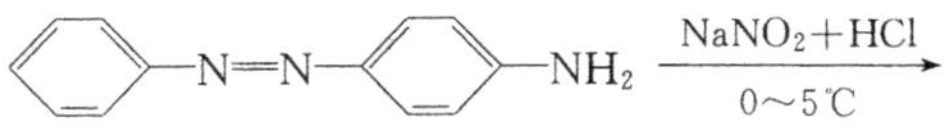

对氨基偶氮苯

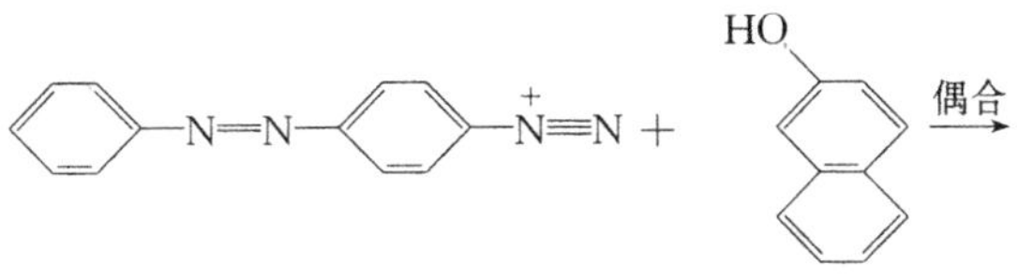

对氨基偶氮苯重氮盐　　　　β-萘酚

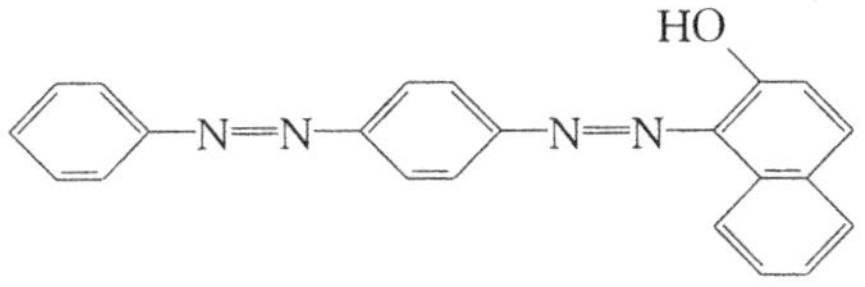

苏丹红Ⅲ号(微暗蓝红色)

3. 不溶性磺化偶氮型颜料　不溶于水、乙醇、乙醚等有机溶剂及矿物油等。代表性颜料：

(1) 颜料红 57∶1(pigment red 57∶1，color index 15850∶1 或 D&C red No.7)，见附录一表 6-5 号。结构式：

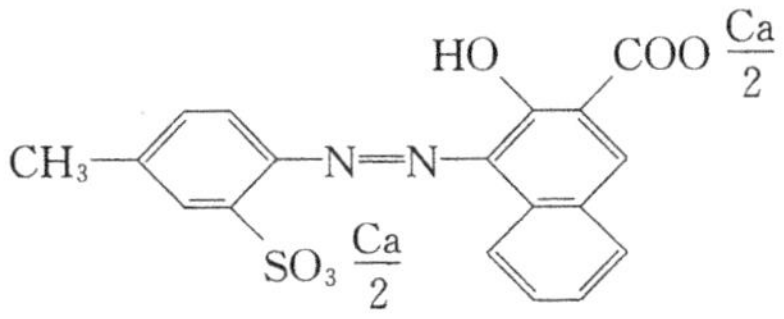

立索玉红 B(钙调色剂)(蓝红色)

(2) 颜料红 63∶1(pigment red 63∶1，color index 15880∶1 或 D&C red No.34)，见附录一表 6-17 号。结构式：

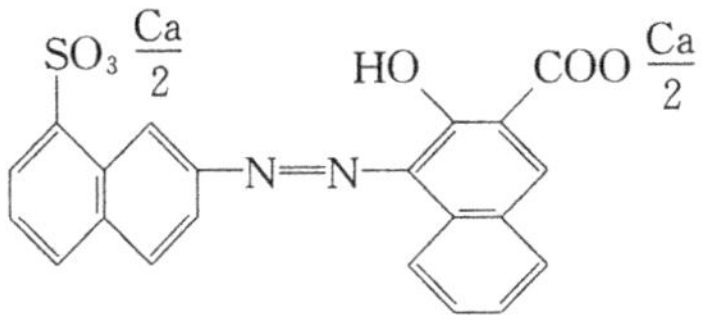

色淀枣红(钙调色剂)(褐红色)

4. 可溶性磺化偶氮型染料　溶于水，不溶于乙醇、乙醚等有机溶剂及矿物油等。代表性染料：

(1) 酸性橙 7(acid orange 7，color index 15510 或 D&C orange No.4)，见附录一表 6-27 号。结构式：

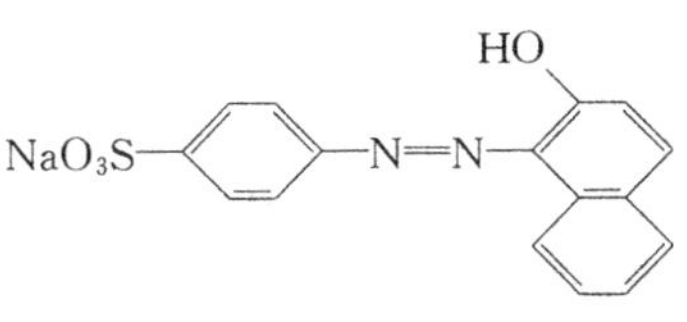

二号橙(亮橙色)

(2) 食品红 1(food red 1,color index 14700 或 FD&C red No.4),见附录一表 6-2 号。结构式:

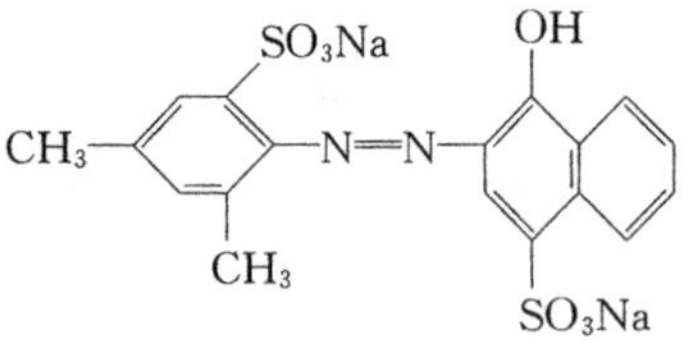

丽春红 SX(黄猩红色)

(3) 食品黄 3(food yellow 3,color index 15985 或 FD&C yellow No.6),见附录一表 6-21 号。结构式:

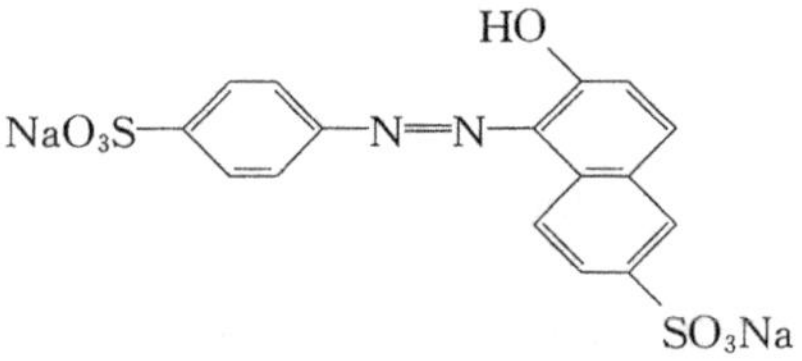

落日黄(红黄色)

(4) 食品红 9(food red 9,color index 16185 或 FD&C red No.2),见附录一表 6-65 号。结构式:

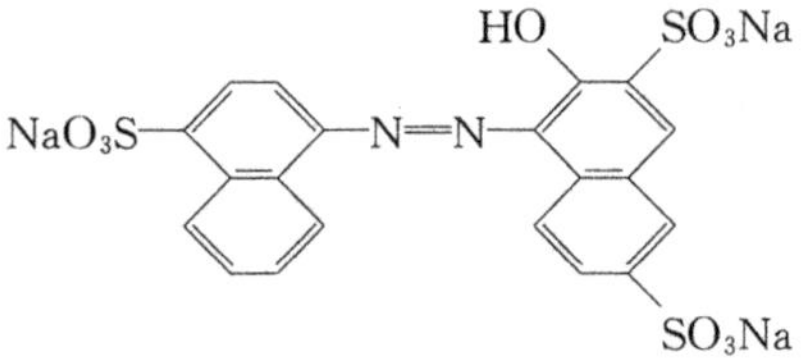

苋莱红(微暗品红色)

(5) 食品黄 4(food yellow 4,color index 19140 或 FD&C yellow No.5),见附录一表 6-20 号。结构式:

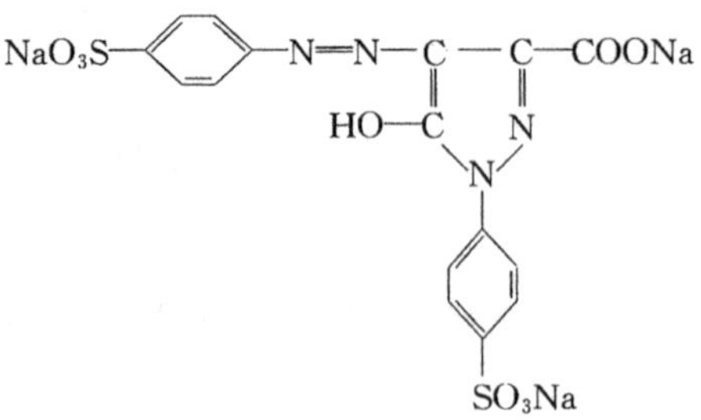

酒石黄(微绿黄色)

二、三苯基甲烷系色素

三苯基甲烷系色素可分为盐基性染料和磺酸盐染料,仅后者适用于化妆品。一般含有多个磺酸盐基,易溶于水,不易溶于非极性有机溶剂或矿物油等。代表性染料:

(1) 食品绿 3(food green 3,color index 42053 或 FD&C green No. 3),见附录一表 6-32 号。结构式:

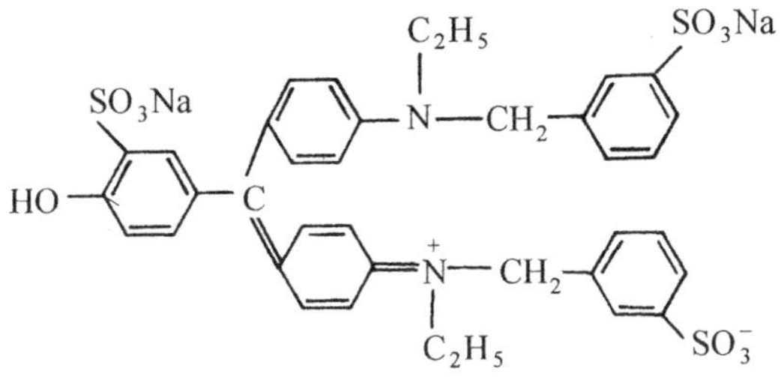

坚牢绿FCF(微蓝绿色)

(2) 食品蓝 2(food blue 2,color index 42090 或 FD&C blue No. 1),见附录一表 6-36 号。结构式:

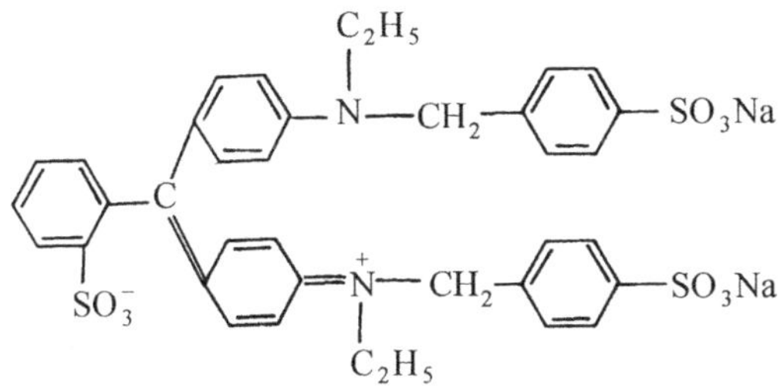

光蓝FCF(亮绿蓝色)

(3) 酸性蓝 9(acid blue 9,color index 42090 或 FD&C blue No. 4),见附录一表 6-37 号。结构式:

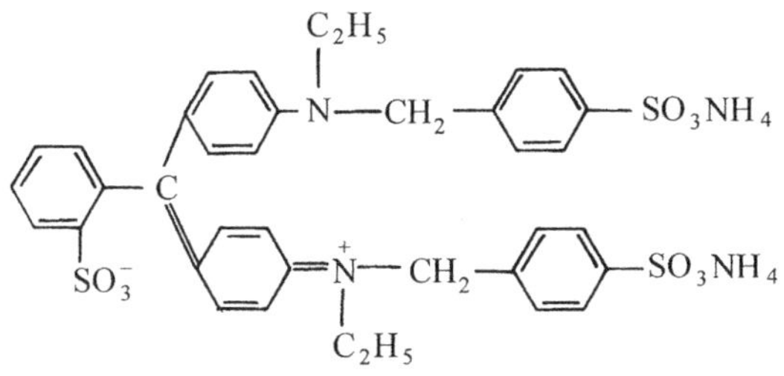

了种蓝FG(亮绿蓝色)

三、咕吨系色素

咕吨系色素的分子结构中都有咕吨基或称为夹氧杂蒽基。这类色素均是以荧光素染料的衍生物为代表,它们在酸、碱中可以两种互变异构的状态存在,即酚型和醌型。

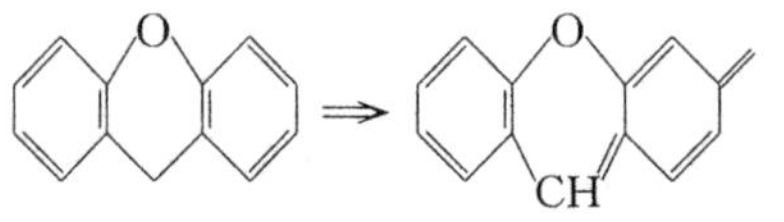

呫吨(夹氧杂蒽)　呫吨基(夹氧杂蒽基)

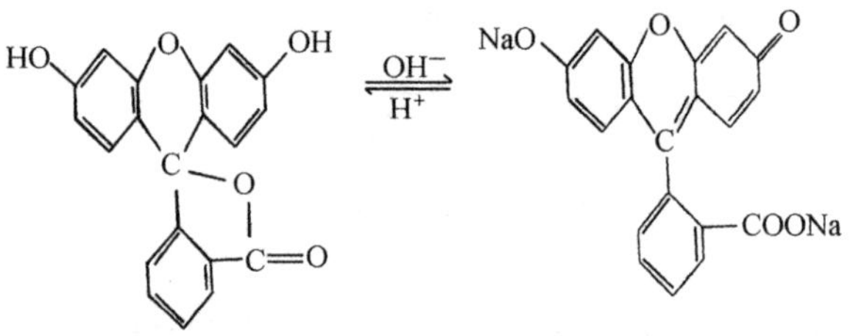

酚型微溶于水；而醌型易溶于水，色彩鲜艳强烈。应用于化妆品的呫吨系色素主要有以下几种：

(1) 溶剂黄94(solvent yellow 94，color index 45350：1 或D&C yellow No. 7)，见附录一表6-23号。结构式：

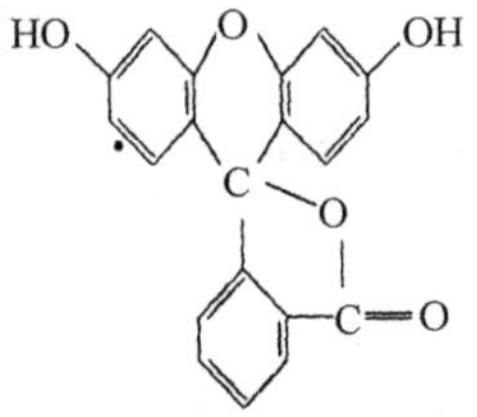

荧光素(微红黄色)

(2) 酸性黄73(acid yellow 73，color index 45350 或D&C yellow No. 8)，见附录一表6-23号。在碱性溶液中有极强荧光。结构式：

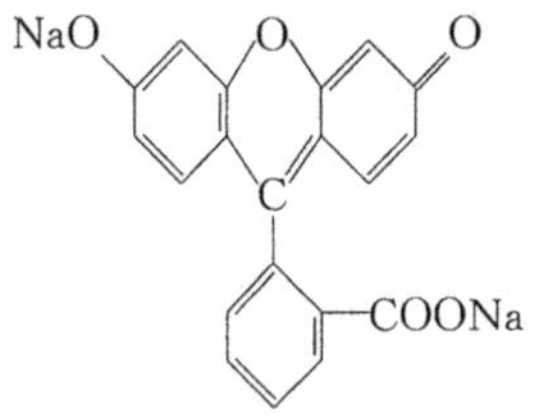

荧光素钠(微红黄色)

(3) 溶剂红72(solvent red 72，color index 45370：1 或D&C orange No. 5)，见附录一表6-28号。结构式：

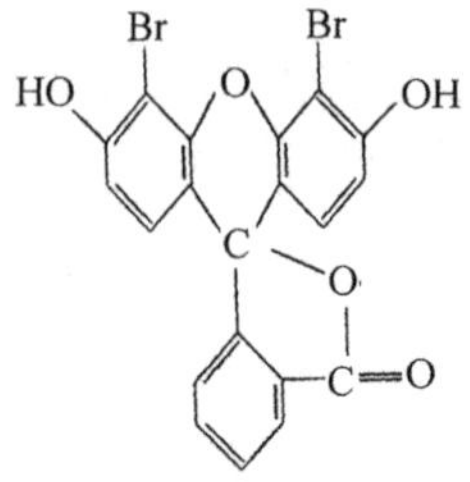

二溴荧光素(红橙色)

(4) 溶剂红 43(solvent red 43,color index 4538：2 或 D&C red No.21),见附录一表 6-10 号。结构式：

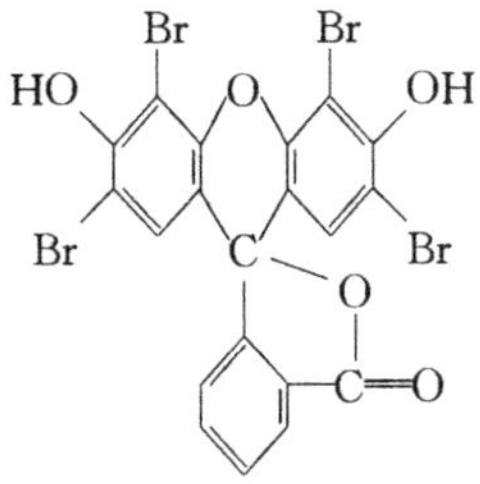

四溴荧光素(蓝粉红色)

(5) 酸性红 87(acid red 87,color index 45380 或 D&C red No.22),见附录一表 6-11 号。不适用于酸性溶液。结构式：

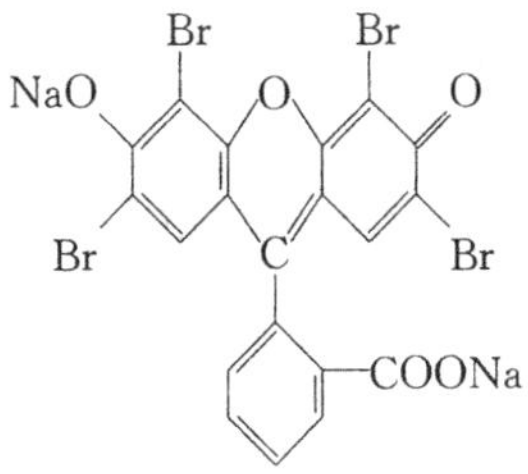

四溴荧光素钠(黄粉红色)

(6) 溶剂红 73(solvent red 73,color index 45425：1 或 D&C orange No.10),见附录一表6-29 号。结构式：

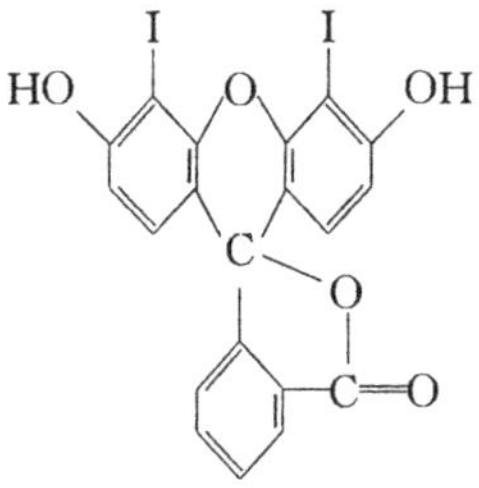

二碘荧光素(红橙色)

(7) 酸性红 95(acid red 95,color index 45425 或 D&C orange No.11),见附录一表 6-30 号。结构式：

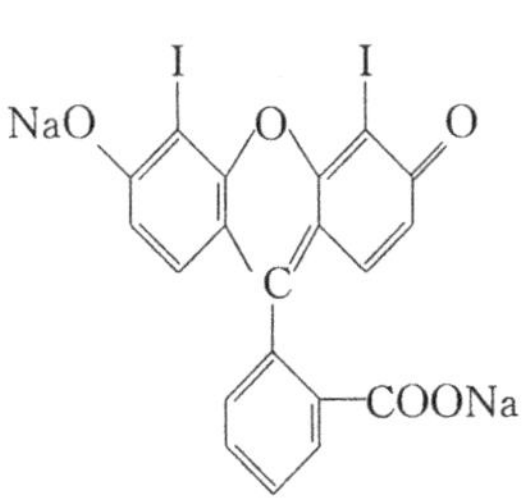

二碘荧光素钠(红色)

(8) 食品红 14(food red 14，color index 45430 或 D&C red No.3)，见附录一表 6-1 号。结构式：

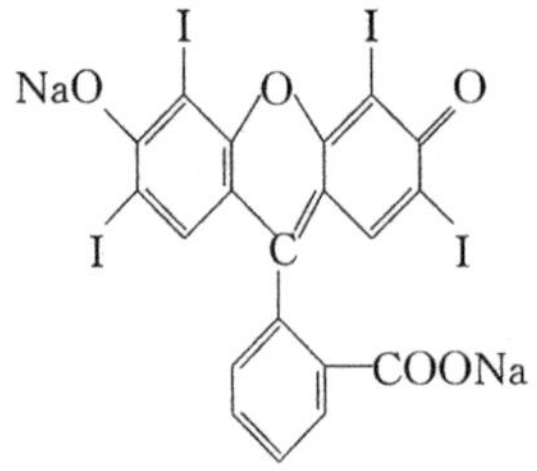

四碘荧光素钠(蓝粉红色)

四、喹啉系色素

喹啉系色素只有两种可适用于化妆品，即水溶性喹啉黄和醇溶性喹啉黄，前者是喹啉黄的二磺酸钠盐。

(1) 醇溶性喹啉黄：溶剂黄 33(solvent yellow 33，color index 47000 或 D&C yellow No.11)，见附录一表 6-25 号。结构式：

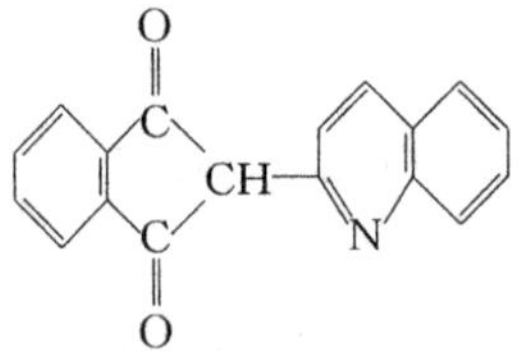

(绿黄色)

(2) 水溶性喹啉黄：酸性黄 3(acid yellow 3，color index 47005 或 D&C yellow No.10)，见附录一表 6-24 号。结构式：

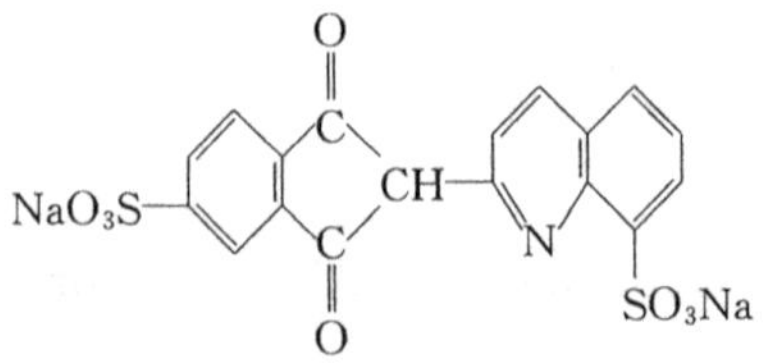

(绿黄色)

五、蒽醌系色素

蒽醌系色素可分为未磺化蒽醌型、磺化蒽醌型两类。前者是油溶性的，后者是酸性水溶性的。

1. 未磺化蒽醌型染料　不易溶于水，而易溶于乙醇、乙醚及矿物油等溶剂。主要是由 1,4-二羟基蒽醌与一分子或二分子对甲苯胺缩合生成的。代表性染料：

(1) 溶剂紫 13 (solvent violet 13,color index 60725 或 D&C violet No. 2),见附录一表6-38 号。结构式:

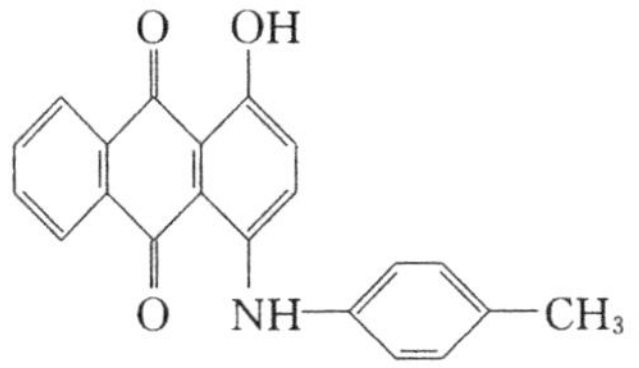

茜素鸢尾醇(微暗蓝紫色)

(2) 溶剂绿 3 (solvent green 3,color index 61565 或 D&C green No. 6),见附录一表6-34 号。结构式:

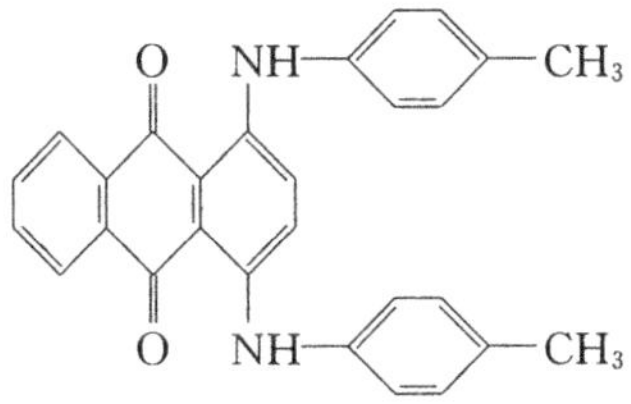

茜素青绿(微暗蓝绿色)

2. 磺化蒽醌型染料　易溶于水、乙醇,不易溶于其他有机溶剂和矿物油。是由上述未磺化蒽醌型染料经磺化后得到的。代表性染料:

(1) 酸性紫 43(acid violet 43,color index 60730 或 Ext. D&C violet No. 2),见附录一表6-39 号。结构式:

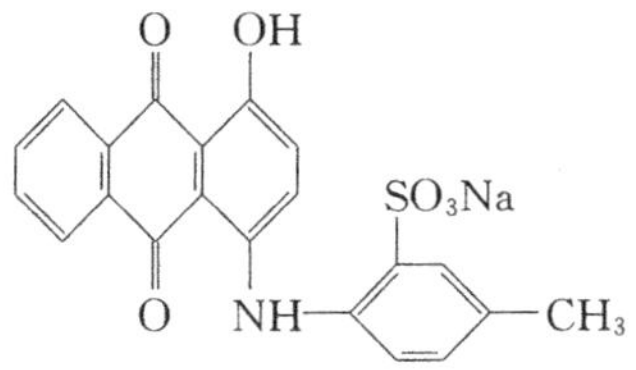

茜素鸢尾醇 R(蓝紫色)

(2) 酸性绿 25(acid green 25,color index 61570 或 D&C green No. 5),见附录一表 6-33 号。结构式:

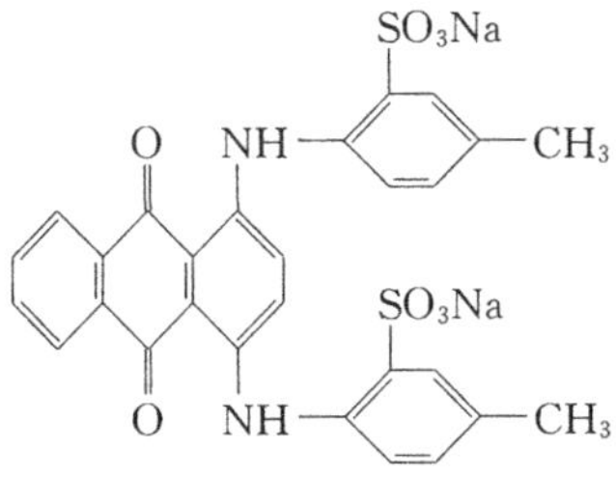

茜素花青绿 CG(微暗蓝绿色)

六、硝基系色素

该类色素适用于化妆品的仅有2,4-二硝基-1-萘酚-7-磺酸二钠盐，溶于水和乙醇中。可与氯化铝沉淀于矾土吸收基，而得到不溶性色淀。代表性染料：

酸性黄11(acid yellow 1,color index 10316 或Ext. D&C yellow No. 7)，见附录一表6-26号。结构式：

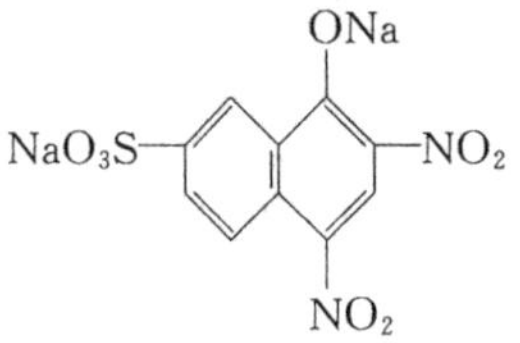

萘酚黄S(微绿黄色)

七、靛蓝系色素

该类色素适用于化妆品的仅有靛蓝染料，是一种磺酸盐，溶于水和乙醇中。代表性染料：

食品蓝1(food blue 1,color index 73015 或FD&C blue No. 2)，见附录一表6-66号。结构式：

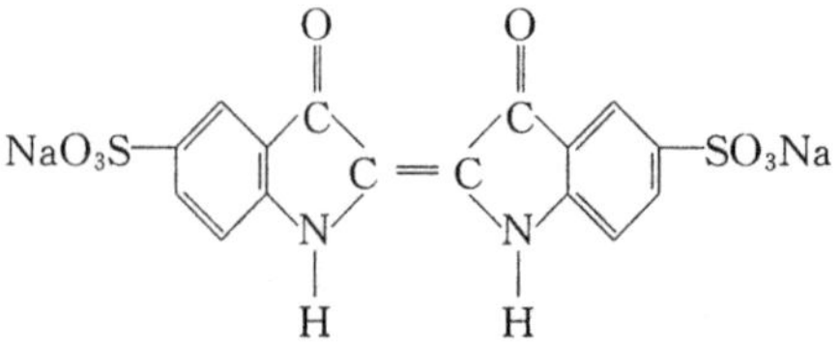

靛蓝(靛蓝色)

第四节 无机色素

无机色素也称为矿物性色素。它是以天然矿物为原料而制得的，如将氧化铁制成不同颜色的色素。但因它们纯度不够，不能制得色泽鲜艳的制品。所以，现在则多以合成无机化合物为主要的形式。从色素的分类上，无机色素应该属于无机颜料。因不易溶于水或有机溶剂，而是借助于油性溶剂分散后，将其涂于物体表面，使之产生颜色。无机色素还具有遮盖力强、耐光、耐热、耐溶剂性等特点。

下面介绍按规定允许在化妆品中使用的无机色素。

一、白色颜料

化妆品中使用白色颜料的目的是利用它的强遮盖能力，并使化妆品具有润滑感或稀释有色颜料的作用。

1. 钛白粉(titanium dioxide，TiO_2)　即二氧化钛。由钛铁矿用硫酸分解制成硫酸钛，再进一步处理制得二氧化钛。是白色、无臭、无味的细粉末，它的遮盖力是白色颜料中最强的，是锌白的4倍。当粒径为0.2μm时，其对光的散射力很强，看上去非常洁白，主要用于香粉等化妆品中。它的化学稳定性好，因含铅的氧化物等禁用于化妆品，所以它得到广泛的应用。近年来，已制得了具有极细粒度(纳米级)的钛白粉，其分散性和耐光性都非常好，尤其防紫外线能力非常强，所以多用于防晒化妆品。

2. 锌白(zinc oxide，ZnO)　即氧化锌。是由铁锌矿经酸处理，再精制而得。是白色、无臭、无味的非晶形粉末。其特点是着色力强，并有收敛和杀菌作用，也有较强的遮盖力。主要用于香粉、痱子粉等粉质化妆品。

3. 滑石粉(talc)　是一种含水硅酸镁盐，化学式为 $Mg_3SiO_{10}(OH)_2$ 或 $3MgO \cdot 4SiO_2 \cdot 2H_2O$。滑石粉性质柔软、极易粉碎成粉状，具有良好的伸展性和滑润性。色白、有滑润性的滑石粉是质量高的产品。它主要用于香粉类化妆品，用作粉质性原料。

4. 高岭土(kaolin)　是天然的硅酸铝盐，化学式为 $Al_2Si_2O_5(OH)_4$ 或 $Al_2O_3 \cdot 2SiO_2 \cdot 2H_2O$。高岭土是经黏土煅烧、再经淘洗而制成的白色、质地细致的细粉。具有对油、水较好的吸收性，对皮肤的附着力好，以及可以缓和或消除滑石粉光泽性的特点，用于香粉类化妆品。

5. 碳酸钙(calcium carbonate，$CaCO_3$)　是将天然石灰石煅烧成氧化钙，将其制成石灰乳，然后通入二氧化碳而得到白色细粉状沉淀碳酸钙。用于化妆品的沉淀碳酸钙分为轻质和重质碳酸钙。利用其吸附、摩擦等性能应用于香粉、牙膏等化妆品中。

6. 碳酸镁(magnesium carbonate，$MgCO_3$)　是白色、无臭、无味轻质粉末，常以碱式碳酸镁形式存在$(MgCO_3)_4 \cdot Mg(OH)_2 \cdot 5H_2O$。它是由天然菱镁矿，经与碳酸钠反应，然后煮沸、过滤、洗涤和干燥等工序而制得。它具有色泽极白、吸收性强的特点，用于香粉、牙膏等化妆品。

7. 磷酸氢钙(calcium hydrophosphate dihydrate，$CaHPO_4 \cdot 2H_2O$)　是白色、无臭和无味的结晶粉末，以磷酸氢钠与氯化钙作用后经精制得到的结晶性二水合物。是牙膏中常用的性能温和的摩擦剂。

二、有色颜料

1. 氧化铁(iron oxide)　用于化妆品色素的氧化铁是以不同形式而制得的各种颜色的氧化铁，需要在严格控制的条件下制备。例如：

(1) 黄色氧化铁($Fe_2O_3 \cdot H_2O$)：是由硫酸亚铁与碱反应生成沉淀后，再经氧化而制得。反应方程式如下：

$$4FeSO_4+8NaOH+O_2 \longrightarrow 2FeO_3 \cdot H_2O+4Na_2SO_4+2H_2O$$

根据沉淀和氧化时条件的不同，可以得到浅黄到橙色的各种不同色度的色素，其中含 Fe_2O_3 约 85%和 H_2O 约 15%。

(2) 棕色氧化铁($Fe_2O_3 \cdot H_2O$、Fe_2O_3 和 Fe_3O_4 的混合物)：可以由黄色、红色和黑色氧化铁混合而成；也可由硫酸亚铁与碱反应生成沉淀后，再使沉淀局部氧化而制得。

(3) 红色氧化铁(Fe_2O_3)：通常是将上述所得黄色氧化铁沉淀，经煅烧而制得。

$$Fe_2O_3 \cdot H_2O \xrightarrow{\triangle} Fe_2O_3+H_2O$$

形成的颜色由浅红到深红，这由原来的黄色氧化铁及煅烧条件所决定。

(4) 黑色氧化铁(Fe_3O_4)：其制备反应如黄色氧化铁，但要求严格控制反应条件才可以得到，反应式如下：

$$FeSO_4 \cdot 7H_2O+12NaOH+O_2 \longrightarrow 2Fe_3O_4+6Na_2SO_4+13H_2O$$

2. 炭黑(carbon black) 是很稳定、不溶解的颜料，主要用于眉笔、睫毛膏等化妆品，化妆品用炭黑多是以木材炭化或煤烟沉积制得。

3. 氧化铬绿(chromium oxide green，Cr_2O_3) 是纯的无水氧化铬(Cr_2O_3)，经由重铬酸钾、碱、还原剂按一定比例混合后煅烧，再经酸性水洗去可溶性铬酸盐类，并使铅含量低于 20×10^{-6}，砷的含量低于 2×10^{-6}(以 As_2O_3 计算)，以达到化妆品的要求。

氧化铬绿色度较暗，对光、热、酸、碱和有机溶剂的稳定性好。

4. 氢氧化铬绿[chromium hydroxide green，$Cr(OH)_3$] 是具有像有机颜料那样鲜艳、呈绿色的颜料，各种性能与氧化铬绿相同。与氧化铬绿制法相似。

5. 群青(ultramarine blue) 是由硫磺、纯碱、高岭土、还原剂(木炭或松香等)，将各种原料按比例配制混合后，在 700～800℃煅烧 24h，缓慢冷却后，经洗涤精制而得到的颜料，根据所用原料配比不同，以及煅烧的温度等可以制得从绿色到紫色等各种色调的群青颜料。群青的化学结构尚不完全清楚。

群青对光、热、碱及有机溶剂稳定性好，但对酸敏感，易褪色和产生硫化氢气体，其着色力和遮盖力较差，主要用于眼影膏、睫毛膏和眉笔等化妆品。

第五节 天然色素

天然色素主要来源于自然界存在的动植物，亦称为动植物性色素，因为其来源少、提取分离工艺过程复杂、价格昂贵等原因，现已大部分被合成色素所代替。但是某些性能优良而稳定的天然色素仍被用于食品、药品和化妆品(详见附录一表 6)。近年来，因合成色素的安全性问题，又使天然色素广泛兴起，尤其是提取、分离、提纯技术的发展，并应用于天然色素的制备，又有许多新的天然色素出现。据报道，现有 100 多种天然色素进入市场，但能否用于化妆品，必须经国家有关部门的审批。

下面仅就已批准使用的天然色素做一介绍。详见附录一表6。

1. β-叶红素(β-carotene) 即β-胡萝卜素。因最先由胡萝卜中得到而得名,广泛存在于动植物中,是一种黄色或橙黄色色素。易被氧化而褪色,也易受金属离子的离子影响,这是因其分子结构中含有多个碳碳双键,易发生反应所致。需要与抗氧剂和螯合剂一起使用。结构式:

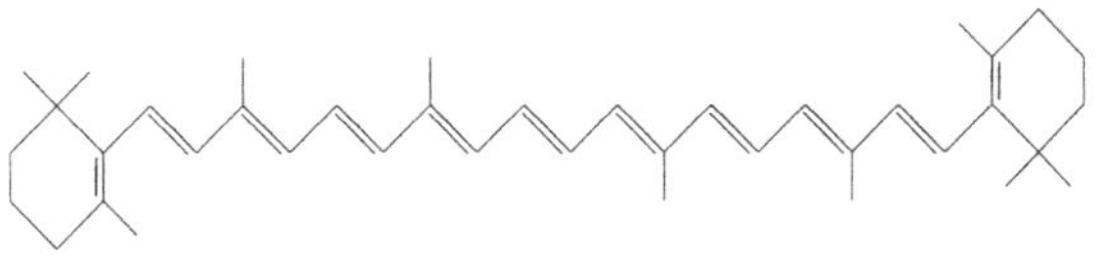

2. 胭脂红(carmine) 也称胭脂红酸,是由寄生在仙人掌上的胭脂虫干燥粉中提取的红色色素,颜色因pH值不同而异,在酸性中呈现橙色至红色,而在碱性中则呈现紫红色,对酸、光和热较稳定。胭脂红酸是蒽醌型的结构。结构式:

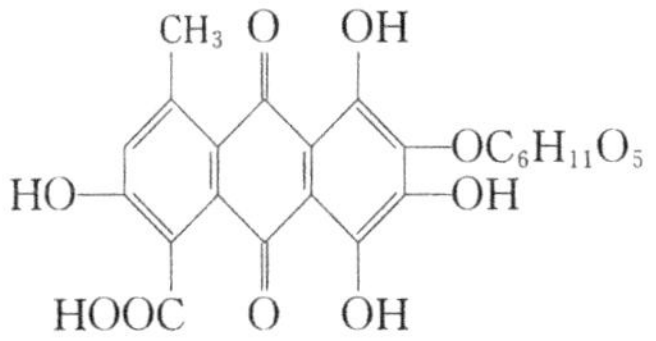

3. 叶绿酸钾钠铜(potassium sodium copper chlorophyllin) 也称天然绿(natural green),它是从绿色植物中先提取出叶绿素A,再经一系列化学反应和处理而制得的水溶性叶绿酸钾钠铜绿色色素。一般多用叶绿酸钠铜,除具有色素作用外,还有抑菌、除臭作用,用于牙膏、漱口水等卫生用品。

$$\text{绿色植物}\xrightarrow[\text{分离}]{\text{提取}}\text{叶绿素A}\xrightarrow{Cu^{2+}\text{置换}Mg^{2+}}\text{叶绿素铜}\xrightarrow[\text{水解}]{KOH\text{、}NaOH}\text{叶绿酸钾钠铜}$$

4. 其他动植物色素

(1) 类胡萝卜素色素

1) 红木素:以红木种子为原料制得的油溶性黄色至橙黄色的色素。

2) 辣椒黄素:以辣椒粉为原料制得的橙黄色至橙红色的色素。

3) 菌脂色素:以番茄为原料制得的红色至红橙色的色素。

4) 蕃红花苷:以茜草科栀子的果实为原料制取的橙黄色的色素。

(2) 蒽醌色素

虫漆酸:将虫胶介壳虫分泌的汁液经干燥而制得的红色色素。

(3) 黄酮类色素

1) 紫苏红:以红紫苏的叶茎为原料提取的红色(酸性溶液)色素。

2) 红南瓜色素:从红色南瓜提取而得到的红色至紫红色的色素。

(4) 二酮类色素:姜黄素:从姜科郁金的根茎提取得到的黄色色素。

第六节 珠光颜料

能使化妆品产生珍珠般色泽效果的物质称为珠光颜料。产生珠光的原理是由于同时发生光干扰和光散射的多重反射的结果。

珠光颜料因能加强色泽效果，现广泛应用于膏霜、奶液、乳化香波、唇膏和指甲油等化妆品，受到人们喜欢，所以越来越重要。

一、天然鱼鳞片

天然鱼鳞片是由带鱼或鲱鱼的鳞片（主要成分是鸟嘌呤，guanine）通过有机溶剂精制而成。由于鱼的种类和大小不同，粒径和晶型也不同，难以得到质量稳定的产品，价格较高。但其珍珠光泽比较凝重，所以适用于唇膏、指甲油和化妆品等。

二、氯氧化铋

氯氧化铋（bismuth oxychloride，BiOCl）是由硝酸铋的稀硝酸溶液与氯化钠反应而制得，其颗粒大小各不相同，结晶是不规则的，但具有较好的不透光性和柔和的珍珠光泽，光照时间过长，色泽会变深。溶于酸，不溶于水。也可在云母粉表面覆盖上氯氧化铋，制成珠光颜料，使其在溶剂中分散性更好，扩大其应用范围。

三、二氧化钛-云母

云母是一种白色、质地轻、略有珠光的片状粉末。因为具有一定的黏附性和遮盖性，易于着色。利用其特点，将片状云母粉的表面用化学方法涂上二氧化钛薄膜，得到二氧化钛-云母（titanium dioxide-mica）珠光颜料。该颜料是一种夹心结构的物质，具有银白色光泽和润滑感觉。现还研制出在云母粉表面涂上二氧化钛薄层后，再覆上 Fe、Cr、Ni、Co、Al、Sn、Bi 等金属氧化物薄膜，而使之具有不同颜色的珠光颜料。

四、合成珠光颜料

利用有机合成反应制得合成珠光颜料，其中代表性的是乙二醇单硬脂酸酯。反应式：

$$HOCH_2—CH_2OH + C_{17}H_{35}COOH \xrightarrow[\triangle]{H^+} C_{17}H_{35}COOCH_2—CH_2OH + H_2O$$

第七章

胶粘剂

胶粘剂又称胶合剂、黏合剂等，它们大多都是胶质类物质，是各种化妆品中常用的原料之一。它们在化妆品中起着如下作用：对乳状液和悬浮液等分散体系起稳定作用或称胶体保护作用；对乳状液、蜜类半流体起增稠作用；对膏霜类半固体起增黏或凝胶化作用；另外，还具有胶粘、成膜、泡沫稳定及保湿作用等。这些作用往往是几种作用的综合结果，并非只表现出一种作用。

胶粘剂大多是水溶性高分子聚合物，分子结构中大多含有羟基(—OH)、羧基(—COOH)、氨基($—NH_2$)等亲水性基团。当这些水溶性高分子聚合物与水发生水合作用时，则呈水溶液或凝胶状态，表现出不同的黏稠度等性质，而具有上述的作用。

胶粘剂按其来源可分为天然胶粘剂和合成胶粘剂两大类，具体包括如下几种胶粘剂：

- 胶粘剂
  - 天然胶粘剂
    - 动物性胶粘剂：明胶、酪蛋白、虫胶等
    - 植物性胶粘剂：淀粉、阿拉伯胶、黄蓍树胶、海藻胶、果胶、紫胶等
    - 矿物性胶粘剂：胶性二氧化硅、胶性硅酸铝镁等
  - 合成胶粘剂
    - 半合成胶粘剂：变性淀粉、甲基纤维素、乙基纤维素、羧甲基纤维素钠、羟乙基纤维素等
    - 合成胶粘剂：聚乙烯醇、聚氧乙烯、聚乙烯吡咯烷酮、聚丙烯酸及其衍生物等

第一节 动物性胶粘剂

一、明 胶

明胶(gelatin)是以哺乳动物牛、驴等的骨、皮、筋等为原料,经酸或碱处理所得到的粗胶原,再用水加热抽提制得的产品。它是胶蛋白经水解后得到的胶性高分子聚合物,其相对分子质量在1.75万～45万之间。明胶是白色或淡黄色、透明或半透明的粉末或片状物。在水中浸泡吸水而膨胀,可吸水增重5～10倍,充分吸水的明胶加热可溶解成胶体溶液,冷却后成凝胶状。明胶可溶于热的甘油中,但不溶于乙醇、乙醚等有机溶剂。

在化学结构上,明胶是氨基酸的缩合物,具有氨基酸的性质,在酸性条件下以阳离子状态存在,而在碱性条件下以阴离子状态存在,可以下列平衡式表示:

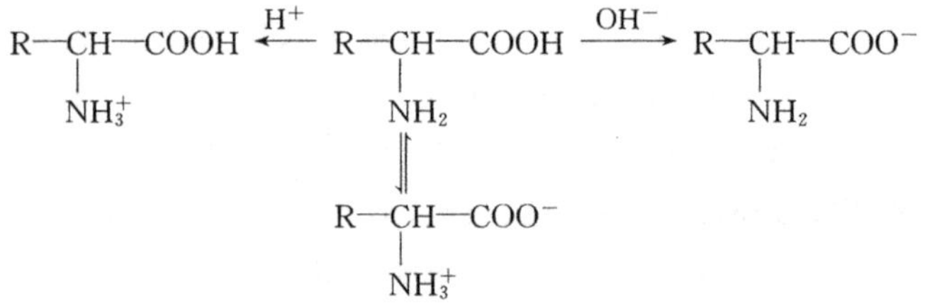

在无外来的H^+或OH^-条件下,明胶以分子或两性离子状态存在,此时的pH值称为等电点(pI)。因其制作的方法不同可分为:酸性明胶(明胶A),即由加酸水解而得,此种明胶水溶液呈弱酸性,其等电点近于4.7～5.0;碱性明胶(明胶B),即由加碱水解而得,此种明胶水溶液呈弱碱性,其等电点为8～9。

明胶具有胶体保护及黏合作用,其黏度随温度变化而改变,因而会影响产品的稳定性,故现在已很少作为增黏剂使用。但明胶水解液含有丰富的蛋白质和各种氨基酸,所以目前常用作营养成分添加于化妆品中。

二、酪 蛋 白

酪蛋白(casein)即酪朊,又称酪素或干酪素。它是一种含磷蛋白质,在牛奶、大豆中含量较高。一般制法是由脱脂牛奶在40～50℃时,用稀酸在pH值为4.1～4.6范围内搅拌处理,可得到沉淀的酸性低分子酪蛋白,也称为酸酪蛋白。因用的酸不同,而有乳酸酪蛋白、盐酸酪蛋白、硫酸酪蛋白之分,但其性能基本相同。

酪蛋白呈白色或淡黄色粉末或颗粒状,略有乳臭或酸味。在水中溶解膨胀,加入稀碱或盐即可分散溶解于水。在膏霜乳液类化妆品中,主要用作乳化剂或乳化稳定剂、增黏剂等。因它含有丰富的蛋白质和氨基酸,也可作为营养添加剂于化妆品中。

第二节 植物性胶粘剂

一、阿拉伯胶

阿拉伯胶(Arabic gum)又称金合欢胶,是阿拉伯树的分泌物,是称为阿拉伯胶酸的多聚糖类物质的钙、镁、钾盐。在稀酸中水解生成多种五碳糖和六碳糖酸类物质,如*D*-半乳糖、*L*-阿拉伯糖、*L*-鼠李糖、*D*-葡萄糖醛酸等单糖分子。其相对分子质量为1000～1200,具有高分子电解质的特性。阿拉伯胶呈白色粉末或颗粒状、淡黄色块状物。不溶于乙醇,溶于水,水溶液是酸性黏稠状液体,水溶液的黏度随时间延长而降低。

在化妆品中,可用作增黏剂、乳化稳定剂、润肤剂等,常与其他水溶性高分子聚合物配合使用。

二、黄蓍树胶

黄蓍树胶(tragacanth gum)又称黄蓍树皮粉,或白胶粉、龙胶,是由黄蓍树皮分泌物经加工而制得的胶性物质。其结构部分与阿拉伯胶相似,水解后得到*L*-阿拉伯糖、*D*-木糖和*L*-岩藻糖等。黄蓍胶呈白色或淡黄色半透明粉状物,不溶于乙醇,吸水性强,在水中膨胀成凝胶。

在化妆品中可作为黏合剂、增黏剂及胶体保护剂等,常用于牙膏、发胶等。

三、果　胶

果胶(pectin)是一种凝胶状多聚糖类物质,广泛存在于植物组织中。主要成分是*D*-半乳糖醛酸的缩聚物,其相对分子质量因原料和制得方法不同而有较大差异,一般在5万～20万。果胶多以稀酸溶液浸取果类、橙类植物组织,再经脱色浓缩或在乙醇、丙酮等有机溶剂中沉淀出而制得。

果胶呈白色或深黄色粉末,不溶于乙醇、丙酮等,溶于甘油,在水中呈凝胶状黏稠液体。果胶无毒,对皮肤无刺激性和无过敏性,适用于牙膏、微酸性乳液化妆品中,用作胶体保护剂和乳化剂等。

四、木瓜子胶

木瓜子胶(papain gum)是由一种名为榅桲植物中提取而得到的天然水溶性高分子化合物。用热水从其种子提取的黏液物质,具有比其他天然、合成水溶性高聚物更为优异的感觉性能,即涂抹在皮肤上可有爽快而润滑的感觉。常用于乳液护肤化妆品。

五、海藻酸钠

海藻酸钠(sodium alginate)又称藻朊酸钠或褐藻酸钠。是由海带、褐带菜等褐藻类经稀碱溶液浸取,再经过滤除去纤维素等,并经漂白后精制的白色或淡黄色粉末,无臭、无味,不溶于有机溶剂,易溶于水成黏稠状胶体溶液。

其主要成分为糖类钠盐,结构式为:

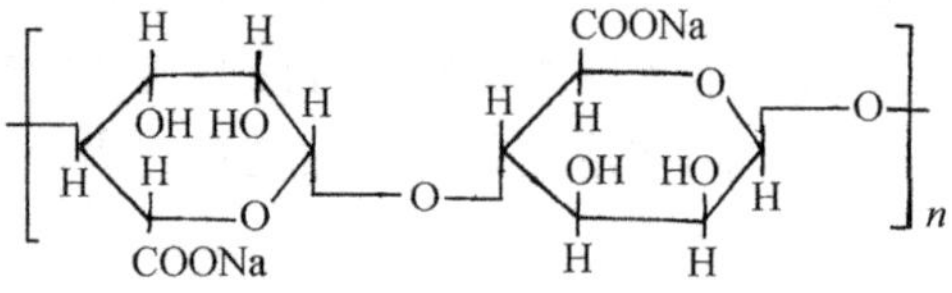

在化妆品中主要用作胶体保护剂、黏合剂、增稠剂等,如在牙膏中是理想的增黏剂。因分子内含有羟基,它还具有保湿剂作用。

另外,海藻酸酯如海藻酸1,2-丙二醇酯也具有海藻酸钠的相似作用。

六、鹿角菜胶

鹿角菜胶(carrageenin)又称叉胶或爱尔兰苔粉。它是由鹿角菜或爱尔兰苔等红海藻以热水抽提,经过滤、浓缩,然后以乙醇沉淀而制得的无臭、无味白色或淡黄褐色粉末。易溶于水,在60℃以上完全溶解,降至室温时则呈透明黏稠液或凝胶状,热稳定性好,但在强碱性中不稳定。

其主要成分为*D*-半乳糖及其硫酸酯的钠盐、钾盐。分为三种类型:Lambda 型、Kappa 型和Lota 型。其中Lambda 型不能形成凝胶,另两种可形成凝胶,尤其以钾离子的凝胶作用最强。Kappa 型的凝胶能被机械作用破坏;而Lota 型凝胶不被破坏,凝胶在80℃左右时也不熔化,受温度影响较小,所以,选用Lota 型鹿角菜胶用于牙膏中用作胶粘剂最为理想。

对皮肤有滑爽感和滋润效果,常与甘油、丙二醇、山梨醇等应用于膏霜类化妆品中,用作胶粘剂、增稠剂等。

七、淀　粉

淀粉(starch)是以*D*-葡萄糖为结构单位的多糖类天然高分子聚合物。淀粉是由小麦、玉米、大米等谷物中得到的白色、无臭、无味的非晶形粉状或不规则块状物,不溶于冷水、乙醇和乙醚等。淀粉是由可溶于热水的直链淀粉(也称糖淀粉)和不溶于热水、在热水中糊化的支链淀粉(又称胶淀粉)两部分组成。大多数淀粉中,前者的含量约为20%,后者的含量约为80%。淀粉糊化后成为具有黏性的半透明凝胶或胶体溶液，其特点是在低浓度水溶液中仍有较高的黏性。

直链淀粉的结构是以α-D-葡萄糖为结构单位通过α-1，4苷键连接而成的线状聚合物，支链很少。相对分子质量一般为15万～60万，含有大约1000～4000个D-葡萄糖结构单位，其结构式为：

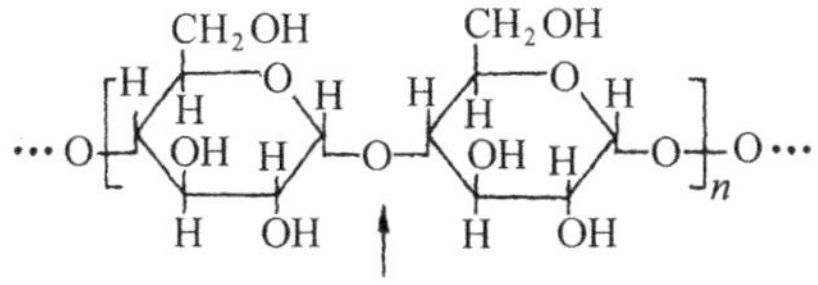

支链淀粉与直链淀粉一样是由α-D-葡萄糖单位以α-1，4苷键连接成直链，但与直链淀粉不同，每隔20～25个葡萄糖单位通过α-1，6苷键形成分支，支链淀粉的结构片断可表示如下：

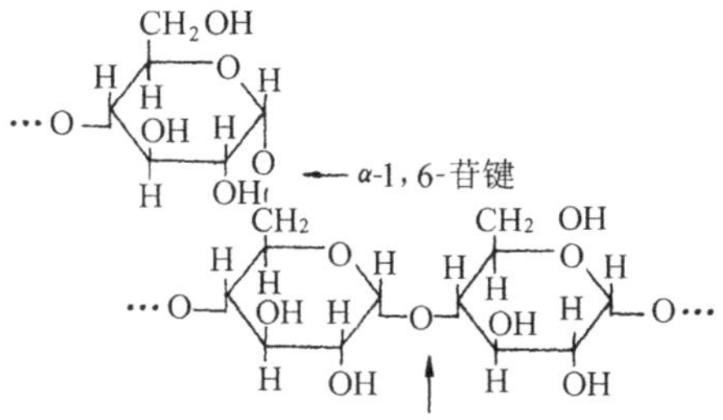

因此，支链淀粉的分子形状呈树枝状，结构比直链淀粉复杂，相对分子质量约为100万～600万。

淀粉主要用于香粉类化妆品中，作为粉剂的一部分，在牙膏及胭脂内可用作黏合剂。但因其抗微生物性能差，现多用变性淀粉。可分别经酸、碱、盐、氧化剂和淀粉酶进一步反应，得到各种变性淀粉，如流动性淀粉、氧化淀粉、各种糊精等，扩展了淀粉的性能和用途。

第三节　矿物性胶粘剂

矿物性胶粘剂主要来源于天然矿物成分，是经一系列化学反应或加工处理得到具有胶粘剂作用的胶性物质。

一、胶性二氧化硅

胶性二氧化硅(colloid silicon dioxide)即胶性硅胶，是由天然矿物、砂石、石英等经加工制得的白色无臭、无味的细粉末。具有化学纯度高、微粒极细、比表面积特大和成链等特性。吸水性极强，在吸水率达自身40%时仍保持粉末状。与其他的胶粘剂配合使用，才具有较好的黏度和膏体成型性，主要用于牙膏中用作胶粘剂。

二、胶性硅酸铝镁

胶性硅酸铝镁(colloid magnesium aluminum silicate)是由火山灰形成的岩矿物制取的，其组成是较复杂的胶性物质，呈无臭、无味、白色柔软细小片状或粉末。不溶于水和有机溶剂中，但在水中可膨胀成较自身体积大许多倍的胶态分散体，其低于 8%水中分散体的黏度约为 0.25Pa·S，pH 值约为 9，在 pH 值较宽范围内稳定。

胶性硅酸铝镁与其他的有机胶粘剂配合使用有较好的协同作用。主要用于牙膏中作胶粘剂。

三、硅 酸 钠

硅酸钠(sodium silicate)又称水玻璃。其组成主要为 Na_2SiO_3，并含有少量的 $Na_6Si_2O_7$ 和 $Na_2Si_3O_7$，当与水混合后形成 $Na_2SiO_3 \cdot 5H_2O$，是无色、无味强黏性液体，不易溶于冷水，溶于热水，实际上它以水合形式分散在水中，呈碱性。用于化妆品时，注意其 pH 值的影响。

四、硅 酮 油

硅酮油(silicone oil)又称硅油、硅树脂。硅酮油是化学惰性物质或非极性物质，主要包括二甲基聚硅氧烷和甲基苯基聚硅氧烷。前者为无色、无味的透明黏稠体，不挥发，无毒；后者为无色或微黄色透明黏稠液体，不挥发。

制法：由二甲基二氯硅烷水解成二甲基硅醇，同时加少量的三甲基硅醇作为端基封闭剂，一起进行聚合而成，其反应式可表示如下：

$$(CH_3)_2SiCl_2 + 2H_2O \longrightarrow HO-\underset{CH_3}{\overset{CH_3}{\underset{|}{\overset{|}{Si}}}}-OH + 2HCl$$

二甲基二氯硅烷　　　　二甲基硅二醇

$$(CH_3)_3SiCl + H_2O \longrightarrow CH_3-\underset{CH_3}{\overset{CH_3}{\underset{|}{\overset{|}{Si}}}}-OH + HCl$$

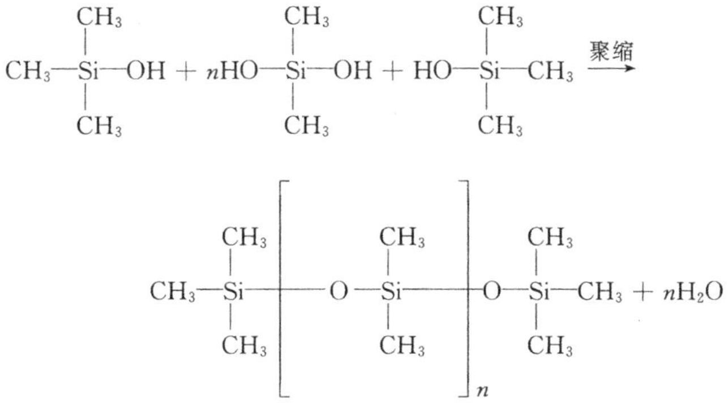

二甲基聚氧硅烷

如用甲基苯基硅二醇则可得到：

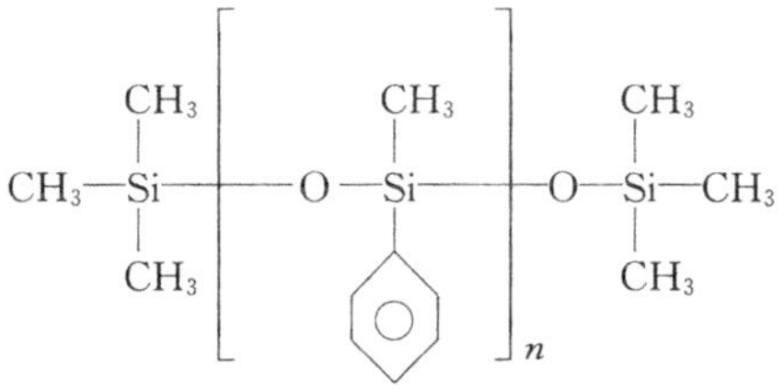

甲基苯基聚氧硅烷

硅酮油主要用作胶粘剂、非极性润肤物质，所以可用于润肤化妆品，起到一般油脂所起不到的作用，在皮肤表面上形成一层保护层，既能抗水又能让水汽通过，用于起到柔和、滋润、避免出汗作用的护肤用品中。

第四节 半合成胶粘剂

半合成胶粘剂是指以自然界存在的天然物质为原料经化学反应而合成的各种衍生物，其中应用较广泛的是变性淀粉，即环糊精和纤维素衍生物等。

一、环 糊 精

环糊精(cyclic dextrin)是以淀粉为原料经结构改造得到的性能特殊的变性淀粉，是多个葡萄糖分子相互以 α-1,4 苷键形式连接成串结构的化合物，称为直链糊精，简称糊精。如果直链糊精两端的葡萄糖分子也以 α-1,4 苷键形式连接起来，形成闭合的筒状结构，则称为环状糊精，即环糊精(CD)。环糊精是由环糊精糖基转移酶作用于淀粉、直链糊精或其他葡萄糖聚合物而生成的。这种酶所产生的环糊精从结构上又有 α-、β-和 γ-CD 之分(表 7-1)，其中 β-CD 在化妆品中表现出特殊性能，这可能是由于形成的筒状结构，产生笼效应的结果。

表 7-1 α-、β-、γ-CD 的一般性质

性质	α	β	γ
葡萄糖基数目	6	7	8
相对分子质量	973	1135	1297
环内径(10^{-10}m)	6	8	10
环柱高(10^{-10}m)	7	7	7
比旋光度$[\alpha]_D^{25}$(水)	+150.5°	+162.5°	+177.4°
碘复合物颜色	蓝紫	黄	黄褐
结晶形状	针状	板状	板状
水中溶解性(g·100ml^{-1},25℃)	14.5	1.85	23.2

环糊精在化妆品中的作用:

(1) 延长化妆品的储存期:在增白化妆品中常添加维生素 C(抗坏血酸)的衍生物,如维生素 C-6-脂肪酸单酯、维生素 C-2,6-脂肪酸二酯等,但因它们易被氧化变深色,用 β-CD 将其做成包结复合物,结果使上述酯类不易被氧化变色而延长储存期,同时增白效果得以提高。

(2) 减小刺激性:化妆品中某些成分对皮肤有一定的刺激性,如将这些成分与环糊精制成包结复合物,则可减小刺激性。如维生素 C-6-脂肪酸单酯的环糊精包结复合物添加于化妆品中,其刺激性大大减小,润滑、增白效果增强。此外,还可抑制某些香料成分对皮肤的刺激作用。

(3) 代替表面活性剂:用 CD 代替表面活性剂制备乳化状化妆品时,可使油性原料易乳化,乳化时不形成凝胶状态,流动性好,乳化条件也较用表面活性剂乳化容易控制。

(4) 保持留香持久:用 CD 和香精制得的包结复合物添加于化妆品中,可使香精在正常情况下不易挥发,仅在使用时包结复合物中的香精分子才被其他分子置换出来,散发出浓郁的芳香气味。其中阴离子表面活性剂分子置换能力最大。溶剂中使用 CD 包结复合物,可改善香精在温水中的分散性,抑制香精挥发和溶剂基料变色及氧化分解。

(5) 脱臭、杀菌作用:对于具有脱臭、杀菌作用的化妆品,添加一定量的 CD 可增加其脱臭、杀菌作用。如牙膏、漱口水中添加 β-CD,可增加除口臭、杀菌作用。

二、纤维素衍生物

纤维素衍生物(cellulose derivatives)是以天然的纤维素为原料经化学反应而合成的具有胶性的各种衍生物,其中纤维素醚类在化妆品中应用的最多。例如甲基纤维素(MC)、乙基纤维素(EC)、羟乙基纤维素(HEC)、羧甲基纤维素(CMC)等。

纤维素是天然植物中分布最广的多糖类高分子聚合物。它的基本结构单位是*D*-葡萄糖,*D*-葡萄糖单位之间通过 β-1,4 苷键连接而成的长链聚合物,其结构片段可表示如下:

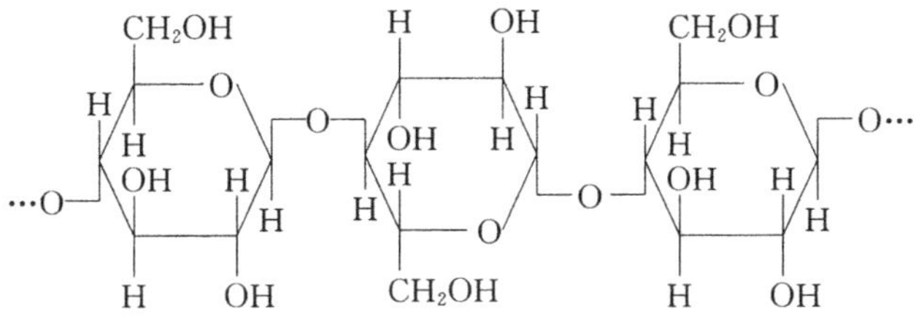

可见,纤维素分子中的葡萄糖单位保留有三个醇羟基,这些醇羟基能生成醚或酯类,而得到纤维素醚类或纤维素酯类,即纤维素衍生物。

用下列反应通式表示其衍生物制备反应:

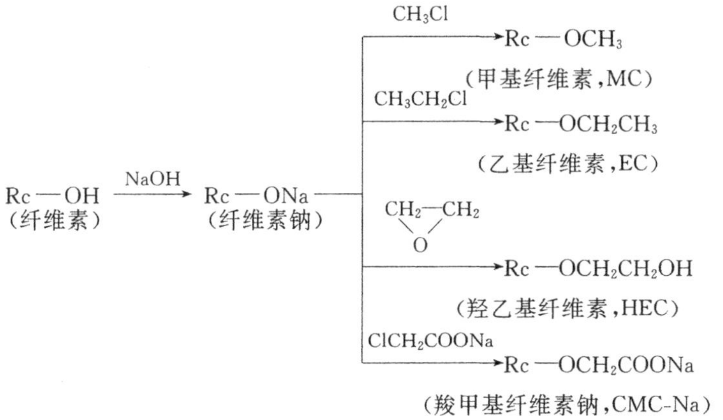

1. 甲基纤维素(methyl cellulose,MC) 是纤维素的甲醚,是无臭、无味、白色纤维状粉末,不溶于水及一般有机溶剂,对光、热稳定,在水中膨胀成透明、黏稠的胶体溶液。在化妆品中,起胶粘剂、胶体保护剂、乳化和泡沫稳定剂、成膜剂等作用。

2. 乙基纤维素(ethyl cellulose,EC) 其性能和作用与甲基纤维素相似。

3. 羟乙基纤维素(hydroxy ethyl cellulose,HEC) 是纤维素的羟乙基醚,是无臭、无味的白色或淡黄色的粉末。易分散于水中成凝胶状,2%水溶液黏度最高可达100Pa·S。对酸稳定,在香波、膏霜、乳状液、发胶、发乳中用作胶粘剂、乳化稳定剂、成膜剂和胶体保护剂。

4. 羧甲基纤维素钠(sodium carboxy methyl cellulose,CMC—Na) 是纤维素的多羧甲基醚的钠盐,为无臭无味、白色粉末或颗粒状物,易溶于水及碱性溶液形成透明黏胶体。其水溶液的黏度随 pH 值、取代度、温度的不同而异。

CMC—Na 在水中不是溶解而是解聚,即聚合分子的解聚。在水中先以悬浮状态存在,然后在水中膨胀达到最高黏度,最后完成解聚而黏度稍有下降。CMC—Na 的黏度受无机盐(如 NaCl、Na_2SO_4 等)的影响较大。对光、热较稳定,易被氧化。

在化妆品中,主要用做膏霜、乳液的增黏剂、乳化稳定剂、泡沫稳定剂等。

5. 硝酸纤维素(cellulose nitrate) 又称硝化纤维素。它是利用纤维素分子中葡萄糖结构单位中的三个醇羟基与硝酸反应生成硝酸纤维素酯。将纤维素与浓硝酸和浓硫酸混酸作用时,根据混酸的组成和反应时间的长短,其分子中的三个醇羟基可以全部或部分酯化而生成纤维素硝酸酯,其反应式如下:

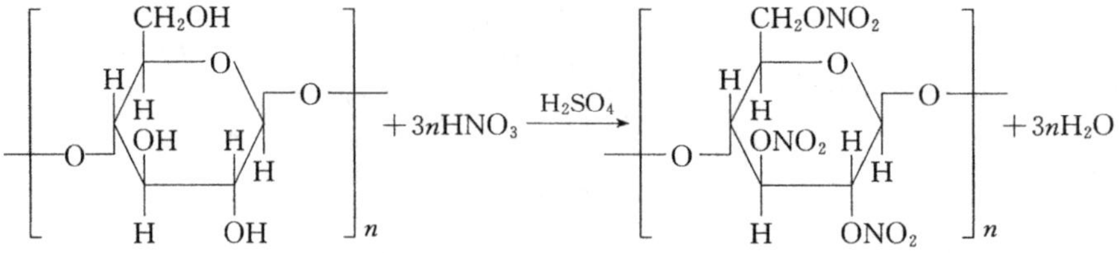

含氮量在13%左右的硝酸纤维素称火棉,易燃、易爆。含氮量在11%左右的硝酸纤维素称为胶棉,易溶于酮类、酯类溶剂,是用于成膜性化妆品如指甲油等的很好的成膜剂,其成膜的硬度、附着力、耐磨性等方面均优良。

6. 醋酸纤维素(cellulose acetate) 是纤维素与醋酸酐和少量硫酸作用时,其三个醇羟基发生乙酰化反应而生成纤维素醋酸酯,酯化程度随试剂用量和反应条件不同而异,可以得到一醋酸、二醋酸、三醋酸纤维素。其反应式如下:

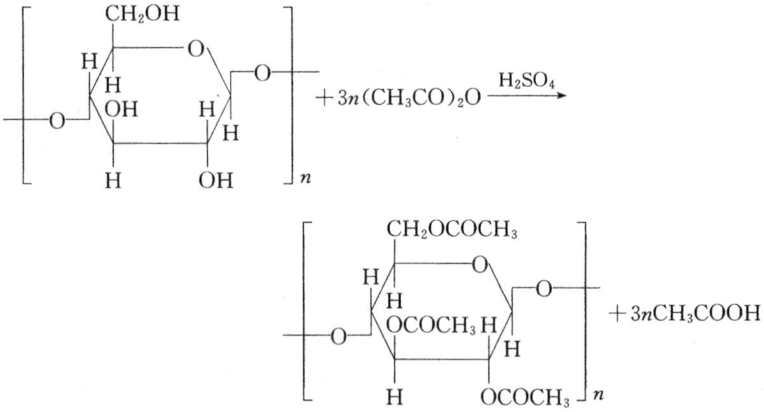

醋酸纤维素对酸、碱敏感,易与其他纤维素配合使用。

第五节 合成胶粘剂

合成胶粘剂是指利用有机单体通过聚合反应生成高分子聚合物,其高分子聚合物具有一定的胶粘性。但也因其聚合度或平均相对分子质量不同而性质有所不同。下面仅介绍常用于化妆品的合成胶粘剂。

一、聚乙烯醇

聚乙烯醇(polyvinyl alcohol,PVA)是由醋酸乙烯酯经过聚合后,再水解脱去醋酸基而制取的：

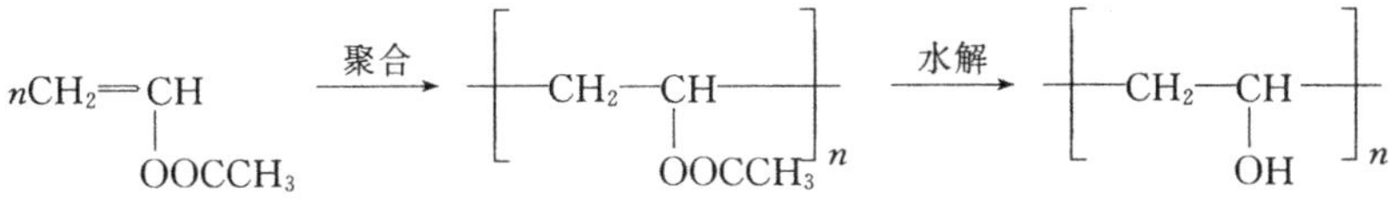

由于其聚合度和脱去醋酸基的程度不同，其性能也各异。通常聚乙烯醇呈白色或淡黄色粉末状，无臭、无味，易溶于水。稀水溶液呈胶状，浓度高时呈凝胶状。性质稳定，水溶液遇热不变质，还具有保湿性和成膜性。化妆品中主要用于润肤剂、成膜剂、胶体保护剂和乳化稳定剂等。

二、聚氧乙烯

聚氧乙烯(polyethylene oxide，PEO)是由环氧乙烷经聚合反应制得。其聚合度范围很大，其相对分子质量可由几十直至几百万，用途也呈多方面的。

反应式如下：

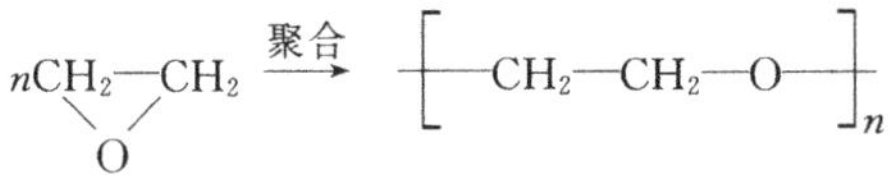

它是一种白色、无臭、无味的粉末，其水溶液是稳定的水溶性化合物，可用作胶粘剂、增稠剂和成膜剂等。

三、聚乙二醇

聚乙二醇(polyethylene glycol，PEG)是由环氧乙烷在微量水存在下的聚合产物。反应式如下：

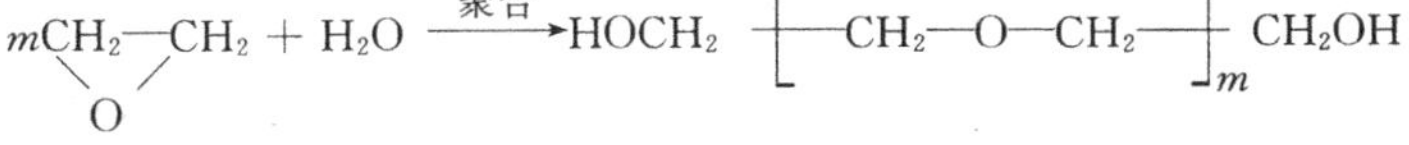

聚乙二醇的聚合度依照所含氧乙烯单位来计算，即 n(聚合度)$=m+1$，各种型号的聚乙二醇实际上是不同聚合度的聚乙二醇的混合物，而型号则用其平均相对分子质量来表示。如聚乙二醇 200 是聚合度为 6 和 7(m 数为 5 和 6)的混合物，相对分子质量范围为 190～210，平均相对分子质量接近 200。在化妆品中常用的聚乙二醇规格如表 7-2 所示。

所有的聚乙二醇都溶于水，PEG600 以下的常温下呈无色透明黏性液体，可与水任意混合。聚乙二醇可溶于乙醇、氯仿中，不溶于醚和脂肪烃。

在化妆品中可用作保湿剂、增稠剂和乳化稳定剂。

表 7-2 常用的聚乙二醇的规格

型号	聚合度(*n*)	*m*	平均相对分子质量范围	熔点(℃)
PEG200	3～5	2～4	190～210	—
PEG300	6～7	5～6	285～315	－15～8
PEG400	8～10	7～9	380～420	4～8
PEG600	12～14	11～13	570～630	20～25
PEG1000	21～24	20～23	950～1050	37～40
PEG1540*	28～36	27～35	1300～1600	42～46
PEG4000	70～85	69～84	3100～3700	53～56
PEG6000	135～170	134～169	6000～7500	60～63

* PEG1500 为 PEG1540 和 PEG300 的等量混合物

四、聚乙烯吡咯烷酮

聚乙烯吡咯烷酮(polyvinyl pyrrolidone,PVP)是由 *N*－乙烯基吡咯烷酮聚合而制得的直链形聚合物。反应式如下：

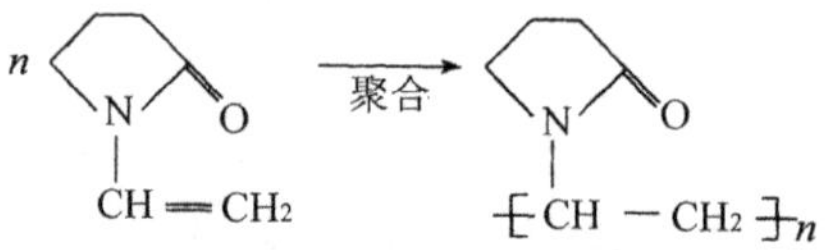

它是白色或淡黄色粉末，相对分子质量为 2.4 万～4.0 万，易溶于水，可溶于醇、氯仿、胺类、酮类及低分子脂肪酸。

PVP 的相对分子质量不同，其性能和使用范围亦不同。它具有较好的保湿性和成膜性，并与纤维素衍生物有良好的相容性，所以广泛应用于定发用化妆品中，能在头发上形成光滑和有光泽的透明薄膜，还可起稳定泡沫、增稠、减少刺激性等作用。

五、聚丙烯酸钠

聚丙烯酸钠(sodium polyacrylate,PA-Na)是丙烯酸聚合物的钠盐。既可由丙烯酸钠直接聚合，也可由丙烯酸聚合后中和制得。

反应式如下：

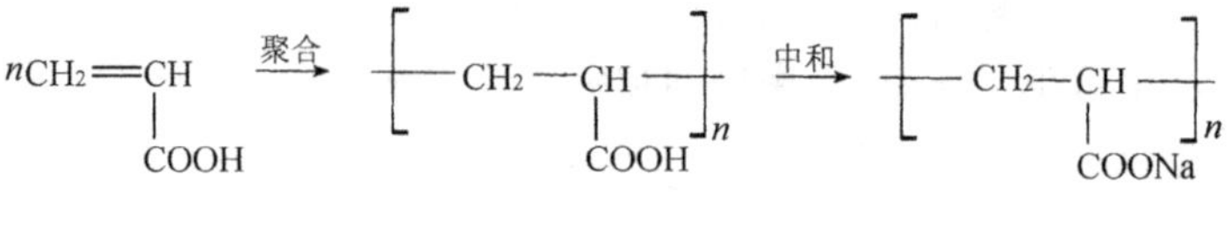

聚丙烯酸钠是无臭、无味、白色粉末，溶解于水时，要先用水溶胀后，再加水使之完全溶解。随 pH 值不同，可改变其溶解度。水溶液的黏度很高，但对铁离子不稳定。

在化妆品中主要用作胶粘剂、乳化体稳定剂等。

六、化妆品用胶粘剂的性能要求

用于化妆品的胶粘剂除了自身的作用所要求的性能，如对分散体系的稳定作用、黏合、增稠、乳化、成膜、保湿、泡沫稳定作用等以外，还应满足以下要求：

1. 无色、无臭、无味　胶粘剂作为化妆品原料之一，存在于各种化妆品中而不能影响其色泽、气味的改变。因此，要求胶粘剂原料经加工、提纯、精制后要符合标准要求。

2. 稳定性好　虽然胶粘剂具有赋予化妆品良好性能的作用，但因化妆品在使用、储存期间内易受外界因素，如光照、温度、湿度及微生物等作用而发生变化。同样，胶粘剂也可能受这些因素的影响或作用，因此胶粘剂的稳定性则是非常重要的，同时胶粘剂还应与添加的防腐剂、抗氧化剂等有良好的相容性。

3. 溶解性能好　用于化妆品的胶粘剂大多都是水溶性高分子聚合物，分子内含有各种亲水性基团，易溶于水而形成胶性溶液或凝胶。有时因搅拌、水温、时间等因素，而影响形成胶性溶液。实际上，多数胶粘剂在水中不是溶解而是解聚，即聚合分子的解聚。其过程是胶粘剂在水中则要经过一定时间的润湿，然后再加水，并施以搅拌，逐渐形成水溶液。还有的胶粘剂因受到搅拌时剪切力的影响而使黏度降低。因此，要根据不同的胶粘剂控制不同的条件，而制得理想的胶粘性水溶液或凝胶。

4. 安全性高　化妆品的安全性是非常重要的。胶粘剂不仅与皮肤直接作用，而且还直接用于口腔，如牙膏中的胶粘剂等。因此，用于化妆品的胶粘剂的刺激性、过敏性、毒性等要求也是十分严格的。否则，合成胶粘剂中残存的单体、催化剂或矿物胶粘剂中的微量重金属元素等都可能导致上述不安全因素，所以对胶粘剂的纯度及安全性应有严格要求。

第八章

香料和香精

日常生活中所使用的化妆品，其作用、性能、状态等虽有所不同，但都有一个共同的特点，即大多数化妆品都具有一定的温馨、优雅的香气。化妆品的香气是通过在配制时添加一定量的香精所赋予的，而香精则是由各种香料经调配混合而成的。化妆品中添加的香精量虽少，但它所显示的作用却是非常重要的。因此，香精是化妆品关键原料之一。香精的质量不仅影响产品的质量，如气味、颜色、剂型的稳定性，还可能影响使用者的欢迎程度，甚至可能还会对产品的刺激性、过敏性等方面产生作用。为了更好地了解有关化妆品用香料和香精的有关问题，在本章将介绍化妆品用香料、香精等及其相关的内容。

第一节　香　料

一、香料的定义

一些物质具有一定的挥发性并能散发出芳香气味，这些芳香物质分子刺激了嗅觉神经而感觉到有香气，那些能够使人感到愉快舒适的气味称为香味。具有香味的物质总称为有香物质或香物质。因此，能够散发出香气、并有实用性的香物质称为香料。

香料所具有的香气与香料物质的化学结构及其理化性质，如相对分子质量、蒸气压(挥发性)、溶解性等有密切关系。它们的相对分子质量一般在 26～300 之间，可溶于水、乙醇或其他有机溶剂。其分子中常含有 —OH 、$>$CO 、$-NH_2$ 、—SH 、—CHO 、—COOH 、—COOR 等基团，这些基团在香料化学中常称为发香基团或发香基。香料分子具有这些发香基团并对嗅觉产生不同的刺激，才使人感到有不同香气的存在。主要的发香基团列于表 8-1 中。

表 8-1　香料的主要发香基团

有香物质	发香基团	有香物质	发香基团
醇	—OH	硫醚	—S—
酚	—OH	硫醇	—SH
醚	—O—	硝基化合物	$—NO_2$
醛	—CHO	腈	—CN
酮、醌	>CO	异腈	—NC
羧酸	—COOH	硫氰化合物	—SCN
羧酸酯	—COOR	异硫氰化合物	—NCS
内酯	—CO—O—	胺	$—NH_2$

应指出的是，卤原子以及香料分子中的不饱和键（烯键、炔键等）对香味也有着不同程度影响。由于发香基团在分子中位置的变化，基团与基团之间的距离，以及由于环状化和异构化等因素，也使香味产生明显的差异。

有关化合物分子结构与发香机制的关系解释虽然很多，但目前只能说明部分而不能阐明所有的问题，这也是尚待解决的理论问题。

目前普遍接受这样的看法，认为有香物质即香料必须具备下列条件：

(1) 必须具有挥发性。挥发出香料物质的分子到达嗅觉器官的受容部位，即鼻黏膜，才能产生香味的感觉。

(2) 必须在水中、类脂类等物质中具有一定的溶解度。有些低分子的有机物虽然溶于水，但不溶于类脂类介质中，几乎是无臭、无味的。

(3) 相对分子质量在 26～300 之间的有机化合物。相对分子质量低的化合物，挥发度可能高，才可能产生有刺激嗅觉器官作用的分子。

(4) 分子中具有某些原子（称为发香原子）或原子团（称为发香基团）。这些发香原子在周期表中处于ⅣA～ⅦA 族中，如 C、N、P、O、S、X 等原子。

(5) 折光率大多在 1.5 左右。

(6) 拉曼（Raman）红外光谱测定的香料化合物吸收波长大多数在 1400～$3500nm^{-1}$范围内。

二、香料的分类

根据香料的来源，香料可分为两大类：天然香料和合成香料。具体情况如下：

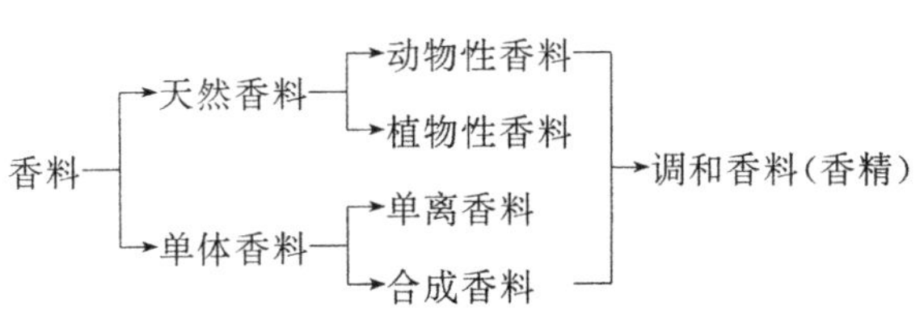

天然香料是指从含香味物质的动植物某些生理器官（或组织）或分泌物中经加

工处理而得到的含有发香成分的物质。它们多为成分组成复杂的混合物。如从动物(麝鹿、灵猫、海狸、抹香鲸等)的某些生理器官或分泌物中提取出来的香料称为动物性香料,从香料植物(如花、叶、果、根、皮、树脂等)的组织或分泌物中提取出来的香料称为植物性香料。

单体香料是指具有一定化学结构的单一香料化合物,它包括单离香料和合成香料两类。具体来说,单离香料是指采用物理或化学方法从天然香料中分离出来的单体香料化合物;合成香料是指利用各种化工原料或从天然香料中分离出来的单离香料为原料,通过化学合成的方法而制备的化学结构明确的单体香料。

合成香料一般包括两类:第一类是利用现代分析测试仪器,如紫外、红外光谱仪和核磁共振仪及色谱-质谱联机等,对天然香料进行结构分析。在确定了其结构之后,通过化学合成方法,制备出与天然香料中含香成分结构相同的香料化合物。该类香料占合成香料的大部分。第二类是通过化学合成方法制备出自然界尚不存在、但其香味与天然香料相似的香料,或者制得的结构、香气与天然香料不同,但具有一定香气的香料。有人认为前者属于模拟香料,后者是属于创新香料。

这里还应明确指出的是,化妆品所用的加香物质通常称为香精,是由多种香料调和而成的香料混合物。香料则很少单独使用,这一概念必须清楚。

三、香气的分类

香气是香料的"灵魂",每种香料都散发出不同的香气,它们之间既有差异,又有相似,甚至于近同。为此,根据不同的角度和依据,提出了各种不同的香气分类方法。已知的香气分类方法计有二十多种,下面仅介绍按香气的香型、挥发度分类的方法。

1. 按香气类型分类　按香气类型分类方法是1865年 Rimmel 提出并根据天然香料的香气特征,将香气类型归纳为 18 种,如表 8-2 所示。这种分类方法与客观实际比较符合,容易被接受,对于天然香料使用有一定指导意义。但现在的香料品种越来越多,此种分类方法已不能满足需要,应适当加以补充、改进。

表 8-2　按香气类型分类方法

香气类型	代表香料	同类的香气
杏仁类	苦杏仁	月桂、桃仁、硝基苯
琥珀类	龙涎香	橡苔
茴香类	茴香	小茴香、葛缕子、芫荽子、大茴香
膏香类	香子兰	吐鲁香、秘鲁香、安息香、苏合香、黑香豆
樟脑类	樟脑	迷迭香、广藿香
丁香类	丁香	香石竹、紫丁香
柑橘类	柠檬	香柠檬、甜橙、榅桲、白柠檬
果香类	梨	苹果、菠萝、榅桲
茉莉类	茉莉	铃兰
熏衣草类	熏衣草	穗熏衣草、百里香、马约兰

续表 8-2

香气类型	代表香料	同类的香气
薄荷类	薄荷	留兰香、芸香、紫苏、滇荆芥
麝香类	麝香	灵猫香、秋葵子、麝香木
橙花类	橙花	刺槐、橙叶、山梅花
玫瑰类	玫瑰	香叶、欧蔷薇、玫瑰木
檀香类	檀香	岩兰草、柏木
辛香类	肉桂	桂皮、豆蔻、肉豆蔻衣
晚香玉类	晚香玉	百合、风信子、水仙、黄水仙
紫罗兰类	紫罗兰	金合欢、桂花、鸢尾根、木犀草

2. 按挥发度分类　1954年，Poucher 提出了按香料香气挥发度来对香气进行分类的方法。将香料涂布在辨香纸上，然后依据香料挥发留香的时间长短来区分头香、体香和基香三大类。把香气在不到一天就嗅不到气味的香料，规定系数为1；不到两天的系数定为2；依次类推，最高定为100，此后不再分高低。规定系数为1～14的划为头香；15～60 的划为体香；61～100 的划为基香或定香剂。这种分类方法因受客观因素及主观因素影响较大，所以只能作为参考。

第二节　天然香料

一、动物香料

动物香料主要有麝香(musk)、灵猫香(civet)、海狸香(castoreum)和龙涎香四种。品种虽少，但在香料中占有重要地位。来源少，价格十分昂贵，是配制高级香精不可缺少的定香剂。

1. 麝香　由栖息于印度北部，我国云南、西藏、青海、新疆及东北等地的雄麝鹿生殖腺分泌物中得到。晾干腺囊，取出其中的红棕色或暗褐色颗粒状物质，用水润湿后有香气。但与高锰酸钾、硫磺、樟脑相混时，香气消失；用氨水润湿后，又可恢复香气；用碳酸钠盐类处理可增强香气，一般用乙醇浸取制成酊剂使用。

麝香的主要香成分是麝香酮(musk ketone)，其结构式：

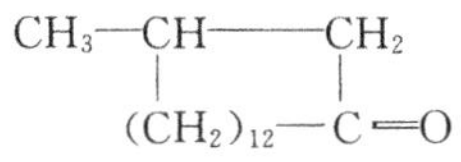

化学名称：3-甲基环十五酮(3-methylcyclopentadecanone)，另外还有麝香吡啶、胆固醇、酚类、脂肪醇类等。

2. 灵猫香　由栖息于我国云南、广西、印度、马来西亚、缅甸等地雌雄性灵猫的囊状分泌腺所分泌出来的褐色半流体物，经刮板刮下收集而得到的。一般制成乙醇酊剂使用。灵猫香的主要香成分是灵猫酮(civetone)，其结构式：

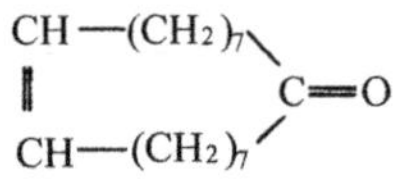

化学名称：9-环十七烯酮(9-cycloheptadecenone)，另外还有吲哚、3-甲基吲哚、乙酸苄酯、四氢对甲基喹啉等成分。其香气比麝香更为优雅，常用作高级香水中香精的定香剂。

3. 海狸香　由栖息于西伯利亚、加拿大及欧洲北部等地的雌雄海狸生殖器旁的梨形腺囊中取得的分泌物。经日晒或干燥后呈红棕色树脂状物。其香气比较浓烈而且持久，一般可制成乙醇酊剂。主要用作定香剂，配入花精油中能提高其芳香性，增加留香时间。海狸香的成分比较复杂，其主要香成分是由生物碱和吡嗪等含氮化合物构成。其中四种主要成分是：

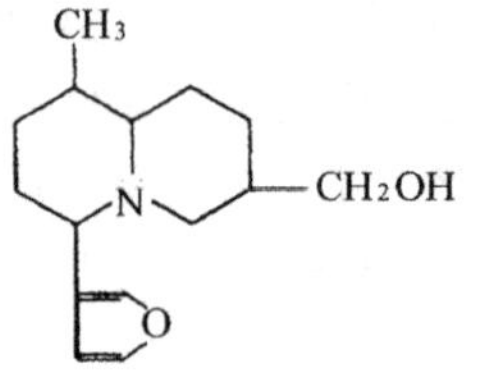

海狸胺

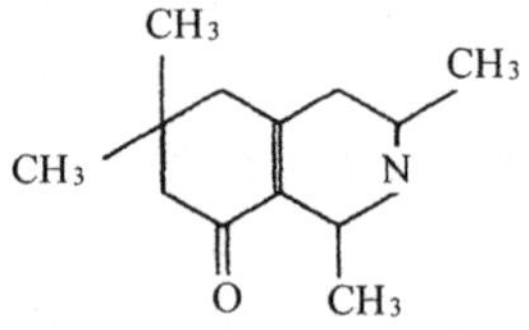

异喹啉酮

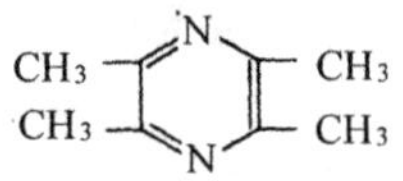

四甲基吡嗪

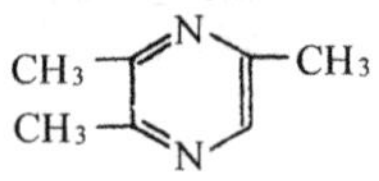

三甲基吡嗪

另外，还含有40%～70%树脂状物质及水杨酸内酯、苯甲醇、对乙基苯酚和酮类等。

4. 龙涎香　是在抹香鲸胃肠内所形成的结石病态产物，自体内排除后在海上漂流或冲至海岸，经长期风吹雨淋、日晒、发酵而成的。它是灰白色或棕褐色的蜡块状物质。配制在香精中，其留香性和持久性很强。一般制成乙醇酊剂，经过1～3年成熟后使用，其特征香气才能得以充分发挥。

龙涎香的主要成分是龙涎香醇和甾醇(粪甾烷-3α-醇)，化学结构式如下：

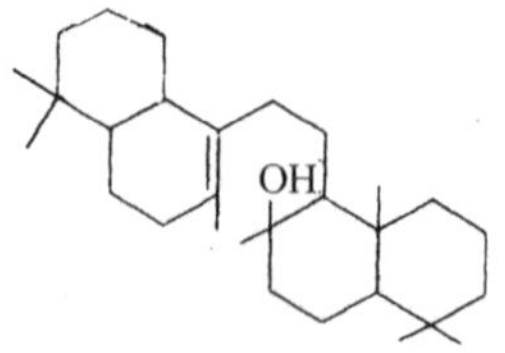

龙涎香醇

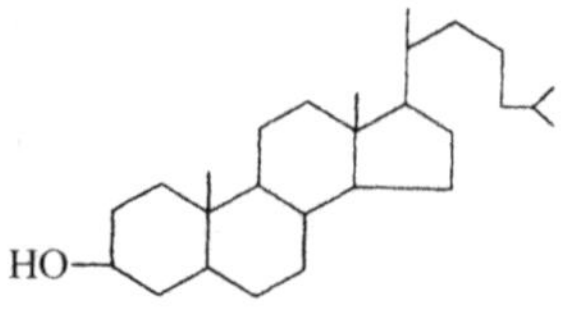

粪甾烷-3α-醇

龙涎香醇本身并不香，经放置自然氧化后，其分解产物为龙涎香醚和γ-紫罗兰酮成为主要香气物质。化学结构式如下：

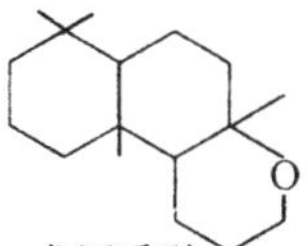
龙涎香醚

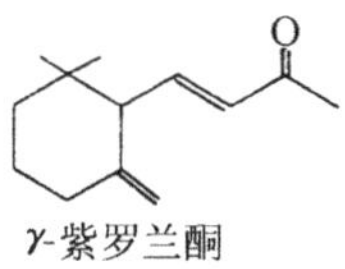
γ-紫罗兰酮

二、植物香料

植物香料是从含香植物的花、叶、枝、干、根茎、皮、果实或树脂中提取出来的有机物混合物。大多数呈油状或膏状，少数呈树脂或半固态。由于植物香料的主要成分都是具有挥发性和芳香气味的油状物，是植物芳香的精华部分。因此，也把植物香料统称为精油(essential oil)。精油存在于各种植物不同部位情况，如表8-3 所示。

表8-3 精油存在植物部位

部位	代表性植物
花	玫瑰、茉莉、橙花、水仙、合欢、蜡菊、紫罗兰、香石竹、伊兰、桂花
叶	马鞭草、桉叶、香茅、月桂、香叶、橙叶、冬青、香紫苏、枫茅、岩蔷薇、风信子
枝干	玫瑰木、檀香木、柏木、香樟木
树皮	桂皮、肉桂
树脂	吐鲁香脂、秘鲁香脂、安息香树脂
果皮	柠檬、柑橘、香柠檬、白柠檬
种子	黑香豆、茴香、肉豆蔻、杜松、丁香、桃仁、苦杏仁
根茎	生姜、白菖、鸢尾
苔衣	橡苔、树苔
草	熏衣草、穗熏衣草、薄荷、留兰香、迷迭香、百里香、龙蒿

1. 植物香料的含香成分　由上述表8-3所示，从含香植物的不同含香部分分离提取的芳香成分，常代表该香料植物部分的香气。无论用何种方法提取的精油，都是由多种成分构成的混合物。例如，玫瑰油是由275 种芳香成分构成；从草莓果中可提取160 余种芳香成分。这些众多的芳香成分，从化学结构上大体可分为以下四大类：

(1) 萜类化合物：植物香料中的大部分有香成分是萜类化合物(terpenoid)。萜类化合物可看做是由若干个异戊二烯结构单位以头尾相结合而成的低聚体。萜类化合物碳骨架结构的这种特点，称为异戊二烯规律。

$$CH_2{=}\underset{}{\overset{\overset{\displaystyle CH_3}{|}}{C}}{-}CH{=}CH_2 \qquad (头)\ C{-}\overset{\overset{\displaystyle C}{|}}{C}{-}C{-}C\ (尾)$$

异戊二烯　　　异戊二烯单位

萜类可分为开链型萜和环型萜。根据分子内的异戊二烯单位的数目可分为单萜、倍半萜、二萜、三萜、四萜等，如表8-4 所示。

表 8-4　萜类的分类

类型	异戊二烯的单位数目	碳原子数目	类型	异戊二烯的单位数目	碳原子数目
单萜	2	C_{10}	三萜	6	C_{30}
倍半萜	3	C_{15}	四萜	8	C_{40}
二萜	4	C_{20}			

除上述碳骨架外，萜类分子中还常含有碳碳双键、羟基、醛基、酮基或羧基等官能团。所以，按官能团又可分为萜烃类、萜醇类、萜醛类、萜酮类等。例如：

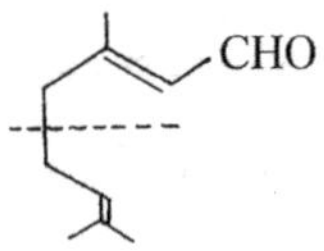

α-柠檬酸
(开链型单萜醛)

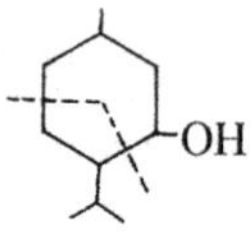

薄荷醇
(单环单萜醇)

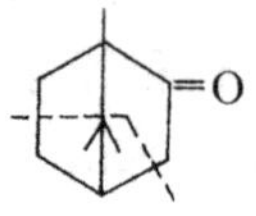

樟脑
(二环单萜酮)

植物香料中，二环单萜类型的化合物较为常见。它们是由单环单萜薄荷烷中不同位置上的两个碳原子环合而形成第二个环，例如表 8-5 所示。

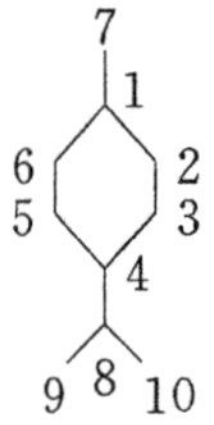

薄荷烷
(1- 甲基 -4- 异丙基环已烷)

表 8-5　薄荷烷不同位置形成的二环单萜

环合位置	二环单萜结构	俗名	系统名称
C2～C4		侧柏烷	4-甲基-1-异丙基二环[3,1,0]己烷
C1～C8		樟烷(莰烷、菠烷)	1,7,7-三甲基二环[2,2,1]庚烷
C2～C8		松节烷(蒎烷)	2,6,6-三甲基二环[3,1,1]庚烷
C3～C8		蒈烷	3,7,7-三甲基二环[4,1,0]庚烷

在一些精油中，某些萜类化合物含量特别高，详见表 8-6 所示。

表 8-6 某些精油中萜类化合物及含量

精油	萜类化合物	含量(%)
松节油	蒎烯	80～90
黄柏果油	月桂烯	>90
甜橙油	柠檬烯	>90
芳樟油	芳樟醇	70～80
山苍子油	柠檬醛	60～80
香茅油	香茅醛	>35
熏衣草油	乙酸芳樟酯	35～60

(2) 芳香族化合物:在植物香料中,芳香族化合物的含量仅次于萜类,详见表8-7所示。

表 8-7 某些香料中芳香族化合物及含量

香料	芳香族化合物	含量(%)
玫瑰油	苯乙醇	15
香荚蓝豆油	香兰素	1～3
苦杏仁油	苯甲醛	85～95
肉桂油	肉桂醛	95
茴香油	茴香脑	>85
丁子香油	丁子香酚	95
百里香油	百里香酚	40～60
黄樟油	黄樟油素	>95

(3) 脂肪族化合物:包括脂肪醇、醛、酮、酸、醚、酯、内酯类化合物,它们虽广泛存在于植物香料中,但其含量和作用不及上述两类。例如,存在于植物香料中的代表性脂肪族化合物,如表 8-8 所示。

表 8-8 植物香料中脂肪族化合物及含量

植物香料	脂肪族化合物	含量(%)
茶叶及其他绿叶植物	顺式-3-己烯醇	少量
黄瓜汁	2-己烯醛	少量
紫罗兰叶	2,6-壬二烯醛	少量
芸香油	甲基壬基甲酮	70
茉莉油	乙酸苄酯	20
鸢尾油	十四碳酸(肉豆蔻酸)	84
玫瑰油	玫瑰醚	少量

(4) 含氮和含硫化合物:含氮和含硫化合物在植物香料中存在及含量很少,但由于气味极强,所以不可忽视。如表 8-9 所示。

表 8-9 植物香料中含氮和含硫化合物及含量

植物香料	含氮和含硫化合物	含量(%)
橙花油	邻氨基苯甲酸甲酯	少量
茉莉花油	吲哚	2.5
花生油	2-甲基吡嗪	少量
	2,3-二甲基吡嗪	少量
姜油	二甲基硫醚	少量
大蒜油	氧化二烯丙基二硫化物	少量
芥子油	异硫氰基丙烯酸酯	少量

2. 植物香料产品的形式

根据加工提取方法和得到植物香料的性态可有如下四种：

(1) 精油：用水蒸气蒸馏法和压榨制取的植物香料，通常是芳香性挥发油，所以在商品上统称为精油。

(2) 浸膏：用挥发性溶剂浸提植物原料而得到的产品，常含有植物蜡、色素、植物蛋白、糖类等杂质，通常呈半固态膏状物，所以商品名为浸膏。

(3) 香脂：用挥发性溶剂吸收法生产的植物香料称为香脂。

(4) 净油：将浸膏或香脂用精制的乙醇溶解，滤除植物蜡等不溶性杂质，再将乙醇蒸出后所得到的浓缩油称为净油。

三、植物香料的加工提取方法

植物香料的加工提取方法通常有四种方法：

1. 水蒸气蒸馏法　是植物香料提取最常用的方法。该方法的特点是设备简单、操作容易、成本低、产量大。使用范围是在沸水中香料成分不发生分解、变质的或精油成分不溶于水的植物香料。

2. 浸提法　也称溶剂提取法。利用环己烷、苯等挥发性有机溶剂，将芳香油成分及其可溶成分都溶于溶剂中，然后将溶剂蒸发掉，制得膏状物也称为浸膏。再将浸膏与乙醇混合，芳香油萃取于乙醇中，滤去不溶乙醇物质，乙醇蒸发后，留下的产品称为净油。

3. 压榨法　将柠檬、橙子、柑橘类等含芳香油较多的果皮等，经压榨方法将芳香油挤压出来，经油水分离后得到的产品为冷压精油。

4. 吸收法　将花放在精制牛油或猪油中，使花中的芳香油被油脂吸收，所得到的半固体物质称为香脂。如油脂在常温下吸收，称为冷吸法。如油脂加热至 60～70℃时吸收，则称为热吸收。这由芳香成分不被破坏的温度而定。

第三节　合成香料

由于天然动植物香料受到原料资源及加工等因素的限制，从产量和质量等方面都不能满足需求，特别是有机合成化学工业的发展为合成香料提供了原料和技术上的保证。所以，利用单离香料或有机化工原料通过有机合成的方法而制得的合成香料，具有化学结构明确、纯度高、品种多、产量大、价廉等特点。不仅满足了天然香料不足的问题，而且也扩大了香料的来源，同时也增加了天然香料尚没有的新品种。

一、按起始原料分类

合成香料采用了有机合成化学反应，如加成、氧化、还原、水解、酯化、缩合、卤化、硝化、重排等反应，根据所利用的原料可分为：

1. 单离香料　通过物理或化学方法从天然香料中分离出单体或称为单离香料。以单离香料为原料，经有机反应，进行结构改造或修饰，制备出价值更高、更新颖的香料化合物。例如，从芳樟油中单离出芳樟醇，进而制得乙酸芳樟酯等。

2. 煤炭化工原料　由煤焦油等得到的苯、甲苯、二甲苯、苯酚、萘等煤化工基本原料，经有机反应制得许多香料化合物。例如，以苯为原料而制得的香兰素或以二甲苯为原料制得的二甲苯麝香等。

3. 石油化工原料　由石油化工得到的大量有机化工原料，如乙烯、丙烯、异戊二烯、乙醇、丙酮、环氧乙烷等为原料，可以合成脂肪醇、醛、酮、酸、酯等一般香料，还可以合成芳香族、萜类等结构复杂的香料。

目前，据文献记载合成香料约有4000～5000种，常用的有700种左右。在目前使用的香精配方中，合成香料占85%左右。国内目前能生产的合成香料约有400余种，其中经常生产的约有200余种。

二、按化学结构分类

1. 烃类　柠檬烯(lemonene)，化学名称：1-甲基-4-异丙烯基-1-环己烯(1-methyl-4-isopropenyl-1-cyclohexene)，结构式：

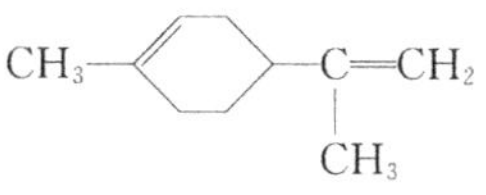

2. 醇类

(1) 脂肪醇：

1) 2-己基癸醇(2-hexyldecanol)，结构式：

$$CH_3(CH_2)_7CH(C_6H_{13})CH_2OH$$

2) 顺式-3-己烯-1-醇(cis-3-hexen-1-ol)，结构式：

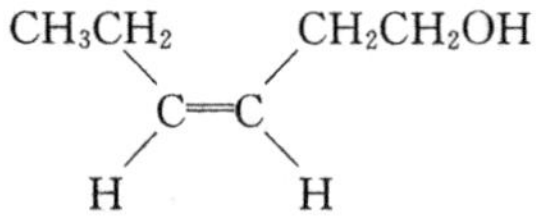

3）1-壬醇(1-nonanol)，结构式：

$$CH_3(CH_2)_7CH_2OH$$

（2）萜类醇：

1）香茅醇(citronellol)，化学名称：3，7-二甲基-7-辛烯-1-醇（α 体）(3，7-dimethyl-7-octen-1-ol)；3，7-二甲基-6-辛烯-1-醇（β 体）(3，7-dimethyl-6-octen-1-ol)。结构式：

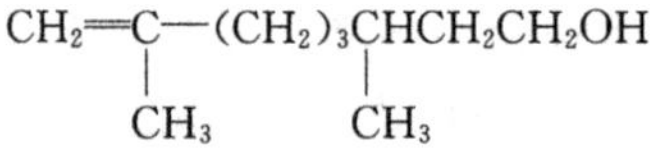

α-体

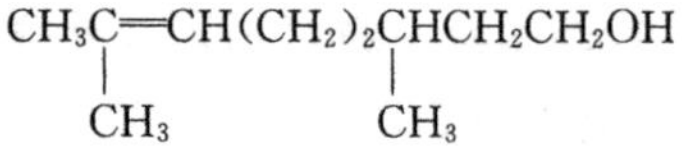

β-体

2）香叶醇(geraniol)，化学名称：3，7-二甲基-2，6-辛二烯-1-醇(3，7-dimethyl-2，6-octandiene-1-ol)，结构式：

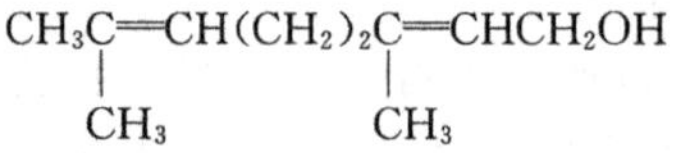

3）芳樟醇(linalool)，化学名称：3，7-二甲基-1，7-辛二烯-3-醇（α 体）(3，7-dimethyl-1，7-octandiene-3-ol)；3，7-二甲基-1，6-辛二烯-3-醇（β 体）(3，7-dimethyl-1，6-octandiene-3-ol)，结构式：

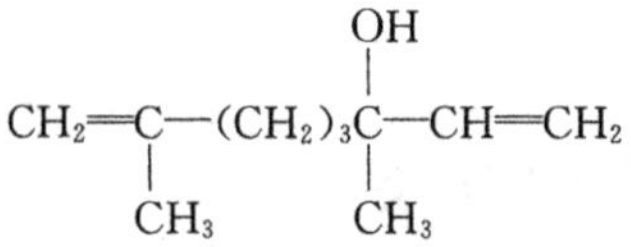

α-体

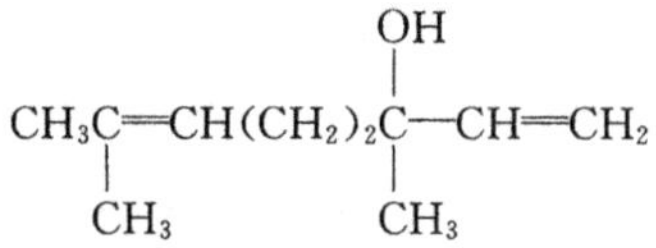

β-体

4）薄荷醇(menthol)，化学名称：1-甲基-4-异丙基环己-3-醇(1-methyl-4-isopropyl cyclohexan-3-ol)，结构式：

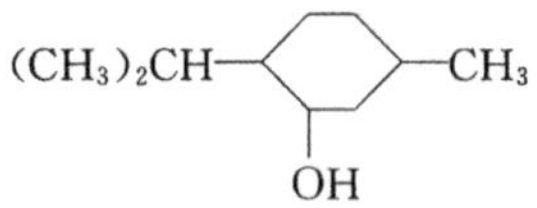

5）松油醇(terpineol)，化学名称：1-甲基-4-(1-甲基-1-羟基)乙基-1-环已烯[1-methyl-4-(1-methyl-1-hydroxy)ethyl-1-cyclohexene]，结构式：

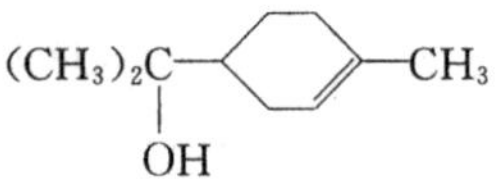

（3）芳香醇：

1）苄醇(benzyl alcohol)，化学名称：苯甲醇(phenyl methanol)，结构式：

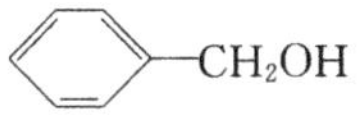

2）β-苯乙醇（β-phenyl ethanol），结构式：

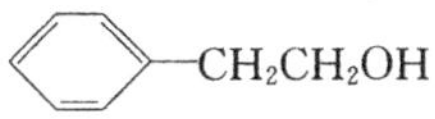

3）肉桂醇（cinnamyl alcohol），化学名称：3-苯基-2-丙烯醇（3-phenyl-2-propenol），结构式：

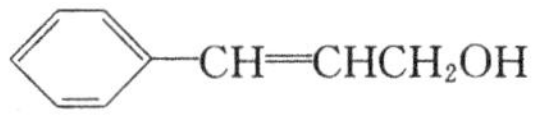

3. 酚类

（1）丁子香酚（eugenol），化学名称：2-甲氧基-4-烯丙基苯酚（2-methoxy-4-allylphenol），结构式：

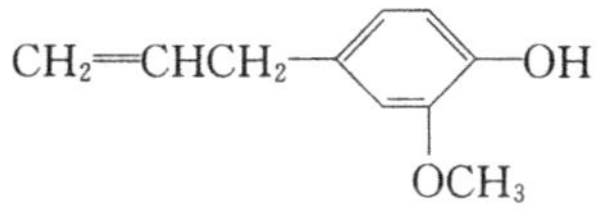

（2）异丁子香酚（isoeugenol），化学名称：2-甲氧基-4-丙烯基苯酚（2-methoxy-4-propenylphenol），结构式：

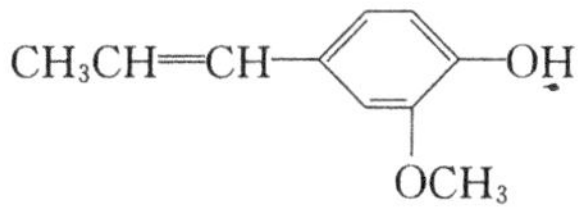

4. 醚类

（1）萜类醚：甲基芳樟醇醚（methyl linalyl ether），化学名称：3，7-二甲基-3-甲氧基-1，7-辛二烯（3，7-dimethyl-3-methoxy-1，7-octandiene），结构式：

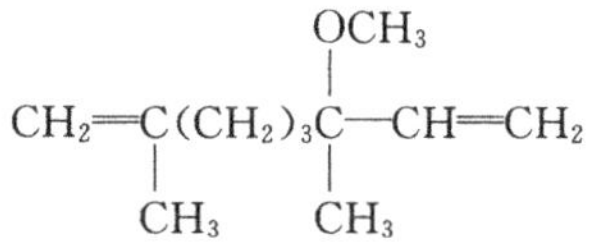

（2）芳香醚：

1）茴香脑（anethole），化学名称：4-丙烯基苯甲醚（4-propenyl phenyl methyl ether），结构式：

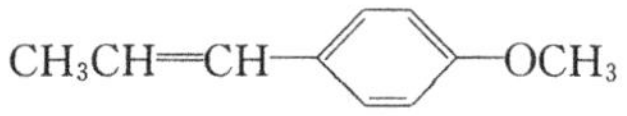

2）茴香醚（anisole），化学名称：苯甲醚（phenyl methyl ether），结构式：

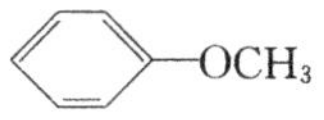

5. 醛类

（1）脂肪醛：

1）癸醛(decanal)，结构式：

$$CH_3(CH_2)_8CHO$$

2）月桂醛(dodecanal)，结构式：

$$CH_3(CH_2)_{10}CHO$$

(2) 萜类醛：

1）柠檬醛(lemonal)，化学名称：3，7-二甲基-2，6-辛二烯醛(3，7-dimethyl-2，6-octandienal)，结构式：

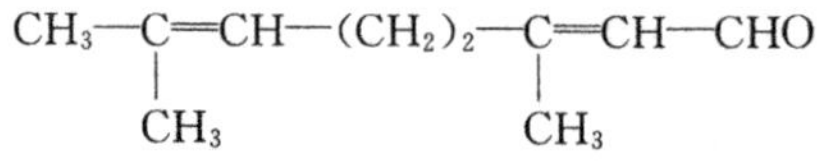

2）香茅醛(citronellal)，化学名称：3，7-二甲基-6-辛烯醛(3，7-dimethyl-6-octenal)，结构式：

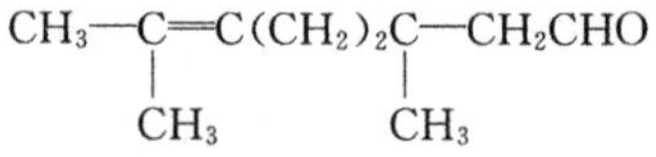

3）羟基香茅醛(hydroxy citronellal)，化学名称：3，7-二甲基-6-羟基辛醛(3，7-dimethyl-6-hydroxy octanal)，结构式：

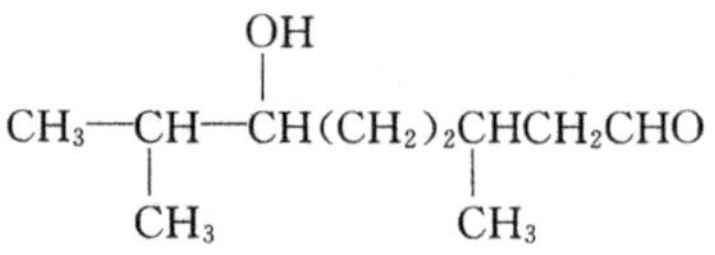

(3) 芳香醛：

1）肉桂醛(cinnamaldehyde)，化学名称：3-苯基-2-丙烯醛(3-pbenyl-2-propenal)，结构式：

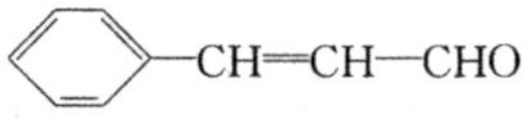

2）香兰素(vanillin)，3-甲氧基-4-羟基苯甲醛(3-methoxy-4-hydroxybenzaldehyde)，结构式：

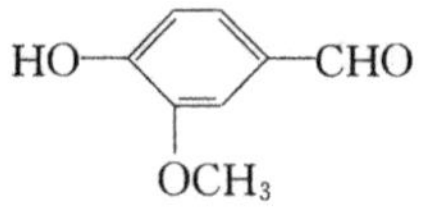

3）胡椒醛(piperonal)，化学名称：3，4-亚甲二氧基苯甲醛(3，4-methylenedioxybenzaldehyde)，结构式：

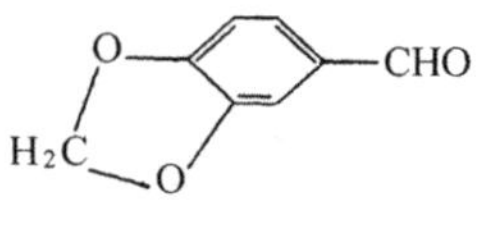

(4) 缩醛：柠檬二乙缩醛(lemonal diethyl acetal)，结构式：

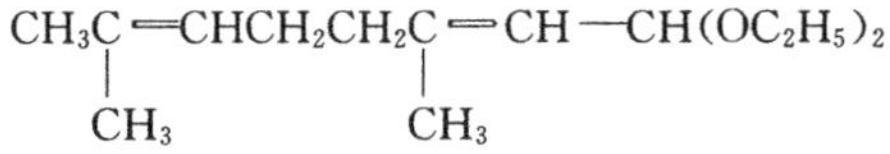

6. 酮类

(1) α-紫罗兰酮(α-ionone),化学名称:4-[(2,4,4-三甲基)-3-环己烯基]-3-丁烯-2-酮,4-[(2,4,4-trimethyl)-3-cyclohexenyl]-3-buten-2-one,结构式:

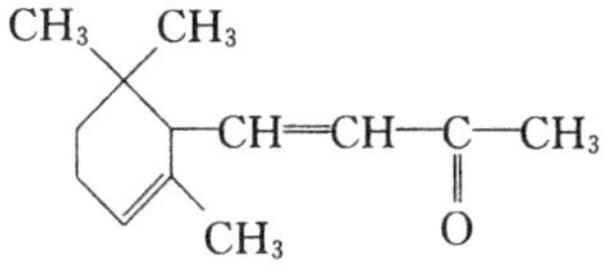

(2) 香芹类(carvone),化学名称:2-甲基-5-异丙烯基-2-环己烯酮(2-methyl-5-isopropenyl-2-cyclohexenone),结构式:

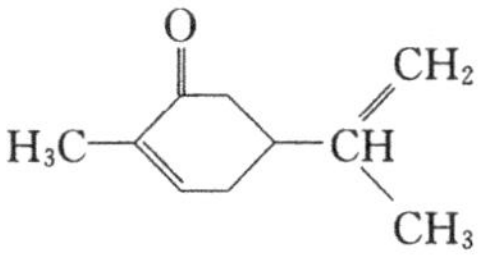

(3) 甲基-β-萘基甲酮(methyl-β-naphthyl ketone),结构式:

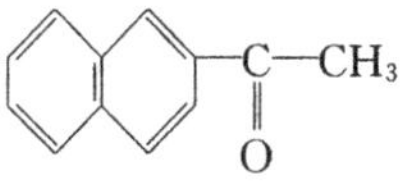

(4) 环十五酮(cyclopentadecanone),结构式:

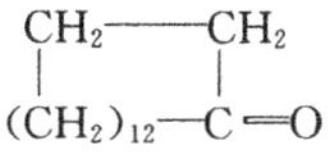

7. 酯类

(1) 乙酸芳樟醇酯(linalyl acetate),结构式:

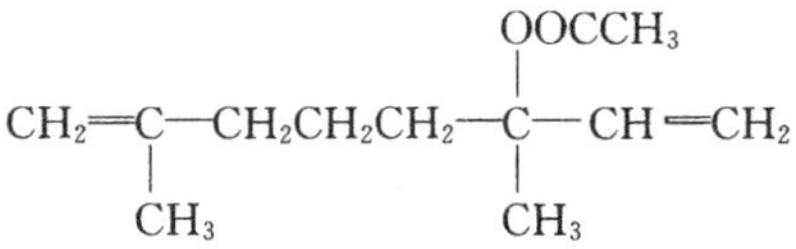

(2) 乙酸香茅醇酯(citronellyl acetate),结构式:

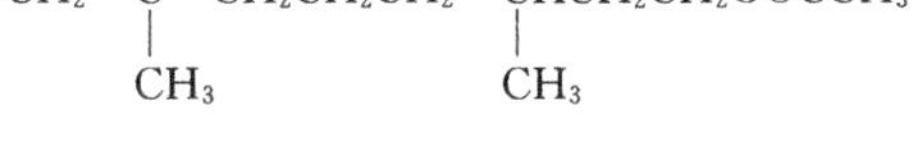

(3) 乙酸苄酯(benzyl acetate),结构式:

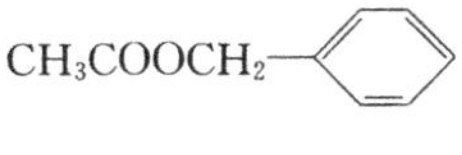

(4) 水杨酸甲酯(methyl salicylate),结构式:

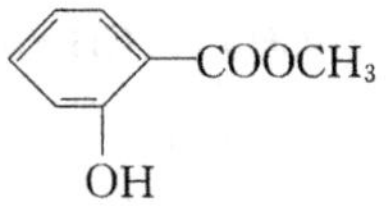

（5）苯乙酸乙酯(ethyl phenylacetate)，结构式：

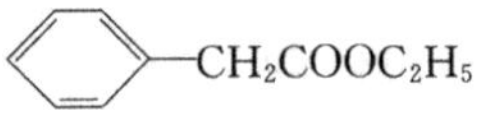

（6）肉桂酸甲酯(methyl cinnamate)，结构式：

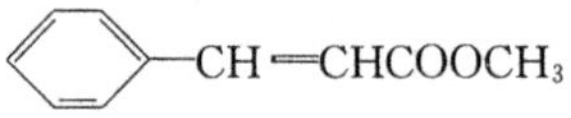

（7）桂醚酯(cinoxate)，化学名称：4-甲氧基肉桂酸-2-乙氧基乙酯(β-ethoxy-ethyl-4-methoxy cinnamate)，结构式：

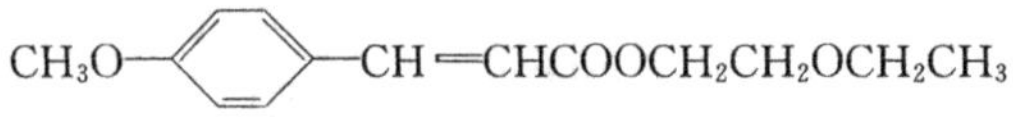

（8）乙酸薄荷醇酯(menthyl acetate)，化学名称：乙酸-5-甲基-2-异丙基环己酯(5-methyl-2-isopropylcyclohexyl acetate)，结构式：

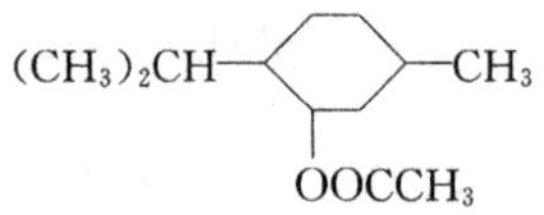

8. 内酯类

（1）香豆素(coumarin)，化学名称：1，2-氧萘酮(1，2-benzopyrone)，结构式：

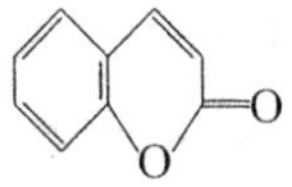

（2）γ-十一内酯(γ-undecanolactone)，结构式：

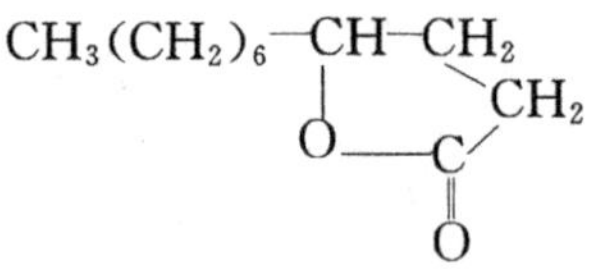

（3）十五内酯(pentadecanolactone)，结构式：

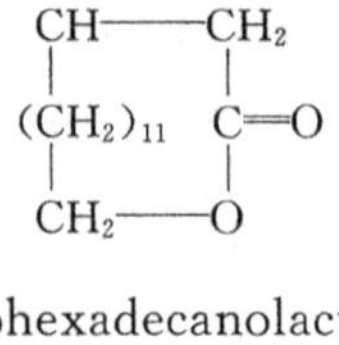

（4）12-氧杂十六内酯(12-oxohexadecanolactone)，结构式：

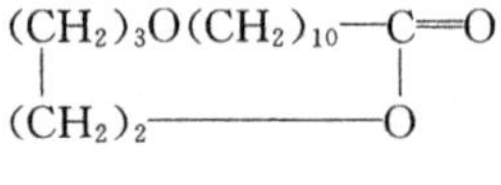

9. 硝基化合物

(1) 葵子麝香(musk amberette),化学名称:4-叔丁基-3-甲氧基-2,6-二硝基甲苯(4-t-butyl-3-methoxy-2,6-dinitrotoluene),结构式:

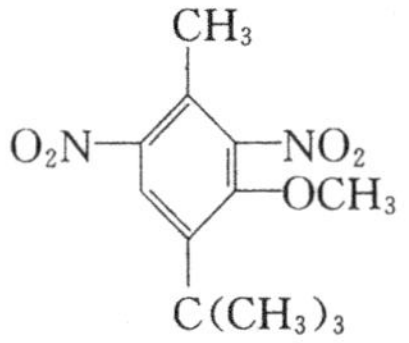

(2) 二甲苯麝香(musk xylene),化学名称:5-叔丁基-2,4,6-三硝基-1,3-二甲苯(5-t-butyl-2,4,6-trinitro-1,3-xylene),结构式:

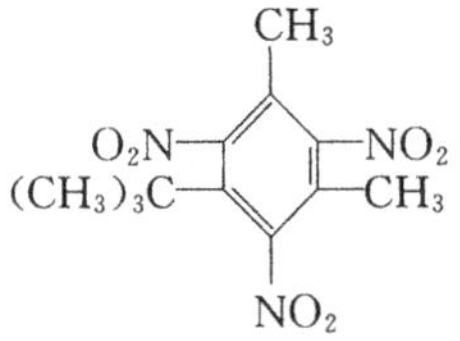

10. 杂环化合物　吲哚(indole),结构式:

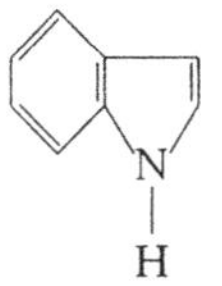

第四节　香　精

将数种或几十种香料(包括动植物香料、合成香料和单离香料),按一定的配比和加入顺序调和成具有某种香气或香型及一定用途的调和香料的过程称为调香,得到的调和香料称为香精。可见,香精是典型的混合物。香精不仅应用于化妆品,也广泛应用于食品、药物、烟酒等。

一、香精的分类

化妆品用香精根据其香气或香型、用途及形态的不同,可以有如下几种分类方法:

1. 根据香型分类　经调配而制得的香精所具有的香型是其整体的香气综合的结果,因此香精也多依据其香型分类,主要分为:

(1) 花香型香精:是模拟天然鲜花的香味,酷似自然界的各种花香而调合成的香精。如玫瑰、茉莉、桂花、橙花、合欢、康乃馨、紫罗兰、丁香、水仙、玉兰、铃兰等花香型香精。

(2) 水果型香精:是模仿水果的香味而调合成的香精。如香蕉、柠檬、苹果、菠萝、杨梅、橘子、樱桃、梨等水果型香精。

(3) 创意型香精:这类香精既不是花香,也不是果香。它可能是模仿某一种芳香物质的香气而调配成的香精,如琥珀香、草香、木香、青滋香等香型香精。另一种可能是想象或幻想中的香味而调合成的香精,如用东方、国际、幻想、少女、巴黎之春等命名的香精。这些香型的香精主要用于香水类化妆品。

2. 根据用途分类 根据香精添加于不同用途化妆品来分类,通常分为膏霜类化妆品用香精、油蜡类化妆品用香精、粉类化妆品用香精、洗涤化妆品用香精、牙膏用香精等。

3. 根据形态分类 为了能使添加的香精与化妆品的形态保持一致性,将香精也调配成不同的形态。因此根据香精的形态可分为:

(1) 乳化体香精:在表面活性剂的作用下使香精和水形成乳化体型香精,使其更容易添加于膏霜、乳蜜类等乳化体化妆品中。

(2) 水溶性香精:采用水溶性的香料调合成水溶性香精,其水溶性溶剂一般为40%~60%的乙醇水溶液或易溶于水的醇类,如丙醇、丙二醇等。可以添加于香水、化妆水、古龙水、牙膏或乳化体化妆品。

(3) 油溶性香精:将油溶性的香精溶于油性溶剂中而调合成的香精,常用酯类如邻苯二甲酸二乙酯、苯甲酸酯类等作为溶剂,也可用香料自身的互溶性调配而成。可以添加于膏霜、唇膏、发油、发蜡等含油蜡的化妆品中。

(4) 粉末香精:将香精制成固体粉末状或分散于粉类物质中,也有将香精包覆成微胶囊粉末形式添加于化妆品中,主要用于粉类化妆品中。

二、香精的组成

1. 按香料的作用 香精是多种香料调和而成的,每种香料在香精中均有一定的作用。按香料在香精中所起的作用,香精包括如下几个部分香料:

(1) 主体香料(main note):也称为主香剂或主香香料。是该香精的香型主体,是构成各种类型香精香气的主要原料,一般用量较多。其香型必须与所要调配的香精香型相一致。

(2) 和合香料(blander):也称为和香剂或协调剂。其作用是用以调和各种成分的香气,突出主体香料香气,使之不至于过分的浓烈刺激而变得圆润。其香型也应和主体香料的香型相同。

(3) 修饰香料(modifier):也称修饰剂或变调剂。其作用是使香料变化格调,补充香气上的某些不足或增添新的香韵,使香气更为柔和。修饰香料的香型与主体香料的香型不同,用量较少,一般用花香-醛香型、花香-醛香-青香型等香料。

(4) 定香香料(fixative):也称定香剂或保香剂。其本身不易挥发,并且能抑制其他易挥发香料的挥发速度,使香精的香气特征或香型保持稳定、持久。定香香料一般多为天然动植物香料,或者是相对分子质量较大或分子间作用力较强、沸点较高、蒸气压较低的合成香料。

(5) 香花香料(floral):也称增加天然感的香料。其作用是使香精的香气甜悦，更接近天然花香。主要是用香花精油作为香花香料。

(6) 醛类香料(aldehyder):用来增强香气的扩散性，加强头香、突出强烈的醛香香气。有的将其与修饰香料归为一类。

下面列举几种不同香型的香精中各种香料的作用：

(1) 百合香型香精：

1) 主体香料:羟基香草醛、芳樟醛、松油醇。

2) 和合香料:依兰依兰油、香草醇、苦橙花醇、苯乙酸乙酯、苯乙醇、玫瑰木油、香柠檬油、玫瑰醇、乙酸苄酯、乙酸桂酯、丁酸桂酯、丁酸苄酯、甲酸香茅酯。

3) 修饰香料:α-紫罗兰酮、甲基紫罗兰酮、豆蔻油、桃醛、檀香油、鸢尾根油、苯乙醛、碳酸甲基庚炔、二甲氧基己烷、洋茉莉醛、苯甲酸异丁酯、水杨酸苯乙酯、茴香醛、肉桂酸苯乙酯。

4) 定香香料:麝香酮、灵猫香、肉桂酸苄酯、萘甲酮、安息香、苯乙酸对甲酚酯。

5) 香花香料:茉莉油、玫瑰油、夜来香油。

6) 醛类香料:辛醛、癸醛、十一醛、异丁基-α-甲基加氢桂醛、甲己基乙醛。

(2) 水仙香型香精：

1) 主体香料:乙酸对甲酚酯、异丁酸对甲酚酯、异丁香酚、苯乙酸对甲酚酯、苯乙酸苯乙酯。

2) 和合香料:芳樟醇、香叶醇、苦橙花醇、肉桂醇、苯乙醛、羟基香茅醛、香柠檬油、戊酸桂酯、肉桂酸苯乙酯。

3) 修饰香料:紫罗兰酮、洋茉莉醛、乙酸玫瑰酯、乙酸苄酯、乙酸苯乙酯、乙酸辛酯、苯乙醇、橙叶油、邻氨基苯甲酸甲酯、对甲酚甲醚、罗勒油、薄荷油、依兰依兰油、康乃克油、苯乙醛。

4) 定香香料:安息香、苯甲酮、吲哚、麝香酮、香兰素、灵猫香、赖百当、乙酰基异丁香酚。

5) 香花香料:水仙花油、茉莉花油、苦橙花油、玫瑰油、晚香玉油、长寿花油。

6) 醛类香料:辛醛、癸醛、丹桂醛、苯丙醛。

(3) 玉兰香型香精：

1) 主体香料:依兰依兰油、康乃克油、愈创木油。

2) 和合香料:柠檬油、香柠檬油、甜橙油、橙叶油、马鞭草油、香草醇、苦橙花醇、芳樟醇、松油醇、姜草醇、柠檬草油。

3) 修饰香料:茴香醛、甲基紫罗兰酮、异丁香酚、丁香酚、香子兰豆油、羟基香草醛、肉桂酸乙酯、芫荽油、洋茉莉醛。

4) 定香香料:香兰素、麝香酮、香豆素、二甲基对苯二酚、秘鲁香脂、吐鲁番香脂、苄基异丁醇、苯亚甲丙酮。

5) 香花香料:茉莉油、玫瑰油、橙花油、晚香玉油。

6) 醛类香料:月桂醛、豆蔻醛、苯丙醛、肉桂酸戊酯。

(4) 素心兰香型香精：

1) 主体香料：檀香、橡苔、薄荷、岩兰。

2) 和合香料：柏木油、白芷油、丝杉油、鸢尾根油、白菖油、鼠尾草油、茵陈蒿油、洋茉莉油。

3) 修饰香料：紫罗兰酮、依兰依兰油、丁香油、康乃克油、肉桂油、黄樟油、甘椒油、玫瑰木油、香柠檬油、柠檬油、橘油、异丁香油、水杨酸甲酯、水杨酸异丙酯、水杨酸戊酯、水杨酸桂醇酯。

4) 定香香料：海狸香、麝香酮、香豆素、香兰素、灵猫香、苏合香、赖百当、二甲基对苯二酚。

5) 香花香料：玫瑰油、茉莉油。

6) 醛类香料：辛醛、癸醛、桃醛。

2. 按香料挥发度和留香时间　根据香精配方中所用香料的挥发度和留香时间的不同而划分的。香精是由头香、体香和基香三个部分香料组成的，而这三个部分又是相互影响或作用的。这三部分香料的确定或划分是依据对它们散发出的香气感觉，即嗅辨后的香气印象。

(1) 头香：也称顶香。即对香精嗅辨时首先嗅辨到的香气特征。用于头香的香料称为头香香料，一般是由挥发快、留香时间短(在评香纸上的留香时间在 2h 之内)、扩散性强的香料组成的。

(2) 体香：也称中香是在头香之后立即被嗅到的香气，而且能在较长时间内保持香气的稳定和一致。用于体香的香料称为体香香料。一般是由中等挥发度香料组成的，在评香纸上的留香时间为 2～6h。体香香料是组成该香精的主体部分，代表该香精的主体香气。

(3) 基香：也称尾香。在头香和体香之后，留下来的最后香气。用于基香的香料称为基香香料。一般是由沸点高、挥发度低的香料或定香剂所组成。在评香纸上的留香时间为 6h 以上。基香是香精的基础部分，代表着该香精的香气特征。

三、调香过程

将各种天然香料、合成香料混合配制成一定香型的混合香料，并能用于化妆品的加香，这种将各种香料混合配制成一定香型的工作称为调香。经过这样调配而成的混合香料称为香精。

调香是一项复杂的工作，既要有香料应用知识、丰富的实践经验，又需要有灵敏的嗅觉，还要了解加香介质的性能。从事这项工作是专业和实践经验丰富的专业技术人员，称为调香师。调香师所进行的调香工作，既可以说是一门技术，也可以说是一门艺术。如同画家用色彩描绘出一张美丽、漂亮的图画，更像一位烹饪大师烹调出色、香、味、美的一道菜。

调香之前要了解各种香料之间的相互调和与不调和的区别，当相互调和的香料混合时，可以产生感觉美好的香气；而不调和的香料混合时，会产生令人不快、难闻的臭味。完成一种香精的调配要经过拟方、调配、闻香修改、加入介质中观察、再修改，反复多次实践，才能最后确定配方及步骤等。

普通而又适合于初学者的方法是从香料的挥发度出发，按基香、体香、头香的构成来选择香料和做出香精的配方。

具体可以分为如下步骤：

(1) 明确配制香精的香型和香气，以此为调香的目标。

(2) 按香精的应用要求，选择质量等级相应的头香、体香和基香香料。

(3) 确定香型和用量之后，调香从基香部分开始，这是最重要的一步。完成了基质，即可认为香精香型的骨架结构已基本确定。

(4) 加入组成体香的香料。体香起着连接头香和基香的桥梁作用。

(5) 加入头香部分，使香气轻快、新鲜、香感活泼，隐蔽基香和体香的不佳气味，取得良好的香气平衡。

(6) 调整，以得到香气的和谐、持久和稳定。

(7) 经过反复试配和香气品质评价，加入加香介质中做应用考察，观察并评估其持久性、稳定性和安全性等。也可能做出必要的调整，最后确定香精配方和调配方法。

新制得的香料(主要是天然香料)和新调配的香精，常常是香气过浓，强烈刺激嗅觉，使之感觉不到芳香而圆润的香气。为此，常用稀释剂进行稀释至适当的浓度，使它挥发出最佳的芳香效果。常用的稀释剂为乙醇、丙二醇、丙二醇二聚体、邻苯二甲酸二乙酯等。

另外，新制得的香料或香精常有一个“陈化”过程，将其在阴凉处放置一定时间，使之初制的香气比较浓烈、粗糙的制品，经过陈化后变得香气甜润、芳香。陈化过程实际上是香料或香精的组分之间发生化学反应，如酯化、酯交换、缩醛化、氧化和聚合等反应。所以，陈化过程是必不可少的程序。

四、香精配方实例

上述介绍有关香精的分类、组分和调香过程，即对香精的形成有了一般认识，下面将给出不同用途和不同香型的香精配方，可以进一步比较它们之间的共同性和差异性。

1. 香水类化妆品用香精配方(表 8-10，8-11)

表 8-10　玫瑰香精配方

香料	含量(%)	香料	含量(%)
玫瑰油	22.00	小花茉莉净油	5.50
橙花油	5.50	山萩油	3.30
苯乙醇	7.70	玫瑰醇	11.00
檀香油	2.20	甲基紫罗兰酮	5.50
鸢尾根油	1.10	麝香 105	2.70
十五内酯	0.55	灵猫香膏	0.55
麝香酊(10%乙醇溶液)	32.40		

表 8-11 茉莉香精配方

香料	含量(%)	香料	含量(%)
大花茉莉净油	9.0	甲基壬基乙醛(10%乙醇溶液)	1.0
苄醇	1.0	乙酸对甲酚酯(20%乙醇溶液)	1.0
橙花油	5.0	α-甲基戊基桂醛席夫碱	2.0
树兰油	1.0	乙酸苄酯	15.0
玫瑰油	1.0	白兰叶油	3.0
麝香 105	5.0	依兰依兰油	3.0
十五内酯	3.0	橙叶油	5.0
晚香玉香精	1.0	苯乙醇	4.0
羟基香茅醛	8.0	环十五酮	2.0
除萜香柠檬油	5.0	吲哚(10%乙醇溶液)	1.0
海狸浸膏	1.0	二甲基苄基原醇	1.0
麝香酮(10%乙醇溶液)	10.0	甲基紫罗兰酮	6.0
灵猫香(10%乙醇溶液)	1.0	水杨酸苄酯	5.0

2. 乳剂类化妆品用香精配方(表 8-12,8-13)

表 8-12 玫瑰香精配方

香精	含量(%)	香精	含量(%)
玫瑰油	1.0	墨红净油	3.0
除萜香叶油	7.5	玫瑰醇	7.5
香茅醇	15.0	香叶醇	10.0
苯乙醇	12.0	壬醛	0.2
十一烯醛	0.3	依兰依兰油	2.0
乙酸香茅酯	3.5	乙酸苯乙酯	5.0
芳樟醇	5.0	甲基紫罗兰酮	15.0
合成檀香 208	4.0	玳玳叶油	3.0
柠檬醛	1.0	甲酸香叶酯	1.0
广藿香油	1.0	佳乐麝香	3.0

表 8-13 茉莉香精配方

香料	含量(%)	香料	含量(%)
大花茉莉浸膏	1.0	乙酸叔丁基环己酯	5.0
依兰油	5.0	苯乙酸对甲酚酯(10%苄醇溶液)	1.0
麝香酮	2.0	小花茉莉浸膏	1.0
乙酸苄酯	26.0	白兰叶油	4.0
芳樟醇	8.0	麝香 105	2.0
苯乙醇	8.0	茉莉酯	6.0
甲基紫罗兰	2.0	乙酸芳樟酯	3.0
α-甲基己基肉桂醛	4.0	香叶醇	2.0
α-甲基戊基肉桂醛西夫碱	1.0	乙酸三环癸烯酯	6.0
二氢茉莉酮酸甲酯	13.0		

3. 膏霜类化妆品用香精配方(表 8-14)

表 8-14　白兰型香精配方

香精	含量(%)	香精	含量(%)
十四醛	0.5	十六醛	0.3
十八醛	0.5	十九醛	0.4
香根油	1.0	异丁香酚	1.7
乙酸苯乙酯	2.0	麝香	3.0
乙酸芳樟酯	3.5	香柠檬油	5.0
松油醇	6.0	白兰浸膏	0.25
吲哚	0.1	乙酸苄酯	12.0
依兰依兰油	6.0	紫罗兰酮	10.0
羟基香草醛	15.0	白兰花油	0.75
洋茉莉醛	2.0	丁酸苄酯	0.5
紫苏油	0.5	苯乙二甲缩醛	1.0
香草醇	2.0	檀香	3.0
苯乙醇	6.0	戊基桂醛	7.0

4. 油蜡类化妆品用香精配方(表 8-15)

表 8-15　茉莉香型发油香精

香精	含量(%)	香精	含量(%)
依兰依兰油	5.0	戊基桂醛	18.0
芳樟醇	7.0	乙酸苄酯	25.0
二氢茉莉酮	1.0	苯乙酸	17.0
卡南迦油	5.0	乙酸对甲酚酯	1.0
松油醇	2.0	羟基香草醛	5.0
甲基紫罗兰酮	2.0	茉莉酯	6.0
白兰叶油	4.0	麝香酮	2.0

5. 牙膏用香精配方(表 8-16,8-17)

表 8-16　薄荷型香精配方

香精	含量(%)	香精	含量(%)
薄荷素油	48.0	丁子香酚	4.0
薄荷脑	20.0	柠檬油	6.0
大茴香脑	5.0	甜橙油	7.0
桉叶油	5.0	留兰香油	5.0

表 8-17　水果型香精配方

香精	含量(%)	香精	含量(%)
甜橙油	30.0	大茴香脑	2.0
柚皮油	15.0	薄荷素油	10.0
柠檬醛	3.0	留兰香型	10.0
薄荷脑	30.0		

五、香精的添加

化妆品用香精添加于各种化妆品中，称为化妆品的加香。加香常受到许多因素制约，因此应考虑这些因素的影响。选择适宜的香精，以保证化妆品的质量和香精的作用是非常重要的。为此，应考虑如下因素：

（1）根据化妆品的类型、用途等，选择合适的香型香精，使其对产品质量和使用效果无影响。

（2）香精的成分应与化妆品的组分成分有较好的配伍性。

（3）香精中许多不稳定成分，易受空气、阳光、温度和酸碱度等影响，而可能发生水解、氧化、聚合等反应，结果导致产品变色或产生异味等。

（4）香精中的某些成分或因上述反应产生的副产物，对人体产生毒性、刺激性、过敏性等问题。

针对不同化妆品所添加的香精香型、香精的要求、添加量及注意事项等，见表8-18所示。

表8-18 不同化妆品加香要求

化妆品	香精要求	香型	添加量
雪花膏	香气文静、高雅、留香持久，不宜强烈，遮盖基质的臭味	茉莉、玫瑰、三花、铃兰、桂花、白兰等	0.5～1.0
冷霜	能遮盖油脂的臭味、不宜变色	玫瑰、紫罗兰等	1.0～1.5
奶(蜜)液	淡雅，易溶于水，轻型花香、果香	杏仁、玫瑰、柠檬等	0.5左右
清洁霜	与冷霜相同，并有清新爽快的感觉	无萜针叶油、樟油、迷迭香油、熏衣草油等	0.5～1.0
香粉	香气浓厚、甜润、高雅而花香持久，含见光不宜变色和不易氧化的成分	花香、百花型	2.0～5.0
胭脂	与香粉相同	与香粉相同	1.0～3.0
爽身粉	不易与酸反应或皂化的香精	熏衣草及与薄荷、龙脑相协调	1.0左右
唇膏	芳香甜美适口、无毒、无刺激性	玫瑰、茉莉、紫罗兰、橙花等	1.0～3.0
发油、发蜡	香气浓重，遮盖油脂气息，油溶性好	玫瑰、熏衣草、茉莉	0.5左右
香水	含蜡少、质量高，香气幽雅、细致而协调，扩散性好	花香、幻想、东方等	15～25
古龙水	香气清淡、用量较少	香柠檬、熏衣草、橙花、迷迭香等	2～8
花露水	易挥发、溶解性好，有杀菌、止痒等作用	熏衣草、麝香、玫瑰等	2～5
香波	对碱性稳定、色白、水溶性好，对眼睛、皮肤刺激性小	果香、草香、清香、清花香等	0.2～0.5
香皂	对碱性稳定、颜色适宜、香气浓厚、和谐、留香持久	檀香、茉莉、馥奇、桂花、白兰、力士、香石竹、熏衣草等	1.0～2.0
牙膏	无毒、无刺激性，香气清凉感好	留香、薄荷、果香、茴香、豆蔻	1.0～3.0
化妆水	掩盖原料不快气味、芳香适宜	玫瑰	1.0以下

六、香料、香精的稳定性和安全性

1. 稳定性　香料和香精的稳定性主要表现在两个方面：一个是它们的香气或香型的稳定性，另一个是自身或在介质中的物理、化学稳定性。

香精是由用量不等的天然香料、合成香料等组成。这些分子结构不同的化合物，其物理、化学性质也是不同的，相互之间可能发生复杂的作用，而影响它们的稳定性。尤其是加入介质后，与介质中某些组分发生作用，可能会影响介质的形态、色泽、透明度等。影响香精不稳定的因素有：

(1) 香精中某些分子，如醇、醛、酚、不饱和键等易与空气中氧发生氧化反应。

(2) 香精中某些香料分子之间发生化学反应，如酯化、酯交换、醇醛缩合等反应。

(3) 香精中某些分子受日晒、光照后发生光化学反应，如醛、酮、含氮和含硫化合物等易受光作用影响。

(4) 香精中某些成分与加香介质中某些组分之间的化学反应，如与酸、碱、盐的反应等。

2. 安全性　是化妆品的重要问题。香料和香精作为化妆品的主要添加剂之一，其安全性将直接影响化妆品的安全性。有关香料和香精的安全性，虽然在我国《化妆品卫生标准》中没有明确规定，但应遵循国际日用香料香精协会规定的要求做如下几方面实验：①急性口服毒性实验；②急性皮肤毒性实验；③皮肤刺激性实验；④眼睛刺激性实验；⑤皮肤接触过敏实验；⑥光敏中毒和皮肤光敏化作用实验。并公布了日用香精中禁用或限用的香料共63种，详见附录一表2。

第九章

营养剂

现代美容涵盖人体容貌美和形体美两部分。人们都希望自己的皮肤光滑、润泽，富有活力，体形矫健优美，渴望延缓衰老过程，而要做到这些，首要的条件就是身体健康。近来，美容学家提出了“三维美容”的现代科学美容新概念，其中心理念：营养保健是美容的基础。“三维美容”综合了大量的美容产品，其主要包括有三维成分：肽素（氨基酸、肽、蛋白质）、核酸、维生素；三维营养作用：细胞营养、皮肤营养、基因营养；三维调节作用：激素调节、免疫调节、阴阳调节；三维效果：祛斑美白、嫩肤减皱、光泽红润。可见营养与美容有着密切的关系。

因为人体是由 60 万亿个不同种类和功能的细胞组成的集合体，每个细胞都遵循着各自的生物学特征在不断地进行新陈代谢，以维持机体正常的生命活动。维持这一切的动力除了水和空气之外，还需要蛋白质、核酸、激素、油脂、糖类、维生素及无机物（包括微量元素）等营养性成分作为物质的保证。

皮肤、毛发等是人体的重要组织或器官，同样与这些营养性物质有密切关系。本章将介绍这些营养性物质与美容的关系。油脂和糖类在有关章节已述，在此不再多述。

第一节　蛋白质

蛋白质是构成一切生命活动的物质基础，人体内最基本的过程几乎都与蛋白质有关。蛋白质约占人体重量的 17%，仅次于水，主要存在于肌肉之中，其次存在于血液、软组织、骨骼等器官、组织中。

一、蛋白质的作用

蛋白质被人体消化吸收后用于合成和修补组织。人体的各种组织处于不断地分解变化之中，需要从食物中获取蛋白质，以补充被消耗掉的部分。

人体多余的蛋白质能够以脂肪的形式储存起来，当需要时又能从脂肪转变为热能。所以，蛋白质能形成体内重要的储存库，以使人能对外界环境变化有足够的适应性。

人体内所进行的生物化学反应大多需要酶作为催化剂，而酶的重要组成部分就是蛋白质；起调节代谢的激素、发生免疫反应的抗体的组成部分也是蛋白质。这些物质虽然量少，但对人体的生长发育、美容、美形等都是相当重要的，如甲状腺素、性激素、促生长激素等。

二、蛋白质与美容

食物中的蛋白质在体内消化过程中被分解成氨基酸后被吸收。各种蛋白质内所含的氨基酸的种类和数目不同，在人体内组成蛋白质的氨基酸只有 20 种，而在这 20 种氨基酸中，仅有 8 种在人体内不能合成，只能由食物中摄取。这 8 种氨基酸被称为人体必需氨基酸，它们是缬氨酸、亮氨酸、异亮氨酸、苏氨酸、蛋氨酸、赖氨酸、苯丙氨酸、色氨酸。

人体新陈代谢需要蛋白质，实际上是需要由蛋白质分解成的氨基酸。所以，在饮食中摄取蛋白质或氨基酸就显得格外重要。如果蛋白质摄取不足，人体会出现生长缓慢、体重下降、贫血等现象；皮肤也会松弛、缺乏弹性，容易产生皱纹。毛发的组成是角蛋白，也是由多种氨基酸组成，同样也会出现营养不良现象，如干枯、易断、无光泽等。

另外，氨基酸及其盐类也是皮肤天然保湿因子的主要组成成分。如果蛋白质或氨基酸缺乏，使皮肤易失去水分，变得干燥，甚至开裂。

三、蛋白质的分类

1. 根据分子形状分类

(1) 纤维状蛋白质(fibrous protein)：这类蛋白质的分子形状类似细棒状纤维，根据其在水中溶解度的不同，分为可溶性纤维状蛋白质和不溶性纤维状蛋白质。如肌肉的结构蛋白和血纤维蛋白原等属于可溶性纤维状蛋白质，弹性蛋白、胶原蛋白、角蛋白和丝心蛋白等属于不溶性纤维状蛋白质。

(2) 球蛋白质(globular protein)：这类蛋白质的分子类似于球状或椭圆球状，在水中溶解度较大，如血红蛋白、肌红蛋白、人体中的酶和激素蛋白等大多数蛋白质都属于球蛋白。

2. 根据功能分类

(1) 活性蛋白质(active protein)：是指在生命运动中的一切有活性的蛋白质及它们的前体，如酶、激素蛋白、运输蛋白、运动蛋白及防御蛋白等。

(2) 结构蛋白质(structural protein)：是指一大类担负生物的保护或支持作用

的蛋白质,例如角蛋白、弹性蛋白和胶原蛋白等。

3. 根据化学组成和理化性质分类

(1) 简单蛋白质(simple protein):是由基本单位——氨基酸组成的,因此,其水解的最终产物是α-氨基酸。在这类蛋白质中,又可按其理化性质的不同进一步分类,见表 9-1。

表 9-1 简单蛋白质的分类

种类	性质	存在实例
白蛋白(albumin)	溶于水和稀酸、稀碱及中性盐溶液中,不溶于$(NH_4)_2SO_4$饱和溶液,受热凝固	血清蛋白、乳清蛋白、卵清蛋白等
球蛋白(globulin)	微溶于水,溶于稀酸、稀碱及中性盐溶液中,不溶于半饱和$(NH_4)_2SO_4$溶液,受热凝固	免疫球蛋白、纤维蛋白、肌球蛋白等
谷蛋白(glutelin)	不溶于水、乙醇及中性盐溶液,溶于稀酸、稀碱溶液	米谷蛋白、麦谷蛋白等
醇溶谷蛋白(prolamin)	不溶于水、中性盐溶液,溶于70%~80%的乙醇中	玉米醇溶蛋白、麦醇溶蛋白等
精蛋白(protamin)	溶于水、稀酸溶液,呈碱性,受热不凝固	鱼精蛋白、蛙精蛋白
硬蛋白(scleroprotein)	不溶于水、稀酸、稀碱、中性盐溶液和一般有机溶剂	角蛋白、胶原蛋白、弹性蛋白等
组蛋白(histone)	溶于水、稀酸,不溶于氨水中,受热不凝固	珠蛋白

(2) 结合蛋白质(conjugated protein):是由简单蛋白质与非蛋白质的辅基(prosthetic group)两部分结合而成。结合蛋白质又可根据辅基的不同进行分类,见表 9-2。

表 9-2 结合蛋白的分类

种类	辅基	存在实例
核蛋白(nucleoprotein)	核酸	动植物细胞核和细胞浆内,如病毒、核蛋白
脂蛋白(lipoprotein)	脂类	血浆和生物膜成分,如低密度脂蛋白、乳糜微粒等
糖蛋白(glucoprotein)	糖类	生物体组织和体液中,如唾液中的糖蛋白、免疫球蛋白、蛋白多糖等
色蛋白(chromoprotein)	铁、镁卟啉	动物血液中的血红蛋白,植物叶的叶绿蛋白和细胞色素C等
磷蛋白(phosphoprotein)	磷酸	乳汁中的酪蛋白,卵黄中的卵黄蛋白、染色质中的磷蛋白等
金属蛋白(metalloprotein)	金属离子	激素胰岛素、铁蛋白、铜蛋白等

第二节　核　酸

1868年，瑞士科学家米歇尔(Miescher F)首先发现核酸(nucleic acid)。最初发现它存在于细胞内并具有酸性，故称核酸。它是生物体内一类含有磷酸基团的生物大分子，是遗传物质的基础，所以又称为“遗传大分子”。

一、核酸与美容

核酸被发现之前，人们曾认为蛋白质是生命的基础。当基本搞清核酸的结构和功能之后，人们知道人体蛋白质的合成是由脱氧核糖核酸(DNA)发出的信息来完成的。所以，核酸是生命的基础物质，没有核酸就没有特定生物活性的蛋白质，核酸是负责细胞新陈代谢的指挥者。核酸是细胞合成、分裂、繁殖的生命基础，细胞分化正常了，机体的各种生理功能也就正常了。所以，核酸是继糖类、蛋白质、脂肪、维生素、矿物质之后的最新营养素，是预防疾病、维护健康的本源营养物质。核酸还具有能够增强人体免疫细胞因子的产生、维护基因健康、延缓衰老等作用。

实验证实，服用一定剂量的核酸制剂，半年后可以使成人的外貌和生理功能年轻许多。成人每天补充外源核酸1～1.5g，对身体是有益的。

二、核酸的分类

根据核酸分子中含有戊糖种类的不同，可分为核糖核酸(ribonucleic acid，RNA)和脱氧核糖核酸(deoxyribonucleic acid，DNA)。其中DNA比RNA分子大且结构复杂。

DNA是生物遗传的主要物质基础，承担体内遗传信息的贮存和发布。主要存在于细胞核的染色体内。DNA总是与强碱性蛋白质(如组蛋白、鱼精蛋白)以盐的形式结合，但结合并不牢固，经稀酸、稀碱或中性盐处理后即可分解。

RNA的90%存在于细胞质中，微粒体内含量最多，线粒体内含量较少。RNA的10%存在于细胞核内，集中于核仁中。在体内负责遗传信息的表达，即直接参与体内蛋白质的合成。根据它在蛋白质合成过程中所起的作用不同，RNA又分为核蛋白体RNA(ribosmal RNA，rRNA)、信使RNA(messenger RNA，mRNA)和转运RNA(transfer RNA，tRNA)。RNA与蛋白质的结合非常牢固，只有将蛋白质变性或水解后，才能使蛋白质与RNA分离。

三、核酸的化学组成

核酸的化学组成比蛋白质更复杂，它是由许多核苷酸(nucleotide)所组成，是具有一定空间结构的大分子化合物。将核酸逐步水解，则可得到多种产物。首先得到核苷酸;核苷酸经水解后,可得到核苷(nucleoside)和磷酸;核苷再进一步水解可得戊糖(核糖或脱氧核糖)及含氮碱(嘌呤碱和嘧啶碱)。核酸的水解过程可表示如下:

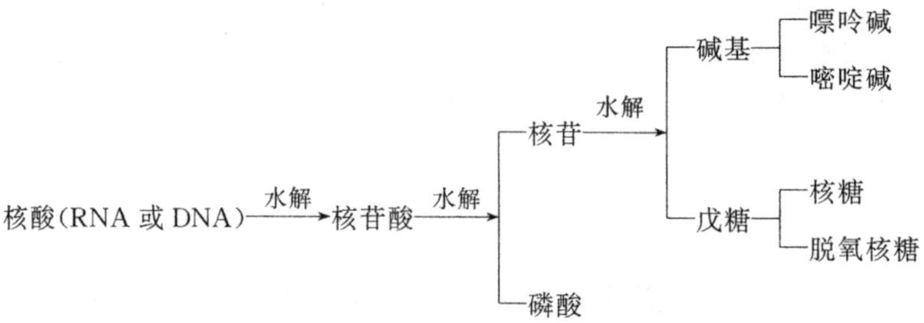

RNA 和 DNA 的区别,除了戊糖种类不同之外,它们所含的嘧啶碱种类也不同。如表 9-3 所示。

表 9-3 核酸水解的最终产物

水解产物类别	RNA	DNA
酸	磷酸	磷酸
戊糖	核糖	脱氧核糖
嘌呤碱	腺嘌呤、鸟嘌呤	腺嘌呤、鸟嘌呤
嘧啶碱	胞嘧啶、尿嘧啶	胞嘧啶、胸腺嘧啶

第三节 维 生 素

维生素(vitamin)不是构成人体组织的部分,也不能供给热量,但它是人体生长和健康必不可少的物质。维生素大部分不能在人体内合成,需要从食物中摄取。缺乏维生素会使正常的生理机能发生障碍,而且往往首先从皮肤、毛发等处显现出来。因此,针对缺乏各种维生素的症状,在化妆品中添加维生素,以达到补充和调节作用是十分必要的,下面仅介绍化妆品中添加的维生素。

维生素种类很多,所具有的功能也多种多样,按其溶解性质可分为两类:脂溶性维生素和水溶性维生素。

一、脂溶性维生素

脂溶性维生素主要包括维生素 A、D、E、K 等。

1. 维生素 A(vitamin A) 包括 A_1 和 A_2 两种异构体,A_2 效力约为 A_1 的 1/3。维生素 A 一般指 A_1 而言,其结构式如下:

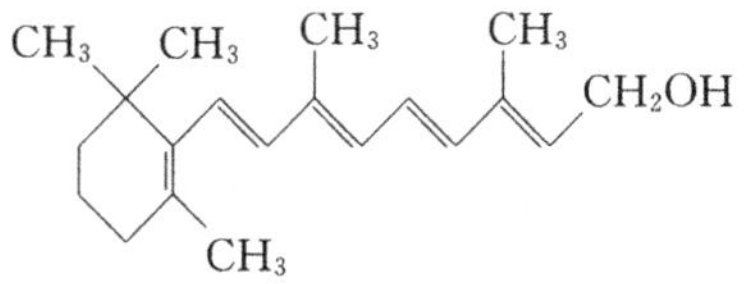

维生素A在常温下呈黄色油状，不溶于水，易溶于油脂，性质稳定。但在高温下易被氧化，为使其羟基稳定，多以酰化形成酯将其保护起来，如维生素A醋酸酯、维生素棕榈酸脂等添加于化妆品中。

维生素A亦称为表皮调理剂，缺乏时，除患夜盲症和眼干燥症外，还会出现皮肤干燥、粗糙、角质层增厚、脱屑、毛孔为小角栓堵塞等症状，严重时影响皮脂分泌，有的会出现毛发干枯、缺乏弹性、无光泽、不易梳理，指(趾)甲变脆等。

富含维生素A的食物有绿色蔬菜、番茄、胡萝卜、橘子、杏、鱼肝或其他动物肝脏等。

2. 维生素D(vitamin D)　包括维生素D_2和D_3。人体的皮肤内含有维生素D_3的前体7-脱氢胆固醇，经日光(或紫外线)照射后，转化为维生素D_3(详见防晒剂章节)。酵母等含有麦角固醇，也可在紫外线照射后转变为维生素D_2。维生素D_2和D_3的作用相同，人体内维生素D大部分是以这样的方式获取的。

维生素D是无色结晶粉末，不溶于水，能溶于乙醇及油脂等。性能稳定，不易被破坏。维生素D除具有促进人体对钙、磷的吸收，对骨骼生长和牙齿发育有作用外，还与皮肤美容有密切的关系。缺乏维生素D时，皮肤易产生红斑、湿疹，甚至溃烂，毛发易脱落，出现斑秃等。

3. 维生素E(vitamin E)　具有α、β、γ、δ四种异构体，其活性以α体最强，亦称为α-生育醇(详见抗氧剂章节)。维生素E对生育、脂代谢等均有较强的作用，它具有抗衰老功效，能促进皮肤血液循环和组织生长，使皮肤、毛发柔润、有光泽，并有能使细小皱纹舒展等作用。富含维生素E的食物有植物油、干果，尤其以花生仁中含量较高。

4. 谷维素(oryzanol)　由米糠油中提取而得到的一种天然物质，其成分是以三萜(烯)醇为主体的阿魏酸酯的混合物。白色或淡黄色粉末，难溶于水，易溶于乙醇、油脂等，它能调整自主神经功能，减少内分泌平衡障碍，降低毛细血管脆性，提高皮肤毛细血管循环机能，从而防止皮肤皲裂和改善皮肤色泽，所以也被称为"美容素"。

二、水溶性维生素

主要包括维生素B族、维生素C等。

1. 维生素B族(vitamin B group)　包括维生素B_1、B_2、B_6等。它们参与人体蛋白质、脂肪及糖代谢，可使皮肤细嫩、富有光泽和弹性等。缺乏维生素B_1时，使人易疲劳、免疫功能下降、皮肤干燥、易产生皱纹、毛发头屑增多、易患脂溢性皮炎和维生素B_1缺乏病等。缺乏维生素B_2时，可导致皮炎、口角炎、脱发、白发及皮肤老化等，富含维生素 B_2 的食物有动物肝脏、鸡蛋、米糠及麦芽粉等。

维生素 B_6 与氨基酸代谢关系密切，可促进氨基酸的吸收和蛋白质的合成，为细胞生长提供养分。对于女性尤为重要，如有的青年女性在月经前，面部易出现粉刺，严重者还可能转化为暗疮，这是因为缺乏维生素 B_6 影响皮脂腺分泌作用，增加维生素 B_6 会对这种皮肤有所改善。富含维生素 B_6 的食物有酵母、粗粮、瘦肉及肝、肾等。

2. 维生素 C(vitamin C)　又称抗坏血酸(ascorbic acid)，为白色结晶性粉末，无臭、味酸，见光颜色可变深，易溶于水和乙醇。水溶液不稳定，有还原性，遇空气和加热发生分解。在酸性溶液中较稳定，而在碱性溶液中易氧化失效，其结构式如下：

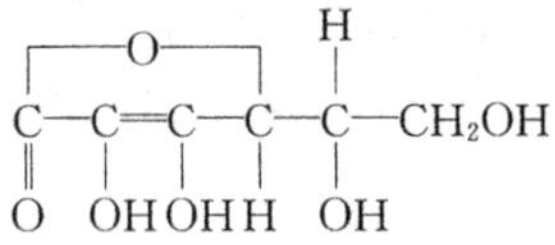

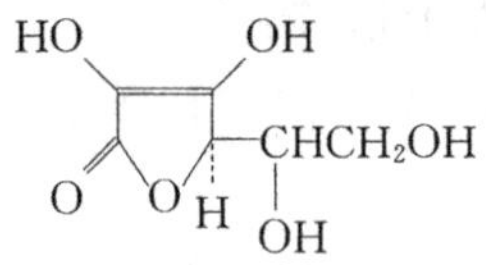

维生素 C 有增强血管弹性、提高免疫功能及减轻皮肤色素沉积的作用。其缺乏时，皮肤会出现血管变脆，撞击后易出现青或紫斑及色素沉着等。新鲜蔬菜、水果含维生素 C 较多，如红枣、青辣椒、菜花、黄瓜、苹果、柠檬等。

三、其他维生素

维生素 F 缺乏时，可使皮肤干燥，易出现血性红斑、鳞屑等症状。泛酸(pantothenic acid)缺乏时，易使皮肤产生炎症和毛发变白等。缺乏生物素(biotin)，也易使皮肤产生炎症等。

第四节　激　素

激素(hormone)是由人体各种内分泌腺分泌的一类具有生理活性的物质。激素可以随血液循环分布于全身，选择性地作用于一定的组织、器官，对机体的代谢、营养、生长、发育和性机能等起着重要的调节作用。人体内激素含量虽少，但作用却很大。激素分泌过多或不足都可能引起代谢及机能发生障碍。

一、激素与美容

在化妆品中添加一定量的雌性激素而配制的膏霜，对女性皮肤有营养作用。一般认为，敷用含 250～500IU · g^{-1}的雌性激素膏霜，对女性皮肤尤其是中老年女性皮肤有使其上皮细胞再生的现象，表皮细胞层增厚，能保存较多水分，使萎缩的皮肤可以恢复活力。

最近有报道，认为女性随着年龄的增长，机体的激素水平在发生变化，特别是雌性激素。由于卵巢功能普遍衰退，卵泡组织退化，雌性激素合成与分泌减少，血液中雌性激素浓度降低，身体靶组织及靶器官均处于低雌性激素水平的作用之下，从而可引起皮肤老化和更年期综合征等。皮肤的老化当然不完全取决于激素的影响，还与遗传、环境、营养、日晒等多种综合因素的影响有密切关系。但是，皮肤是激素作用比较重要的靶器官，其中雌性激素可影响真皮结缔组织，可作用于真皮黏多糖酸(mucopoly saccharide acid)，特别是透明质酸(hyaluronic acid)。实验证明，应用雌性激素后透明质酸浓度可增加7～8倍，而且透明质酸及其蛋白结合物的比例也发生明显变化，尤其是低分子透明质酸部分增加尤为突出，结果使皮肤含水量、保湿性等作用得到了有效改善。此外，雌性激素还可使皮肤真皮组织中的重要成分胶原分解速度下降，羟基脯氨酸肽(hydroxy proline peptide)损失减少，从而使真皮厚度增加，皮肤弹性、韧性得到改善，皱纹减少。雌性激素还可引起表皮细胞增殖，提高皮肤的屏障功能及抵御外界不良因素伤害和刺激，防止表皮萎缩和日晒老化等作用。

这些结果有力地说明了激素对皮肤美容有着重要的作用。

二、激素分类及其作用

激素按它们的化学结构分为两类：一类是含氮激素，如胰岛素、肾上腺素、甲状腺素等；另一类是甾体激素，主要指性激素和肾上腺皮质激素。

1. 性激素(sex hormone)　分为雄性激素和雌性激素两类。它们是性腺(睾丸或卵巢)的分泌物，其作用主要是对生育功能及控制第二性征(如声音、体型等)有决定性作用，并对生长发育及全身代谢也有重要影响。

(1) 雄性激素(male hormone)：是含19个碳类固醇类，C17上无侧链。具有生物活性的雄性激素的几种类固醇中，以睾酮的活性最高，其结构特征是：C17上无侧链而有β-羟基，C3上为酮基，C4与C5之间有双链。结构式如下：

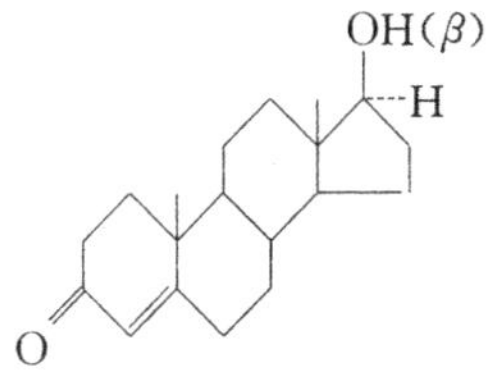

睾酮

睾酮除具有雄性激素活性外，还能够促进蛋白质合成和抑制蛋白质异化，促使肌肉发达和机体组织增长等方面的作用。

(2) 雌性激素(female hormone)：卵巢分泌的雌性激素包括两类：一类是由成熟的卵细胞产生的，称为β-雌二醇；另一类是由卵胞排卵后形成的黄体所产生的，称为黄体激素，如黄体酮等。

1) 黄体酮(progesterone)：又称孕二酮，为白色结晶粉末，在空气中比较稳定。其主要生理功能是抑制排卵、维持妊娠，有助于胎儿的着床发育。结构式如下：

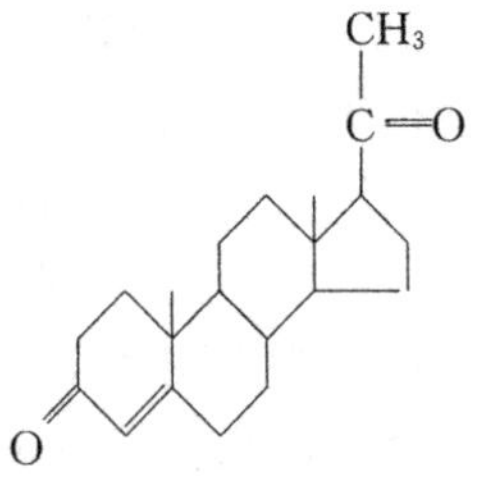

黄体酮

黄体酮分子中 C3 上的酮基，C4～C5 之间的双键，是维持生物活性所必需的结构特征。

2）β-雌二醇（β-estradiol）：是白色结晶性粉末，无臭，在空气中稳定，几乎不溶于水，能溶于乙醇或丙酮等。其主要生理功能是促进性器官和第二性征的发育，有助于生育。此外，它还具有促进长骨骺融合，增加成骨细胞活性，促进钙、磷在骨中沉淀等作用。结构式如下：

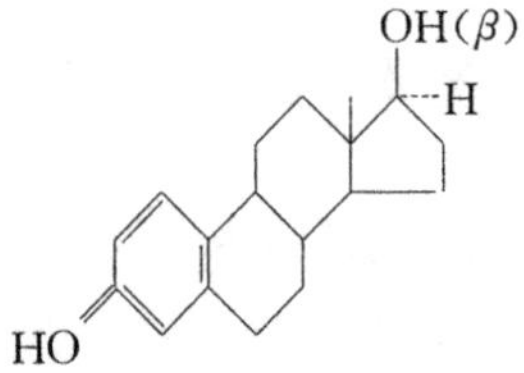

β-雌二醇

其结构特征是：A 环为苯环，含 18 个碳的类固醇，C10 上无甲基，C17 上连有 β-醇羟基，C3 上的羟基是酚羟基。

2. 肾上腺皮质激素（adrenal corticoid）　是由肾上腺皮质部分所分泌的一类激素。现已从肾上腺皮质中分离出 70 多种类固醇化合物，发现仅有 9 种能分泌到血液中发挥较强的生理活性作用，其余为合成肾上腺皮质激素的前体及中间代谢产物。

肾上腺皮质激素在结构上的特点是：都是含有 21 个碳原子的类固醇，C3 上为酮基；C4～C5 间均为双键；C17 上都连有—CO—CH_2OH 基团；C11 上连有 β-羟基或氧。其结构式举例如下：

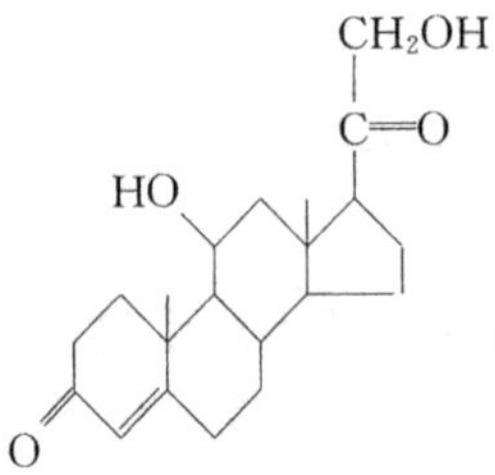

皮质酮

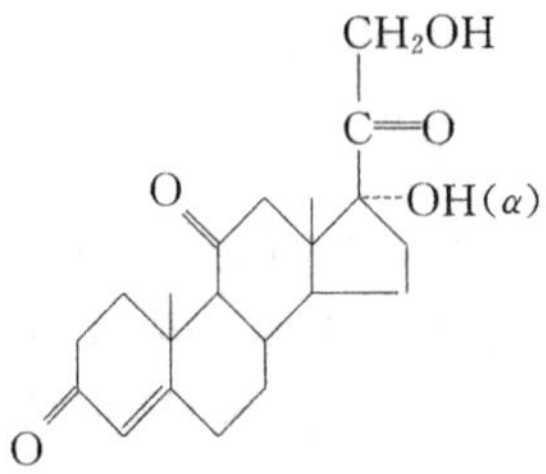

17α-羟基-11-去氢皮质酮（可的松）

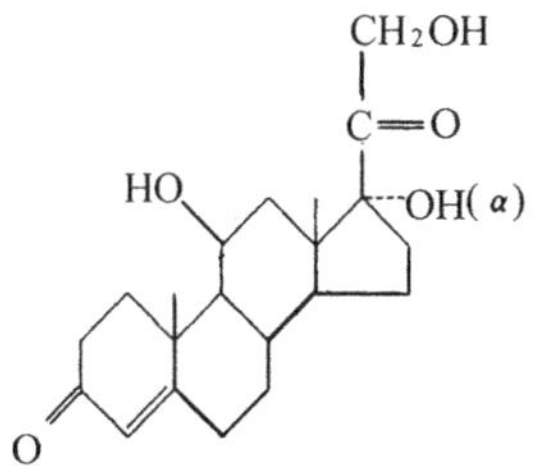

17α-羟基皮质酮(氢化可的松)

根据肾上腺皮质激素对体内水、盐、糖和蛋白质代谢的生理作用不同，又可以分为两类：

(1) 糖代谢皮质激素(glucocorticoid)：具有能抑制糖的氧化，促使蛋白质转化为糖，调节糖代谢，还能促使红细胞、血小板及性粒细胞增生等作用，如皮质酮、可的松和氢化可的松等。血液中这类激素含量高时，还有抗炎、抗过敏等作用。

(2) 电解质代谢皮质激素(minertalocorticoid)：具有很强的促进电解代谢作用，能促进体内钠离子的保留和钾离子的排出，调节体内水盐代谢，维持体内电解质的平衡。其结构上的特点是C11 上连有*β*-羟基，C12 上连有—CHO，如：

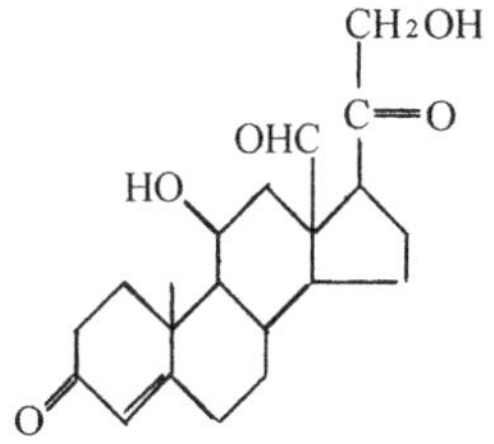

甲醛皮质酮

当人体内肾上腺皮质激素分泌不足时，出现皮肤青铜色、极度疲劳、低血压、低血糖等症状。

第五节　无机物和微量元素

人体内所含的各种元素对人体的生命活动有着极为重要的作用。目前，认为至少有25 种元素对人体是必需的，称之为生命元素或营养元素。根据元素在人体内的平均含量和生物效应可为三类：必需宏量元素、必需微量元素、作用尚未确定和非必需的微量元素。

一、必需宏量元素

人体内含量多于0.01%的元素共有11 种，它们是碳、氢、氧、氮、硫、磷、氯、钾、钠、钙、镁。它们占人体总重量的99.95%以上，其中碳、氢、氧、氮之和占96%，它们与硫、磷一起组成水、糖、蛋白质、脂肪和核酸等基本营养物质。

水是构成人体的重要组成部分，也是维持人体正常生理活动的重要物质。保持皮肤，重视容颜，希望青春永驻，则必须注意水的补充。皮肤获得水分的途径，一个是饮水和食物中得到，另一个途径是通过洗面、浸浴及使用化妆品等方法从外部补充水分，使皮肤柔软细腻，并能减少或延缓皱纹的出现。

其他营养物质的合理摄取，有利于生理机能的调节，使身体各部组织处于良好的状态，以达到身体健康、容颜焕发的目的。所以，真正的美容、美肤、美形从营养学上着手是非常必要的。

二、必需微量元素

人体内含量低于 0.01%的元素，如铁、铜、锌、钴、锰、碘、硒等，虽含微量，但对人体正常生命活动起着非常重要的作用。其主要功能为：在酶系统中起特异活化中心作用；是某些激素和维生素的组成部分，参与调节人体正常生理功能；输送氧、二氧化碳等作用；参与人体内氧化还原过程。现就一些微量元素在人体的主要作用介绍如下：

(1) 铁：铁在人体内与多种蛋白质结合，发挥其生理、生化作用。例如，血红蛋白起输送氧气作用；细胞血素和酶类参与体内的氧化还原过程；铁蛋白能贮藏、转运、调节铁的吸收平衡。铁能使皮肤润泽而富有弹性；缺乏时，会产生贫血而使面色苍白。

(2) 锌：锌参与糖类、蛋白质、脂肪及核酸(如 DNA)的合成及降解等代谢过程。锌在酶中主要起活性部位的作用，如羧肽酶 A 中的 Zn^{2+}有稳定蛋白质结构作用，如胰岛素分子中的 Zn^{2+}。锌可使皮肤光滑细嫩、富有弹性。缺乏锌时，会出现生长发育迟缓、皮肤粗糙及色素增多等现象。

(3) 铜：铜离子及多数含铜酶能参与或催化体内的氧化还原反应。可参与造血过程及铁的代谢，影响铁的吸收、运送和利用，如影响血红蛋白和细胞色素的合成。血液内铜含量过高会引起色素沉着及湿疹、牛皮癣等皮肤病；含量缺乏时会引起白癜风等。正常人体的铜含量为 1.4×10^{-6}左右。

(4) 钴：钴是维生素 B_{12}的组成元素，维生素 B_{12}及其衍生物参与 DNA 和血红蛋白的合成、氨基酸的代谢等过程。另外，对铁的代谢、红细胞的发育成熟等有重要作用。缺乏钴时，也会与缺乏铁一样，出现同样的症状。

(5) 铬：Cr^{3+}与糖、脂肪及胆固醇的代谢有关。缺乏铬时，会使血脂及胆固醇含量增加，糖耐受量受损而引起肥胖症。

(6) 硒：硒是人体红细胞内谷胱甘肽过氧化酶的组成部分。硒能抗氧化反应，清除有害的自由基，分解过氧化物，所以具有抗衰老作用。

(7) 碘：碘是构成甲状腺素的重要成分。甲状腺素是人体的一种激素，与人体生长发育有密切关系。缺少碘能引起甲状腺肿大，并引起内分泌紊乱等疾病。

第十章

表面活性剂

第一节 表面活性剂概念

一、表面张力

1. 表面和界面　通常所说的表面是指物体与空气的接触面，实际上它也是空气和物体的界面。界面就是相与相接触的面，即通常所说的固体与液体的表面，或所指的固相或液相与气相的界面。

什么是相？相是指物质体系中具有相同组成、相同物理性质和相同化学性质的均匀物质。例如空气虽是混合物，但由于内部均匀，所以认为它是一种单相物质。水、冰、水蒸气三者虽然组成都是 H_2O，但因有不同的物理性质，所以分属于 3 个相，即液相、固相和气相。

按固相、液相和气相组合的形式，界面可分为：固体-气体、固体-液体、液体-气体、液体-液体、固体-固体等 5 种界面。在一般情况下，两固相之间总是充满气相或液相。因此，所说的界面是指固体-气体、固体-液体、液体-气体、液体-液体的界面。

2. 表面张力　物质分子之间存在着各种引力。在液体内部，分子间的距离很小，分子间的吸引力较大。但是，由于液体内部的每个分子的上下左右都有相同的吸引力，因此彼此可以抵消互成平衡，即作用于该分子上吸引力的合力等于零。而在液体表面层，其情况就与液体内部不一样，表面上的液体分子只受到液体分子的吸引力，而表面上空气对它的吸引力则是微不足道的。如图 10-1 所示，液体表面层

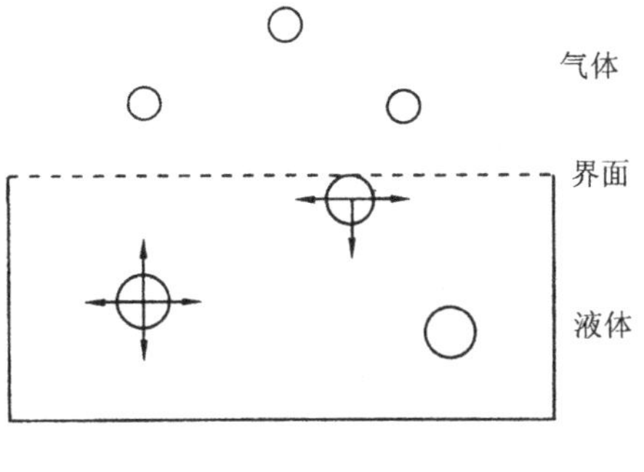

图 10-1　界面分子受力示意图

的分子仅在它的左右和下面受相邻分子的吸引力。因此,作用于表面层分子的吸引力的合力,其方向指向液体的内部并与液面垂直。这种合力把液体表面层上的分子拉向液体内部,因而液体表面有趋向缩小的倾向,即有缩小表面积的趋势。如要使表面积扩大,就必须克服这种吸引力,即为表面张力。常见的液体物质的表面张力如表10-1 所示。

表 10-1 几种液体的表面张力(20℃)

物质	表面张力($mN \cdot m^{-1}$)	物质	表面张力($mN \cdot m^{-1}$)
汞	485.0	氯仿	27.1
水	72.8	四氯化碳	26.7
硝基苯	43.4	乙醚	17.1
油酸	32.5	蓖麻油	39.0
苯	28.9	液状石蜡	33.1

表面张力越大的液体,其缩小表面积的趋势越强。如汞常呈圆球状,水滴有时也可呈圆球状,而乙醚在空气中表面张力很小,很少呈圆球状。

二、表面活性剂

一切液体,在一定条件下均有一定的表面张力。例如在 20℃时,水的表面张力为 72.8 $mN \cdot m^{-1}$,苯为 28.9 $mN \cdot m^{-1}$。如果将性质不同的某些物质分别溶于水中,则发现水溶液的表面张力有不同的变化。实验证明,各种物质的水溶液的表面张力随浓度变化时,有三种情况产生。如图 10-2 所示的水溶液表面张力与浓度关系的曲线。曲线 A 表明水溶液的表面张力随溶质浓度增加而增大,且近于直线上升。如氯化钠、硫酸钠、硝酸钾、氯化铵等无机盐类及蔗糖、甘露糖等多元醇有机物的水溶液则表现出此种性质。曲线 B 表明水溶液的表面张力随溶质的浓度增加而逐渐下降。大多数醇、醛、酯、羧酸等有机物水溶液表现出此种性质。曲线 C 表明水溶液的表面张力在浓度很稀时,随溶液浓度增加显著下降,降至一定程度后便缓慢下降或趋于平衡。具有这种性质的有肥皂、高碳数直链烷基磺酸盐或硫酸盐、烷基苯磺酸盐等的水溶液。

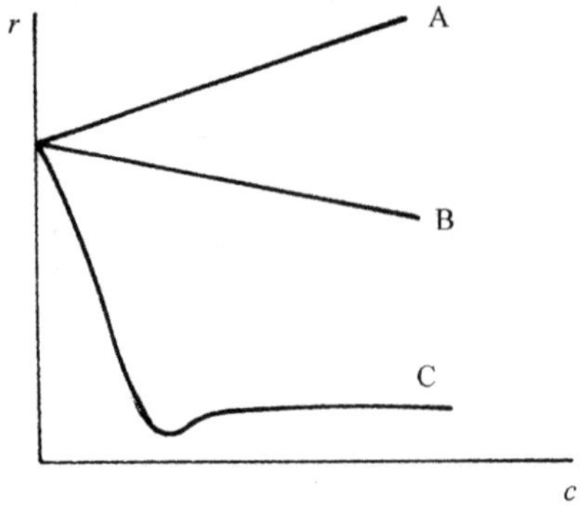

图 10-2 水溶液表面张力与浓度关系

由此可见,代表曲线 A 性质的物质不能使水的表面张力降低,这样的物质称为非表面活性物质。而代表曲线 B、C 性质的物质能够使水的表面张力降低,称为表面活性物质。但是,代表曲线 B、C 性质的物质,其表面活性又有明显的不同。因此,在溶剂中加入很少量溶质时,即能显著降低其表面张力的物质称为表面活性物质，即表面活性剂。

表面活性剂在化妆品中用途十分广泛，大多数化妆品都是应用表面活性剂的某种作用而制得具有不同性能或作用的化妆品，这些作用包括乳化、洗涤、润湿、分散、保湿、增溶、润滑、发泡、消泡、杀菌和抗静电等。

三、表面活性剂分类

在较低浓度下能显著降低溶剂（一般指水）表面张力或液-液界面张力的物质称为表面活性剂。应用于化妆品的表面活性剂种类很多，从其分子结构来看，它们的分子都是由极性的亲水基（憎油基）和非极性的亲油基（憎水基）两部分组成。在水溶液中，亲水基使分子伸向水相，而亲油基则起着相反的作用。如果在水-油组成的液-液两相界面上，两个基达到平衡时，分子中的亲水基伸向水相，而亲油基则向着油相。即达到平衡时，在水-油两相界面上聚集着较多的表面活性剂分子。

表面活性剂的亲油基一般是由碳氢元素组成的原子团，即烃基；而亲水基种类则较多。表面活性剂在性质上的差异，除与烃基大小和形状有关外，还主要与亲水基的不同有密切关系。由于亲水基在种类和结构上的不同，要比亲油基的不同对表面活性剂的影响大。因此，一般表面活性剂的分类以亲水基的结构为依据来分类。

通常，表面活性剂可分为离子型和非离子型两大类。非离子表面活性剂溶解于水时不发生电离而呈电中性；离子表面活性剂在水中可以电离，形成带负电荷的憎水基称为阴离子表面活性剂；而形成带正电荷的憎水基称为阳离子表面活性剂。在同一分子中同时存在阴离子和阳离子基团的，称为两性表面活性剂。两性表面活性剂在碱性溶液中生成阴离子盐，而在酸性溶液中则生成阳离子盐。

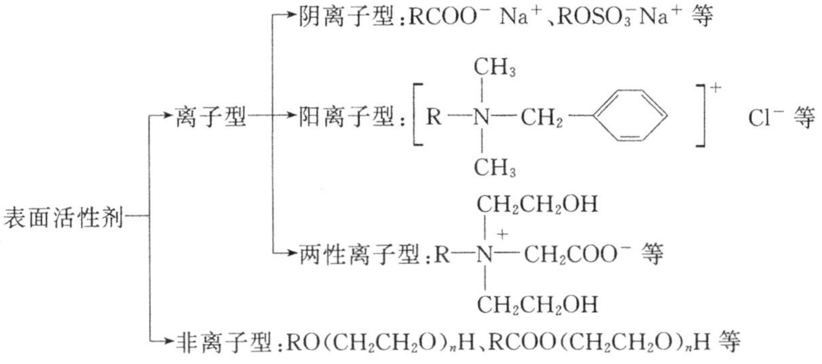

在化妆品中表面活性剂应用最多的是阴离子型和非离子型表面活性剂。阳离子型应用的较少，而且它不易与阴离子表面活性剂共用，否则它们的憎水基就会相互结合成为不溶性高分子物质，而失去表面活性作用，使用时尤为注意。两性离子型表面活性剂由于具有阴离子、阳离子和非离子的特点，因此，它和其他类型的表面活性剂有很好的相容性。

第二节　阴离子表面活性剂

阴离子表面活性剂分为高脂肪酸盐、磺酸盐、硫酸酯盐、磷酸酯盐、脂肪酰-肽缩合物等。其亲水基为钠盐、钾盐、三乙醇胺盐等可溶性盐类，亲油基主要为烷基、烷基苯等。

一、高级脂肪酸盐

高级脂肪酸盐即肥皂，其化学式为：RCOOM，R 为烃基，其碳原子数在 C8～C22 之间，M 为 Na、K 等。肥皂是以动植物油脂与碱的水溶液经加热皂化反应而制得。其反应式如下：

$$\begin{array}{l} H_2COOCR_1 \\ \quad | \\ HCOOCR_2 \\ \quad | \\ H_2COOCR_3 \end{array} + 3NaOH \longrightarrow \begin{array}{l} CH_2OH \\ | \\ CHOH \\ | \\ CH_2OH \end{array} + \begin{array}{l} R_1COONa \\ \\ R_2COONa \\ \\ R_3COONa \end{array}$$

一分子油脂皂化后，生成一分子甘油和三分子肥皂。皂化所用的碱可以是氢氧化钠或氢氧化钾，分别得到钠皂或钾皂。洗涤用一般为钠皂，化妆用为钾皂。钠皂较钾皂硬，而胺皂最软。通常各种动植物油脂均是混甘油酯，其含有的脂肪酸也不完全相同，所以制得的肥皂性状也有较大的差异。脂肪酸的碳链越长，饱和度越大，用其制得的肥皂就越硬。例如，硬脂酸皂较月桂酸皂硬，月桂酸皂较油酸硬。

代表性皂类：

1. 硬脂酸钠($C_{17}H_{35}COONa$)　是具有脂肪气味的白色粉末，易溶于热水和乙醇，常用做化妆品的乳化剂。主要用于膏霜和香波等化妆品。

2. 月桂酸钾($C_{11}H_{23}COOK$)　是淡黄色浆状物，易溶于水，有丰富泡沫，也常用作乳化剂。主要用于液体皂和香波等化妆品中。

3. 其他皂类　油酸与三乙醇胺制得的油酸三乙醇胺皂[$C_{17}H_{33}COON(CH_2CH_2OH)_3$]，为淡黄色浆状物，溶于水，但易氧化变质，常用作乳化剂。松香酸与氢氧化钠反应制得松香皂($C_{19}H_{29}COONa$)，易溶于水，有较好的抗水性和润湿性，多用于洗涤皂中。

二、磺酸盐

磺酸盐的化学通式为 $R—SO_3Na$，R 的碳数在 C8～C20 之间，易溶于水，有良好的发泡性，在酸性溶液中不易发生水解，主要用于洗涤剂中。其缺点是对皮肤有较强的脱脂和刺激作用，会引起皮肤和毛发过分干燥，可适量配用于化妆品中。

代表性磺酸盐：

1. 十二烷基苯磺酸钠（）是最有代表性的烷基苯磺酸盐。白色粉末，易溶于水，有良好的洗涤能力和发泡性能。它是以石油工业得到的丙烯为原料，聚合成十二烯，再与苯发生烷基化反应，得到十二烷基苯的各种异构体混合物，再经磺化、碱中和，即得到十二烷基苯磺酸钠：

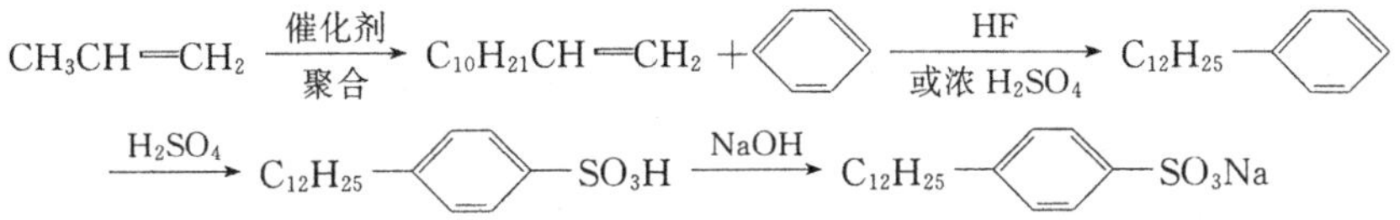

2. 琥珀酸酯磺酸钠（$ROOC-CH(SO_3Na)-CH_2COOR$）又称丁二酸酯磺酸钠，是良好的表面活性剂，当 R＝C8 时，即为二辛基琥珀酸酯磺酸钠[$C_8H_{17}OOC-CH(SO_3Na)-CH_2COOC_8H_{17}$]，它是白色蜡状塑性固体，易溶于水和乙醇，在硬水中稳定，洗涤和发泡性能好，无毒性，对皮肤刺激性小，有良好的润湿性能。主要用于香波、泡沫浴和牙膏等化妆品。

3. 月桂醇磺乙酸钠（$NaSO_3CH_2COOC_{12}H_{25}$）　为白色粉末，略有椰子油气味，其水溶液稍有辛辣味，部分溶于水，发泡性能好，在硬水中也有洗涤效果，无毒。较早应用于牙膏中。

它是由月桂醇和氯乙酸反应生成氯乙酸月桂醇酯，再与亚硫酸钠反应而制得。

$$C_{12}H_{25}OH+HOOCCH_2Cl \longrightarrow ClCH_2COOC_{12}H_{25} \xrightarrow{Na_2SO_3} NaSO_3CH_2COOC_{12}H_{25}$$

4. 烯基烷磺酸盐和羟烷基磺酸盐　*α*-烯烃与 SO_3 反应得到烯基烷基磺酸盐和羟烷基磺酸盐的混合物：

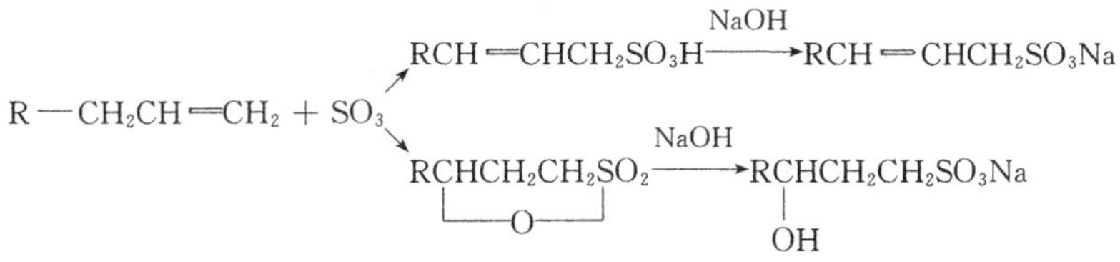

这是新开发出的一种表面活性剂，其性质与烷基磺酸盐相似，易为生物降解，对皮肤刺激性小。用于香波、泡沫浴等化妆品。

代表性化合物有：*α*-十四烯磺酸钠（$C_{12}H_{25}CH=CHSO_3Na$）和 *γ*-羟基十四烷磺酸钠[$C_{11}H_{23}CH(OH)CH_2CH_2SO_3Na$]。

5. 烷基乙氧基磺酸盐　是由环氧乙烷和 $NaHSO_3$ 反应制得羟乙基磺酸钠：

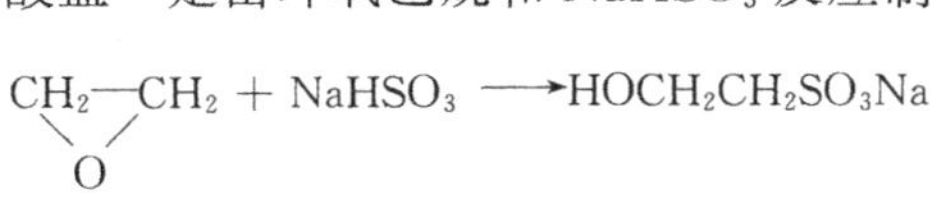

再与脂肪酸酯化羟基得到烷基乙氧基磺酸盐：

$$RCOOH+HOCH_2CH_2SO_3Na \longrightarrow RCOOCH_2CH_2SO_3Na$$

烷基乙氧基磺酸盐对皮肤刺激性很小，性能温和。用于合成香皂和香波等化妆品。

三、硫酸酯盐

硫酸酯盐的化学通式为$ROSO_3M$，R的碳数在C8～C18之间，M为Na、K、$N(CH_2CH_2OH)_3$。这类表面活性剂具有良好的发泡性和洗涤能力，在硬水中稳定，其水溶液呈中性或微碱性，故主要用于洗涤剂及清洁用化妆品。

脂肪基硫酸酯盐是以脂肪醇、脂肪醇醚、单脂肪酸甘油酯等经硫酸化反应后，再以碱中和而制得。反应通式为：

$$ROH + H_2SO_4(\text{或 } H_2SO_4 \cdot nSO_3) \longrightarrow ROSO_3H \xrightarrow{NaOH} ROSO_3Na$$

1. 十二烷基硫酸钠($C_{12}H_{25}OSO_3Na$) 也称月桂醇硫酸酯钠。白色粉末，有特征性气味，易溶于水，用作发泡剂、洗涤剂和乳化剂等。如在牙膏及香波中起发泡及洗涤的作用，也可用作膏霜的亲水性乳化剂。

2. 聚氧乙烯十二醇硫酸酯钠[$C_{12}H_{25}(OCH_2CH_2)_nOSO_3Na$] 是近年来新开发出的聚氧乙烯直链醇硫酸酯盐表面活性剂。其水溶性优于月桂醇硫酸酯钠，有较好的钙皂分散能力和抗盐能力，在低温下仍保持透明，适宜于制造透明液体香波类化妆品。

其制备是以月桂醇与一个或n个环氧乙烯分子缩合得到月桂醇缩醚，再经硫酸化反应，用碱中和即得到。反应通式为：

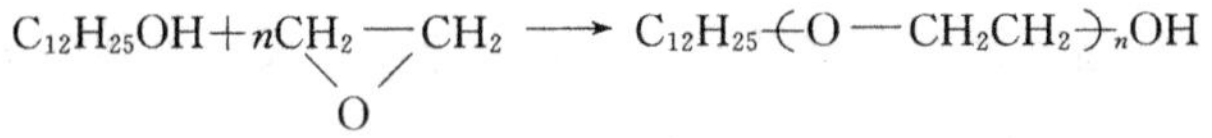

$$\xrightarrow{H_2SO_4} C_{12}H_{25}\leftarrow OCH_2CH_2 \rightarrow_n OSO_3H \xrightarrow{NaOH} C_{12}H_{25}(OCH_2CH_2 \rightarrow_n OSO_3Na$$

其中$n=1\sim5$，化妆品中常用的是聚氧乙烯(3EO)月桂醇硫酸钠，即$C_{12}H_{25}\leftarrow OCH_2CH_2 \rightarrow_3 OSO_3Na$，如月桂醇与较多物质的量环氧乙烷加成，可制得较黏稠的液体。相近的还有聚氧乙烯月桂醇硫酸三乙醇胺盐$C_{12}H_{25}(OCH_2CH_2)_nOSO_3NH(CH_2CH_2OH)_3$。

3. 单月桂酸甘油酯硫酸钠[$C_{11}H_{23}COOCH_2CH(OH)CH_2OSO_3Na$] 白色或微黄色粉末，无臭、无味，易溶于水，对硬水稳定，具有良好的发泡、洗涤和乳化能力，故多用于洗涤剂、泡沫剂、乳化剂的制备。

它是由月桂酸和甘油在碱性催化剂作用下加热，生成单甘油酯，然后硫酸化，再经碱中和而制得的。反应通式为：

$$C_{11}H_{23}COOH + HOCH_2CH(OH)CH_2OH \xrightarrow{OH^-} C_{11}H_{23}COOCH_2CH(OH)CH_2OH$$

$$\xrightarrow{H_2SO_4} C_{11}H_{23}COOCH_2CH(OH)CH_2OSO_3H \xrightarrow{NaOH} C_{11}H_{23}COOCH_2CH(OH)CH_2OSO_3Na$$

四、磷酸酯盐

磷酸酯盐主要有单酯盐和双酯盐两种，其化学通式为：

这类表面活性剂对酸碱有良好的稳定性，洗涤能力好，易为生物降解。主要用作乳化剂、消泡剂和抗静电剂等。

它是由醇和聚磷酸反应后，再以碱中和制得，例如月桂基磷酸单酯钠及双酯钠。反应式如下：

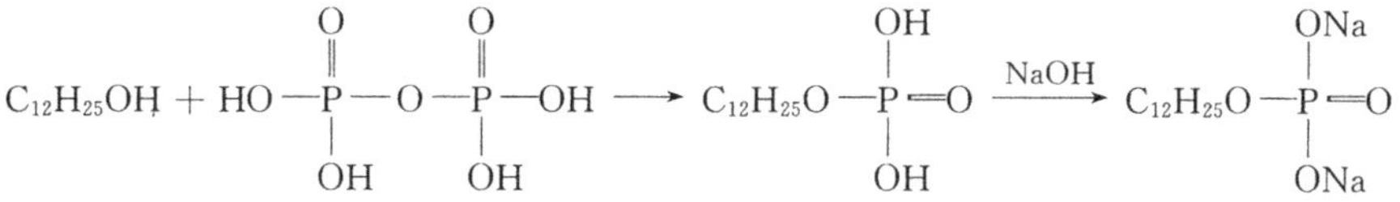

二聚磷酸

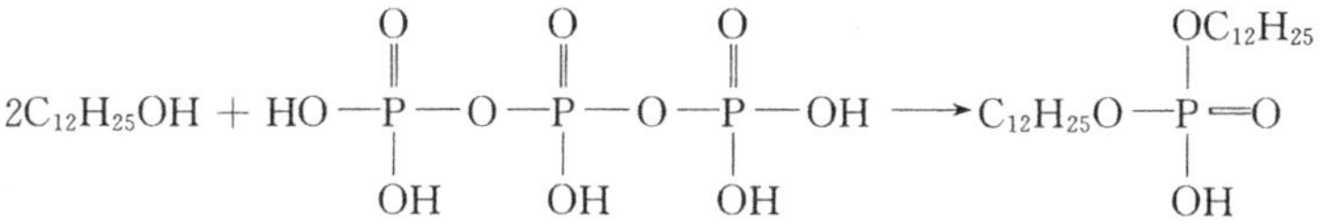

三聚磷酸

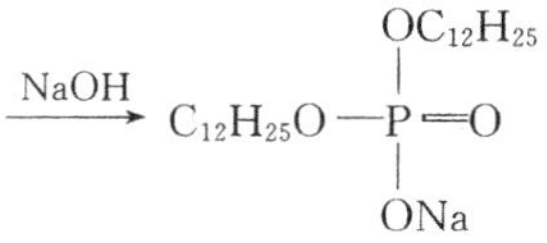

第三节　阳离子表面活性剂

阳离子表面活性剂主要包括季铵盐和胺盐型，前者在化妆品中应用比较广泛。

阳离子表面活性剂其特点是憎水基团是阳离子，其去污力和发泡能力比阴离子表面活性剂差。通常，主要用于杀菌、抗静电、分散和专用乳化等方面。阳离子表面活性剂作为杀菌剂早已十分肯定，它具有易在头发表面吸附形成保护膜，能赋予头发光泽、柔软、易梳理等特性。其主要用途是用作头发调理剂、护发剂等。

一、季铵盐阳离子表面活性剂

一般常用的阳离子表面活性剂多为季铵盐型。从形式上可看做是铵离子 NH_4^+ 的氮上四个氢被烃基取代生成的，$R_1R_2R_3R_4N^+X^-$，作为表面活性剂的季铵盐的 4 个烃基中只有 1～2 个是长碳链的，其余的为短碳链，碳数为 C1～C2 的烷基。

其制备方法为高级脂肪伯胺在碱存在下与氯甲烷发生烷基化反应，如：

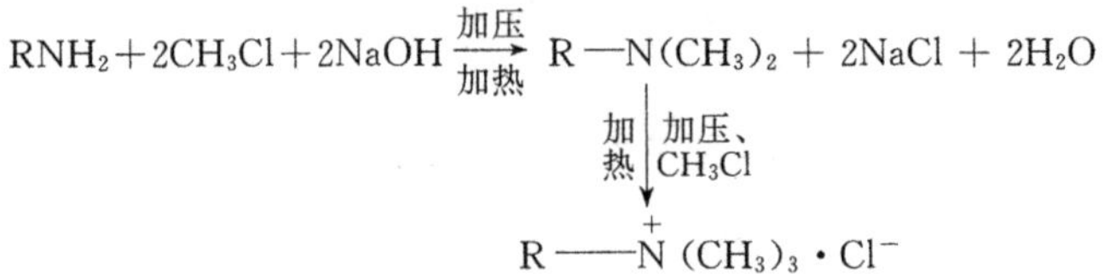

1. 烷基三甲基氯化铵型　结构通式：

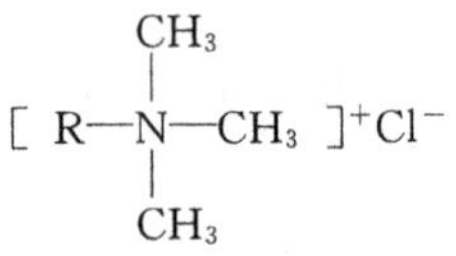

（1）R=C 12：十二烷基三甲基氯化铵(lauryltrimethyl ammonium chloride)。

（2）R=C 16：十六烷基三甲基氯化铵(cetyltrimethyl ammonium chloride)。

（3）R=C18：十八烷基三甲基氯化铵(stearyltrimethyl ammonium chloride)。

2. 二烷基二甲基氯化铵型　结构通式：

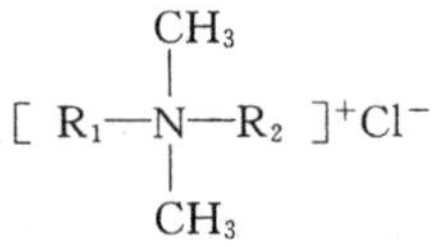

（1）$R_1=R_2=$C18：双十八烷基二甲基氯化铵(distearyldimethyl ammonium chloride)。

（2）R_1 = C18，R_2 = 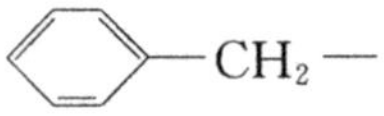：十八烷基二甲基苄基氯化铵(stearyldimethylbenzyl ammonium chloride)。

（3）R_1 = C12，R_2 = 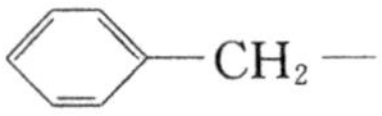：十二烷基二甲基苄基氯化铵(lauryldimethylbenzyl ammonium chloride)。

其中最有代表性的是十二烷基二甲基苄基氯化铵，无毒性，对皮肤无刺激，易溶于水，呈透明溶液，在沸水中稳定。在极低的浓度下即具有杀菌、消毒的能力，其杀菌能力随pH 值升高而增强。此外，还有良好的发泡性能。适用于油/水型乳化剂。

3. 酰胺基季铵盐　是由脂肪酸与不对称二乙基乙二胺发生缩合反应得到叔胺，然后再进行烷基化反应而制得，如：

$$C_{17}H_{33}COOH + H_2N—CH_2CH_2—N(C_2H_5)_2 \longrightarrow C_{17}H_{33}CONHCH_2CH_2N(CH_3)_2 + H_2O$$

得到油酰乙胺基二甲基苄基氯化铵(oleato ethylaminodimethylbenzyl ammonium chloride)

4. 咪唑啉型季铵盐　是由脂肪酸与羟乙基乙二胺发生缩合反应得到叔胺，然后再进行烷基化反应而制得，如：

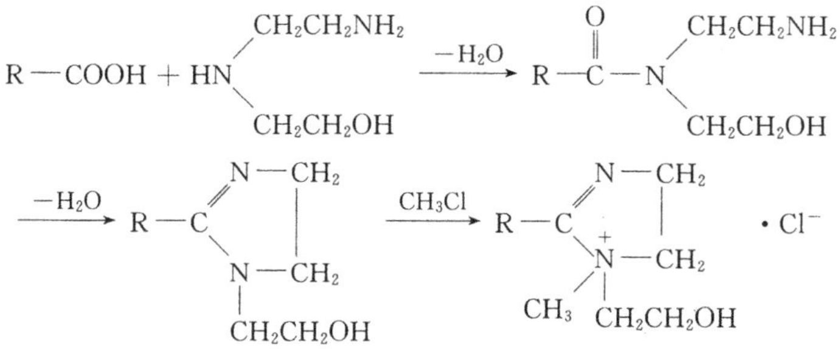

5. 含氮杂环季铵盐　以吡啶与烷基卤反应，生成烷基吡啶季铵盐最有代表性，如：

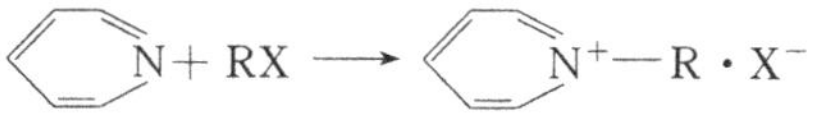

当 $R = C_{16}H_{33}—$ ，X=Cl 时，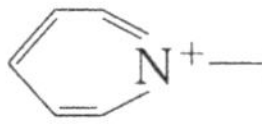 $—C_{16}H_{33}\cdot Cl^-$ ［*N*-十六烷基吡啶氯化铵(*N*-palmityl pyridinium chloride)］。

当 $R = C_{16}H_{33}—$ ，X=Br 时，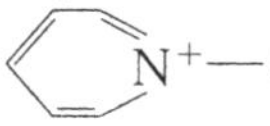 $—C_{16}H_{33}\cdot Br^-$ ［*N*-十六烷基吡啶溴化铵(*N*-palmityl pyridinium bromide)］。

二、胺盐型阳离子表面活性剂

伯、仲、叔胺的盐总称为胺盐，它们的性质相近，难以区分。

1. 高级胺盐阳离子表面活性剂

$$R—HN_2 + HCl \longrightarrow R—NH_2\cdot HCl \text{ 或 } R—\overset{+}{N}H_3Cl^-$$

同样也可生成 $R_2\overset{+}{N}H_2Cl^-$ 和 $R_3\overset{+}{N}HCl^-$ 型胺盐盐酸盐，其中 R=C12～C18。

2. 低级胺盐阳离子表面活性剂　用脂肪酸与低级胺制得的低级胺盐阳离子表面活性剂，如索罗明 A(Soromine A)，由硬脂酸与三乙醇胺反应制得，如：

$$C_{17}H_{35}COOH + HOCH_2CH_2N(CH_2CH_2OH)_2 \xrightarrow{HCOOH} C_{17}H_{35}COOCH_2CH_2N(CH_2CH_2OH)_2\cdot HCOOH$$

还如硬脂酸与 *N*,*N*-二乙基乙二胺制得的萨帕明 A(Sapamine A)：

$$C_{17}H_{35}COOH + H_2N—CH_2CH_2N(C_2H_5)_2 \xrightarrow{CH_3COOH} C_{17}H_{35}CONH—CH_2CH_2—N(C_2H_5)_2\cdot CH_3COOH$$

第四节　两性表面活性剂

两性表面活性剂的分子由非极性部分和一个带正电荷的基团及一个带负电荷

的基团组成，即憎水基的一端既有阳离子也有阴离子，由两者结合在一起集分子一体的表面活性剂 $R—A^+—B^-$，R 为非极性基团，可以是烷基、芳基或其他有机基团；A^+为阳离子基团，常为含氮基团；B^-为阴离子基团，一般是羧酸基和磺酸基。

一、咪唑啉型两性表面活性剂

咪唑啉型两性表面活性剂是由长链脂肪酸与羟乙基乙二胺发生缩合反应，生成咪唑啉中间体，在碱性条件下再与氯乙酸反应而制得，根据 R 不同可得到多种两性化合物，反应式如下：

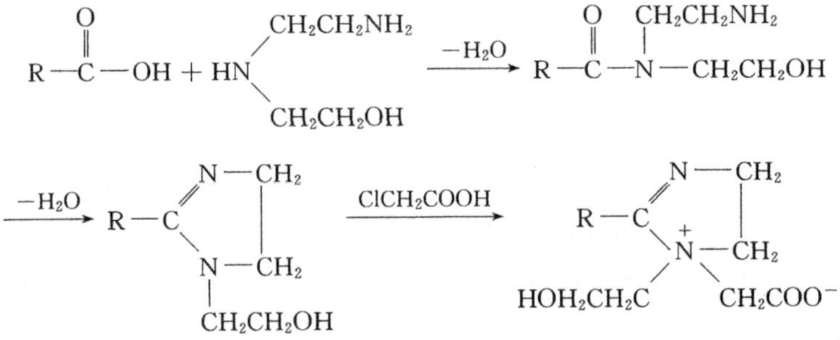

式中 R 可以是 $C_9H_{19}-$、$C_{11}H_{23}-$等。

用于化妆品的咪唑啉型两性表面活性剂如米拉诺尔 CM(Miranol CM)，结构式为：

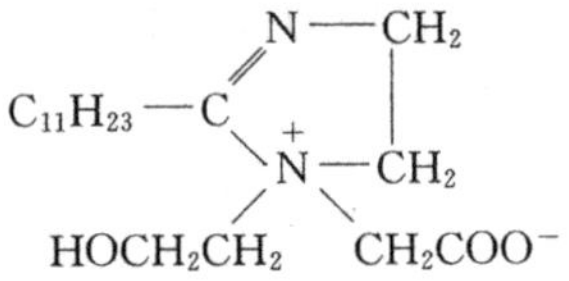

米拉诺尔 C_2M(Miranol C_2M)的结构式为：

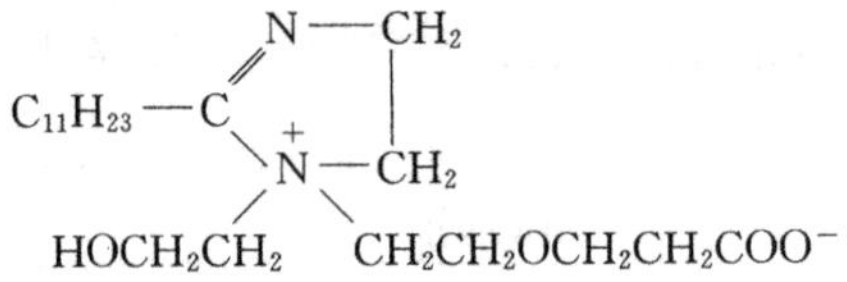

米拉诺尔 MSA(Miranol MSA)的结构式为：

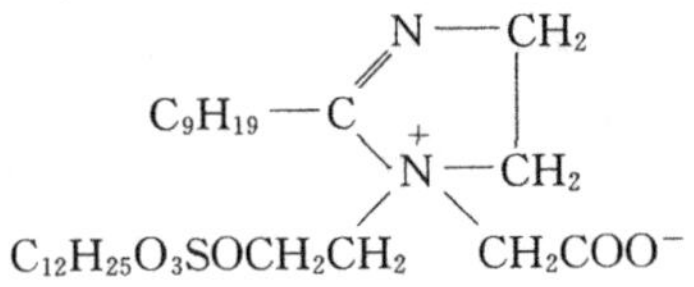

这种系列两性表面活性剂对眼睛、皮肤刺激性都很小。适合于用做香波，作为皮肤和毛发的清洁剂。

二、氨基酸型两性表面活性剂

氨基酸型两性表面活性剂的分子结构为：

$$R\overset{+}{N}H_2CH_2CH_2COO^-$$

常用的有：N-烷基-β-氨基丙酸钠及二丙酸盐。代表物如下：

1. 十二烷基-β-氨基丙酸钠（$C_{12}H_{25}NH_2CH_2CH_2COONa$） 易溶于水，呈透明溶液，显弱碱性，与阴离子表面活性剂的性质相似，具有良好的发泡性和洗涤能力。

制备方法是由十二烷基胺与丙烯酸酯加成，再水解后制得：

$$C_{12}H_{25}NH_2 + CH_2{=}CHCOOCH_3 \longrightarrow C_{12}H_{25}NHCH_2CH_2COOCH_3$$

$$\xrightarrow[\text{水解}]{NaOH} C_{12}H_{25}\overset{+}{N}H_2CH_2CH_2COO^- + CH_3OH$$

2. 十二烷基-β,β-氨基二丙酸钠 性能与十二烷基-β-氨基丙酸钠相似，它是由十二烷基胺与β-氯丙酸钠在碱性条件下反应而制得：

$$C_{12}H_{25}NH_2 + 2ClCH_2CH_2COONa \xrightarrow{NaOH} C_{12}H_{25}N(CH_2CH_2COONa)_2$$

三、氨基酸系两性表面活性剂

氨基酸与憎水性物质发生反应，生成的表面活性物质称为氨基酸系两性表面活性剂。氨基酸分子中既有氨基又有羧基，表现为两性电解质，在水溶液中，随 pH 值不同而发生不同的电离，如下式所示：

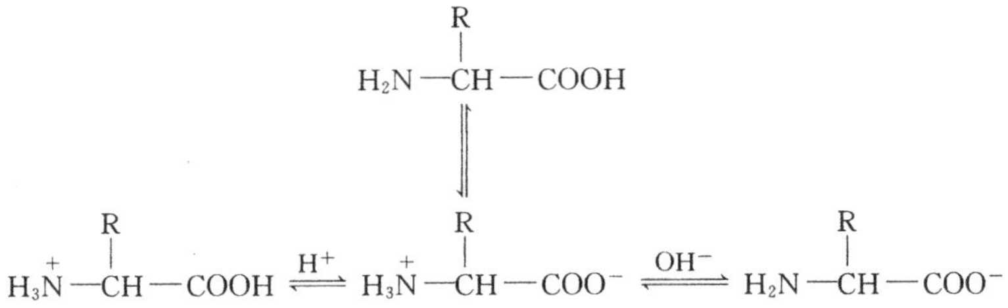

在碱性时，表现阴离子型；而在酸性时，则为阳离子型。利用不同条件与不同的化合物反应，可制得不同类型的表面活性剂，如利用氨基酸的氨基或羧基引入憎水基团。例如：

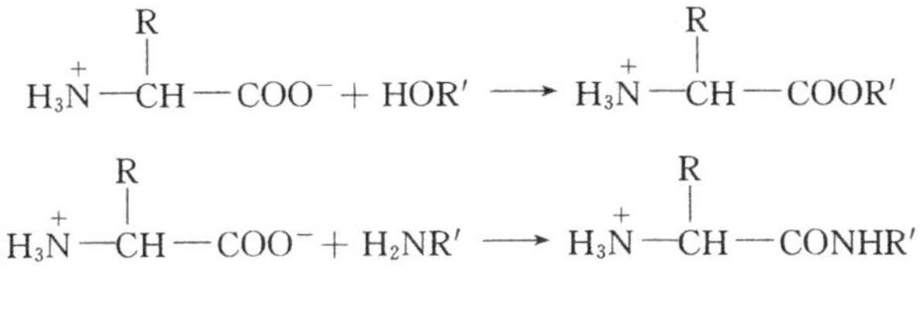

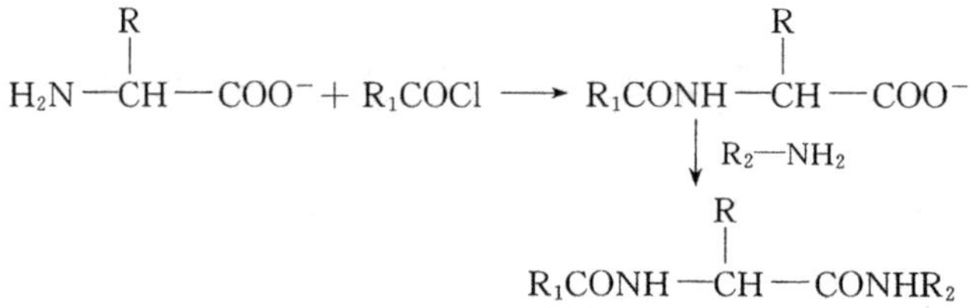

有代表性的氨基酸表面活性剂是由氨基与脂肪酸发生缩合反应生成的 *N*-酰基氨基酸盐。一般由脂肪酸的酰氯与氨基酸缩合而制得，对于含有两个氨基的氨基酸，将其中一个保护起来，避免双酰化反应。

1. *N*-酰基氨基酸盐　也称为脂肪酰肽缩合物，其化学通式为 $R_1CONHR_2COO^-$，与脂肪酸盐相比较，相当于在烷基 R_1 与羧基 $—COO^-$ 之间插入了一个 $—CONHR_2—$ 基，R_2 为氨基酸的侧链。其性质随 R_2 不同而有变化，如酸碱性、溶解性等。

（1）*N*-月桂酰基肌氨酸钠[$C_{11}H_{23}CON(CH_3)CH_2COONa$]：白色粉末，溶于水，在较宽的 pH 范围内有较好的发泡性能，可作为弱酸性洗涤剂，与十二烷基硫酸酯盐配合使用可改善发泡性能，用作一般洗涤剂。还能阻止发酵，抑制口腔内产生酸，故具有防龋齿功能而用于牙膏中。

其制备方法：由月桂酰氯和肌氨酸缩合，再用碱中和后可制得，反应式如下：

$$C_{11}H_{23}COCl + HN(CH_3)CH_2COOH \longrightarrow C_{11}H_{23}CON(CH_3)CH_2COOH$$

$$\xrightarrow[\text{中和}]{NaOH} C_{11}H_{23}CON(CH_3)CH_2COONa$$

（2）*N*-硬脂酰基谷氨酸钠[$C_{17}H_{35}CONHCH(CH_2CH_2COONa)COONa$]：是目前氨基酸系两性表面活性剂产量最多、应用较广的一类。因分子内有 2 个羧基，中和程度不同，其性质也有不同。如一个羧基被中和时，另一个羧基则呈弱酸，pH 值为 5～5.6，水溶性相对较低，因此可用来制备固体或黏稠状洗涤剂。如两个羧酸都被中和，生成二钠盐溶解性好，水溶液呈碱性，有较好的去污洗涤能力。*N*-硬脂酰基谷氨酸钠制备方法如下：

$$C_{17}H_{35}COCl + H_2NCH(CH_2CH_2COOH)COOH \longrightarrow C_{17}H_{35}CONHCH(CH_2CH_2COOH)COOH$$

$$\xrightarrow[\text{中和}]{NaOH} C_{17}H_{35}CONHCH(CH_2CH_2COONa)COONa$$

其他还有 *N*-月桂酰谷氨酸钠[$C_{11}H_{23}CONHCH(CH_2CH_2COONa)COONa$]；*N*-肉豆蔻酰谷氨酸钠[$C_{13}H_{27}CONH(CH_2CH_2COONa)COONa$]等。

2. *N*-酰基氨基酸酯和酰胺

（1）*N*-月桂酰基谷氨酸月桂醇酯[$C_{11}H_{23}CONHCH(CH_2CH_2COOC_{11}H_{23})COOC_{11}H_{23}$]：*N*-酰基氨基酸的羧基被酯化后，表现为非离子表面活性剂。但其油溶性增强，对皮肤和毛发的亲和性增强。可用于护肤、护发的化妆品。

（2）*N*-月桂酰基谷氨酸二丁基酰胺[$C_{11}H_{23}CONHCH(CH_2CH_2CONHC_4H_9)CONHC_4H_9$]：其分子内有三个酰胺基，溶于有机溶剂中，易使溶剂凝胶化作用增强。用于发胶等胶体型化妆品。

四、甜菜碱型两性表面活性剂

甜菜碱型两性表面活性剂因最早是从甜菜碱中得到的，故得名，其结构通式如下：

$$R-\overset{+}{N}(CH_3)_2-CH_2CH_2COO^- \qquad R\text{ 为 C7 以上}$$

它由烷基二甲基胺与卤代乙酸盐反应而制得。例如十二烷基二甲基甜菜碱，易溶于水，呈透明溶液，对硬水稳定，具有良好的发泡和洗涤性能。

$$C_{12}H_{25}-\overset{+}{N}(CH_3)_2-CH_2COO^-$$

制备反应如下：

$$C_{12}H_{25}N(CH_3)_2+ClCH_2COONa \xrightarrow[60\sim80^\circ C]{H_2O} C_{12}H_{25}-\overset{+}{N}(CH_3)_2-CH_2COO^- + NaCl$$

甜菜碱型两性表面活性剂的长碳链基团也可以不在氮原子上，而在羧基的 α 碳原子上，其制备方法是：长碳链脂肪酸与溴反应生成 α-溴代脂肪酸，再与三甲胺反应生成 α-三甲氨基脂肪酸盐，反应如下：

$$R-CH_2COOH \xrightarrow{Br_2} R-\underset{Br}{CH}-COOH + N(CH_3)_3 \longrightarrow R-\underset{^{+}N(CH_3)_3}{CH}-COO^- + HBr$$

五、牛磺酸型两性表面活性剂

牛磺酸型两性表面活性剂在化妆品中应用较多的是脂肪酰胺基乙磺酸盐 $RCONHCH_2CH_2SO_3M$，国外商品名为 Igepon T。这类表面活性剂对酸、碱的稳定性好。多用于洗发香波和泡沫浴剂。

如由油酰氯与 N-甲基乙磺酸反应制得油脂酰胺基乙磺酸盐：

$$C_{17}H_{33}COCl + \underset{CH_3}{HN}-CH_2CH_2SO_3H \longrightarrow C_{17}H_{33}CO-\overset{+}{N}H(CH_3)-CH_2CH_2SO_3^- + HCl$$

六、氧化胺

常用的氧化胺有如下3种：

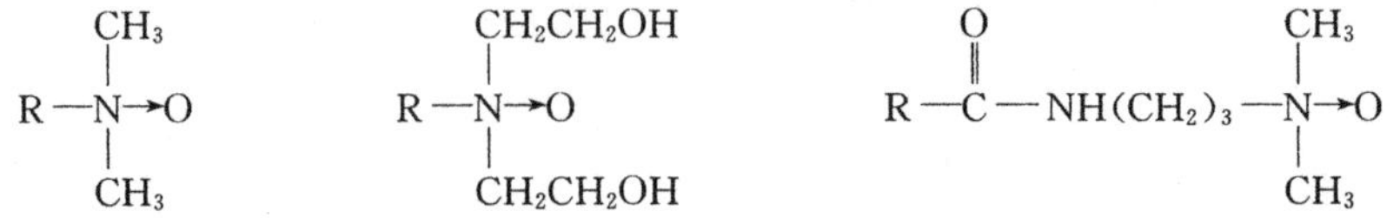

烷基二甲基氧化胺　　烷基二羟乙基氧化胺　　烷酰丙胺基二甲基氧化胺

氧化胺的化学性质与两性表面活性剂相似，既能与阴离子表面活性剂相容，又能与阳离子和非离子表面活性剂相容。在中性和碱性介质中显示出非离子特性，而在酸性介质中显示出弱阳离子特性。

氧化胺具有发泡、稳泡、润滑、乳化、抗静电和润湿等性能；对皮肤性能温和，对眼睛刺激性很小，与其他组分混合可提高抗刺激性的效果；与季铵盐配用，可使季铵盐作为化妆品的防腐剂。因此，近年来研究开发氧化胺类表面活性剂工作报道很多。

第五节　非离子表面活性剂

非离子表面活性剂溶于水时不发生离解，其分子中的亲油基团与离子型表面活性剂大致相同，但亲水基团主要是由具有一定数量的含氧基团，如羟基和聚氧乙烯链等构成的。由于非离子表面活性剂在溶液中不是以离子状态存在，所以不易受酸、碱和电解质的影响，稳定性高，并有良好的溶解性，与其他类型表面活性剂能混合使用，相容性好。

非离子表面活性剂具有较好的洗涤、乳化、发泡、增溶、抗静电、杀菌和保护胶体等多种性能，广泛应用于各种化妆品。

按亲水基团分类，非离子表面活性剂可分为聚乙二醇型和多元醇型两类。

一、聚乙二醇型非离子表面活性剂

聚乙二醇型非离子表面活性剂是用具有活泼氢原子的憎水性原料与环氧乙烷进行加成反应制得的。活泼氢原子是指—OH、—COOH、$—NH_2$和$—CONH_2$等基团中的氢原子，它们易与环氧乙烷发生加成缩聚反应，而生成聚乙二醇型非离子表面活性剂。

1. 长碳链脂肪醇聚氧乙烯醚　是由长碳链脂肪醇与环氧乙烷进行加成反应制得的，反应式如下：

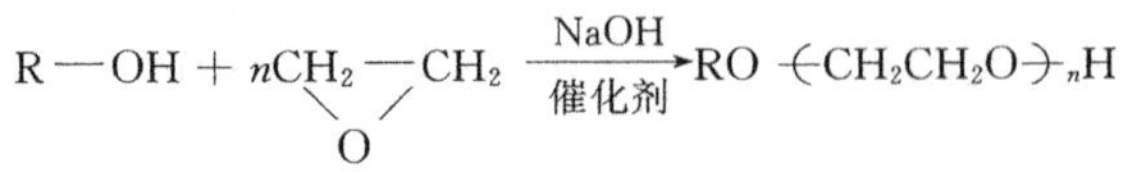

控制反应条件，可与不同数目的环氧乙烷分子加成，$n=10\sim15$ 时，则表现出较好的去污洗涤能力。

长碳链脂肪醇 ROH：月桂醇($C_{12}H_{25}OH$)、十四醇($C_{14}H_{29}OH$)、鲸蜡醇($C_{16}H_{33}OH$)、油醇($C_{17}H_{35}OH$)和硬脂醇($C_{18}H_{37}OH$)等。

该类表面活性剂稳定性高，生物降解性和水溶性较好，并具有良好的润湿性能。用于奶液类乳化剂及香精增溶的微乳液。

2. 烷基酚聚氧乙烯醚　是利用酚羟基与环氧乙烷进行加成反应制得的，反应式如下：

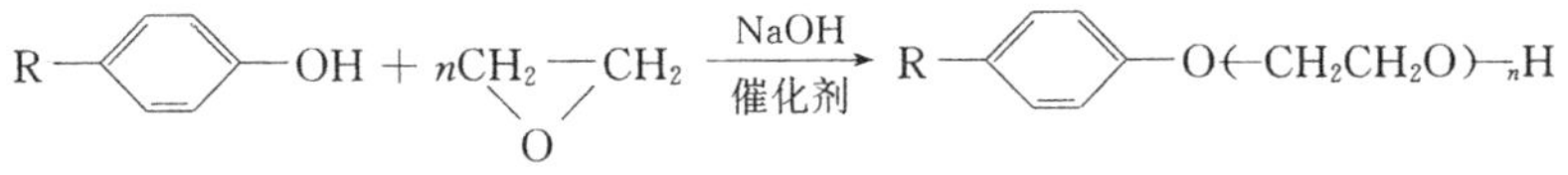

当用壬基酚，即 $R=C_9H_{19}-$，生成壬基酚聚氧乙烯醚，$n=4$ 时，产物不溶于水；$n=6\sim7$ 时，在常温下，产物全溶于水；$n=8\sim12$ 时，产物具有良好的润湿、渗透、洗涤和乳化能力；$n>15$ 时，产物渗透和洗涤能力降低，可作为特殊乳化分散剂。

烷基酚聚氧乙烯醚的化学稳定性好，即使在较高温度下也不易被强酸、强碱破坏。但因分子内有芳香环结构，所以生物降解性较差。

3. 脂肪酸聚氧乙烯酯　是由脂肪酸与环氧乙烷加成反应制得，反应式如下：

$$RCOOH + n\underset{\diagdown\ O\ \diagup}{CH_2-CH_2} \xrightarrow[\text{催化剂}]{NaOH} RCOO\leftarrow CH_2CH_2O\rightarrow_n H$$

也可以用脂肪酸与聚乙二醇进行酯化反应制得，反应式如下：

$$RCOOH+HOCH_2\leftarrow CH_2CH_2O\rightarrow_{n-1} CH_2OH \xrightarrow[\text{脱水缩合}]{H_2SO_4} RCOO\leftarrow CH_2CH_2O\rightarrow_n H+H_2O$$

因聚乙二醇分子内具有 2 个羟基，所以酯化产物中常含有一定量的双酯。

脂肪酸聚氧乙烯酯分子中结合的乙氧基数目越多，其增稠能力越强。与上述聚氧乙烯类型的性能相比，洗涤和渗透能力较差。尤其分子中的酯键，在酸碱存在下可能发生水解而生成原来的脂肪酸与聚乙二醇，使用时应注意这种倾向的发生。

常用的脂肪酸 RCOOH：月桂酸($C_{11}H_{23}COOH$)、油酸($C_{17}H_{33}COOH$)、硬脂酸($C_{17}H_{35}COOH$)等。油酸、硬脂酸的聚氧乙烯酯常用作膏霜、奶液的乳化剂，并具有较好的亲水性能。

4. 聚氧乙烯烷基胺　烷基胺与环氧乙烷发生加成反应，能生成两种产物：

$$R-NH_2 + n\underset{\diagdown\ O\ \diagup}{CH_2-CH_2} \longrightarrow R-NH-CH_2CH_2\leftarrow CH_2CH_2O\rightarrow_{n-2} OCH_2CH_2OH$$

$$R-NH_2 + 2n\underset{\diagdown\ O\ \diagup}{CH_2-CH_2} \longrightarrow R-N\begin{cases} CH_2CH_2\leftarrow CH_2CH_2O\rightarrow_{n-2} OCH_2CH_2OH \\ CH_2CH_2\leftarrow CH_2CH_2O\rightarrow_{n-2} OCH_2CH_2OH \end{cases}$$

这类非离子表面活性剂在乙氧基数目少时不溶于水而溶于油，但可溶于酸性水溶液中，所以它同时具有非离子和氧离子表面活性剂的一些特征，如耐酸不耐碱、具有杀菌作用等。

5. 聚氧乙烯烷基醇酰胺　是以烷基醇酰胺与环氧乙烷反应而制得的。它可先用脂肪酸与烷基醇胺反应，然后再由生成的烷基醇酰胺与环氧乙烷反应而制得。例如，月桂酸与二乙醇胺反应得到月桂酰二乙醇胺：

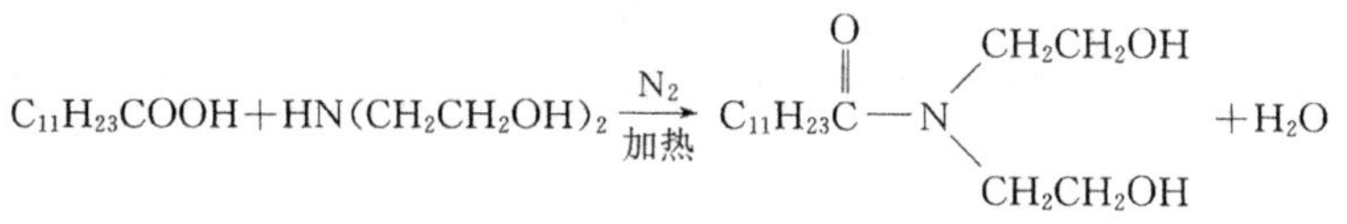

月桂酰二乙醇胺与环氧乙烷反应：

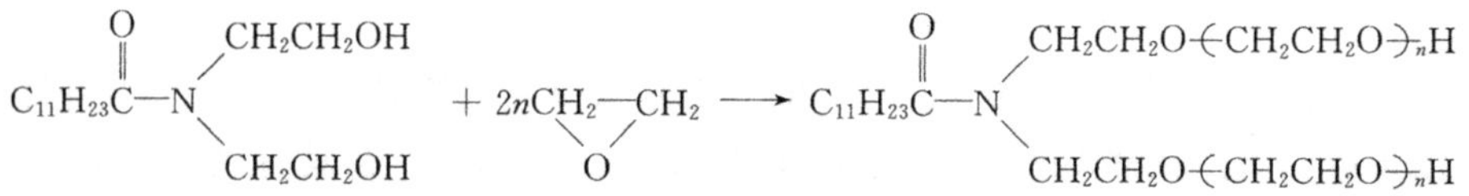

得到聚氧乙烯月桂酰二乙醇胺的非离子表面活性剂在水中有良好的溶解性，并具有较强的发泡和稳泡作用。常用于香波、洗涤剂中作增泡剂和稳泡剂，可起到增溶、增稠等作用。其稳定性和耐水解性优于脂肪酸聚氧乙烯酯类。

二、多元醇型非离子表面活性剂

多元醇型非离子表面活性剂是以各种多元醇化合物，如甘油、季戊四醇、失水山梨醇、蔗糖等与高级脂肪酸进行酯化反应而制得的多元醇酯类。这类表面活性剂具有良好的乳化性能和对皮肤的滋润性能，常用于水/油型或油/水型乳状液的乳化剂及护肤的滋润、保湿剂等。广泛用于化妆品。

1. 单脂肪酸甘油酯类　是由高级脂肪酸与甘油在酸存在下，发生酯化反应而制得，反应式如下：

$$R-COOH + HOCH_2CH(OH)CH_2OH \xrightarrow[\text{加热}]{\text{酸}} R-COOCH_2CH(OH)CH_2OH + H_2O$$

控制原料配比可使产物以单酯为主，可能有少量的二酯、三酯等。单酯的代表物有：

(1) 单月桂酸甘油酯(glyceryl monolaurate)[$C_{11}H_{23}COOCH_2CH(OH)CH_2OH$]

(2) 单硬脂酸甘油酯(glyceryl monostearate)[$C_{17}H_{35}COOCH_2CH(OH)CH_2OH$]

(3) 单油酸甘油酯(glyceryl monooleate)[$C_{17}H_{33}COOCH_2CH(OH)CH_2OH$]

单脂肪酸甘油酯是一类亲油性乳化剂，可用于水/油型或油/水膏霜、乳蜜液等化妆品中。如单硬脂酸甘油酯可用于油/水型乳化体，具有黏度低，使形成的膏霜有较好稠度等特点。

2. 失水山梨醇脂肪酸酯类 是由山梨醇与高级脂肪酸进行酯化反应而制得，因山梨醇是多元醇，在反应条件下易发生分子内脱水生成失水山梨醇，同时进行酯化反应，反应式如下：

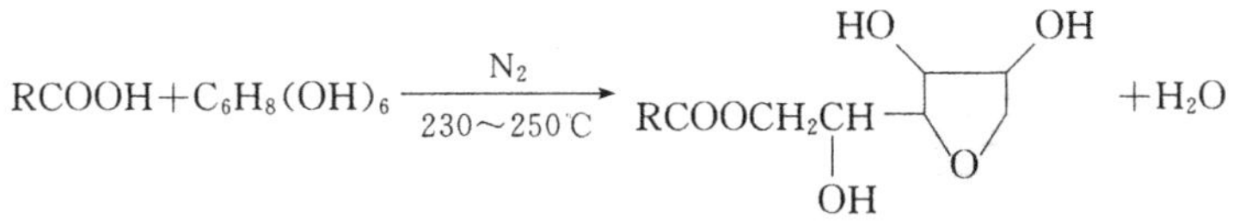

根据原料高级脂肪酸不同，可得到不同的失水山梨脂肪酸酯，例如：

(1) 失水山梨醇单月桂酸酯(sorbitan monolaurate)[$C_{11}H_{23}COOC_6H_8O(OH)_3$]

(2) 失水山梨醇单棕榈酸酯(sorbitan monopalmitate)[$C_{15}H_{31}COOC_6H_8O(OH)_3$]

(3) 失水山梨醇单硬脂酸酯(sorbitan monostearate)[$C_{17}H_{35}COOC_6H_8O(OH)_3$]

(4) 失水山梨醇单油酸酯(sorbitan monooleate)[$C_{17}H_{33}COOC_6H_8O(OH)_3$]

失水山梨醇脂肪酸酯类的商品名称为斯潘(Span)，这类表面活性剂的乳化效果好，所得到的乳状液稳定。它们不易溶于水而溶于有机溶剂，是一类亲油性乳化剂，广泛应用于水/油型膏霜、乳蜜类化妆品。

3. 蔗糖脂肪酸酯类 蔗糖分子内具有羟基，在一定条件下可与脂肪酸进行酯交换反应，得到蔗糖脂肪酸酯(sucrose fatty acid ester)：

$$\underset{\text{脂肪酸甲酯}}{RCOOCH_3}+\underset{\text{蔗糖}}{C_{12}H_{22}O_{11}}\xrightarrow[90\sim100℃]{K_2CO_3,DMF}\underset{\text{蔗糖脂肪酸单酯}}{RCOOC_{12}H_{22}O_{10}}+\underset{\text{甲醇}}{CH_3OH}$$

蔗糖脂肪酸单酯无毒、无臭、无味，溶于水，呈透明溶液，可用作低泡沫洗涤用品。

4. 烷基醇酰胺类 脂肪酸与烷基醇胺反应，可制得烷基醇酰胺。它与多元醇脂肪酸酯的不同在于酯键被酰胺键所取代，因此具有良好的耐水解性能，它还有发泡、稳泡、增溶、增稠等作用。其反应式如下：

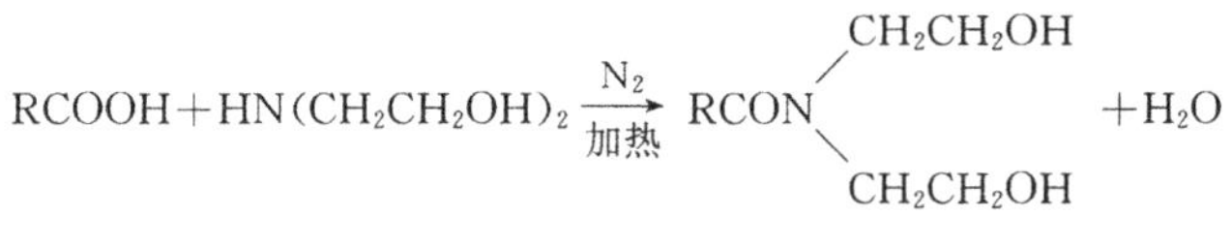

具有代表性的此类表面活性剂有：

(1) 月桂酰二乙醇胺(lauro diethanolamine)[$C_{11}H_{23}CON(CH_2CH_2OH)_2$]

(2) 月桂酰异丙醇胺(lauro isopropanolamine)[$C_{11}H_{23}CONHCH_2CH(OH)CH_3$]

(3) 硬脂酰二乙醇胺(stearo diethanolamine)[$C_{17}H_{35}CON(CH_2CH_2OH)_2$]

第十一章

表面活性剂理论基础

前面已经介绍了有关表面活性剂的分类、结构等有关内容。用于化妆品的表面活性剂种类很多，它们在化妆品中的主要作用是：乳化、增溶、分散、洗涤、发泡、润滑、柔软和抗静电等(见表 11-1)。由表 11-1 可看出，仅利用其单一作用的几乎没有，多数是同时利用表面活性剂的多种作用。

本章将介绍表面活性剂水溶液的性质，如乳化、增溶等有关理论知识，为了使学习者容易理解和掌握，以叙述和示意图或结合表格形式来进行，避免更多的数理推导。

表 11-1　化妆品中表面活性剂的作用

化妆品	乳化	增溶	分散	洗涤	起泡	润滑	柔软	抗静电
膏霜	o	o	o			o	o	
乳蜜	o	o	o					
香波	o	o		o	o		o	o
护发剂	o	o				o	o	o
化妆水	o	o						
香水	o	o						
香粉、粉底	o		o					
牙膏	o		o	o	o			
摩丝	o	o			o	o	o	

第一节　表面活性剂的溶液

一、表面活性剂的水溶液

1. 亲水基和亲油基　如前所述，表面活性剂的分子是由亲水基和亲油基两部分构成的。如十二烷基硫酸钠，$CH_3(CH_2)_{10}CH_2SO_4Na$，亲水基为—$SO_4Na$ 部分，是极性基团并具有较强的亲水性；亲油基（疏水基）为分子中烃基部分，$CH_3(CH_2)_{10}CH_2$—，是非极性基团，具有较强的亲油性或疏水性，如图 11-1 所示，其他表面活性剂结构也有类似情况。

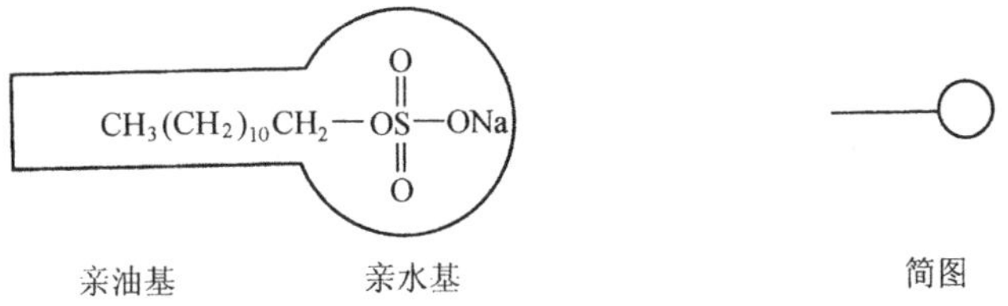

图 11-1　表面活性剂分子结构示意图

2. 定向排列　表面活性剂溶于水中，其分子在水面上呈有序定向方式排列，亲水基朝向水相；如果溶于相互不溶的油和水中，则在油-水两相界面上，其分子也是以有序定向方式排列，如图 11-2 所示。其亲水基伸向水相，而亲油基则伸入油相，其结果会引起油-水两相界面性质发生改变。

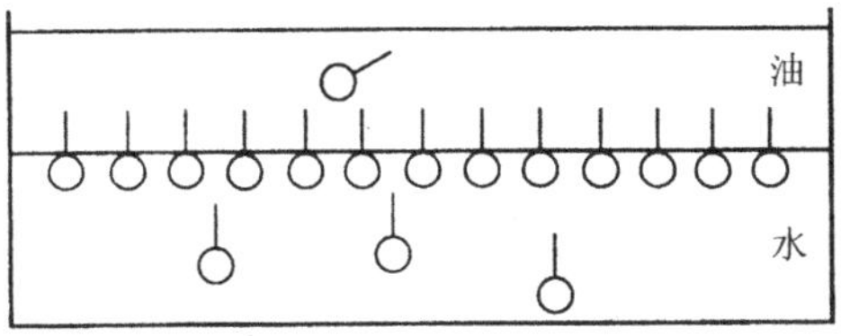

图 11-2　表面活性剂分子在油-水界面上定向排列示意图

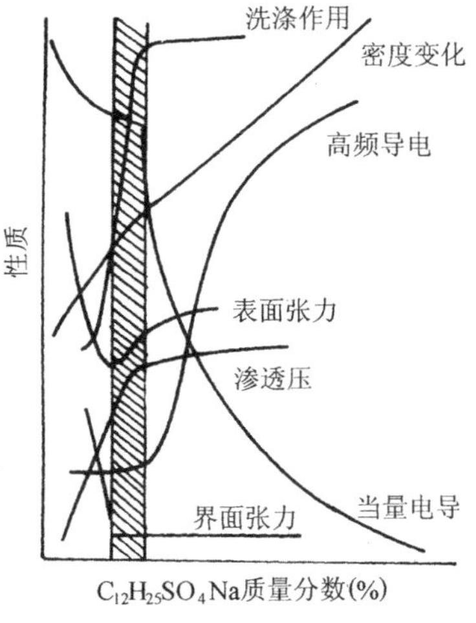

图 11-3　十二烷基硫酸钠水溶液的物理性质与浓度的关系

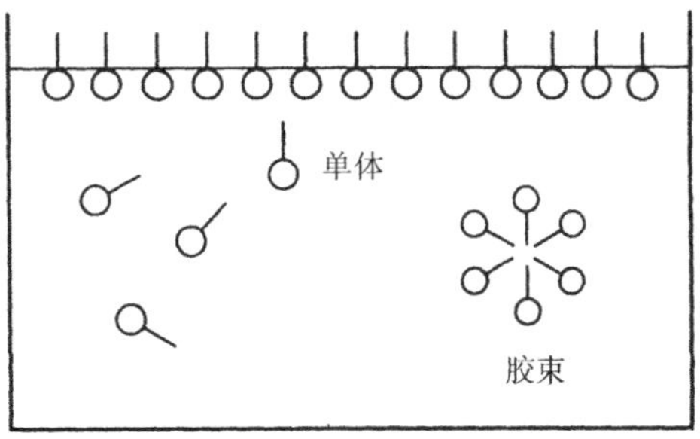

图 11-4　胶束形成示意图

3. 胶束形成　如上所述，表面活性剂溶于水中后，其分子吸附在水面上，使水界面性质发生变化。实验结果表明，十二烷基硫酸钠水溶液的各种物理化学性质随浓度改变而有不同的变化，如图 11-3 所示。表明对于同一种表面活性剂，几乎在同一浓度范围之内发生许多性质的急剧变化。为了解释表面活性剂的这种异常特性，提出了表面活性剂达到某一浓度范围时，其分子形成聚集体或缔合体的理论。所形成的聚合体或缔合体称为胶束(micelle)，如图11-4 所示。能够形成胶束的最低浓度称为临界浓度(critical micelle concentration)，以 C_{mc} 表示。实验上已测定出各种表面活性剂具有不同的临界胶束浓度，如表 11-2 和表 11-3 所示。

表 11-2　碳链为 C12 的表面活性剂的 C_{mc}、胶束量和聚集数(20℃)

表面活性剂	C_{mc}(mmol · L^{-1})	胶束量(×10^3)	聚集数(n)
$C_{12}H_{25}SO_4Na$	8.1	18	62
$C_{12}H_{25}N(CH_3)_3Br$	14.4	15	50
$C_{12}H_{25}COOK$	12.5	11.9	50
$C_{12}H_{25}SO_3Na$	10.0	14.7	54
$C_{12}H_{25}NH_3Cl$	14.0	12.3	56
$C_{12}H_{25}N(C_5H_5)Br$	16.0	17.7	54
$C_{12}H_{25}N(CH_3)_2O$	0.21	17.3	76
$C_{12}H_{25}O(CH_2CH_2O)_6H$	0.087	180	400

表 11-3　一些表面活性剂的临界胶束浓度

表面活性剂	温度(℃)	C_{mc}(mmol · L^{-1})
$C_{12}H_{25}SO_4Na$	40	8.72
$C_{16}H_{33}SO_4Na$	40	0.58
$C_{11}H_{23}COONa$	25	26.0
$C_{17}H_{35}COONa$	55	0.45
$C_{17}H_{33}COONa$	50	1.20
$C_{12}H_{25}SO_3Na$	40	9.70
$C_{16}H_{33}SO_3Na$	50	0.70
p-n-$C_8H_{17}C_6H_4SO_3Na$	35	15.0
p-n-$C_{12}H_{25}C_6H_4SO_3Na$	60	1.20
$C_{12}H_{25}N(CH_3)_3Br$	25	16.0
$C_{16}H_{33}N(CH_3)_3Br$	25	0.92
$C_{12}H_{25}\overset{+}{N}(CH_3)_2CH_2COO^-$	23	1.80
$C_{16}H_{33}\overset{+}{N}(CH_3)_2CH_2COO^-$	23	0.02
$C_{10}H_{21}O(CH_2CH_2O)_8H$	25	1.00
$C_{12}H_{25}O(CH_2CH_2O)_3H$	25	0.052
$C_{12}H_{25}O(CH_2CH_2O)_7H$	25	0.082
$C_{12}H_{25}O(CH_2CH_2O)_8H$	25	0.10
$C_{12}H_{25}O(CH_2CH_2O)_9H$	23	0.10
$C_{14}H_{29}O(CH_2CH_2O)_8H$	25	0.09

二、胶束结构

表面活性剂溶解于水，当浓度很稀时，其分子是以少量分子将疏水基互相靠拢而分散在水中，当达到一定浓度时，即达到临界胶束浓度(C_{mc})时，立即互相聚集成较大的集团，形成如图 11-5 所示的球形、棒状或层状的胶束(亦称胶团)。其极性基团(亲水基)朝外，与水相接触，非极性基团(亲油基或疏水基)朝里被包藏在胶束内部，几乎和水脱离，此过程称为胶束化作用。一般认为，超过 C_{mc}不多时，胶束多数呈球状；在 10 倍于 C_{mc}或浓度更大时，胶束呈棒状；浓度再继续增加，可形成层状胶束。如上述的十二烷基硫酸钠浓度达到 C_{mc}时，即形成球状胶束，SO_4^- 处于球表面，疏水基 $C_{12}H_{25}$—在球状胶束内部构成液体的碳氢核。胶束球表面部分地吸附反离子 Na^+，而大部分 SO_4^- 在静电力作用下处于疏松状态。

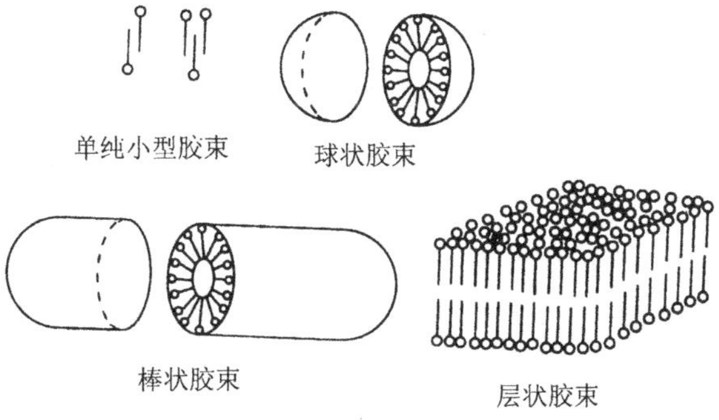

图 11-5　各种胶束的结构

胶束大小的量度为聚集数，表示构成胶束的分子或离子单体数目。一般情况下，离子型表面活性剂的聚集数很小，约为 100 之内；非离子型表面活性剂的聚集数很大，详见表 11-2。

聚集数在 100 之内的胶束多为球状，再多可形成棒状或层状胶束。

胶束的直径大小在 5～10nm 之间，小于可见光的波长，所以胶束溶液是透明性溶液。胶束的大小可用光散射法、扩散法、渗透法、超离心法和 X 射线衍射等方法测定。例如，用光散射法测出某种胶束的相对分子质量(亦称胶束量)，与形成该胶束的表面活性剂相对分子质量之比，即为该胶束的聚集数 n。如表 11-2 列出 C12 的各种表面活性剂的临界胶束浓度、胶束量和聚集数。

由表 11-2 可知，离子型表面活性剂虽亲水基不同，但其聚集数在 50～60 范围内。非离子型表面活性剂的 C_{mc}很低，而聚集数则较大，这是因为它们的亲水基之间没有离子电荷排斥作用所致。由表 11-3 可以看出，胶束聚集数随疏水基碳链增长而增大，尤其是非离子型表面活性剂，其增大趋势更为明显，其原因仍是没有离子电荷的排斥作用。

由此可得出一般规律：在水溶液中，表面活性剂与水之间相似性越大，其聚集数越小；反之，相似性越小，其聚集数越大。所以，当表面活性剂分子的亲水性变弱或亲油性增加，其形成胶束聚集数显著增大。

三、表面活性剂的C_{mc}与表面活性的关系

表面活性剂的临界胶束浓度(C_{mc})与在水溶液表面上开始形成饱和吸附层所对应的浓度是一致的。同时，表面活性剂水溶液的许多物理性质以C_{mc}为分界，发生显著的变化，如图11-3所示。反之，也可通过其水溶液物理性质显著变化的浓度范围，可推测出其C_{mc}的范围。如界面张力、表面张力、洗涤作用、渗透压等的显著变化均在C_{mc}的范围内。

表11-3列出了常见的各类表面活性剂的C_{mc}值。因此，如将C_{mc}作为表面活性剂的一种量度，C_{mc}越小，表明该表面活性剂在水溶液中形成胶束所需的浓度越低，即可知其表面活性越高。

四、影响临界胶束浓度的因素

影响表面活性剂水溶液的C_{mc}主要因素有表面活性剂的分子结构、温度、溶液中存在的电解质和有机物等，可由表11-3列出的表面活性剂的C_{mc}值来讨论：

1. 碳氢链长的影响　离子表面活性剂分子中碳氢链的碳数在8～16范围内，C_{mc}随碳原子数变化呈一定规律，在同系物中每增加一个碳原子，C_{mc}降低约1/2。对于非离子表面活性其碳氢链上的长度对C_{mc}影响较大，每增加2个碳原子，C_{mc}降低约1/10。

2. 碳氢链分支及极性基团位置的影响　非极性基团的碳氢链有分支或极性基团处于烃链中间位置时，能使烃链之间的相互作用力减弱，C_{mc}值则增加。亲油基烃链碳原子数目相同时，极性基团越靠近中间位置时，则C_{mc}值越大。

3. 碳氢链中其他取代基的影响　在疏水碳氢链中有其他基团时，也影响表面活性剂的疏水性而影响其C_{mc}。碳氢链中有苯基时，一个苯基约相当于3.5个 $—CH_2—$ 基，例如$C_8H_{17}C_6H_4SO_3Na$虽然有14个碳原子，但它只相当于11.5个碳原子的烷基磺酸钠的C_{mc}。此外，疏水基碳氢链中有双键或其他基团(如 —O— 或 —OH)时，也会使C_{mc}增大。

4. 亲水基团的影响　在水溶液中，离子型表面活性剂的C_{mc}比非离子型的大得多。疏水基团相同时，离子型表面活性剂的C_{mc}大约为非离子型表面活性剂(聚氧乙烯为亲水基)的100倍。两性离子表面活性剂的C_{mc}与相同碳原子数疏水基的非离子型表面活性剂相近。所以，离子型表面活性剂中亲水基团的变化和非离子型表面活性剂中亲水基团聚氧乙烯单元的数目变化，对C_{mc}的影响均不大。

5. 反离子的影响　在表面活性剂水溶液中，添加盐可使C_{mc}降低，而且还与添加盐的浓度有关。实验证明，表面活性剂的C_{mc}随添加盐量增加而降低。

1 价金属盐离子对表面活性剂的 C_{mc} 影响不大，2 价金属盐离子(Cu^{2+}、Zn^{2+}、Mg^{2+} 等)比 1 价金属盐离子(K^+、Na^+ 等)对降低 C_{mc} 的效应大；而 1 价阴离子对 C_{mc} 的影响却不同，如 I^-、Br^-、Cl^- 使表面活性剂 C_{mc} 降低的能力大小为 $I^- > Br^- > Cl^-$。

五、表面活性剂溶解度与温度关系

通常，溶质的溶解度随温度升高而增加，而表面活性剂的溶解度随温度改变而有所不同，离子型和非离子型表面活性剂也有区别。

1. 离子型表面活性剂 低温时，溶解度较低，温度升高则增加，当达到某一温度时，其溶解度急剧增加，该温度称为临界溶解度，也称克拉夫点(Krofft point)。如图 11-6 所示烷基磺酸钠的溶解度随温度的变化情况。其原因被认为是在该温度以上，离子型表面活性剂分子发生缔合形成胶束形式，而使溶解度增大。实际上，该温度也是该温度下的临界胶束浓度(C_{mc})。

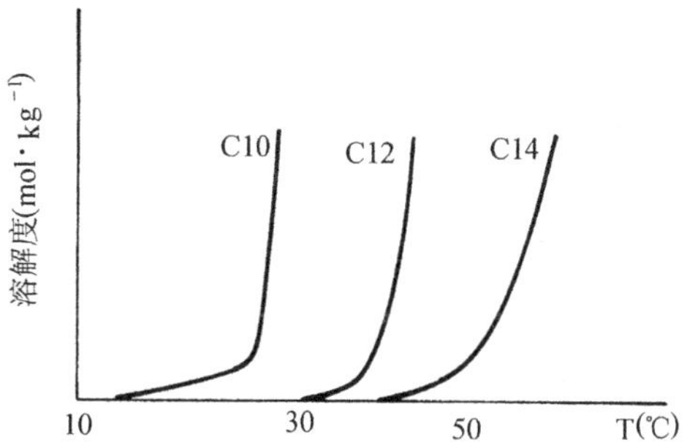

图 11-6 烷基磺酸钠的溶解度

2. 非离子型表面活性剂 与上述情况相反，非离子型表面活性剂的溶解度随温度升高而降低，达到某一温度时溶液变混浊，此温度称为浊点(cloud point)。例如，以聚氧乙烯为亲水基的非离子表面活性剂为代表，是由于聚氧乙烯链中氧原子与水分子之间形成氢键而溶解。当温度升高时，其氢键发生断裂，而导致亲水性变弱，溶解度降低，溶液才会出现混浊。

浊点受无机盐类的影响较大，如具有盐析作用的阴离子 Cl^-、SO_4^{2-} 等能使浊点降低；而有盐溶作用的阴离子 I^-、SCN^- 等能使浊点上升。

第二节 增溶作用

表面活性剂在水溶液中形成胶束后，具有能使不溶或微溶于水的有机化合物的溶解度显著增大的能力，且溶液呈透明状，这种作用称为增溶作用。能产生增溶作用的表面活性剂称为增溶剂，被增溶的物质称为被增溶物。

实验证明，表面活性剂的浓度在达到 C_{mc} 以前，被增溶物的溶解度几乎不变，达到 C_{mc} 以后则显著增高，这表明起增溶作用的内因是胶束。如果在已增溶的溶液中继续加入被增溶物，当达到一定量后，溶液即为白色乳状液，如再加入表面活性剂，溶液又变成透明状，这种乳化和增溶是连续的。但要明确的是，乳化和增溶在本质上是有差异的。乳化在热力学上是不稳定的，而增溶在热力学上是稳定的。

一、增溶作用机制

对于增溶作用的机制,目前认为有两种情况:一种情况是被增溶物在胶束中的位置和状态基本上是固定的,称为"单态模型";另一种情况是被增溶物均匀地分配于胶束的内部,增溶作用与胶束作用一样,是一种动态平衡过程,被增溶物以几种不同的状态能相互变换。下面分别介绍这两种增溶作用。

1. 单态模型　由于被增溶物的分子和胶束类型不同,被增溶物分子在胶束中的存在状态和位置也不同,但基本上是固定的,通常有四种方式,如图 11-7 所示。

(1) 胶束内部的增溶:被增溶物是非极性分子,如饱和脂肪烃、环烷烃及其他不易极化的有机物等,一般被增溶于胶束内部,如图 11-7(a)所示。其增溶量随表面活性剂的浓度增加而增大。

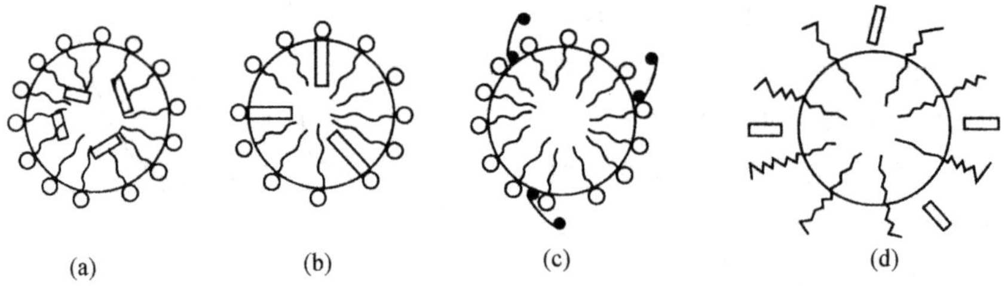

图 11-7　单态增溶模型示意图

(2) 表面活性剂分子间的增溶:被增溶物分子增溶在胶束"栅栏"之间,即非极性碳氢链插入胶束内部,极性部分处于表面活性剂极性基之间,通过氢键或偶极子相互联系起来。当极性有机物的烃链较大时,插入胶束内部也较深,如图 11-7(b)所示。一般长链醇、胺、脂肪酸和各种极性染料等极性化合物的增溶属此种方式。

(3) 胶束表面的增溶:被增溶物分子吸附于胶束的表面区域,或靠近胶束的"栅栏"表面的区域,如图 11-7(c)所示。如某些小的极性分子如邻苯二甲酸酯、甘油及染料等,其增溶量较上述两种方式少。

(4) 聚氧乙烯链间的增溶:具有聚氧乙烯基非离子型表面活性剂的增溶方式与上述 3 种不同,被增溶物一般在胶束表面定向排列的聚氧乙烯链中,如图 11-7(d)所示。如苯、苯酚的增溶属于这种方式增溶,此种方式的增溶量大于上述 3 种方式。

被增溶物的增溶方式不一定是惟一的,开始增溶时可能吸着于胶束的表面[如 11-7(c)],增溶量增多后可能插入表面活性剂分子栅栏中[如 11-7(b)],进而可能进入胶束内部增溶[如 11-7(a)]。上述四种增溶方式的增溶量为 d>b>a>c。

2. 两态模型　两态模型理论为:被增溶物在胶束溶液中分配于水相和胶束相中,在两相中的分配状态不相同。胶束被认为是"油滴覆盖以极性外衣",胶束内部溶解被增溶物,而成为"溶解态";当极性较小,而能溶于胶束的被增溶物具有表面活性时,则能发生吸附作用,位于极性较大的胶束-水界面的"吸附态",即被增溶物是以“溶解态”和“吸附态”的方式而增溶的。

二、影响增溶作用的因素

影响增溶作用的因素很多，如表面活性剂和被增溶物的分子结构及性质、电解质（无机盐）、有机物添加剂及温度等因素都对增溶作用产生影响。

1. 增溶剂的分子结构　如上所述，表面活性剂在达到 C_{mc} 以后其增溶作用显著提高，因此胶束形成与否对增溶作用有重要的影响。长的疏水基碳氢链要比短的增溶性强，这是因为碳氢链增长，分子的疏水性增大，因而表面活性剂聚集成胶束的趋势增强，即 C_{mc} 降低。胶束的数目增多，在较低的浓度下即能发生增溶作用，其增溶能力增大。实验结果表明，增溶剂的碳氢链越长，对于非极性的被增溶物，如正庚烷、苯、乙苯等增溶能力越大，而对于被增溶物是极性的，如长链醇、硫醇等，则增溶作用较小。

对于疏水基有支链或不饱和结构存在时，其增溶能力较直链的减低，这是因为支链阻碍被增溶分子进入起增溶作用的胶束内。

具有相同疏水基的各类表面活性剂，对非极性或极性有机物的增溶作用顺序是：非离子表面活性剂＞阳离子表面活性剂＞阴离子表面活性剂。这是因为大多数非离子表面活性剂的 C_{mc} 较相应的离子型表面活性剂要低得多，故增溶作用强；而阳离子表面活性剂形成的胶束较阴离子表面活性剂形成胶束要疏松，所以增溶能力要强于阴离子表面活性剂。

2. 被增溶物的分子结构和性质　从被增溶物的分子结构来看，脂肪烃和烷基芳烃的增溶量随碳氢链长增加而减少，随其不饱和程度及环化程度的增加而增加。对于多环芳烃，增溶量随相对分子质量增大而减少。带支链的饱和化合物与相应的直链异构体化合物的增溶物大致相同。被增溶物的极性增大而其增溶量也相应增高，如烷烃与相应的脂肪醇比较，脂肪醇极性增大，而增溶量则增加较多，这可能是其极性的大小和形成氢键的能力决定它们在胶束“栅栏”中的位置所造成的。

3. 电解质　在离子型表面活性剂水溶液中加入无机盐等电解质，可增加烃类等非极性有机物的增溶量，而降低极性有机物的增溶量。这是由于加入无机盐等可使表面活性剂的 C_{mc} 下降，使 C_{mc} 降低，胶束的数量增加，所以增溶能力增大。另外，加入无机盐会使胶束中“栅栏”分子间的静电斥力减弱，于是分子排列得更紧密，从而减弱了极性化合物可被增溶的位置，结果使极性有机物的增溶量降低。

在非离子表面活性剂水溶液中加入无机盐，由于其浊点降低，也使胶束量增加，而增大其增溶量。

4. 有机添加物　在表面活性剂溶液中加入非极性化合物如烃类等，会使胶束量增大，有利于极性化合物插入胶束“栅栏”间，而使极性被增溶物的增溶量增大。反之，加入极性有机物后，能使非极性化合物的增溶量增大。极性有机物的碳氢链越长，极性越小，使非极性化合物的增溶量增加越多。带有不同官能团的有机物，因极性不同,增加的增溶能力也不同,它们对增加增溶能力的顺序为:RSH>RNH_2>ROH。

当体系已增溶了一种有机物后,会使另一种有机物的增溶量降低。例如,在十二烷基硫酸钠水溶液中加入长链脂肪醇增溶后,对油酸的增溶能力则降低,这是因为两种化合物对胶束“栅栏”位置发生竞争占据的结果。

5. 温度　温度对增溶的影响,因表面活性剂及被增溶物的不同而异。对于离子型表面活性剂,温度升高,对极性和非极性的增溶物的增溶量都增加,其原因是热运动使胶束中能发生增溶的空间增大。对于聚氧乙烯型的非离子表面活性剂,温度升高时,使非极性增溶物的增溶量增加,这是由于温度升高胶束易于形成,胶束的聚集数增加所致。而对于极性增溶物则有不同情况出现,因其增溶位置是在胶束的“栅栏”界面区域,所以温度上升起始阶段(浊点之前),由于受热,胶束的聚集数增加,故增溶能力随温度升高而增加。但再升高(浊点之后),聚氧乙烯链发生脱水,而易蜷缩得更紧,使胶束“栅栏”界面区域起增溶的空间减小,则增溶能力下降,故在温度与增溶能力曲线上出现一个最大值。对于增溶物是碳氢链较短的极性化合物,在接近其浊点时,其增溶量增加;而超过浊点时,则增溶量下降。

6. 其他原因　如表面活性剂分子之间存在较强的相互作用时,会形成不溶的结晶或液晶。由于在硬的液晶结构中,供增溶作用可利用的空间小于具有弹性的胶束,则可限制其增溶作用。某些非表面活性剂的添加剂能阻止表面活性剂液晶的生成,使有机物在水中的溶解度增加,这种作用被称为水溶助长作用,所加入的添加剂称为水溶助长剂。水溶助长剂的结构与表面活性剂有相似处,分子内具有亲水基和疏水基,但与表面活性剂不同,水溶助长剂的疏水基一般是短链、环状或带支链的,如苯磺酸钠、甲苯磺酸钠、2-乙基己基硫酸钠等。

水溶助长剂能与表面活性形成混合胶束,但因其亲水基头部大,疏水基小,倾向形成球状胶束,因而能阻止液晶形成,从而增加表面活性剂在水中的溶解度,而形成的胶束溶液对有机物的溶解能力增加。

第三节　乳化作用

目前,人们日常使用的化妆品几乎都是由某种载体所形成的乳化体、水溶液、油溶液、悬浮液、粉剂或固体等。其中以乳化体即乳状液的形式最多,它可以是类似水溶液的流体、黏稠状的乳蜜液、半固体膏霜等形式制成的化妆品。这些类型的化妆品无论从性能、效果和使用感觉上,还是从产品的外观上都优于单独使用水性或油性的原料,深受人们的喜爱。之所以能够制得各种形式的乳化体,主要是由于表面活性剂的乳化作用。

本节将介绍有关表面活性剂的乳化作用及相关基础知识,以达到对乳化体在化妆品中的重要性有所了解的目的。

一、乳状液的概念

两种互不相溶的液相，如油相和水相，其中一相以微小粒子(液滴或液晶)分散在另一相中所形成的体系称为乳状液，也常称为乳化体。在乳状液中以微小粒子或液滴形式存在的那一相称为分散相，或称为内相；而包围在它外面的液体称为分散介质，或称为外相、连续相。例如，将水和油混合时，能够形成两种类型乳状液。一种是油分散在水中，油是分散相或内相，水是分散介质或连续相，形成的是呈水包油型乳状液，可表示为油/水(O/W)型乳状液，如牛奶、豆浆等；另一种是水分散在油中，水是分散相或内相，油是分散介质或连续相，形成的是油包水型乳状液，也可表示为水/油(W/O)型乳状液，如人造奶油等。但要指出的是，油水两相不一定是单一组分，每一相中可能包含有数种组分。

一般乳状液的外观常是乳白色不透明液体，这种外观现象与分散相微粒大小有密切关系，如表 11-4 所示。

表 11-4 分散相的微粒大小对乳状液外观的影响

微粒大小(μm)	外观	微粒大小(μm)	外观
>1.0	乳白色	0.1～0.05	乳白色半透明
1.0～0.1	蓝白色	<0.05	透明

由表 11-4 可见，分散相微粒变小，乳状液外观由乳白色转变为透明。其原因是由于乳状液中分散相与分散介质的折光率不同，当分散相微粒直径大于入射光的波长时，主要发生光的反射，表现为不透明；如果微粒直径小于入射光的波长时，则发生光的散射或透射，而呈半透明或透明状。

因此，各种乳化体化妆品的外观所具有的乳白色、半透明或透明状态与制备时分散相所分散的程度，即粒子大小有密切关系。

二、乳化机制

互不相溶的油和水两相借助搅拌等方式使油相和水相混合，其中一相呈微球状液滴分散于另一相中，形成一种暂时乳状液，该暂时乳状液是一种热力学不稳定的体系。分散相或内相的微球状液滴的直径大小在 0.05～10μm 之间时，其比表面积很大，两相的界面积也相当大，使该体系的能量很高，它们有自动降低能量的趋势，即微小液球会相互聚集，力图缩小界面积，降低界面能，分散的微小液球逐渐合并，液滴逐渐变大，最后使油和水重新分开成为两层液体，油和水又恢复到原来状态。

为了使形成的乳状液较长时间保持稳定，需要加入降低其界面张力的成分，即乳化剂。通常，表面活性剂具有降低分散体系界面张力的作用，使不稳定的分散体系变成相对稳定的体系。如图 11-8 所示。

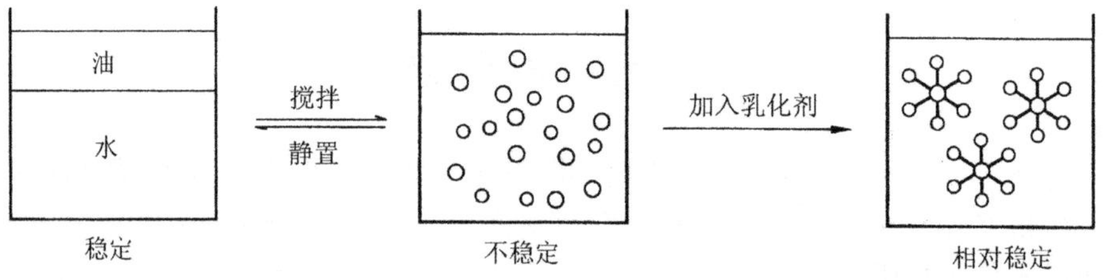

图 11-8 乳状液形成示意图

三、乳状液类型的鉴别方法

如上所述，乳状液一般分为油/水型和水/油型两种类型，因此可以根据“油”和“水”的不同性质对其类型加以鉴别，其方法如下：

（1）稀释法：将乳状液置于洁净的玻璃载片上，然后滴加水，能与水相混溶的为油/水型，否则为水/油型。

（2）染色法：于乳状液中加入一种油性染料如苏丹红Ⅲ，振摇，若整个乳状液呈红色，则此乳状液为水/油型；若只见到分散相液滴呈红色，则为油/水型乳状液。也可以同时加入不同颜色的油溶性和水溶性染料，提高其鉴别的可靠性。

（3）电导法：因水和油的电导率相差较大，可利用此性质差异对乳状液类型进行鉴别。在乳状液中插入两电极，回路中串联一小氖灯，通入直流电，如灯亮则为油/水型，而水/油型则不亮。应注意，水/油型内相占比例大或有电解质时，也可能使导电性增高。

（4）滤纸湿润法：将乳状液滴于滤纸上，若液体能很快展开，在中心留下一小油滴，则为油/水型；若液体不展开，则为水/油型。但此方法对于在滤纸上易展开的油所形成的乳状液不适用。

（5）荧光法：在荧光显微镜下，观察乳状液，整个乳状液都发出荧光的为水/油型；只有一些小点发出荧光的为油/水型。因为某些有机物在紫外光作用下能发出荧光现象所致。

四、乳状液的稳定性

油和水在表面活性剂即乳化剂作用下可制得相对稳定的乳状液。尽管如此，乳状液仍是热力学不稳定的体系，具有较大的界面能，且液珠有着聚结的趋势等。为了使制得的乳状液具有较好的稳定性，应从选择适宜的乳化剂、降低界面张力、增加界面膜的强度等因素来考虑。

1. 依据乳状液类型选择乳化剂　制备油/水型乳状液，一般选用在乳状液的水相中溶解度较大的乳化剂，通常多为低价的离子型表面活性剂。由于离子型乳化剂分子在界面定向吸附时，极性基团朝向水，非极性碳氢链部分伸向油相，使分散的油相液珠表面显示电荷，因同种电荷的排斥作用，而使分散体系稳定。

制备水/油型乳状液，要求乳化剂在分散介质（油相）中的溶解度好，通常多为非离子表面活性剂。实验证实，高价的阴离子表面活性剂也有利于形成水/油型乳状液。由于非离子乳化剂在分散相（水相）表面上通过氢键形成一层界面膜，能降低界面张力，而使水相的液珠不易聚集，使体系稳定。

2. 界面膜的形成　为了使分散体系稳定，加入乳化剂降低界面张力，同时乳化剂分子是定向排列在界面上形成界面膜（图 11-9）。界面膜可保护分散相液珠不易因相互碰撞而发生聚结。为了使形成界面膜具有一定强度，加入足够量的乳化剂是必要的。

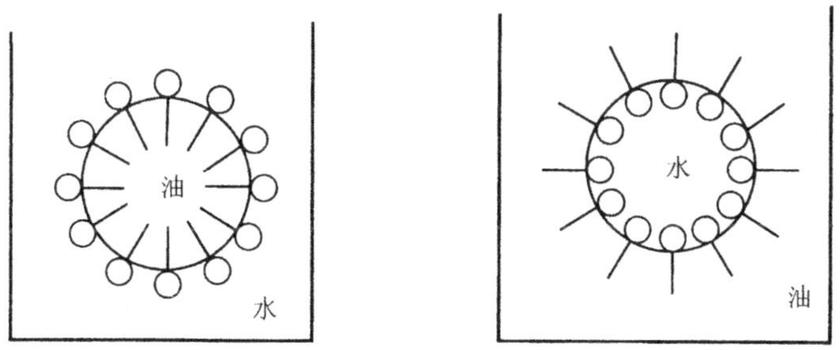

图 11-9　两种乳状液形成界面膜示意图

研究中发现，混合乳化剂的使用对于形成有一定的强度的界面膜是十分有利的。例如，离子型表面活性剂加入极性有机物（油溶性），如脂肪醇、脂肪胺及脂肪酸等，由于混合乳化剂分子在界面吸附后能定向排列，并以氢键的形式形成紧密的、高强度的界面膜，而使乳状液稳定。这些极性有机物又称为助乳化剂。

3. 分散相液电荷　乳状液的分散相是以微小液珠形式存在，其界面上都带有电荷。当使用离子型乳化剂时，极性端处于水相，非极性端伸向油相，而使分散相界面上带有电荷。由于它们带有同种电荷，相互靠近时，产生排斥作用，不能聚结，则提高了乳状液的稳定性。

4. 分散介质的黏度　分散介质黏度大，可使分散的液珠运动受阻，减缓液珠之间碰撞，不易发生聚结，使乳状液稳定。一般加入高分子聚合物可使分散介质黏度增大，还对滴珠表面形成坚硬界面膜有利，也可提高乳状液稳定性。

五、乳状液的不稳定形式

乳状液的不稳定形式有三种方式：分层、变型和破乳。分层是由于分散相和分散介质密度不同，出现分散微粒上升和下沉的现象；变型是乳状液类型突然发生转变；破乳是乳状液体系完全破坏。它们之间可能是相关的，如破乳之前可发生分层，而分层与变形可同时发生。

1. 分层　乳状液中由于上下部分出现分散相的浓度差的现象，称为乳状液的分层。如牛奶放置一段时间后，发现上层含脂量高而下层含脂量低，其原因是分散相乳脂的相对密度比水小所引起的，这种现象称为上向分层。

根据 Stokes 定律，假设滴珠在黏性介质中上浮和下沉的速度可表示为

$$v=\frac{2gr^2(\rho_1-\rho_2)}{9\eta}$$

式中 g 是重力加速度；r 为液珠半径；ρ_1，ρ_2 分别为滴珠与分散介质的密度；η 为分散介质的黏度。由式可见：$\rho_1-\rho_2>0$ 时，$v>0$，液珠下沉，称为下向分层；$\rho_1-\rho_2<0$ 时，$v<0$，液珠上浮，称为上向分层。

由上式可推理，如不发生分层，要求 v 趋近于 0，即 $\rho_1\approx\rho_2$，两相密度差很小则不易分层；如果 η 很大，则 v 就很小，有利于稳定；液珠半径 r 越小，v 也就越小，有利于稳定。但是 r 小则意味着界面面积增大，体系能量增大，是产生不稳定的因素，是不可行的。

2. 变型　是乳状液不稳定的另一种形式：乳状液可能突然由油/水型变为水/油型乳状液或由水/油型变为油/水型乳状液，这种现象称为变型，也有称为转相，即外相转变为内相或内相转变为外相。其原因虽然不十分清楚，但仍认为有如下三个步骤：

（1）在油/水型乳状液中，分散相呈微小液珠形式，其表面因有阴离子乳化剂而使其表面带有负电荷，如在乳状液中加入高价正离子如 Ca^{2+}、Mg^{2+}、Ba^{2+}等，表面电荷被中和，其结果使液珠易发生聚集。

（2）聚集在一起的液珠，可将水相（外相）在局部被包围起来，形成不规则的水珠。

（3）液珠如发生破裂，则油相变成连续相，而水相变成了分散相，这时原来的油/水型乳状液变成了水/油型乳状液。如图 11-10 所示。

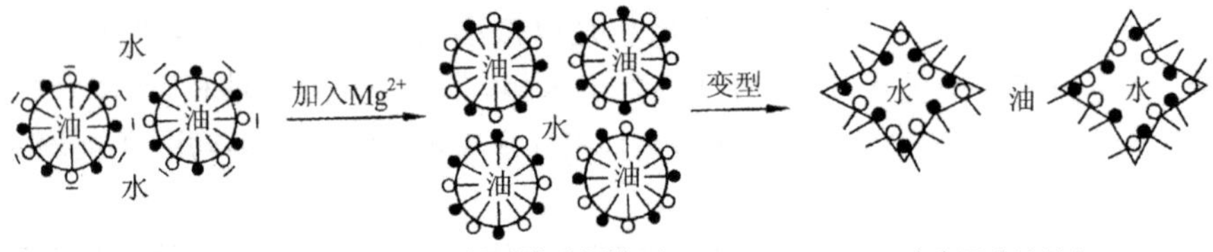

图 11-10　乳状液变型过程示意图

3. 破乳　是指乳状液完全破坏，造成油-水两相分离。其中分层、变型和破乳也可以同时发生。

一般认为，乳状液的破乳可分为絮凝和聚结两步过程。在絮凝过程中，分散相的液珠可聚集在一起形成团，但各个液珠仍单独存在，没发生合并。如有可能性还可分散开，所以此过程是可逆过程。聚结过程，前一步聚集成团的液珠合并成一个大的液滴，不可能再分散开，所以此过程是不可逆的。由于液珠的合并可导致液珠数量急剧减少，大的液滴数量增加，最终使乳状液完全破坏。

从破乳的总过程看，絮凝在前，聚结在后，其总的速度是由慢的步骤所决定。在浓度极稀的油/水型乳状液中，絮凝步骤速度要慢于聚结速度，因此影响絮凝的各种因素将决定破乳能否发生。反之，在浓度较大的油/水型乳状液中，聚结的速度将是决定破乳能否发生的因素。

从另外添加表面活性剂的作用可知，即使在较稀的乳状液中，也可以使聚结速度成为决定因素，因为表面活性剂对絮凝影响较小，但能防止聚结过程的发生。

例如，在油/水型乳状液中，加入高价电解质，如 $MgCl_2$、$CaCl_2$ 等，可以加速聚结速度而使破乳易于发生，加入电解质浓度越大，作用也越显著。这仍是高价正离子中和液珠表面负电荷的作用所致。

温度对破乳作用也是明显的。温度升高，使液珠运动速度加快，导致絮凝速度增加，而使破乳易发生。从温度对连续相的黏度影响来看，温度升高，连续相的黏度明显降低，使界面膜易于破坏，也易发生破乳。

因此，化妆品要贮存在阴凉处，除了抑制酸败、氧化作用外，对于防止乳状液破乳也是有利的。

第四节　乳化剂的选择

表面活性剂作为乳化剂应用于化妆品，其主要作用是根据化妆品类型的要求，制得分散粒子细小、稳定性高、性能优良的乳状液。因此，如何正确选择适宜的乳化剂是十分重要的。

一、HLB 值的意义

乳化剂分子结构中具有亲水基和亲油基，它们在乳化过程中对于形成乳状液类型起什么作用，人们一直在试图回答这个问题。

葛利芬(Griffin)首先提出 HLB 概念：HLB 是分子中亲水和亲油的两个相反基团的大小和作用的平衡表示。简单说，HLB 表示亲水亲油的平衡(hydrophile-lipophile-balance)。实际上，HLB 值是由分子的化学结构、极性强弱或分子中的水合作用决定的。乳化剂的 HLB 值表示该乳化剂同时对水和油的相对吸引作用强弱。HLB 值高表示它的亲水性强；反之，则表示亲油性强。HLB 值的作用可以预测乳化剂性能、作用等，如表 11-5 所示。

表 11-5　HLB 值的范围及其应用

HLB 值的范围	应用	HLB 值的范围	应用
1.5～3.0	消泡剂	8～18	油/水型乳化剂
3～6	水/油型乳化剂	13～15	洗涤剂
7～9	润湿剂	15～18	增溶剂

由表可知，HLB 值在 3～6 的表面活性剂适宜用作水/油型乳化剂；而 HLB 值在 8～18 的才适宜用作油/水型乳化剂。

二、HLB 值的计算

1. 按分子基团的结构来计算　将乳化剂分子结构分解为一些基团，根据每一个基团对 HLB 值的贡献大小（可分正负）来计算该乳化剂的 HLB 值。该方法适用于阴、阳离子及两性离子型乳化剂，其计算公式如下：

$$HLB=\sum(\text{亲水基团数值})-\sum(\text{亲油基团数值})+7$$

式中各种基团的基团数值列于表 11-6 中。

表 11-6　各种基团的基团数值

亲水基团	基团数值	亲水基团	基团数值
$-SO_4Na$	38.7	—O— 醚	1.3
—COOK	21.1	—OH 羟基（失水山梨醇环）	0.5
—COONa	19.1	$-(CH_2CH_2O)-$ （衍生基团）	0.33
$-N<$ （叔胺）	9.4	$-CH_3$	−0.475
—COO— 酯（失水山梨醇环）	6.8	$-CH_2-$	−0.475
—COO— 酯（游离）	2.4	$>CH-$	−0.475
—COOH	2.1	$-(CH_2CH_2CH_2O)-$ （衍生基团）	−0.15
—OH 羟基（游离）	1.9		

表 11-6 中所列的基团数值为正值，表示该基团是亲水性的；为负值表示该基团是亲油性的，计算时要将其绝对值带入公式中。

例如，油酸钠的分子结构式为：$CH_3(CH_2)_7CH=CH(CH_2)_7COONa$，查表可知 —COONa 基团数值为 19.1；$-CH_3$ 、$-CH_2-$ 、 $=CH-$ 的基团数值均为 −0.475，则可计算：

$$HLB=19.1-17\times0.475+7=18$$

同样，可计算月桂醇硫酸钠 $C_{12}H_{25}SO_4Na$ 的 HLB 值：

$$HLB=38.7-12\times0.475+7=40$$

2. 按亲水-亲油基团的质量分数计算

(1) 多元醇的脂肪酸酯可用下列经验计算公式计算：

$$HLB=20(1-S/A)$$

式中，S 为酯皂化值；A 为脂肪酸的酸值（一般是测定出来的）。

例如：单硬脂酸甘油酯 S 为 161，A 为 198，则

$$HLB=20(1-161/198)=3.8$$

(2) 难以测得皂化值的脂肪酸酯可用下列公式计算：

$$HLB=(E+P)/5$$

式中，E 为氧化乙烯的质量分数(%)；P 为多元醇的质量分数(%)。

例如：某种聚氧乙烯失水山梨醇羊毛酸酯，其氧化乙烯含量为 65.1%，多元醇含量为 6.7%，则其 HLB 值为

$$HLB=(65.1+6.7)/5=14.4$$

(3) 聚氧乙烯与脂肪醇缩合物可用下列计算公式：

$$HLB=E/5$$

式中，E 为分子中亲水基氧化乙烯质量占分子总质量的比值。

例如：聚氧乙烯(10)十六醇醚，分子式 $C_{16}H_{33}O(CH_2CH_2O)_{10}H$，氧化乙烯 CH_2CH_2O 相对分子质量为 44，十六醇 $C_{16}H_{33}OH$ 相对分子质量为 242。

$$E=\frac{44\times10}{44\times10+242}=\frac{440}{682}=64.5$$

$$HLB=64.5/5=12.9$$

3. HLB 值的应用　在实际应用中，化妆品的配方中油相和乳化剂常常不是单一组分，而是由两种以上组分组成的，则可利用 HLB 值加和性来计算其混合组分的 HLB 值，计算公式为

$$HLB=\frac{W_A\times HLB_A+W_B\times HLB_B}{W_A+W_B}$$

式中 W_A、W_B 分别为混合乳化剂中乳化剂 A 和 B 用量；HLB_A、HLB_B 分别为乳化剂 A 和 B 的 HLB 值。

例如：某配方中含 5 份的单硬脂酸甘油酯(HLB＝3.8)和 1 份的失水山梨醇单硬脂酸酯(HLB＝4.7)，求混合乳化剂的 HLB 值：

$$HLB=\frac{5\times3.8+1\times4.7}{5+1}=\frac{23.7}{6}=3.95$$

由表 11-5 可知，此 HLB 的乳化剂适合于水/油型乳化剂。

一些常用的乳化剂的 HLB 值列于表 11-7。

表 11-7　常用乳化剂的 HLB 值

化学名称	商品名	HLB 值
失水山梨醇三油酸酯	Span 85	1.8
失水山梨醇三硬脂酸酯	Span 65	2.1
聚氧乙烯山梨醇蜂蜡衍生物	Atlas G-1704	3.0
失水山梨醇单油酸酯	Span 80	4.3
失水山梨醇单硬脂酸酯	Span 60	4.7
单硬脂酸甘油酯	Aldo 28	3.8～5.5

续表 11-7

化学名称	商品名	HLB 值
失水山梨醇单棕榈酸酯	Span 40	6.7
失水山梨醇单月桂酸酯	Span 20	8.6
聚氧乙烯失水山梨醇单硬脂酸酯	Tween 61	9.6
聚氧乙烯羊毛脂衍生物	Atlas G-1790	11.0
聚氧乙烯月桂醇醚	Atlas G-2133	13.1
聚氧乙烯失水山梨醇单硬脂酸酯	Tween 60	14.9
羊毛醇酯衍生物	Atlas G-1441	14.0
聚氧乙烯失水山梨醇单油酸酯	Tween 80	15.0
聚氧乙烯单硬脂酸酯	Myri 49	15.0
聚氧乙烯十八醇醚	Atlas G-3720	15.3
聚氧乙烯油醇醚	Atlas G-3920	15.4
聚氧乙烯失水山梨醇单棕榈酸酯	Tween 40	15.6
聚氧乙烯氧丙烯硬脂酸酯	Atlas G-2162	15.7
聚氧乙烯单硬脂酸酯	Myri 51	16.0
聚氧乙烯单月桂酸酯	Atlas G-2129	16.3
聚氧乙烯醚	Atlas G-3930	16.6
聚氧乙烯失水山梨醇单月桂酸酯	Tween 20	16.7
聚氧乙烯月桂醚	Brij 35	16.9
*油酸钠(油酸的 HLB=1)		18.0
聚乙烯单硬脂酸酯	Atlas G-2159	18.8
*油酸钾		20.0
*月桂醇硫酸钠	K_{12}	40.0

*为阴离子表面活性剂，其余全部为非离子型表面活性剂；Span(斯潘)是失水山梨醇脂肪酸酯类型乳化剂；Tween(吐温)是聚氧乙烯失水山梨醇脂肪酸酯类型乳化剂；Atlas(阿特拉斯)是聚氧乙烯脂肪醇醚类型乳化剂。

第五节　多相乳状液

1925 年，德国生物化学家塞弗里茨(Seifriz)在研究乳状液的相转变时发现，分散相的内部存在分散粒子，这种状态的体系称为多相乳状液，也称为复合乳状液或多元乳状液。实际上，它是一种油/水型和水/油型乳状液共存的复合体系，它可能是油滴里含有一个或多个小水滴，这种含小水滴的油滴分散在水相中形成的乳状液称为水/油/水(W/O/W)型乳状液。含有小油滴的水滴分散在油相中形成的乳状液，则称为油/水/油(O/W/O)型乳状液。

一、多相乳状液的性能和结构

如前所述，化妆品的乳状液多为油/水型和水/油型，前者虽然具有较好的涂敷性能，但其润肤和洗净效果不如后者；而后者具有较好的润滑和洗净作用，但其含油量较高，使用后油腻感强烈，甚至引起不愉快感觉。

油/水/油多相乳液化妆品出现后，克服了上述缺点，兼有两种乳状液的优点，更重要的是多相乳状液可用作活性成分的载体，延缓和控制有效成分的释放。其原因是被包裹在内相的有效成分要通过两个相界面才能释放出来，所以与它的结构形式有密切关系。

多相乳状液的结构可分为两种情况：一种是分散粒子内包含有几个大小相差不多的小粒子；另一种情况是分散粒子内含有数个大小不等的小粒子。如图11-11所示。

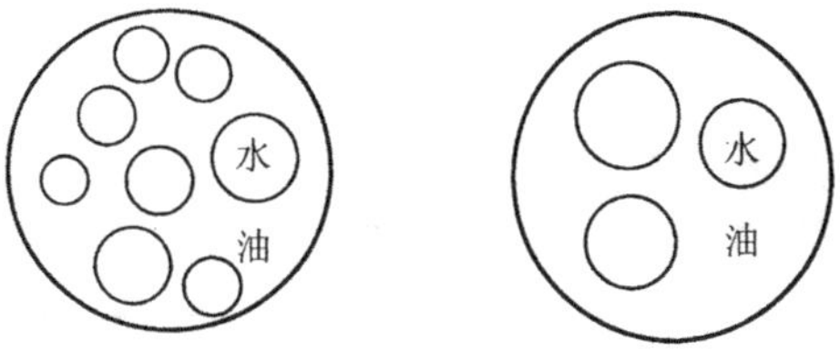

图 11-11　多相乳状液的结构示意图

二、多相乳状液形成方法

多相乳状液形成方法可分为两种：一步乳化法和两步乳化法。

一步乳化法是在乳化剂存在下向油相中加入少量水相，先形成水/油型乳状液，然后再加水相使之转相而形成水/油/水型乳状液。

两步法是先用亲油性乳化剂形成水/油乳状液，然后将水/油乳状液加至含有亲水性乳化剂的水相中，即可形成水/油/水多相乳状液。

上述两种方法中重要的还是乳化剂的选择和条件控制。

第十二章

皮肤用化妆品

皮肤是构成人体体表的重要器官之一，覆盖着身体表面，起着保护人体免受外界因素侵袭的作用，同时还具有分泌、排泄、吸收、呼吸等生理功能；因此，对皮肤的护理是至关重要的。

应用于皮肤的清洁、护肤、美化等化妆品是保护皮肤的重要手段之一。为了更好地了解化妆品对皮肤的作用，本章首先介绍皮肤的结构与生理功能，然后再分别介绍清洁、护肤、美化化妆品有关内容。

第一节　皮肤的结构、功能与类型

一、皮肤的结构

皮肤是人体与外界环境直接接触的重要器官，它覆盖人体表面，与身体的其他器官密切相连。皮肤具有保护机体、抵御外界因素侵害、感受刺激、呼吸、分泌、调节体温、维持水盐平衡及参与物质代谢等多种功能。

皮肤是软组织，柔软而富有弹性。其表面积因人不同而异，一般成年男性为 $1.6m^2$，女性为 $1.4m^2$。其重量约占人体重的 8%，是人体最大的组织。表面上看，人体皮肤似一层薄膜层，但从解剖学和组织学角度并非如此。如将皮肤纵向切成薄片，染色之后，在显微镜下观察，可见到从外及里共三层：最外层为表皮；中间层为真皮；最里层为皮下组织，皮肤的结构如图 12-1 所示。

1. 表皮　位于皮肤最外层，由复层扁平上皮组成。表皮厚度随身体部位而异，一般为 0.07～0.12mm，以手掌和足根部最厚为 0.3～1.5mm。从基层到表面表皮可分为五层，即基底层、棘层、颗粒层、透明层和角质层(图 12-1)。

(1) 基底层：是表皮的最里层，由圆柱形基底细胞组成，细胞间相互平行、排列整齐而且规则。这层细胞具有较强的增生能力，是表皮各层细胞的生成之源，如当

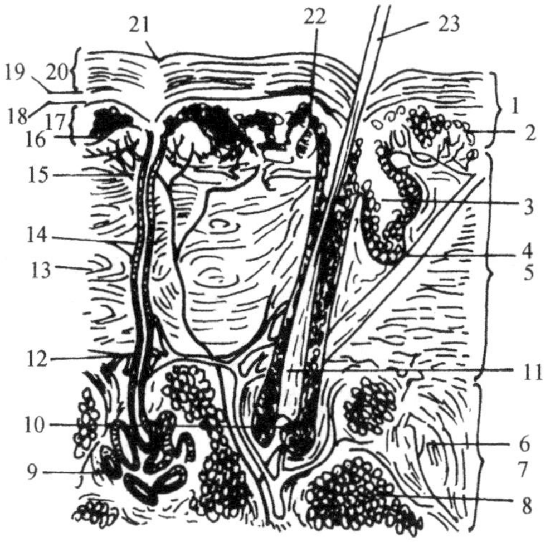

图 12-1　皮肤的解剖和组织示意图

1. 表皮；2. 乳头；3. 皮脂腺；4. 竖毛肌；5. 真皮；6. 环层小体；7. 皮下组织；8. 脂肪；9. 汗腺；10. 毛乳头；11. 毛球；12. 深部血管网；13. 胶原纤维；14. 汗管；15. 浅部血管网；16. 基底层；17. 棘层；18. 颗粒层；19. 透明层；20. 角质层；21. 汗孔；22. 麦氏小体；23. 毛发

表皮受损时，基底细胞就会增生修复。另外，基底层细胞间还散布有黑色素细胞，皮肤受到日光照射后，黑色素细胞产生黑色颗粒，即变黑，皮肤的颜色深浅并不取决于黑色素细胞的多少，而是与其活性有关。基底层细胞不断分化，新生的细胞向外层推移，逐渐分化为其余各层。

（2）棘层：位于基底层外面，是表皮层中最厚的一层，是由 4～10 层多边形细胞组成。细胞呈多边形，有许多细小的棘状突起，细胞核呈圆形。

（3）颗粒层：位于棘层外面，由2～3层梭形细胞组成。此层细胞的特点是胞质内含有透明质颗粒，有折射光线作用，可减少紫外线射入体内的作用。颗粒层上部细胞间隙中，含有疏水性磷脂物质，具有防水作用，可防止水分向体外渗出，同时也阻止表皮水分向角质层渗透。因此，这一层对于化妆品使用效果起着重要作用。

（4）透明层：位于颗粒层和角质层之间，仅见于掌和足趾等部位，是由2～3 层扁平、无核细胞组成。细胞呈均质透明状，含有透明质蛋白，有防止水及电解质液通过的作用。

（5）角质层：位于表皮的最外层，由多层扁平的角质细胞组成。角质细胞是完全角质化的细胞，胞质内充满坚固而有弹性的角蛋白，角质层具有保护作用，防止体内液体外渗和化学物质的内渗。角质层的表层细胞常呈小片脱落，形成皮屑。表皮生长周期指的是表皮基底层细胞向外生长到完全角质化并脱落的全过程。

2. 真皮　真皮位于表皮之下，深部与皮下组织相连，其厚度约为 1～2mm，又可分为乳头层与网状层。它是由胶原纤维、弹力纤维和网状纤维组成的结缔组织及其间的无定形基质构成的。胶原纤维约占该层的 90%以上，所以，该层与皮肤的弹性、光泽和张力等有密切关系。皮肤的衰老及产生皱纹、弹性松弛等与胶原纤维及弹力纤维变性或破坏有关。

真皮的浅部向上伸出部分为真皮的乳头层，内含有丰富的毛细血管和神经末梢，起着供给表皮营养和运走代谢产物的作用。

3. 皮下组织　皮下组织处于真皮之里，两者之间无明显分界，它是由大量脂肪组织散布于疏松的结缔组织中所构成的，又称为皮下脂肪组织，内含有血管、淋巴管、神经、汗腺、毛囊等。脂肪的厚度与个人营养状况、年龄、性别和部位不同而有较大差异。皮下脂肪有供给热量、保持体温和缓冲外力等作用。从美容角度看，皮下脂肪组织还具有保持皮肤张力、体形丰满、储存养分等作用。

4. 附属器官　皮肤的附属器官主要是指汗腺、皮脂腺、毛发和指(趾)甲等。

(1) 汗腺：根据分泌性质的不同，可分为顶泌汗腺和小汗腺两种。

1) 小汗腺：小汗腺位于真皮下层，除口唇等处外，几乎遍布全身，以头部、面部、手掌、足底等处为多。它由腺体、导管和汗孔三部分组成。汗液由腺体内层细胞分泌到导管，再由导管输送到汗孔而排泄在表皮外部。汗液大部分是水分，其余还有乳酸、尿素、氨基酸及盐类等，呈弱酸性，pH 值为 4.5 ～6.5。所以，汗腺具有调节体温、软化角质层和杀菌等作用。

2) 顶泌腺：顶泌腺主要位于腋下、脐窝、外阴部、肛门等特殊部位。与小汗腺不同，腺体较大，导管开口于毛囊开口之上部，少数开口于表皮。一般女性较男性多、西方人较东方人多。顶泌腺不具有调节体温作用，其分泌物是具有特殊气味的碱性物质。个别人的顶泌腺发达，产生异臭，常被称为狐臭。因此，需要使用抑汗祛臭的化妆品来抑制顶泌腺的排泄作用或掩盖其气味。

(2) 皮脂腺：皮脂腺位于真皮内，由分泌部和导管部组成。分布于除掌趾部分外，遍布全身各处，尤其以头、面、前胸等处较多。皮脂腺开口毛囊，分泌皮脂，有润滑和保护皮肤与毛发的作用，在一定程度上有抑制细菌的作用。

(3) 指(趾)甲：位于手指和足趾末端的伸面，是由角蛋白构成的半透明坚实的角化上皮，平均厚度约为 0.3mm，成人每天长 0.1mm。

二、皮肤的生理功能

1. 保护作用　皮肤对机体的保护作用是多方面的，主要有如下几个方面：

(1) 对机械性刺激的保护：表皮的角质层坚韧而致密，对外来刺激有保护作用，如对经常遭受外来压力、摩擦等机械性刺激有保护作用。真皮的胶原纤维、弹力纤维及皮下脂肪等起到缓冲外来压力的作用，而手掌、足趾等部位角质层增厚或形成胼胝耐受摩擦等。

(2) 对物理性损害的保护：由皮脂腺分泌的皮脂，在皮肤表面与汗液及水分形成一层乳化脂类薄膜，可防止皮肤水分过度蒸发和体外水分的渗透，使角质层滋润，避免角质层的干燥，防止皲裂。皮肤对紫外线有着防护作用，角质层可将大部分日光反射回去，又可滤过大部分透入表皮的紫外线。表皮各层细胞交错排列，可使透入表皮的紫外线发生散射，减轻直接照射的作用。此外，表皮中的黑色素对紫外线有较好的吸收和遮挡作用，以减轻光线对细胞的损伤。肤色较深的皮肤比肤色较浅的皮肤对紫外线和日光有较好的耐受性。

(3) 对化学物质的防护：致密的角质层细胞有抵抗弱酸、弱碱等化学物质的能力，对水分及一些化学物质有屏障作用，因而可以阻止体内液体的外渗和化学物质的内渗作用。

(4) 皮肤对微生物的防御作用：皮肤经常接触致病的微生物，但一般不发生感染，说明皮肤有防御微生物侵犯的能力。这与皮肤表面具有的酸性油脂膜有密切关系，其 pH 值在 4.5～6.5 左右，不利于多数病菌的生存和繁殖。而表皮角质的不断脱落，汗液的分泌可以将黏附在皮肤上的细菌清除掉。因此，清洁而健康的皮肤表面，病菌难以生存、繁殖，也难以侵入体内。

2. 分泌和排泄作用　皮肤的汗腺分泌汗液和体内的代谢产物。汗液是无色透明的液体，其中水分占 99%以上，另外还有盐分、乳酸、氨基酸和尿素等。通常，汗液呈弱酸性，pH 值约为 4.5～5.0。皮脂腺可以分泌皮脂，皮脂的成分主要有脂肪酸、甘油三脂肪酸酯和类固醇等(表 12-1)。它具有滋润皮肤和毛发，防止体内水分蒸发和抑制细菌生长等作用，这是由于皮脂和汗液及皮肤表面的水分形成一层乳化薄膜。

表 12-1　皮脂的组成

成分	含量(%)	成分	含量(%)
甘油三脂肪酸酯	32.5	其他固醇类	0.4
游离饱和脂肪酸	14.3	角鲨烯($C_{30}H_{60}$)	5.5
游离不饱和脂肪酸	14.0	支链烷烃	8.1
蜡类	14.0	C18～C24 链烷二醇	2.0
胆固醇	2.0	未知物	5.1

因性别、年龄和部位不同而皮脂分泌量也不同，一般男性多于女性；青春期开始分泌旺盛，到老年时开始下降；头部、面部、胸部等部位皮脂分泌较多。如果皮脂分泌过多，阻塞毛囊孔，易发生毛囊炎症，即生成粉刺或痤疮等。

3. 吸收作用　皮肤不是绝对严密而无通透性的组织，可以有选择的吸收一些物质对皮肤局部或全身产生影响，例如外用药物、有毒的有机物和重金属等。皮肤吸收主要有三个途径：①渗透通过角质层细胞膜，进入角质层细胞，然后再通过表皮其他各层；②大分子物质及不易渗透的水溶性物只有少量可以通过毛囊、皮脂腺和汗腺导管而被吸收；③少量通过角质层细胞间隙而渗透进入皮肤内。

影响皮肤吸收的因素：

(1) 皮肤的部位和状态：皮肤呈柔软、细嫩及较薄的部位易吸收；或角质层破损后也较易吸收。

(2) 被吸收物质的性质：油和油溶性物质(如油脂、油溶性维生素、胆固醇激素类等)吸收性强于水及水溶性物质(如盐类、水溶性维生素、葡萄糖类等)。油脂类吸收性：动物油脂＞植物油脂＞矿物油脂。

(3) 剂型：一般油/水型乳化体吸收性好于水/油型乳化体，尤其在表面活性剂作用下其渗透性增强。水溶液、悬浮液和粉剂等吸收性差。所以，化妆品多以乳化体形式对增加吸收性是有利的。

(4) 作用方式和时间：皮肤经按摩后，涂敷化妆品吸收性要强于简单涂搽。按摩可增强血液循环，促进新陈代谢而有利于皮肤的吸收作用，另外作用时间长，也可以增加吸收量。

4. 感觉作用　皮肤内分布着丰富的神经组织，因此对外界的感觉十分灵敏。皮肤把来自外部的各种刺激通过无数神经传达给大脑神经中枢，从而有意识或无意识地在身体上做出相应的反应。

感觉分为触觉、痛觉、冷觉、热觉等，皮肤内的神经末梢分别以点状形式分布于皮肤表层或深处，分别接受各种不同的感觉。其中痛觉最为敏锐，热觉较迟钝，触觉则因部位不同而有所不同，感觉最敏锐的是手指和舌尖。

5. 调节体温作用　皮肤有散热和保温作用，使体温总是保持在37℃左右。这是通过血管的收缩、舒张作用，即皮肤毛细血管收缩而血流量减少或毛细血管扩张而血流量增加来调节体温；汗腺的排汗量调节起到散热和保温作用。

皮肤的其他功能，如代谢调节、免疫等功能在此不再多述。

三、皮肤的类型

根据皮肤的皮脂分泌量多少，可以分为中性、油性、干性皮肤、混合性皮肤和过敏性皮肤。

1. 油性皮肤　这种类型皮肤，皮脂腺分泌旺盛，皮脂的分泌量较多，皮肤毛孔粗大，经常呈光亮，油腻感重，肤色较深，易长粉刺或痤疮。油性皮肤不易起皱纹和衰老。应特别注意皮肤的清洁，可选用去污力较强的清洁用品，并且选用含油脂量少的护肤用品，以防止堵塞毛孔、诱发粉刺和毛囊炎症。

2. 干性皮肤　干性皮肤的毛孔不明显，皮脂腺分泌量少，皮肤表面无油腻感，肤色洁白或细嫩，易受外界环境影响，如保护不好容易出现早期衰老。清洁时，选用碱性弱、刺激性小的清洁用品，应选用含油脂高的护肤用品。

3. 中性皮肤　中性皮肤介于上述两种类型之间，皮脂的分泌量适中，皮肤不粗不细，对外界刺激也不太敏感，是较理想的皮肤类型，选用清洁和护肤用品范围较宽，一般的均可适用。

4. 混合性皮肤　混合性皮肤是指不同部位其皮肤类型可能不相同，如面颊为中性皮肤，而前额、鼻翼、下额等部位可能是油性皮肤。这类皮肤应按油性皮肤对待，因油性皮肤部位易附着污垢，容易发生粉刺、毛囊炎等。

5. 过敏性皮肤　过敏性皮肤是指易对化妆品过敏而言，不是按油脂分泌量多少而确定。多数过敏性皮肤毛孔粗大，皮脂分泌量偏多，使用化妆品后，常会引起皮肤过敏，症状表现为发痒、红肿，反应剧烈者会发生刺痛。有的是首次接触某种化妆品时无不良反应，经过一段时间后才出现过敏反应；也有的与这种化妆品多次接触后，敏感性逐渐降低；还有的经过一段时间后，则出现反复现象。

因此，过敏性皮肤的人，选用化妆品时应慎重，如发现有过敏性应立即停用或更换化妆品，尽量不要选用质量差、含某些药效成分的化妆品，以免引起皮肤过敏性和皮炎。

四、皮肤类型的鉴别

为了能科学、合理的选用化妆品，首先应清楚地知道自己的皮肤类型，并根据测定的皮肤类型来选用化妆品和采取适当的护理措施。

1. 皮肤测试仪测定　皮肤测试仪由紫外线光管和放大镜构成。主要用于测试皮肤类型和性质，它是利用皮肤在测试仪器紫外光照射下，不同的皮肤会在放大镜下显示出不同的特征颜色，而测定出皮肤的类型或性质。一般有如下特征颜色供参考：①青白色：健康的中性皮肤；②青黄色：油性皮肤；③青紫色：干性皮肤；④深紫色：超干性皮肤；⑤橙黄色：粉刺皮脂部位；⑥淡黄色：粉刺化脓部位；⑦褐色、暗褐色：色素沉着部位；⑧悬浮的白色：表面角质老化。

2. 简易测试方法　简易测试方法是用柔软、洁白的纸巾或吸墨纸，在鼻翼两侧或前额部反复擦拭，将皮肤上分泌的皮脂尽量拭取下来。如果纸巾上满是油光，说明属于油性皮肤；纸巾上无油光且颜色较浅，则是干性皮肤；介于两者之间的，属于中性皮肤。如果不同部位的油脂含量不同，则属于混合性皮肤。一般要求在测试前，首先将皮肤清洁干净，间隔一段时间后，方可测试。

现在国外采用锇酸(H_2OsO_4)试纸来测定皮脂的分泌量。它是利用锇酸与皮脂接触会变黑色的反应的原理，根据颜色变化情况来确定皮肤类型，该方法简便、可靠，准确率在90%以上。

五、皮肤的pH值和中和作用

通常皮肤表面的pH值为4.5～6.5，平均值为5.75，呈弱酸性。pH值随着年龄、性别、皮肤的部位不同而异。皮肤表面的pH值主要是由于汗液中含有乳酸、氨基酸、尿酸等酸性物质及皮脂中的脂肪酸等所致。皮肤表面的弱酸性，能够抑制各种微生物在皮肤上繁殖和生长，起到防护微生物的作用。

使用了碱性清洁用化妆品后，皮肤表面暂时呈碱性，但经过一段时间后，则又恢复弱酸性，这种作用称为皮肤的中和作用。另外，皮肤还有呼吸功能，排出的二氧化碳与水结合生成碳酸，也起着中和作用。

由上述可知，具有弱酸性的化妆品对皮肤是适宜的。应尽量避免选用碱性或酸性较强的化妆品。即使选用了碱性或酸性较强的化妆品，应在这之后再用弱酸性或弱碱性的化妆品来调整皮肤的pH值，以减少它们对皮肤、眼睛及其他黏膜处的刺激作用。

第二节　清洁皮肤用化妆品

皮肤是美容的基础，而皮肤的保养在美容中占有极重要的位置，皮肤的清洁又是皮肤保养的第一步。

皮肤尤其是面部、手部皮肤暴露在空气中，空气中漂浮着的污物、灰尘、微生物等，自然附着于皮肤表面上，再加上分泌的油脂、汗液、死细胞及残留于皮肤上的化妆品等也都存在于皮肤上，这些因素会影响皮肤正常生理功能的发挥，甚至引起皮肤感染、发生痤疮等疾患。由此可见，皮肤清洁是非常重要的。

清洁皮肤的主要目的：清除皮肤表面的污垢及皮肤分泌物，保持汗腺、皮脂腺分泌物排出通畅；防止细菌感染；洁肤可使皮肤得到放松、休息，以便充分发挥皮肤的生理功能，呈现皮肤应有的活力；洁肤可调节皮肤表面的pH值，使其恢复正常的pH值；洁肤也是为皮肤进一步护理做准备。

清洁皮肤用化妆品主要包括：清洁皂类、泡沫浴、浴油、清洁霜、清洁乳、清洁用化妆水、清洁面膜、卸妆油(乳)；深层洁肤用磨砂膏(洁面膏)、去角质皮液等。

清洁皮肤用化妆品要求：有一定的去污能力；性能温和；刺激性小，并兼有一定的护肤作用。

一、清洁皂类

清洁皂包括一般香皂、软皂、透明皂、护肤香皂、药皂、皂片、卸妆专用香皂等。它们各具有专门用途，只是添加成分不同。

1. 香皂　主要成分是高级脂肪酸钠盐 RCOONa。脂肪酸盐可以是脂肪酸和碱直接反应得到，称为中和法。也可以用碱将油脂进行水解后得到脂肪酸盐和甘油，称为皂化法。所用的碱为氢氧化钠、氢氧化钾、碳酸钠等。其反应通式如下：

中和法：$RCOOH + MeOH \longrightarrow RCOOMe + H_2O$

皂化法：
$$\begin{array}{l} CH_2OOCR \\ | \\ CHOOCR \\ | \\ CH_2OOCR \end{array} + 3MeOH \longrightarrow \begin{array}{l} CH_2OH \\ | \\ CHOH \\ | \\ CH_2OH \end{array} + 3RCOOMe$$

式中R为烃基；Me为碱基，如Na、K等。

可用作制造皂类的脂肪酸钠盐：

(1) 月桂酸钠($C_{11}H_{23}COONa$)：是硬性固体皂，在冷水中溶解性好，耐硬水性强、起泡力大。在冷水中洗涤、去污力好，但在热水中洗涤、去污力较高碳数脂肪酸钠差。

(2) 硬脂酸钠($C_{17}H_{35}COONa$)：是硬性固体皂，在冷水中溶解性差，耐硬水性差、起泡力小。在冷水中洗涤，去污力差，但在热水中洗涤、去污力较好。

(3) 肉豆蔻酸钠($C_{13}H_{27}COONa$)和棕榈酸钠($C_{15}H_{31}COONa$)：性质居于月桂酸钠和硬脂酸钠之间。

(4) 油酸钠 [$CH_3(CH_2)_7CH{=}CH(CH)_7COONa$]：是软性皂，它和硬脂酸的碳数相同，同硬脂酸钠相比，它的水溶性好、起泡性好，在冷水、热水中洗涤、去污力较强。

(5) 亚油酸钠 [$CH_3(CH_2)_4CH{=}CHCH_2CH{=}CH(CH_2)_7COONa$] 和亚麻酸钠 [$CH_3(CH_2CH{=}CH)_3(CH_2)_7COONa$]：碳原子数量与硬脂酸钠、油酸钠的碳原

子数量相同,但不饱和度更高,生成皂的软性度更大,水溶性好,去污力差,容易酸败,一般不用作皂类原料。

以上是用作皂类的各种脂肪酸钠,此外还有钾盐、铵盐等,它们都比钠盐皂更软,一般用作液体皂原料。实际上,所使用的原料都不是单一脂肪酸盐,而是各种脂肪酸混合的油脂或混合脂肪酸盐,可以发挥各种脂肪酸盐的特性,形成综合性效果。

用以制造香皂的各种油脂配比见表 12-2。

表 12-2　香皂中油脂配比[质量分数(%)]

油脂	(1)	(2)	(3)	(4)	(5)	(6)	(7)
牛羊油(44℃)		75					
牛羊油(43℃)	80			60	42	35	
牛羊油(42℃)			75				85
硬化猪油			5	8	10	15	
猪油		5		12	28	25	
椰子油/棕榈油	20	20	20	20	20	25	15

香皂配方见表 12-3,12-4。

表 12-3　香皂配方-1,2

组分	质量分数(%)	
	(1)	(2)
牛脂-椰子油(50:50)钠皂	75.23	59.35
失水山梨醇单硬脂酸酯	4.0	15.88
椰子油脂肪酸酯	6.73	4.0
氯化钠	1.06	6.73
水	11.44	1.06
香精、色素	1.54	10.38

表 12-4　香皂配方-3

组分	质量分数(%)	组分	质量分数(%)
牛脂脂肪酸	48.68	水	20.43
椰子油脂肪酸	12.17	香精、防腐剂	适量
氢氧化钠(50%)	18.72		

2. 软皂　是高级脂肪酸钾盐 RCOOK,钾皂比一般钠皂的水溶性好,浓度较高的水溶液也不易凝固,因此可制成液体皂,即称为软皂。

3. 透明皂　成分与香皂相同,为了使它具有透明性和可塑性,常添加蓖麻油及醇类如乙醇、丙二醇、山梨醇及聚乙二醇等。使透明皂不仅外表美观、光滑、有一定的透明性,而且内含保湿剂,对皮肤有保湿作用,用后感觉温和、柔软。配方实例见表 12-5、12-6。

表 12-5 透明皂配方-1

组分	质量分数(%)	组分	质量分数(%)
牛脂	25.3	氢氧化钠(23.4%水溶液)	25.6
椰子油	11.8	角鲨烷	2.0
蓖麻油	2.0	砂糖	13.7
乙醇	19.6	香精、色素	适量

表 12-6 透明皂配方-2

组分	质量分数(%)	组分	质量分数(%)
牛脂脂肪酸皂	28.0	乙醇	20.0
椰子油脂肪酸皂	12.0	多肽型活性剂	4.0
砂糖	14.0	蒸馏水	16.0
甘油	6.0	香精、色素	适量

4. 护肤香皂　是在一般香皂成分中,加入羊毛脂等护肤性物质,用后在皮肤上留下一层油脂膜,使皮肤有滋润感觉。

5. 药皂　是在一般皂类成分外,添加一定量的苯酚类化合物或其他具有杀菌作用的成分,所以药皂多呈暗红色,具有杀菌、消毒作用。

二、洗浴用化妆品

洗浴用化妆品主要是指清洁身体皮肤用的化妆品,包括浴用香波、泡沫浴、浴盐、浴油等。

1. 浴用香波　是20世纪70年代出现的液体型洗浴用品。其特点是泡沫丰富、细腻;用后皮肤感觉舒适;对皮肤和眼睛刺激性小;香味宜人。

主要成分:表面活性剂、保湿剂、油脂类、水等。配方实例见表 12-7,12-8。

表 12-7 浴用香波-1

组分	质量分数(%)
十二醇硫酸三乙醇胺盐(40%水溶液)	40
聚氧乙烯(3)十二醇硫酸酯(30%水溶液)	20
月桂酰二乙醇胺	5
甘油单棕榈酸酯	1
羊毛脂衍生物	2
丙二醇	5
蒸馏水	27
香精、色素、防腐剂、螯合剂	适量

2. 泡沫浴　是适用于盆浴的洗涤用品,泡沫浴有液体、油、乳化体、胶体和固体剂型。其特点是:泡沫丰富而且稳定,即使在肥皂、油污等存在下也不消失;清洁能力适宜,耐硬水;性能温和,对皮肤和眼睛刺激性小;洗浴后皮肤不干燥,滋润感觉良好。

表 12-8　浴用香波-2

组分	质量分数(%)				
	(1)	(2)	(3)	(4)	(5)
椰油酰谷氨酸三乙醇胺(30%)	60.0	15.0	13.0	17.0	0.5
月桂酸二乙醇酰胺	12.0				
椰油脂肪酸二乙醇酰胺		4.5	1.0		
十二醇硫酸酯钠	2.5	16.0	1.0		
十二醇硫酸三乙醇胺盐	2.9				
柠檬酸三钠二水合物	5.0		2.0	1.5	
吡咯烷酮羧酸钠	5.0	1.0	5.0	5.0	5.0
羟甲基纤维素水溶液(20%)				4.85	
聚氧乙烯(20)山梨醇单月桂酸脂					1.0
甘油				28.0	
乙醇					10.0
蒸馏水	12.6	63.5	78.0		83.5
香精、防腐剂	适量	适量	适量		适量

说明:配方(1)、(2)为透明油性溶液,(3)、(4)、(5)为喷雾型。

主要成分:表面活性剂、发泡剂、泡沫稳定剂、增稠剂、螯合剂、香精、色素等。

常用的表面活性剂有烷基硫酸酯盐、聚氧乙烯脂肪醇硫酸盐、α-烯基磺酸盐等,起到洗涤、发泡、耐硬水、增溶等作用。

泡沫稳定剂常用的有脂肪醇酰胺、聚氧乙烯基酚醚、聚氧乙烯失水山梨醇脂肪酸酯等。

加入螯合剂使之透明清澈,一般常用柠檬酸、乙二胺四乙酸钠(EDTA-二钠)及异丙醇等。配方实例见表 12-9、12-10。

表 12-9　泡沫浴-1

组分	质量分数(%)	
	(1)	(2)
聚氧乙烯十二醇醚磺化琥珀酸单酯磺酸钠	40.0	25.0
聚氧乙烯十二醇硫酸酯钠	30.0	57.4
椰油酸二乙醇胺	3.0	10.0
柠檬酸	4.0	
蒸馏水	23.0	
香精、色素、防腐剂	适量	适量
聚氧乙烯(10)硬脂酸酯		5.0
水解动物蛋白		2.5
硫酸镁		0.1

3. 泡沫浴油　是在洗浴完之后,在皮肤上敷留一层类似皮肤膜的油性物质,可以防止因洗浴后出现的皮肤干燥,对皮肤有着特殊的保护作用,同时赋予清香气味。

表 12-10 泡沫浴-2

组分	质量分数(%)	组分	质量分数(%)
十二醇硫酸酯钠	60.0	柠檬酸	0.05
月桂碱多肽缩合物	10.0	蒸馏水	26.0
水解动物蛋白	2.0	香精,防腐剂	1.2
氯化钠	0.75		

泡沫浴油还分为分散型和漂浮型。漂浮型泡沫浴油应漂浮在水的表面,使用者离开浴盆时,浴油已基本遍布全身,因其中含有高效铺展剂所致,但油的成分不能太多,否则会产生油腻感。其配方见表 12-11、12-12 所示。

表 12-11 漂浮型泡沫浴油

组分	质量分数(%)
十二醇硫酸酯三乙醇胺盐	50.0
月桂酸二乙醇酰胺	15.0
乙氧基化蓖麻油	20.0
二辛酸丙二醇酯	12.0
香精	3.0

表 12-12 分散型泡沫浴油

组分	质量分数(%)
聚氧乙烯月桂醇醚	25.0
月桂酸二乙醇酰胺	5.0
改性三椰油酸甘油酯	2.0
蒸馏水	63.0
香精	5.0

三、清洁霜

清洁霜又称洁肤霜,常用于使用化妆品后的化妆皮肤和油脂过多的皮肤清洁。清洁霜和冷霜基本上属于同一类型的产品,所不同的是清洁霜的主要作用是清除皮肤上的积聚异物,如皮屑、油污、化妆品成分等。特别是皮肤上的化妆品的油性成分及油性污垢,用水来清除难以达到清洁效果,只能从皮肤表面清除水溶性污垢。用皂类等清洁剂虽然能使油性污物在水中乳化而被清除,但必须用大量水才能洗净。如用油溶性溶剂,如矿物油等对油溶性污物溶解性虽好,但单独作用会在皮肤上留下一层油膜,使人有过分油腻的感觉。而清洁霜则是靠原料中油性组分和水分的溶解作用,其中水分溶解水溶性污物,而油性组分则溶解油性污物,同时将油污分散于清洁霜内,最后擦去清洁霜时,可将油溶性污物和水溶性污物同时除去。

优质的清洁霜应具备如下特点：

(1) 能在体温时液化或借助缓和的按摩即能液化。

(2) 应是中性或弱酸性，在皮肤的 pH 值范围内进行去污，使用时对皮肤无刺激性等。

(3) 含有足够的油分，对唇膏、香粉及其他油污有优异的溶解性和去除效能。

(4) 使用后能使皮肤具有滋润、滑爽的感觉。

清洁霜的使用方法是用手指将清洁霜均匀地涂敷于面部，并施以轻巧按摩，使油污、脂粉、皮屑及其他异物被移入清洁霜内，然后用软纸、毛巾或其他易吸收的柔软织物将清洁霜擦去除净。用清洁霜去除残留化妆品的优点是：对皮肤刺激性小，使用后在皮肤上留下一层滋润性的油膜，皮肤光滑柔软，对干性皮肤有很好的保护作用。

清洁霜的原料和冷霜基本相同，但有其独特的要求，即必须是将用作制作清洁霜原料适当地配合成一种凝胶，使其成为在常温时具有触变作用的固体，当涂敷于皮肤上经摩擦时能液化。

清洁霜分为无水油型清洁霜、乳化型清洁霜等。乳化型清洁霜又分为水/油型和油/水型清洁霜。可根据需要来选择不同乳化型清洁霜，如戏剧妆或浓妆，多为油性化妆品，卸妆时多选用水/油型清洁霜，主要是为了去除油性化妆料，使其从皮肤表面清除。对于一般淡妆，则选用清洁能力弱但清洁后感觉爽快的油/水型清洁霜。

近年来，这类产品发展迅速，广泛应用于美容院的皮肤护理之前的皮肤清洁，而且现代清洁霜以油/水型为主要发展趋势。各种配方举例如下(表 12-13，12-14，12-15，12-16)：

表 12-13　水/油型清洁霜

成分	质量分数(%)		
	(1)	(2)	(3)
蜂蜡	3.0	6.0	3.0
固体石蜡	10.0	4.0	
液状石蜡	41.0	—	38.0
微晶石蜡	—	8.0	
凡士林	15.0	0.8	
鲸蜡			3.0
失水山梨醇倍半油酸酯	4.2	—	
聚氧乙烯(20)失水山梨醇油酸酯	0.8	—	
聚氧乙烯(20)单油酸酯		0.5	
甘油单油酸酯		3.5	12.0
多元醇			4.0
硼砂		0.4	
皂粉		0.1	
香精	1.0	0.3	适量
防腐剂	适量	适量	适量
蒸馏水	25.0	24.2	40.0

制法：

配方(1)：将水加热至65℃，将其他油相组分加热至65℃，保持65℃并在搅拌下将水相加入油相中乳化，搅拌下冷却至40℃时加入香精、防腐剂，搅拌均匀即可包装。

配方(2)：将硼砂、皂粉加热搅拌下溶于70℃水中溶解，再将其油相组分加热至70℃。保持70℃，搅拌下将水相组分加入油相中乳化，搅拌下冷却至40℃时加入香精、防腐剂，搅拌均匀即可包装。

配方(3)：将油相组分加热至72℃，将水、多元醇混合加热至90℃，冷却至72℃时，搅拌下将水相组分加入油相中，搅拌下冷却至40℃，加入香精等，搅拌均匀即可包装。

表12-14 油/水型清洁霜

组分	质量分数(%)	
	(1)	(2)
A：固体石蜡	—	10.0
硬酯酸	2.0	—
鲸蜡醇(十六醇)	3.0	2.0
凡士林	10.0	20.0
肉豆蔻酸异丙酯	10.0	—
液状石蜡	38.0	20.0
甘油单硬脂酸酯	2.5	3.0
聚氧乙烯(20)失水山梨醇单硬脂酸酯	2.5	—
聚氧乙烯(20)失水山梨醇单月桂酸酯	—	3.0
B：丙二醇	5.0	5.0
氢氧化钾	0.4	—
蒸馏水	26.9	30.0
香精	适量	1.0
防腐剂，抗氧剂	适量	适量

制法：将A相各组分混合加热熔化后，加入防腐剂、抗氧剂、香精，保持70℃。将B相各组分溶解于水，加热至70℃。在70℃搅拌下将A相熔化组分缓慢加入B相中乳化，边搅拌边冷却，均匀后即可包装。

表12-15 无水油性清洁霜

组分	质量分数(%)	组分	质量分数(%)
纯地蜡	8.0	液状石蜡	49.8
微晶石蜡	5.0	低分子聚乙烯	2.0
凡士林	35.0	香精	0.2

制法：将香精以外的组分混合加热至90℃，冷却到60℃时加入香精。该配方受

低分子聚乙烯溶解性的影响，这种影响与在90～70℃时搅拌条件与状态有关。

表 12-16　油/水型清洁霜

组分	质量分数(%)	组分	质量分数(%)
A：甘油单硬脂酸酯	6.0	B：丙二醇	5.5
硬脂酸	4.0	三乙醇胺	0.7
凡士林	10.0	蒸馏水	51.5
液状石蜡	10.0	C：维生素E乙酸酯	0.3
肉豆蔻酸异丙酯	10.0	D：香精、防腐剂	适量
聚二甲基硅氧烷	2.0		

制法：分别将A相组分和B相组分加热至80℃，搅拌均匀。在搅拌下将B加入A中，缓慢冷却至50℃，加入C相，均匀后加入D相，搅拌冷却至35℃，可包装。

说明：本品既能清洁皮肤，又能使皮肤柔软，其乳化体稳定。

四、清洁乳液

清洁乳(蜜)液也称为洗面奶，与清洁霜功能相同。可清除面部、颈部的油脂污物、皮屑、粉底霜等；还可以用于卸妆，清除面部上的香粉、胭脂、唇膏、眉笔和眼影膏等。使用方便，有利于皮肤的柔软、润滑和生成保护膜，尤其适用于中性皮肤，因此颇受女性欢迎，有取代清洁霜之势。

清洁乳液中主要含有水分、油脂和乳化剂三种基础原料。水分能除去汗腺的分泌物和水溶性污物。油脂可作为润肤剂和溶剂之用，如动植物油脂主要用作润肤剂，矿物油脂主要用作溶剂，清除油溶性污物。乳化剂主要用作乳化、去污作用，可以是皂类或阴离子及非离子型乳化剂。

清洁乳液是具有较好流动性的液态霜，要制得稳定性的奶液要求配方要严格控制：使水相和油相的密度比较接近；选择适宜的乳化剂；乳化条件精确。配方举例如下(表12-17,12-18)：

表 12-17　油/水型清洁乳液

组分	质量分数(%)	
	(1)	(2)
A：硬脂酸	3.0	5.0
白油	44.0	35.0
失水山梨醇单硬脂酸酯	4.0	
蜂蜡		2.0
B：丙二醇	5.0	
三乙醇胺	1.0	2.5
聚丙烯酸树脂		0.1
蒸馏水	43.0	55.4
C：香精、防腐剂	适量	适量

制法：将水相B各组分加热至90℃，再冷却至70℃。将油相A各组分加热至70℃，然后搅拌下将水相B加入油相A中，冷却至40℃加入香精及防腐剂，搅拌均匀即可包装。

表12-18 油/水型清洁乳液

成分	质量分数(%)	成分	质量分数(%)
A：白油	37.6	B：硼砂	0.15
蜂蜡	3.0	蒸馏水	50.75
羊毛醇	5.0	香精	适量
失水山梨醇单硬脂酸酯	3.2	C：防腐剂	适量

制法：将A相各组分加热至80℃。将B相各组分在95℃下溶解后冷却至80℃。将B相加入A相中，搅拌下冷却至40℃时加入香精、防腐剂，搅拌均匀即可包装。

五、磨面膏

磨面膏又称为磨砂膏、按摩清洁霜。它是将细小均匀颗粒分散在膏体中的皮肤清洁剂，是一种较新型的清洁皮肤用化妆品。它是通过面部按摩，并依赖膏体对皮肤的吸着作用和细小颗粒的摩擦作用达到清洁肌肤的效果。能有效地清除皮肤角质化的细胞、深藏的污垢、减淡雀斑和黑斑、促进血液循环及新陈代谢，同时使皮肤软化，加强对营养的吸收，使皮肤清洁、光滑、柔润从而改善面部皮肤的状况。有人认为磨面膏是物理和化学作用的结合产品。

选用磨面膏必须根据自己的皮肤类型情况，油性皮肤每周2～3次，每次磨面10min；中性皮肤每周1次，每次约8min；干性皮肤每月或更长时间使用1次，每次不超8min。对于痤疮较严重的皮肤作用时要注意，不应过分摩擦，以免损伤皮肤。

痤疮炎症期间严禁使用，敏感性皮肤要谨慎使用。磨面前应预先洗净面部，最好用蒸汽焗面，使皮肤软化后再进行磨面，使用时还应注意手法、方向、面部位置等。磨面结束后，用温水清洗干净并涂敷护肤用品。

磨面膏是在油/水型或水/油型清洁乳化体的膏霜基础上添加细小均匀颗粒状物质，其颗粒状物主要是植物果壳粉、珍珠粉，碳酸钙及矿物粉末，现已有细粉状高分子聚合物。粒度大都在120目左右。

固体颗粒粉末与乳化体基质配比一般在1∶10～1∶9左右。配方举例如下(表12-19)：

制法：分别混合A和B，搅拌加热至70℃。搅拌下缓慢将B加入A中，搅拌冷却至40℃，加入C和D，搅拌均匀至室温即可包装。

表 12-19　芦荟磨面膏

组分	质量分数(%)	组分	质量分数(%)
A：羊毛脂	0.5	聚乙烯球粒	10.0
鲸蜡醇	9.0	B：丙二醇	5.0
甘油单硬脂酸酯	5.0	咪唑啉基脲	0.3
聚氧乙烯(20)十六醇醚	1.5	对羟基苯甲酸甲酯	0.25
十二醇硫酸钠	24.0	尿囊素	0.30
杏仁油	0.5	蒸馏水	29.78
对羟基苯甲酸丁酯	0.1	C：香精	0.1
维生素 E 乙酸脂	0.35	D：脱色芦荟胶(浓度 10∶1)	3.32
椰油基甜菜碱	10.0		

六、面　膜

面膜是用于清洁、护肤的较新型的面部清洁用化妆品。将湿润的膏体涂敷于面部皮肤上，逐渐干燥而形成一层薄膜，使之与外界隔离开来，皮肤温度升高，血液循环加快，皮肤分泌的油脂和水分反渗于角质层，使表皮肤柔软舒展。面膜中的各种有效成分和营养物质可同时渗入并被吸收，起到滋润皮肤、补充营养、促进皮肤新陈代谢的作用。此外，由于面膜干燥时的收缩，使皮肤绷紧，毛孔缩小，细小皱纹可被消除。从皮肤上剥离面膜时，面部的污垢、角质化皮屑，特别是毛孔内深层污垢也随之除去，从而使面部皮肤洁白、细嫩、柔软、清爽，显现出青春活力。

面膜通常具有如下性能：与皮肤黏合密切，有一定的亲和力；形成膜的时间适宜；有良好的吸收性能，能除去皮肤上的污垢等；便于涂敷和剥离除去；对皮肤无刺激性。

（一）面膜的分类及作用

面膜的种类较多，按其性状可分为凝结性面膜、非凝结性面膜、电离面膜和胶朊面膜。按作用分类可分为清洁面膜和美容面膜两大类。

1. 凝结性面膜　是指面膜材料涂敷后，面膜逐渐干燥并结成完整膜体，停留一定时间后，面膜可整体剥脱。

凝结性面膜的作用特点：面膜中的有效成分能充分渗透，将皮肤分泌物阻隔于膜内，使皮肤滋润；在面膜干燥过程中，皮肤收紧，血液循环加快，增强皮肤弹性；当面膜剥脱时，将皮肤上的角质化细胞或皮屑一起带下，使皮肤清洁。

凝结性面膜包括如下几种：

(1) 硬膜：硬膜主要成分是医用石膏($CaSO_4$)，呈白色粉末状。硬膜的特点是石膏粉用水调和后凝固很快，涂敷于皮肤后自行凝固成坚硬的膜体。硬膜又分为冷膜和热膜。

1) 冷膜：即在成膜体使用过程不加热，起到对皮肤进行冷渗透，对毛孔粗大的皮肤有明显的收敛作用，并可改善油性皮肤分泌油脂过盛状态。冷膜适用于油性皮肤、痤疮皮肤和敏感性皮肤。

2）热膜：即在成膜体使用过程加热，对皮肤进行热渗透，使局部血液循环加快，皮脂腺、汗腺分泌量增加，促进皮肤对有效成分和营养成分的吸收能力，具有增白和淡化色斑的效果。热膜适用于干性、中性、衰老性和色斑性皮肤。

（2）软膜：软膜主要成分：成膜剂、皮肤营养成分、其他有效成分及表面活性剂等。软膜一般是制成粉末状，用水调和后呈糊状，涂敷于皮肤上形成质地细软的薄膜，对皮肤没有压迫感，膜体敷在皮肤上，皮肤自身分泌物被阻隔在膜内，使皮肤补充水分，明显舒张细小皱纹而使其消失。根据各种皮肤需要可在软膜成分中添加营养及其他有效作用的物质，可使其作用增强并扩大使用范围，可用于各种皮肤。常见软膜有维生素软膜、人参软膜、珍珠软膜、当归软膜、肉桂软膜等。

（3）蜜蜡面膜：主要成分是石蜡油、蜂蜡、矿物油及营养成分等，蜜蜡面膜是以这些物质制成的半流动状的蜜液体。涂敷于皮肤并形成封闭状，对有效成分的渗透力强，促进皮脂腺和汗腺的分泌，补充水分、营养成分，使皮肤滋润舒展，增强张力。可用于干性、中性、衰老性皮肤，但暗疮、发炎、敏感皮肤不适用。

（4）膏状面膜：膏状面膜经常是由生产厂家已调制好的乳化体面膜，主要成分是成膜剂、皮肤营养成分、其他有效成分及表面活性剂等。涂敷于皮肤后，随着膜的逐渐干燥，皮肤有越来越绷紧的感觉，收敛性较强。根据不同皮肤可选用不同作用的面膜。常见膏状面膜有漂白面膜、调节面膜、营养面膜、减脂面膜、冷冻面膜等。

（5）可干啫喱面膜：可干啫喱面膜是由主要成分为成膜剂、可溶剂、保湿剂和乙醇等制成的呈半透明黏稠状物。涂敷于皮肤后形成一个封闭的薄膜，与皮肤的亲和力较强，对于收缩毛孔、清洁皮肤有较明显的效果。适用于干性、中性、油性及衰老性皮肤的清洁和收敛作用。

2. 非凝结性面膜　非凝结性面膜一般不使用成膜剂，所以不形成封闭性薄膜，其特点是使用方便、取材广泛、操作简便，但清除面膜时要反复清洗干净。

非凝结性面膜的作用特点：透气性强，可充分利用纯天然物质；软化角质层细胞，补充皮下水分及营养成分，使皮肤滋润；增强皮肤张力、舒展细小皱纹。

非凝结性面膜包括如下几种：

（1）保湿啫喱面膜：主要成分是溶剂、保湿剂、营养成分及少量乙醇，呈半透明的黏稠状液体。其作用温和、保湿性强。适用于干性、衰老性、敏感性皮肤或用于眼部护理。

（2）矿泥面膜：主要成分是含丰富矿物质的黏土，呈细粉末状。矿泥面膜可以改善和治疗皮肤因缺少微量元素引起的问题，具有漂白、消炎，脱脂、祛斑等作用。适用于暗疮、油性和色斑皮肤。

（3）粉膏面膜：主要成分是高岭土（$Al_2O_3 \cdot 2SiO_2 \cdot 2H_2O$）、火山灰和各种营养成分制成的粉膏状。可以直接涂抹，适用于各种类型皮肤。

（4）脂蜜面膜：由橄榄油、蜂蜜等配制成的面膜。使皮肤滋润、舒展皱纹，适用于干性、衰老性皮肤，也适用于眼部、颈部的护理。

(5) 油膏面膜：由油脂类物质和营养添加剂等制成的油膏状物。可直接涂抹，涂敷时借助于蒸汽喷雾加热促进渗透效果，可补充皮肤的油脂、磷脂等。适用于衰老性、干性皮肤。

(6) 蛋奶面膜：由新鲜的鸡蛋、鲜奶或酸奶制成的，可稍加橄榄油，搅拌均匀后涂敷于皮肤上。适用于各种皮肤的营养成分补充，尤其适用于家庭自己制作。

(7) 果蔬面膜：由各种新鲜的水果、蔬菜的汁和组织制成的泥状物。如香蕉泥、番茄泥、西瓜泥、马铃薯泥及丝瓜汁、芹菜汁、柠檬汁等。可补充皮肤的各种维生素等，使皮肤滋润、洁白而清新，不同的果蔬适用于不同的皮肤，但一定要用新鲜的果蔬。

(8) 中草药面膜：中草药是我国传统医学的重要组成部分，许多中草药成分对美容有独特的功效。其特点是取材广泛，针对性强，简易可行。用中草药及其他材料或将中草药添加于其他面膜材料中制成中草药面膜。

常用的中草药如人参、当归、川芎、芦荟、白术、杏仁、薏苡仁、蒲公英、白果、冬瓜仁、白菊、益母草、银耳等。

3. 电离面膜　电离面膜也称为电子面膜，利用电流的热效应而发生作用，使用方便简捷。其作用是可以溶解油性皮肤分泌过盛而排泄不畅、滞留于毛孔中的油污，便于清除；将水分、营养成分渗透、补充于皮下。适用于油性、中性、衰老性皮肤。不适用于敏感、暗疮发炎皮肤，尤其皮下微细血管破裂皮肤严禁使用。

4. 胶朊面膜　胶朊面膜包括海藻胶朊面膜和骨胶朊面膜两类。

(1) 海藻胶朊面膜：主要成分是由海藻胶制得的面膜材料，呈细小颗粒，用水调和后呈黏团状。其中含有多种维生素、蛋白质胶朊纤维素和矿物质等。可补充水分、矿物质和维生素，使皮肤滋润洁白；还可促进细胞活力，增强皮肤弹性等。适用于油性、干性、中性、衰老性皮肤，对敏感性皮肤要慎重，而暗疮发炎皮肤禁用。

(2) 骨胶朊面膜：主要成分是由胶朊蛋白、维生素 E、水解蛋白等制得的面膜材料，呈白色或灰白色细小颗粒，经水调和呈黏稠胶状。涂敷于面部成膜似一张弹性、伸缩性较强的软纸。其作用为补充皮肤的胶朊和弹力素等营养成分，使皮肤光滑细腻而有弹性；增白皮肤，淡化色斑；收缩毛孔、舒展皱纹等。适用于干性、油性、色斑、衰老性皮肤。对于发炎或有创伤的皮肤禁用，否则会使炎症部位增生，创伤部位增加创伤程度、产生纤维伤疤。

(二) 面膜的配方实例

面膜的主要原料有成膜剂、皮肤营养成分、有效药物成分及表面活性剂等。成膜剂是构成膜体的主要材料，多为高分子聚合物和粉质类成分。营养成分的主要作用是补充皮肤的营养，如脂类、维生素、矿物质等。药物成分的主要作用是对皮肤有疗效作用，如增白、促进血液循环、祛斑、收敛等作用。表面活性剂是在制造面膜过程中起乳化、分散等作用，涂敷中能降低面膜与皮肤的接触角，提高面膜的黏附力，有利于面膜与皮肤紧密贴合，下面给出不同作用的面膜配方实例(表 12-20～表 12-26)：

表 12-20 清洁润肤面膜

组分	质量分数(%)	组分	质量分数(%)
A：聚乙二醇 1500	5.0	B：聚乙烯(10)月桂醇醚	1.5
羧甲基纤维素	2.0	防腐剂、香精	适量
海藻酸钠	1.0	乙醇	10.0
聚氧乙烯聚合物	1.0	C：甘油	5.0
蒸馏水	74.0	三乙醇胺	0.5

配制方法：将 A 相各组分搅拌溶于水中；将 B 相各组分搅拌溶于乙醇中，搅拌下加入 A 相水溶液中，混合后加入 C 相组分搅拌均匀即可。

表 12-21 粉状清洁面膜

组分	质量分数(%)	
	(1)	(2)
高岭土	55.0	50.0
滑石粉	20.0	18.0
氧化锌	10.0	9.0
米糠粉	—	15.0
淀粉	10.0	8.0
硅酸铝镁	5.0	—
乙醇	适量	适量
香精、防腐剂	适量	适量

配制方法：将粉料全部混合，将香精、防腐剂溶于乙醇后加入已混合的粉料中，搅拌均匀、过筛，得到已不含乙醇的粉状面膜料。使用时，可自由选择液体如果汁、乳汁或普通水调和后方可使用。

表 12-22 膏状(油/水型)清洁面膜

组成	质量分数(%)	组成	质量分数(%)
硬脂酸	6.0	蒸馏水	71.7
三乙醇胺	0.3	高岭土	15.0
硅酸铝镁	5.0	二氧化钛	2.0

配制方法：将硅酸铝溶于 30 份水内，再将硬脂酸在 75℃溶于含有三乙醇胺的 41.7 份水中，在 80℃时将两者混合均匀，冷却至 35℃时，加高岭土和二氧化钛，搅拌均匀呈膏状。

表 12-23 膏状(水/油型)清洁面膜

组分	质量分数(%)	组分	质量分数(%)
A：聚乙烯醇	10.0	三异丙醇	0.5
丙二醇	5.0	香精	0.5
蒸馏水	48.5	防腐剂	适量
B：聚丙烯酸树脂	0.5	色素	适量
C：乙醇	30.0	D：水解蛋白(pH=7.2)	5.0

配制方法：搅拌下将A相各组分加热至75℃全部溶解，再加入B相各组分，全溶后，降至40℃。另将C相各组分混合，搅拌至全溶。在40℃搅拌下将C组加入至上述40℃溶液中，再加入D组，全部混合均匀，冷却至38℃，即成水/油性膏状物。

表12-24　剥离型润肤面膜

组分		质量分数(%)			
		(1)	(2)	(3)	(4)
成膜剂	聚乙酸乙烯酯乳液	15.0	14.0		15.0
	聚乙烯醇	10.0	12.0	13.0	10.0
胶粘剂	海藻酸钠			3.0	
保湿剂	聚乙二醇400	5.0			
	山梨醇	5.0			
	丙二醇		5.0	5.0	
	甘油				5.0
油脂	霍霍巴油	2.0			
	米糠油乳化物			0.5	
	角鲨烷	2.0			
	硅酮油		1.5		
	橄榄油			3.0	3.0
表面活性剂	聚氧乙烯失水山梨醇单硬脂酸酯	1.0	0.5		
粉料	钛白粉	5.0			
	滑石粉	10.0			
	高岭土			10.0	7.0
	氧化锌			2.0	8.0
醇类	乙醇	8.0	6.0	5.0	5.0
	香精、防腐剂	适量	适量	适量	适量
	蒸馏水	37.0	61.0	58.5	47.0

(1)和(2)为软膏剥离型面膜，(3)和(4)为糊状剥离型面膜。

配制方法：软膏剥离型面膜是将粉料加入水中分散均匀，再加入保湿剂，加热至70～80℃时加入成膜剂溶解。将其余组分加入乙醇中搅拌均匀后，加入水相中，混合均匀，过滤、冷却。

糊状剥离型面膜是将粉料加入水中分散均匀，加热至70℃，将以部分乙醇润湿的成膜剂加入其中搅拌均匀，再加入保湿剂后，降至40℃加入其余组分，溶于剩余乙醇的溶液中，搅拌成糊状。

表12-25　油性、干性皮肤用面膜

组分	质量分数(%)	
	(1)	(2)
聚乙烯醇和聚醋酸乙烯酯乳液(混合物)	40.0	40.0
草莓汁	15.0	
甘油	5.0	
聚乙烯醇	2.5	2.5
羧甲基纤维素	2.0	2.0
失水山梨醇单月桂酸酯	1.0	1.0

续表 12-25

组分	质量分数(%)	
	(1)	(2)
香精	0.4	0.4
苯甲酸钠	0.25	0.25
水	33.85	28.85
黄瓜汁		15.0
山梨醇		10.0

配方(1)适用于油性皮肤,(2)适用于干性皮肤。

配制方法:在 80℃搅拌下,将聚乙烯醇、苯甲酸钠加入水中,混合均匀,2h 后,加入果汁和羧甲基纤维素。另将其余组分混合均匀,在 40℃下与上述混合液搅拌下加入,2h 后均匀即可。

表 12-26 中草药面膜

组分	质量分数(%)	组分	质量分数(%)
聚氧乙烯(7)椰油酸甘油酯	5.0	硅酸铝镁胶体	10.0
中草药提取物	3.0	乙醇	10.0
淀粉	15.0	蒸馏水	57.0

配制方法:先将硅酸铝镁胶体用水溶胀,搅拌下依次加入其余组分即可。中草药提取物可根据需要选择,提取后浓缩即可加入。

第三节 护肤用化妆品

护肤用化妆品主要包括膏霜类、乳蜜液类等化妆品。其主要作用是保护皮肤免受外界环境刺激,补充皮肤适量的油脂、水分和营养成分等,起到滋润作用,保持皮肤柔软、光滑和弹性,促进皮肤的新陈代谢,延缓皮肤衰老并维护皮肤健康。

一、膏 霜 类

护肤膏霜类化妆品是一类应用范围广、种类较多的护肤化妆品,也称为基础性化妆品。按其乳化体类型分为水/油型和油/水型两大类。主要成分为油脂、蜡和水(包括水溶性物质)以及乳化剂等,还可根据不同需要添加其他有效成分。其中雪花膏和冷霜是两种典型的、又具有传统性的膏霜类化妆品,前者多为油/水型乳化体膏霜,而后者多为水/油型乳化体膏霜。

1. 雪花膏　是以硬脂酸和碱作用生成的皂类作为阴离子乳化剂而制得的油/水型乳化体。它是一种色泽洁白的膏体,具有令人舒适的香气。使用时涂搽在皮肤之后,立即似雪花般在皮肤上融化,故而得名。其特点是作用后舒适爽快,皮肤上无油腻感觉。主要作用为润肤或用作粉底霜等。其主要原料是硬脂酸、碱、多元醇(保湿剂)、水及其他成分等。

(1) 硬脂酸:用于制备雪花膏的硬脂酸是蜡状、微带光泽的白色结晶体,即动植物的油脂水解后得到的脂肪酸经过三次压榨而得到的,常称为三压硬脂酸。它与碱反应,使一部分硬脂酸皂化生成硬脂酸盐用作乳化剂,其余未皂化的硬脂酸作为油脂部分与其他成分如水、甘油等发生乳化,形成软膏状的乳化体,一般用量为15%～25%。

(2) 碱类:碱和硬脂酸皂化生成硬脂酸盐作为乳化剂。一般常用的碱为KOH、NaOH、$N(CH_2CH_2OH)_3$等。雪花膏膏体的稠度或硬度与所用的碱有关,用三乙醇胺制成的膏体软而细腻,但易改变颜色。用氢氧化钠制得的膏体硬而且稠度大,易出现水分离析现象。氢氧化钾制得的膏体硬度和稠度适中,所以一般多采用氢氧化钾,用量一般为0.5%～2.0%,为提高膏体硬度和稠度,也可用KOH∶NaOH为9∶1。

氢氧化钾加入量的计算方法:

一般雪花膏中其硬脂酸占15%～25%,其中15%～30%被碱中和,其余的70%～85%仍呈游离状态,作为油脂的一部分存在。氢氧化钾根据配方加入量用下式计算:

$$\text{KOH 用量百分比}=\frac{\text{硬脂酸用量}\times\text{需中和成皂的硬脂酸百分比}\times\text{皂化值}}{\text{KOH 纯度}\times 1000}\times 100\%$$

例如:配方中硬脂酸的用量为20%,其中22%的硬脂酸需用KOH皂化,硬脂酸的皂化值为208,氢氧化钾纯度为85%,则配方中应加入85%氢氧化钾的百分比为:

$$\text{KOH 用量百分比}=\frac{20\times 0.22\times 208}{0.85\times 1000}\times 100\%=1.08\%$$

则配制100g雪花膏需加入纯度为85%的氢氧化钾为1.08g。

(3) 保湿剂:用于雪花膏作为保湿剂的成分主要是多元醇,如甘油、丙二醇、1,3-丁二醇、山梨醇、聚乙二醇等。多元醇除对皮肤有保湿作用外,还有保持膏体水分的作用,使膏体在一定时间内不发生干缩,软硬度合适,此外还有防冻作用。

(4) 其他油性成分:常用的多为脂肪酸酯、高碳醇类等,有代表性的单硬脂酸甘油酯,用量为1%～2%,它既起到助乳化剂作用,又起到赋予膏体细腻、润滑、稳定、光泽等良好性能作用,尤其与十六醇或十八醇混合使用效果更好。另外,添加1%～2%的白油、羊毛脂及其衍生物也有上述作用。

(5) 水:雪花膏含水量为60%～80%,因此水的质量是影响膏体质量的重要因素之一,如水中含有无机离子,如Ca^{2+}、Mg^{2+}、Ba^{2+}等对膏体稳定性有较大影响,所以化妆品中多用蒸馏水或去离子水,也称精制水。

根据雪花膏所选用原料和配方不同,雪花膏种类也不同,有弱酸性和弱碱性之别;按皮肤适应性有干性、中性和油性的不同;按作用不同又有一般和特殊(药效、增白、防裂等)作用之分。

下面介绍不同雪花膏的配方(表 12-27～表 12-34)：

表 12-27　雪花膏配方-1

组分	质量分数(%)	组分	质量分数(%)
A：硬脂酸	10.0	氢氧化钾	0.2
单硬脂酸甘油酯	2.0	蒸馏水	64.8
十八醇	4.0	C：香精	1.0
硬脂酸丁酯	8.0	防腐剂	适量
B：丙二醇	10.0		

制法：将 A 组(油相)加热至 90℃，B 组(水相)加热至 90℃，搅拌下缓慢将 A 组加入 B 组中，继续搅拌冷却至 40℃时加入 C 组，充分搅拌冷却至 30℃即可。

表 12-28　雪花膏配方-2

组分	质量分数(%)	组分	质量分数(%)
A：硬脂酸	12.0	氢氧化钠	0.1
单硬脂酸甘油酯	1.0	蒸馏水	74.5
十八醇	1.0	甘油	10.0
十六醇	1.0	C：香精、防腐剂	适量
B：氢氧化钾	0.4		

制法：同配方-1。

表 12-29　雪花膏配方-3

组分	质量分数(%)	组分	质量分数(%)
A：硬脂酸	18.0	三乙醇胺	0.9
羊毛脂	1.9	蒸馏水	75.8
防腐剂	1.0	C：香精	适量
B：甘油	2.4		

制法：同配方-1。

表 12-30　雪花膏配方-4

组分	质量分数(%)	组分	质量分数(%)
A：硬脂酸	22.8	蒸馏水	65.0
凡士林	5.0	甘油	4.0
乙酰化羊毛脂	2.0	C：香精、防腐剂	适量
B：三乙醇胺	1.2		

制法：同配方-1。

表 12-31 雪花膏配方-5

组分	质量分数(%)	组分	质量分数(%)
A：硬脂酸	18.0	B：氢氧化钾	1.0
凡士林	4.5	蒸馏水	70.0
乙酰化羊毛脂	0.5	甘油	4.5
鲸蜡	1.5	C：香精、防腐剂	适量

制法：同配方-1。

表 12-32 雪花膏配方-6

组分	质量分数(%)	组分	质量分数(%)
A：硬脂酸	6.5	B：氢氧化钾	0.5
液状石蜡	1.0	蒸馏水	84.0
十四醇	1.0	甘油	6.5
羊毛脂	0.5	C：香精、防腐剂	适量
对羟基苯甲酸十四烷酯	1.0		

制法：同配方-1。本品对于防止皮肤干燥和瘙痒有特效。

表 12-33 中草药雪花膏

组分	质量分数(%)	组分	质量分数(%)
A：硬脂酸	3.0	蜂蜡	4.5
单硬脂酸甘油酯	11.0	B：三乙醇胺	0.3
凡士林	10.0	升麻、槐花、桔梗提取物	4.5
液状石蜡	9.0	蒸馏水	35.0
羊毛脂	22.0	C：香精、防腐剂	适量

中草药雪花膏对皮肤有显著的润泽、减轻粗糙、消炎作用。

表 12-34 珍珠雪花膏

组分	质量分数(%)	组分	质量分数(%)
A：硬脂酸	20.0	甘油	2.0
单异硬脂酸甘油酯	1.2	三乙醇胺	0.6
十六醇	1.0	尼泊金甲酯	0.07
聚乙二醇二壬酸酯	6.0	蒸馏水	66.1
尼泊金丙酯	0.03	C：香精	适量
B：聚乙二醇(600)异硬脂酸酯	3.0		

制法：将A组和B组分别加热至70℃，缓慢搅拌下，将B组加入A组中，冷却至40℃时加入香精。本品对皮肤具有润泽效果和消除皮肤粗糙，且兼有抗过敏性和消炎作用。

2. 冷霜 又称香脂或护肤脂。因涂敷于皮肤后有水分离析出来，水分蒸发时吸收热量，使皮肤有凉爽感觉而得名。传统的冷霜是用硼砂皂化蜂蜡的游离脂肪酸，生成的脂肪酸钠作为阴离子乳化剂，而制得的水/油型冷霜。其膏体光滑、细腻、不黏，无油水分离现象。

冷霜的原料主要有蜂蜡、白油、硼砂、其他油脂及香精、防腐剂等。蜂蜡用量2%～15%，硼砂的用量依据蜂蜡的酸值而定，欲制得好的乳化体应是蜂蜡中50%的游离酸被中和。配方中蜂蜡与硼砂比例为10∶1～16∶1。如果硼砂用量不足以中和蜂蜡的游离酸，则生成的皂用作乳化剂量少，生成的乳化体粗糙、易渗出水分，乳化体不稳定。水分与油相比例一般为1∶2左右。其他油脂有植物和动物油脂和蜡，虽有利于皮肤吸收，但植物油脂有时影响色泽，可选用杏仁油等无色的油脂。矿物油脂现多用含异构烷烃量较多的白油（白色液状石蜡），有利于在皮肤上形成保持水分、透气性好的油性薄膜。

为了使制得的乳化体具有较好的耐热、耐寒性，光亮、洁白、润滑性好等特点，选用非离子型乳化剂，或与蜂蜡-硼砂相结合的混合乳化剂也已应用。

冷霜按其包装容器可分为盒装和瓶装冷霜。瓶装冷霜要求在35℃不得有油水分离，质地较软，油润性好；盒装冷霜质地略硬、稠度厚，受热（40℃）不渗油，受冷不变硬、不渗水、使用方便。配方举例如下（表12-35～表12-38）：

表12-35　瓶装冷霜配方

组分	质量分数(%)			
	(1)	(2)	(3)	(4)
蜂蜡	10.0	10.0	8.0	10.0
白色液状石蜡	34.0	25.0	40.0	48.0
白凡士林	7.0		10.0	5.0
鲸蜡	4.0	4.0	2.0	
杏仁油		8.0		
棕榈酸异丙酯		5.0		
失水山梨醇单油酸酯	1.0		2.0	
单硬脂酸甘油酯			1.0	
乙酰化羊毛醇	2.0			
硼砂	0.6	0.7	—	0.6
蒸馏水	41.4	37.3	37.0	36.4
香精、防腐剂、抗氧剂	适量	适量	适量	适量

制法：将油相组分加热至70℃；将硼砂溶解于水加热至90℃，然后在70℃下将水相缓慢加入到油相中。开始乳化时温度保持在70℃，可快速搅拌，加完水相后应缓慢匀速搅拌。45℃时加入香精、防腐剂、抗氧剂等。

表12-36　盒装冷霜配方

组分	质量分数(%)		
	(1)	(2)	(3)
硬脂酸	7.0	7.0	1.2
蜂蜡	2.0	2.0	1.2
水解蜂蜡	0.2		
天然地蜡(75℃)			7.0
合成地蜡(90℃)	7.5	8.0	

续表 12-36

组分	质量分数(%)		
	(1)	(2)	(3)
白色液状石蜡	52.0	52.7	47.0
双硬脂酸铝			1.0
单硬脂酸丙二醇酯	0.3		1.5
10%NaOH 溶液	4.0	4.0	
8%KOH 溶液	0.3	0.3	
氢氧化钙			0.1
蒸馏水	26.7	26.0	41.0
香精、抗氧剂、防腐剂	适量	适量	适量

制法：将粉末状双硬脂酸铝加入液状石蜡中，搅拌均匀，待其完全熔化后，经过滤，与已预先加热至110℃的油脂、蜡混合均匀，维持温度80℃。氢氧化钙加入80℃热水中，溶解后将其加入上述油中。搅拌冷却至28℃为止。经研磨、真空脱气，经40℃耐热合格检查后即可。

表 12-37　可洗性冷霜配方

组分	质量分数(%)	组分	质量分数(%)
A：乳酸鲸蜡醇酯	10.0	B：丙二醇	5.0
配糖胺基硬脂酸酯	12.0	乳酸鲸蜡醇酯 60	3.0
白色液状石蜡	5.0	蒸馏水	59.0
鲸蜡基硬脂基醇聚乙二醇	2.5	C：防腐剂(阳离子季铵盐)	2.5
鲸蜡醇	1.0	香精	适量

制法：将A组、B组分别混合加热至85℃，在搅拌下，将B组加入A组中，温度降至45℃时加入香精，冷却至室温。

表 12-38　含液体羊毛脂冷霜配方

组分	质量分数(%)	组分	质量分数(%)
A：蜂蜡	10.0	失水山梨醇油酸酯	2.5
精制液体羊毛脂	5.0	B：丙二醇	1.0
凡士林	12.0	蒸馏水	25.0
地蜡	10.0	抗氧剂、防腐剂	适量
液状石蜡	33.0	C：香精	适量
单油酸甘油酯	1.5		

制法：同可洗性冷霜。

二、乳液类

护肤乳液(又称奶液或蜜液)是一种液态霜类化妆品，是护肤化妆品中颇受欢迎的一类化妆品。质量好的护肤乳液，应具有润湿、柔软、光滑作用；室温下，流动性和稳定性好，无水分离析出；无黏腻的感觉，不影响汗液分泌，对皮肤无刺激或过敏性。虽然其作用与膏霜类护肤化妆品基本相同，但它使用方便，涂敷于皮肤上能铺展成一层极薄而均匀的油脂膜。

乳液类主要成分有油性成分，如烃类、酯类、高碳醇、脂肪酸等；乳化剂，如脂肪酸皂、非离子表面活性剂等；水性成分如低碳醇、多元醇、水溶性高分子化合物等。

乳液与膏霜类一样也分为水/油和油/水型乳化体，但后者居多。制备具有良好流动性和稳定性的乳液，其条件要比一般半固态的膏霜严格，以免在贮存过程中分层。通常，采取以下措施：

(1) 选择油相和水相密度相近的物质。

(2) 选择适宜的乳化剂，如选用具有增效作用的两种以上乳化剂要比单一乳化剂效果好，添加助乳化剂，如聚乙二醇脂肪酸酯、聚氧乙烯羊毛醇醚、聚氧乙烯脂肪酸酯等非离子乳化剂。

(3) 加入胶粘剂增加连续相的黏度。

(4) 采用适当的乳化温度、搅拌、冷却方式等。

下面介绍不同性能和作用的乳液护肤化妆品配方（表 12-39～表 12-42）：

表 12-39　干性皮肤润肤乳液配方

组分	质量分数(%)	组分	质量分数(%)
A：羊毛脂	5.0	B：聚氧乙烯(20)失水山梨醇单硬脂酸酯	1.0
棕榈酸异丙酯	5.0	丙二醇	5.0
失水山梨醇单硬脂酸酯	3.5	尼泊金甲酯	0.2
硅酮油	2.5	C：丙烯酸聚合物	0.15
凡士林	2.0	蒸馏水	75.55
尼泊金丙酯	0.1	D：香精	适量

制法：将 C 组溶解，然后加 B 组组分，加热至 70℃；将 A 组组分加热至 70℃，搅拌下，在 68℃时将 B、C 组分加入 A 组中，温度降至 40℃时加入 D 组，搅拌均匀即可。

表 12-40　油性皮肤润肤乳液配方

组分	质量分数(%)	组分	质量分数(%)
A：2-辛基十二醇	2.0	甲基羟丙基纤维素	0.2
蜂蜡	0.75	聚丙烯酸酯	0.2
硬脂酸异辛酯	5.0	尼泊金甲酯	0.3
十八醇聚甘油醚	2.0	蒸馏水	84.8
失水山梨醇单月桂酸酯	0.75	C：香精	适量
B：甘油	4.0		

制法：将 A 组、B 组组分分别混合加热至 75℃，搅拌下将 A 组加入 B 组中，降

至45℃时加入C组，搅拌均匀即可。

表12-41　润肤乳液（阳离子乳化剂）配方

组分	质量分数(%)	组分	质量分数(%)
A：矿物油	8.0	B：硬脂酰氧化胺	10.0
棕榈酸异丙酯	4.0	氯化季铵盐	4.0
单硬脂酸甘油酯	2.0	蒸馏水	71.0
羊毛脂	2.0	C：香精	0.2
鲸蜡醇	0.25	防腐剂	适量
硬脂醇	0.25		

制法：将A组混合加热至70℃，将B组加热至75℃，调节pH值为5.5～6.0，在快速搅拌下，将B组加入A组中，冷却至35℃时加入C组，搅拌均匀即可。

表12-42　美容乳液配方

组分	质量分数(%)	组分	质量分数(%)
A：液状石蜡	5.0	B：丙二醇	5.0
羊毛醇	2.0	乙醇	5.0
鲸蜡醇	1.5	丙烯酸聚合物(1%三乙醇胺中和液)	15.0
失水山梨醇倍半油酸酯	0.8	贝类黏液提取物	5.0
聚氧乙烯(20)油酸酯	1.2	蒸馏水	58.0
防腐剂、抗氧剂	适量	C：香精	0.5

制法：将A组混合加热至70℃，将B组混合加热至70℃，搅拌下，将A组加入B组中，温度降至40℃加入香精，搅拌均匀，冷却室温。

三、新型膏霜和乳蜜类

近些年来，随着合成化学的发展，为化妆品生产提供了大量新颖的原料，例如新的表面活性剂、油脂、营养剂、保湿剂等。新型原料的应用，使新型的乳化体、护肤化妆品已不再是传统的油/水型雪花膏和水/油型的冷霜，而是根据用途或涂敷的需要制成油/水型乳化体或水/油型乳化体，半固体的称为膏霜或香脂，流体的称为蜜或奶液（乳液）。这类护肤化妆品包括润肤霜和蜜、营养霜、保湿霜、增白霜、调理霜、日霜、晚霜等。

1. 润肤霜和蜜　主要作用是滋润、柔软、补充和保持皮肤水分，而使皮肤具有柔滑、光泽而富有弹性。

润肤霜和蜜一般都含有润肤剂、营养剂、保湿剂等，相关内容参看前面有关章节，在此不予重复。用于润肤霜的乳化剂，阴离子化剂有蜂蜡-硼砂、脂肪醇硫酸钠和脂肪醇磷酸酯；非离子型乳化剂有脂肪醇聚氧乙烯醚、单硬脂酸甘油酯、聚氧乙烯失水山梨醇脂肪酸酯、失水山梨醇脂肪酸酯、脂肪酸酯类等。阳离子乳化剂使用不多。配方举例如下（表12-43～表12-45）：

表 12-43 润肤霜(阴离子型乳化剂、油/水型乳化体)

组分	质量分数(%)						
	(1)	(2)	(3)	(4)	(5)	(6)	(7)
油相:杏仁油		8.0					
可可脂					5.0		
花生油					16.0		5.0
液状石蜡(轻质)	25.0	8.0	20.0	7.0	20.0	25.0	20.0
凡士林	10.0				24.0	10.0	8.0
地蜡			3.0				
蜂蜡	12.0				5.0	12.0	15.0
石蜡						5.0	
鲸蜡		5.0					
鲸蜡醇		2.0					
羊毛脂	10.0	2.0		3.0			
油酸				3.0			
卵磷脂(精制)							10.0
单硬脂酸甘油酯(自乳型)		14.0					
C16~C18 醇(10%硫酸酸化溶液)			16.0				
肉豆蔻酸异丙酯						22.0	10.0
尼泊金丙酯(适量)				0.15	0.15	0.15	0.15
抗氧剂(适量)				0.05	0.05		0.05
水相:硼砂	0.7				0.3	0.7	0.8
三乙醇胺				1.5			
甘油		5.0	5.0	5.0			
尼泊金甲酯(适量)				0.15	0.15	0.15	0.15
水	42.3	56.0	56.0	79.8	29.0	24.7	30.5
香精(适量)				0.35	0.35	0.3	0.35

制法:将油相组分混合,加热至 75℃,再将水相组分(除香精外)混合加热至 75℃,搅拌下缓慢将油相加入水相中乳化,温度降至 40℃时加入香精,搅拌均匀即可。

表 12-44 润肤霜(非离子型乳化剂,水/油型乳化体)

组分	质量分数(%)		
	(1)	(2)	(3)
油相:液状石蜡	17.5	15.0	25.0
葵花子油	15.0		
橄榄油			30.0
羊毛脂		1.0	2.0
地蜡	2.0		
石蜡		5.0	1.0
精制地蜡		5.0	
蜂蜡	5.0		
硬脂酸	0.6		
凡士林	20.0	35.0	2.0
鲸蜡醇	2.0		

续表 12-44

组分	质量分数(%)		
	(1)	(2)	(3)
羊毛蜡醇	6.0		
失水山梨醇倍半油酸酯		2.0	3.0
聚氧乙烯失水山梨醇羊毛酯衍生物		4.0	
水相:甘油			2.5
山梨醇(70%)		2.5	
硼砂	0.3		
硫酸镁		0.2	0.2
蒸馏水	31.7	30.3	34.3
香精、防腐剂、抗氧剂	0.4	适量	适量

制法:将油相组分混合加热至 75℃,将水相组分(除香精)混合加热至 75℃,搅拌下,将油相组分缓慢加入水相中,进行乳化,温度降至 40℃加入香精,搅拌均匀即可。

表 12-45　润肤霜(阳离子型乳化剂)

组分	质量分数(%)		
	(1)油/水霜	(2)油/水霜	(3)水/油霜
油相:花生油			20.0
液状石蜡	15.0	10.0	29.0
凡士林	15.0	1.0	5.0
羊毛脂	6.0	2.5	
地蜡			10.0
鲸蜡醇	2.0	1.0	
尼泊金丙酯	适量	适量	0.15
抗氧剂	适量	适量	0.15
水相:烷基二甲基苄基氯化铵	2.0	3.0	1.0
丙二醇			3.0
蒸馏水	60.0	82.5	31.4
尼泊金甲酯	适量	适量	0.15
香精	适量	适量	0.15

制法:同非离子型乳化剂制备水/油型乳化体。

2. 营养霜和蜜　在润肤霜和蜜中加入各种营养成分即成营养霜和蜜。其作用是补充皮肤的油脂、氨基酸、维生素等营养成分。为了使营养成分对皮肤有效,选用的成分与皮脂膜组成相近,使之容易吸收,达到营养皮肤的目的。

营养霜和蜜中,添加的营养成分不能含有过敏性成分;基质能均匀吸收营养成分,相容性好;涂敷后不能影响皮肤的 pH 值。配方举例如下(表 12-46～表 12-52):

表 12-46 灵芝营养霜配方

组分	质量分数(%)	组分	质量分数(%)
A相：硬脂酸	3.0	苯甲酸钠	0.15
单硬脂酸甘油酯	7.0	乳化剂	0.5
白油(11号)	5.0	卵磷脂和蜂蜜	3.0
十八醇	5.0	C相：灵芝提取浓缩液	5.0
十六醇	3.0	色素、香精	0.6
尼泊金乙酯	0.1	蒸馏水	47.65
B相：甘油	20.0		

制法：将A相和B相组分分别混合加热至80℃，搅拌下将A相加入B相中乳化，在50℃时加入灵芝提取液等，45℃时加入香精，搅拌均匀即可。

灵芝营养霜对皮肤具有滋润、抗皱作用。

表 12-47 人参营养霜配方

组分	质量分数(%)	组分	质量分数(%)
硬脂酸	4.0	三乙醇胺	1.0
凡士林	5.0	人参提取液	5.0
十八醇	3.0	蒸馏水	52.0
单硬脂酸甘油酯	10.0	香精、防腐剂	适量
甘油	20.0		

人参营养霜主要是利用人参中人参皂苷和可抑制黑色素的还原营养物质成分，可使皮肤白嫩、润滑光亮和延缓衰老，减轻细小皱纹。一般用量为4%～7%。

表 12-48 人参胎盘维生素E营养霜配方

组分	质量分数(%)	组分	质量分数(%)
A相：棕榈酸甘油酯和硬脂酸甘油酯混合物	10.0	三乙醇胺(50%)pH5.6	适量
十六醇和十八醇硫酸钠	4.0	防腐剂	适量
2-辛基十二醇	5.0	蒸馏水	适量
玉米油	4.0	C相：人参提取液	2.0
矿物油	4.0	骨胶水解液	1.0
维生素A	0.133	胎盘提取液	1.0
维生素E	0.1	D相：香精	适量
B相：甘油	4.0		

制法：将A相混合加热至80℃。将B相混合加热至85℃，加入A相中，于45℃加入人参提取液，35～40℃时加入其余组分，混合均匀。

该营养霜含有维生素和氨基酸等成分，对软化皮肤、增强保湿性有较好效果。

表 12-49　珍珠营养霜配方

组分	质量分数(%)	组分	质量分数(%)
聚乙烯醇	15.0	珍珠贝水解液(5%)	10.0
羧甲基纤维素钠	5.0	蒸馏水	57.0
丙二醇	3.0	防腐剂、抗氧剂	适量
乙醇	10.0		

制法：丙二醇溶于水中，聚乙烯醇和羧甲基纤维素钠溶于乙醇，加热至 70℃两液混合搅拌均匀后加入珍珠贝水解液，再搅拌冷却即可。

珍珠水解液含有碳酸钙、氨基酸、蛋白质及丰富的微量元素，其制得的化妆品，可使皮肤光滑、柔嫩、祛斑等。一般用量 4%～6%。

表 12-50　丝素营养霜配方

组分	质量分数(%)	组分	质量分数(%)
A 相：硬脂酸	5.0	B 相：氢氧化钠(20%水溶液)	5.0
肉豆蔻酸异丙酯	8.0	聚氧乙烯甲基葡萄糖醚-10	7.0
鲸蜡醇	3.0	丝素	3.0
丙二醇单硬脂酸酯	2.0	20%羧乙烯聚合物水溶液	5.0
肉豆蔻酸肉豆蔻醇酯	4.0	尼泊金甲酯	0.1
聚氧乙烯(20)失水山梨醇单油酸酯	1.0	蒸馏水	3.8
石蜡	3.0	C 相：香精	适量
尼泊金丙酯	0.1		

制法：将 A 相混合加热至 80℃，将 B 相混合加热至 80℃，搅拌下将 A 相加入 B 相中，温度降到 45℃时加入香精，混合即可。

丝素为蚕茧在酸性水溶液中水解，然后脱水、干燥、粉碎得到的蚕丝蛋白粉，含有丰富氨基酸和蛋白质。

表 12-51　蜂花粉营养霜配方

组分	质量分数(%)	组分	质量分数(%)
A 相：白油	15.0	B 相：三乙醇胺	1.0
蜂蜡	5.0	丙二醇	2.0
硬脂酸	10.0	苯甲酸钠	1.0
十六醇	1.0	尼泊金乙酯	0.3
羊毛脂	2.0	蒸馏水	48.7
聚氧乙烯(20)失水山梨醇单硬脂酸酯	2.0	C 相：蜂花粉提取液	10.0
单硬脂酸甘油酯	2.0	香精	适量

制法：将 A 相组分混合加热至 70℃，将 B 相组分混合加热至 90℃，维持

15min，冷却至72℃时，将B相加于A相中，剧烈搅拌，冷至50℃时加入C相组分，搅拌均匀，冷却至室温。

表 12-52 芦荟硅油护肤配方

组分	质量分数(%)	组分	质量分数(%)
油相：三压硬脂酸	4.0	水相：甘油	2.0
矿物油(轻质)	2.0	三乙醇胺	0.9
无水羊毛酯	1.0	尼泊金甲酯	0.15
十六醇	1.5	香精	0.35
硅酮油	2.0	蒸馏水	80.0
芦荟、芦根、白芍混合萃取液	6.0		
尼泊金丙酯	0.1		

制法：将油相和水相组分别混合并加热至80℃，搅拌下将油相组分加入水相组分中，搅拌冷却至40℃加入香精，搅拌均匀即可。

硅酮油具有化学稳定性好，能在皮肤表面上形成具有憎水性、透气性好的薄膜，对皮肤有滋润、保湿性等作用。

3. 增白霜　除具有护肤，保养皮肤作用外，还具有防止黑色素形成和沉着及淡化色斑作用，使皮肤变得白皙。

增白有效成分除维生素C外，许多中草药如川芎、当归、白芍、茯苓、甘草、大黄、黄连、薏苡仁、桔梗等都含有增白作用的成分。配方举例如下(表12-53～表12-55)：

表 12-53 维C增白霜

组分	质量分数(%)	组分	质量分数(%)
A相：3-乙酸乙酯基醚基维生素C	1.5	单硬脂酸甘油酯	3.0
角鲨烷	34.0	聚氧乙烯(20)失水山梨单油酸酯	1.0
微晶蜡	11.0	B相：丙二醇	2.5
凡士林	5.0	抗氧剂、防腐剂	适量
蜂蜡	4.0	蒸馏水	20.5
氢化羊毛脂	7.0	C相：香精	0.5
己二酸十六醇酯	10.0		

制法：将A相组分混合加热至80℃，将B相组分混合加热至80℃，搅拌下将A相加入B相中，冷却至45℃时加入C组分，搅拌均匀冷却至室温。

表 12-54 当归增白霜配方

组分	质量分数(%)	组分	质量分数(%)
A 相：液状石蜡	34.0	聚氧乙烯失水山梨醇单硬脂酸酯	1.3
蜂蜡	11.0	维生素 C 十六烷酸酯	1.0
羊毛脂	3.0	当归提取物	10.0
角鲨烷	2.0	B 相：硼砂	1.0
失水山梨醇单硬脂酸酯	4.2	蒸馏水	32.0

表 12-55 中药增白霜配方

组分	质量分数(%)	组分	质量分数(%)
A 相：聚乙烯醇	15.0	B 相：甘油	4.0
川芎和浜防风提取物	0.5	乙醇	5.0
防腐剂	0.1	C 相：香精	适量
蒸馏水	75.4		

制法：将 A 相组分混合加热至 80℃左右，然后冷却至室温加入 B 相组分和香精，充分混合均匀，乳化后即可。

4. 晚霜　也称夜霜，它是晚上入睡前涂敷用的化妆品，它能使皮肤恢复正常状态，保持皮肤光滑、柔软。使用时易涂擦，具有滋润舒适感，因此，多采用滋润性好而又不十分油腻的油性成分，易被皮肤吸收。采用的乳化剂也多是性能温和、乳化性好的表面活性剂。配方举例如下(表 12-56～表 12-59)：

表 12-56 晚霜配方

组分	质量分数(%)	组分	质量分数(%)
A 相：二壬酸丙二醇酯	15.0	甘油	1.5
单硬脂酸甘油酯	2.8	丙二醇	1.0
肉豆蔻酸十四醇酯	1.0	月桂酰胺基丙基二甲基氯化铵	3.7
十八醇	2.0	尼泊金甲酯	0.2
鲸蜡醇	1.0	蒸馏水	70.9
尼泊金丙酯	0.1	C 相：香精	0.5
B 相：羟乙基纤维素	0.3		

制法：将 B 组中的水与羟乙基纤维在 80℃溶解后，再加 B 组其他组分，将 A 组组分混合加热至 78℃，在搅拌下将 A 组组分加入 B 组中，冷却至 40℃时加入香精，冷却至室温即可。

表 12-57 保湿晚霜配方

组分	质量分数(%)	组分	质量分数(%)
A 相：液状石蜡	47.0	B 相：硼砂	1.0
白蜂蜡	16.0	十四烷基氯化铵	0.5
十四烷基二甲基氧化胺	3.0	尼泊金甲酯	0.15
尼泊金丙酯	0.15	蒸馏水	32.20
		香精	适量

表 12-58 润肤晚霜配方

组分	质量分数(%)	组分	质量分数(%)
A 相：二辛酸丙二醇酯	15.0	B 相：甘油	3.0
单硬脂酸甘油酯	4.5	丙二醇	2.0
硬脂醇	2.0	羟乙基纤维素	0.9
鲸蜡醇	1.5	二十二烷酰胺基丙基	2.3
肉豆蔻酸肉豆蔻醇酯	1.0	二羟丙基氯化铵	7.0
尼泊金丙酯	0.1	尼泊金甲酯	0.2
		蒸馏水	62.6
		C 相：香精	适量

表 12-59 多相乳化体晚霜配方

组分	质量分数(%)	组分	质量分数(%)
A 相：凡士林	15.0	蔗糖	1.5
角鲨烷	15.0	香精	1.0
橄榄油	12.0	蒸馏水	23.5
蜂蜡	10.0	B 相：由 A 制得的乳状液	78.0
地蜡	10.0	脂肪酸蔗糖酯(HLB=12)	2.0
羊毛脂	5.0	蒸馏水	20.0
失水山梨醇单硬脂酸酯	3.0	防腐剂	适量
失水山梨醇单油酸酯	4.0		

制法：将 A 相按水/油型乳化制得，再将已制得的乳化体加入 B 相中，即制得水/油/水型晚霜。该晚霜使用涂敷性、净洗性好，无油腻感。

四、万 能 霜

万能霜是一种多功能的膏霜，它既可以适用于面部、手和身体的敷用，又可以作为润肤霜、清洁霜和粉底霜等使用。为了满足这些多功能作用，其配方必须在相当大的范围内来平衡和协调。

万能霜的乳化体类型可以是水/油型或油/水型，但以水/油型较为流行。其配方中油相的含量为35%～45%，熔点为35～45℃，主要为油脂和蜡类；乳化剂以羊毛脂吸收基或非离子型表面活性剂为主；其水相为保湿剂如甘油、山梨醇等，除此外很少含有其他成分。代表性万能霜配方如下(表12-60～表12-62)：

表12-60　水/油型万能霜-1

组分	质量分数(%)	组分	质量分数(%)
A相：液状石蜡	18.0	B相：甘油	5.0
羊毛脂	2.0	硫酸镁	0.2
凡士林	2.0	蒸馏水	61.3
地蜡	7.0	C相：香精、防腐剂	适量
石蜡	3.0		
失水山梨醇倍半油酸酯	1.5		

制法：将A相组分混合加热至70℃，将B相组分混合加热至70℃，在搅拌下将B相加入A相中，搅拌冷却至45℃加入C相，再搅拌均匀至室温。

表12-61　水/油型万能霜配方-2

组分	质量分数(%)	组分	质量分数(%)
A相：液状石蜡	14.0	B相：蒸馏水	58.0
羊毛脂	3.5	甘油	3.8
蜂蜡	1.2	硫酸镁	0.2
凡士林	16.0	C相：香精、防腐剂	0.3
羊毛脂(含胆甾醇10%)	3.0		

制法：同配方-1。

表12-62　油/水型万能霜配方

组分	质量分数(%)	组分	质量分数(%)
A相：液状石蜡	23.0	聚氧乙烯失水山梨醇三油酸酯	1.0
羊毛脂	4.0	B相：山梨醇	12.2
蜂蜡	2.0	蒸馏水	41.8
硬脂酸	15.0	香精、防腐剂	适量
失水山梨醇三油酸酯	1.0		

制法：分别将A相组分和B相组分混合加热至70℃，搅拌下将B相加入A相中，冷却至50℃时加入C组，冷却至室温即可。

五、手用霜和蜜

手用霜和蜜类化妆品主要是用来保护手上皮肤，使其柔软润滑，以免手上皮肤粗糙和干裂。为了使用方便和无油腻感，手用霜和蜜多为油/水型乳化体，手用霜的油相比例为10%～25%，手用蜜的油相比例为5%～15%。油相组分主要为油脂和蜡类物质，如鲸蜡醇、硬脂酸和单硬脂酸甘油酯等，少量的羊毛脂或羊毛脂衍生物为滋润剂。保湿剂主要为多元醇，如甘油、丙二醇、山梨醇等。乳化剂既可以用阴离子型，也可以用非离子型。

对于特殊手用霜和蜜类，为使皮肤开裂愈合，添加尿素、尿囊素等作为愈合剂，用量为3％～5％。下面介绍手用霜和蜜的配方(表12-63～表12-66)：

表12-63 护手霜配方-1

组分	质量分数(％)	组分	质量分数(％)
A相：液状石蜡	10.0	B相：甘油	20.0
凡士林	2.0	尿素	2.0
鲸蜡醇	4.0	蒸馏水	58.0
单硬脂酸甘油酯	1.5	C相：维生素E乙酸酯	适量
聚氧乙烯(60)异硬脂酸甘油酯	2.5	维生素D	适量

说明：本配方是以非离子型乳化剂制得的油/水型乳化体。

表12-64 护手霜配方-2

组分	质量分数(％)	组分	质量分数(％)
A相：硬脂酸	13.0	氢氧化钾	1.0
液状石蜡	2.0	蒸馏水	68.85
羊毛脂	1.0	尼泊金甲酯	0.15
鲸蜡醇	2.0	C相：香精、色素	适量
B相：甘油	12.0		

说明：本配方以阴离子型乳化剂制得的油/水型乳化体。

表12-65 护手蜜配方-1

组分	质量分数(％)	组分	质量分数(％)
A相：羊毛脂	1.0	尼泊金甲酯	0.1
羊毛蜡醇	7.0	蒸馏水	84.9
单硬脂酸乙二醇酯	4.0	C相：香精、色素	适量
B相：乙二醇	3.0		

说明：本配方是以非离子型乳化剂制得的油/水型乳化体。

表12-66 护手蜜配方-2

组分	质量分数(％)	组分	质量分数(％)
A相：硬脂酸	3.0	甘油	2.0
羊毛脂	1.0	尼泊金甲酯	0.1
鲸蜡醇	0.5	蒸馏水	92.65
B相：三乙醇胺	0.75	C相：香精、色素	适量

说明：本配方是以阴离子型乳化剂制得的油/水型乳化体。

第四节 化妆水

化妆水是用来搽用的透明液体护肤用品。它是以水为基质含有部分酒精的，并加入其他具有不同作用的添加剂而制得的水剂型制品，但它不是酒精溶液制品。化妆水的主要功能是保湿、柔软、清洁、收敛、抑菌等作用。

化妆水的种类很多，有清洁用化妆水、柔软性化妆水、收敛性化妆水等。

一、清洁用化妆水

清洁用化妆水是以清洁皮肤为主要作用，并兼有柔软保湿作用的化妆品。不仅可以清除皮肤上的油脂和污垢，而且也可以用来清除附着在皮肤上的淡妆妆料，同时还能溶解、去除多余的角质，使皮肤润滑柔软。

它主要是由清洁剂、增溶剂、保湿剂和溶剂等组成的。清洁剂为非离子、两性表面活性剂和碱等；增溶剂为表面活性剂和起增稠作用的水溶性高分子聚合物；保湿剂是以多元醇，如甘油、丙二醇、聚乙二醇等起柔软保湿作用。碱性物质除有清洁作用外，还能软化角质层等作用。清洁用化妆水配方举例如下(表 12-67，12-68)：

表 12-67 碱性清洁用化妆水配方

组分		质量分数(%)
保湿剂	甘油	10.0
增溶剂	聚氧乙烯(20)失水山梨醇单油酸酯	0.1
清洁剂	氢氧化钾	0.05
溶剂	乙醇	20.0
	蒸馏水	69.65
其他	香精	0.2
	色素、防腐剂	适量

制法：将保湿剂、清洁剂溶解于水中，另将增溶剂、防腐剂、香精溶解于乙醇，然后加入水溶液中，搅拌混合均匀、过滤后即可。

表 12-68 中性清洁用化妆水配方

组分		质量分数(%)
保湿剂	一缩二丙二醇	6.0
	1,3-丁二醇	6.0
	聚乙二醇 400	6.0
增溶剂	聚氧乙烯(20)失水山梨醇单月桂酸酯	1.0
清洁剂	聚氧乙烯聚氧丙烯嵌段聚合物	1.5
溶剂	乙醇	15.0
	蒸馏水	64.5
其他	香精	适量
	色素、防腐剂	适量

制法：将保湿剂溶解于水中，另将清洁剂、增溶剂、香精、防腐剂溶解于乙醇中，将此醇溶液加入水溶液中，过滤后即可。

二、柔软性化妆水

柔软性化妆水是具有润肤、补充皮肤角质层水分、使皮肤柔软而达到护肤目的的化妆品。为了达到润肤、柔软保湿功效，其组分中保湿剂是不可缺少的，除多元醇外，还需添加水溶性高分子化合物，如纤维素、聚乙烯吡咯烷酮等。用作增溶剂的主要为非离子表面活性剂。柔软性化妆水配方举例如下(表 12-69，12-70)：

表 12-69　柔软性化妆水配方

组分		质量分数(%)
保湿剂	山梨醇	4.0
	一缩二丙二醇	6.0
	聚乙二醇 1500	5.0
表面活性剂	聚氧乙烯(20)油醇醚	0.5
胶粘剂	甲基纤维素	0.3
溶剂	乙醇	10.0
	蒸馏水	74.2
其他	香精、色素、防腐剂、螯合剂	适量

制法：用部分水溶解螯合剂、胶粘剂，搅拌成黏稠液，用余下水溶解保湿剂，然后将已制得的黏稠液加入并搅拌均匀。将表面活性剂、防腐剂、香精等溶解于乙醇中，将其加入上述水溶液中增溶，用色素调色过滤。

表 12-70　半透明柔软性化妆水配方

组分		质量分数(%)
保湿剂	1,3-丁二醇	6.0
	甘油	5.0
	聚乙二醇 400	3.0
柔软剂	橄榄油	0.5
表面活性剂	聚氧乙烯(20)失水山梨醇单硬脂酸酯	1.5
	聚氧乙烯油醇醚	0.3
溶剂	乙醇	10.0
	蒸馏水	73.7
其他	香精、色素、防腐剂	适量

制法：室温下，将保湿剂溶于水中，另将柔软剂、表面活性剂及其他组分溶解于乙醇中，搅拌下将醇溶液加入水溶液中，调整形成半透明微乳状液。

三、收敛性化妆水

收敛性化妆水的主要功能是作用于皮肤上的汗孔，能使汗孔内的蛋白质凝固，起到紧缩皮肤、微孔收敛，可抑制脂质及汗液的分泌，对防止皮肤粉刺形成或皮肤粗糙有良好的作用。

收敛性化妆水中除了有保湿剂、增溶剂、溶剂等以外，还有起收敛作用的收敛剂。用作收敛剂的组分有阳离子收敛剂，如明矾、硫酸铝、氯化铝、硫酸锌、苯酚磺酸锌等锌、铝盐；阴离子收敛剂，如柠檬酸、硼酸、丹宁酸、乳酸等。为了避免收敛剂对皮肤过分刺激，常添加非离子表面活性剂等以缓冲其作用。收敛性化妆水配方举例如下(表 12-71，12-72)：

表 12-71　收敛性化妆水配方-1

组分		质量分数(%)
保湿剂	山梨醇	1.0
	一缩二丙二醇	1.0
增溶剂	聚氧乙烯(20)油醇醚	1.0
收敛剂	羟基苯磺酸锌	0.2
	柠檬酸	0.1
溶剂	乙醇	15.0
	蒸馏水	81.7
其他	香精	适量
	色素、防腐剂	适量

制法：室温下，将保湿剂、收敛剂溶解于水中，另将增溶剂、香精、防腐剂溶解于乙醇中，将乙醇溶液加入水溶液中，混合增溶，调色、过滤。

表 12-72　收敛性化妆水配方-2

组分		质量分数(%)
保湿剂	甘油	5.0
增溶剂	聚氧乙烯(20)失水山梨醇单月桂酸酯	2.5
收敛剂	明矾	1.5
	硼酸	3.0
溶剂	乙醇	11.0
	蒸馏水	75.5
其他	香精	0.5
防腐剂	苯甲酸	1.0

制法：同配方-1。

四、多层化妆水

化妆水是以水为主的水醇溶液，为制得有特殊作用的化妆水，需加入较多量的粉质、油性原料，而水醇溶液对它们的溶解性差，经常出现两层或三层的溶液，使用时摇动后，可形成不稳定的油/水型乳状液，放置后仍可分层，上层为油层，下层为水层呈透明状的多层化妆水。多层化妆水配方举例如下(表 12-73,12-74)：

表 12-73 液-液型两层化妆水配方

组分		质量分数(%)
油性成分	角鲨烷	8.0
保湿剂	山梨醇	1.0
	甘油	1.0
增溶剂	聚氧乙烯失水山梨醇四油酸酯	0.2
溶剂	乙醇	10.0
	蒸馏水	79.8
其他	香精	适量
	色素、防腐剂	适量

制法：室温下，将增溶剂、防腐剂溶于乙醇中，油溶性色素溶于角鲨烷中，两者混合后作为油相。另将保湿剂等溶于水中作为水相，将油相加入水相中搅拌混合均匀，过滤。

表 12-74 液-固型两层化妆水配方

组分		质量分数(%)
保湿剂	1,3-丁二醇	2.0
	甘油	2.0
粉质料	红色氧化铁	0.15
	氧化锌	0.5
	高岭土	2.0
防腐剂	樟脑	0.2
	苯酚	0.02
溶剂	乙醇	15.0
	蒸馏水	78.13
其他	香精	适量

制法：将香精、保湿剂溶解于乙醇中，将防腐剂适量溶解于水中，将乙醇溶液加于水溶液中混合，搅拌下将粉质料加入混合溶液中，湿润、分散均匀，过滤(筛孔为150 目)即可。

第十三章

美容化妆品

美容化妆品主要指用来美化、修饰面部、眼部、唇部及指甲等部位的化妆品。正如化妆品定义中所述"美化人的身体，增加魅力，改变容颜而使用的化妆品"，以达到掩盖缺陷、赋予色彩的立体感、美化容貌的目的。同时又能起到保护皮肤和补充营养的作用。

美容化妆品可分为：面部化妆品，如粉底、香粉、粉饼、胭脂等；眼部用化妆品，如眼影、眼线、睫毛膏、眉笔等；唇部用化妆品，如唇膏、唇线笔等，指甲用化妆品，如指甲油、指甲白等。

第一节　面部用化妆品

一、粉 底 类

粉底用化妆品是指用于化妆之前打底用的化妆品，它能使香粉在皮肤上牢固附着，又能遮盖面部原来的肤色，改善皮肤的质感，使化妆色调和谐美丽。粉底类又有粉底膏霜、乳液、锭状之分。

粉底类化妆品应属于基础化妆品，但考虑到主要是用于面部化妆前打底用，故在本节内介绍。

1. 粉底霜　有两种：一种不含粉质，配方结构和雪花膏相似，遮盖力较差；另一种加入二氧化钛及氧化锌等粉质原料，有较好的遮盖力，能掩盖面部皮肤表面的某些缺陷。在粉底霜中还可以适当地加入一些色素或颜料，使其色泽能接近于皮肤的自然色彩。

粉底霜产品要求：和其他霜膏相似，也应具有细致的外表，质地细腻、均匀，具有良好的铺展性。对香粉吸着力强，还有一定的抗水和抗汗能力，并且易于除去。

粉底霜有油/水型、水/油型乳化体及油性膏型之分。粉底霜一般采用阴离子型和非离子型乳化剂，非离子型乳化剂适合用于有颜料的粉底。其配方如下（表 13-1～

表 13-3)：

表 13-1 油/水型粉底霜配方

组分	质量分数(%)	组分	质量分数(%)
A：液状石蜡	25.0	B：三乙醇胺	1.5
硬脂酸	4.0	干燥白粉料	10.0
鲸蜡醇	2.0	蒸馏水	55.0
单硬脂酸甘油酯（自乳化型）	2.5	色素、防腐剂	适量
		C：香精	适量

表 13-2 水/油型粉底霜配方

组分	质量分数(%)	组分	质量分数(%)
A：固体石蜡	3.0	钛白粉	20.0
羊毛脂	10.0	红色氧化铁	0.27
液状石蜡	27.0	黄色氧化铁	0.7
单硬脂酸甘油酯	5.0	黑色氧化铁	0.03
B：滑石粉	15.0	蒸馏水	15.0
高岭土	4.0	C：香精	适量

上述两种配方制法：将粉料与少量油料混合，经捏和、分散后与油相成分混合，加热融化。将水相成分混合，加热。将水相加入油相，进行乳化，均质后，加入香精，搅拌冷却，包装。

上述水/油型粉底霜的特点是，颗粒均匀，贮存稳定，不易透过可见光和紫外线，所以具有防晒作用。

表 13-3 油性粉底膏配方

组分	质量分数(%)	组分	质量分数(%)
高岭土	25.0	失水山梨醇倍半油酸酯	1.0
钛白粉	15.0	硅油酮	2.0
氧化铁	3.0	香精	适量
微晶蜡	4.0	环四聚二甲基硅氧烷	45.0
液状石蜡	5.0		

2. 粉底乳液　又称粉底露，由普通乳液和香粉组成，其稳定性低于乳液。粉底乳液中使用的乳化剂多为非离子型表面活性剂。其配方如下(表 13-4，13-5)：

表 13-4　粉底乳液配方-1

组分	质量分数(%)	组分	质量分数(%)
钛白粉	6.0	失水山梨醇三油酸酯	1.0
滑石粉	6.0	丙二醇	5.0
高岭土	3.0	聚乙二醇 4000	5.0
硬脂酸	2.0	三乙醇胺	1.0
十六醇	0.3	硅酸铝镁	0.5
液状石蜡	20.0	蒸馏水	49.2
聚氧乙烯油酸酯	1.0	色素、香精、防腐剂	适量

制法：将粉料和色素混合，粉碎成粉末。水中溶解其他水溶性成分。将粉料加入水相，乳化分散均匀，保持 70℃，将其余组分混合，加热溶解，保持 70℃，以此为油相。将水相加入油相中，进行乳化，当乳化分散均匀后，搅拌冷却。

表 13-5　粉底乳液配方-2

组分	质量分数(%)	组分	质量分数(%)
角鲨烷	3.0	1,3-丁二醇	10.0
微晶蜡	1.0	滑石粉	5.0
霍霍巴蜡	2.0	钛白粉	5.0
三异辛酸甘油酯	2.0	红色氧化铁	0.3
失水山梨醇单油酸酯	0.7	黄色氧化铁	1.0
蛋黄卵磷脂	1.2	黑色氧化铁	0.1
聚氧乙烯(20)失水		尼泊金甲酯	0.1
山梨醇单硬脂酸酯	1.4	香精	0.2
尼泊金丁酯	0.1	蒸馏水	65.9

制法：同粉底乳液-1。

为了使粉底乳液的色调均匀，必须使色素分散均匀。如色素密度大，易产生沉淀、凝聚，使色调不匀。为防止这种现象，必须提高黏度，但调整黏度时还应考虑使用性能、黏度与温度的关系，使粉底乳液的黏度恰到好处。

3. 粉底锭　是压制成块状的粉底化妆品，具有表面光滑、涂展性好，色泽均匀，软硬度适宜，粉质细腻等特点。粉底锭使用方便，可直接涂敷在面部上，颇受使用者欢迎。其配方如下(表 13-6，13-7)：

表 13-6 粉底锭配方-1

组分	质量分数(%)	组分	质量分数(%)
A：钛白粉	20.0	B：液状石蜡	34.0
高岭土	10.0	B：液状石蜡	34.0
云母粉	10.0	失水山梨醇倍半油酸酯	3.0
氧化锌	4.5	C：固体石蜡	5.0
红色氧化铁	1.4	巴西棕榈蜡	3.0
黄色氧化铁	4.0	肉豆蔻酸异丙酯	5.0
黑色氧化铁	0.1	香精	适量

制法：将粉料 A 粉碎，混合均匀，加入 B 相组分，使之分散均匀，再加入热溶解的其余组分，充分搅拌均匀，注入成型容器冷却。

表 13-7 粉底锭配方-2

组分	质量分数(%)	组分	质量分数(%)
A：云母粉	70.0	B：角鲨烷	4.0
滑石粉	6.2	羊毛蜡	4.0
钛白粉	8.0	聚甲基硅氧烷	4.5
红色氧化铁	0.6	失水山梨醇单硬脂酸酯	1.0
黄色氧化铁	1.3	C：香精	0.3
黑色氧化铁	0.1		

制法：将 A 相粉质原料粉碎，混合均匀。加入热熔化的 B 相油性组分中，温度降至 40℃时加入香精，充分混合均匀，压成块状。

二、香 粉 类

香粉用来涂于面部，可遮盖面部皮肤的缺陷如色斑等，是具有改变面部皮肤颜色、使皮肤光滑柔和并能吸收皮肤分泌的过多油脂及防止紫外线辐射等作用的化妆品。

1. 香粉　可分为轻质型、重质型、普通型，以适应不同类型皮肤。如油性皮肤应采用重质型香粉；干性皮肤应采用轻质型香粉；中性皮肤可选用普通型香粉。

质量好的香粉应具有如下作用：易涂敷，并能均匀分布于面部；能去除面部的油光，遮盖面部某些缺陷；色泽应近于自然肤色，又不显示出粉饰的缺点；对皮肤有较好的附着力，不易受汗水影响；对皮肤无刺激、涂搽后感觉舒服；香气芳香醇和，不过分强烈。

为了满足上述要求，香粉的粉质原料应具有如下性能：

(1) 遮盖力：要达到良好的遮盖力，要求所用的粉质原料色泽洁白、颗粒微细、质地轻，不含铅、汞、砷等，在香粉中起遮盖作用的粉质原料主要有钛白粉(用量10%以内)、氧化锌(用量在15%～25%)等，也可将两者混合使用(用量不超过10%)。

(2) 吸收性：吸收性是指香精的吸收，也包括对皮肤分泌的油脂和水分的吸收。在香粉中起吸收作用的粉质原料主要有沉淀碳酸钙(用量在15%以下)、碳酸镁(用量不超过15%)、胶性高岭土、淀粉和硅藻土等。

(3) 滑爽性：香粉具有滑爽性、易流动性，才能涂敷均匀。起滑爽性的粉质原料主要是滑石粉，用量在50%以上。其质量要求：纯度高、色泽洁白、柔软光滑、颗粒均匀、微细，粒度在200目以上。

(4) 黏附性：为防止香粉涂敷后出现脱落现象，其黏附性能是很重要的。常起黏附作用的粉质原料主要是高级脂肪酸锌、镁盐，如硬脂酸锌、硬脂酸镁或它们的混合物，用量一般在5%～15%之间。

对香粉中添加的色素要求：颜色接近皮肤的本色，色素耐光、耐热、遇水或油时不至于溶化或变色等。

香粉中添加的香精其香味不可过分浓烈，一般以花香型香精为主，使香粉具有花香、甜润而持久的香气感觉。

综合上述要求，可设计突出某种性能或作用的香粉配方，如表13-8中给出不同遮盖力、吸收性、黏附性的香粉配方，便于比较。

表 13-8　不同性能香粉配方

组分	质量分数(%)					
	普通	轻遮盖力	中遮盖力	重遮盖力	吸收性较差	黏附性较好
滑石粉	45.5	40.0	50.0	45.0	65.0	40.0
碳酸钙	8.0	9.0	5.0	5.0		15.0
碳酸镁	15.5	16.0	10.0	10.0	5.0	5.0
高岭土	10.0	15.0	16.0	10.0	10.0	15.0
氧化锌	15.5	15.0	10.0	15.0	15.0	15.0
硬脂酸锌	6.0	5.0		3.0	5.0	6.0
硬脂酸镁			4.0	2.0		4.0
钛白粉			5.0	10.0		
香精	0.5	1.0	适量	适量	适量	适量
色素	适量	适量	适量	适量	适量	适量

2．粉饼　使用目的和效果与香粉相同，主要是便于携带、使用方便。粉饼在配方组成上除有香粉的原料外，还应加入一定量的胶粘剂，便于压制成型。常用的胶粘剂有黄蓍树胶、阿拉伯胶等天然胶粘剂和羧甲基纤维素等合成胶粘剂。另外，加入甘油、丙二醇、山梨醇、葡萄糖等保湿剂，使粉饼保持一定水分并防止干裂；加入少量油脂，如液状石蜡、单硬脂酸甘油酯等起到使粉饼有光泽、改善使用效果等作用。其配方如下(表 13-9)：

表 13-9　粉饼配方

组分	质量分数(%)		
	(1)	(2)	(3)
滑石粉	55.0	47.0	60.0
高岭土	12.0	14.0	8.0
氧化锌	18.0	10.0	10.0
钛白粉		5.0	
碳酸镁	5.0		7.0
碳酸钙		14.0	
硬脂酸锌	5.0		
淀粉		5.0	10.0
液状石蜡			0.2
阿拉伯胶	0.05		
黄蓍树胶		0.1	0.1
甘油	0.25		
山梨醇			0.25
葡萄糖		0.3	
单硬脂酸甘油酯			0.3
蒸馏水	4.7	4.6	4.15
香精、防腐剂	适量	适量	适量

制法：先将胶粘剂和油脂调和，另将水和保湿剂调和，两者混合调成胶水状物，再加入部分粉质原料混合，过 20 目粗筛，再与其余粉料混合均匀，挤压成型。

3．爽身粉　也称扑粉，其主要作用是爽身护肤。原料与香粉基本相同，为了突出其爽身护肤作用，即有较好的滑爽性和一定的吸收性、黏附性，粉质原料主要是滑石粉、碳酸镁、碳酸钙，再根据需要添加少量的氧化锌、硬脂酸镁或硬脂酸锌等。另外，一般都添加硼酸，起到杀菌、消毒作用及调节 pH 值，使之呈弱酸性。

爽身粉的香精多为薄荷型因而有清凉感觉，香精用量一般在 0.15%～0.25%

之间。

爽身粉制法与香粉相同，参考配方如下(表 13-10)：

表 13-10　爽身粉配方

组分	质量分数(%)					
	(1)	(2)	(3)	(4)	(5)	(6)
滑石粉	72.0	68.0	60.0	75.0	80.0	75.0
碳酸镁	18.5	23.0		7.5	15.0	
硬脂酸镁	4.0			2.0		
氧化锌		3.0		3.0		
硬脂酸锌		3.0	2.0			4.0
淀粉			6.0			
高岭土				8.0		10.0
碳酸钙			28.0			5.0
硼酸	4.5	2.0	3.0	3.5	4.0	5.8
香精	1.0	1.0	1.0	1.0	1.0	0.2

4. 香粉蜜　是将粉质性原料悬浮在水和甘油等溶剂中的浆状型化妆品，使它既具有香粉那样的遮盖力，又有保护、滋润皮肤的作用。为使粉状物悬浮能力好，而采用胶粘剂如羧甲基纤维素钠等，而氧化锌和胶性黏土则在胶粘剂中悬浮性能较好。其配方如下(表 13-11)：

表 13-11　香粉蜜配方

组分	质量分数(%)	
	(1)	(2)
氧化锌	2.5	7.0
滑石粉	10.0	
碳酸镁	4.5	
甘油	5.0	50.0
羧甲基纤维素	1.5	1.5
乙醇	2.0	1.5
蒸馏水	74.5	39.0
香精、色素、防腐剂	适量	1.0

三、胭脂类

胭脂是用来涂敷于面颊，使面色显得红润、健康气色的化妆品。好的胭脂质地柔软、细腻，色泽艳丽、明快、均匀、涂层好，在涂敷粉底后施用胭脂，易混合协调，遮盖力强，对皮肤无刺激，香味纯正、清淡，易卸妆。

胭脂可制成各种形态：与粉饼相似的胭脂块，即通常所说的胭脂；膏状胭脂分为油膏型和乳化膏霜型；另外，还有粉状、液状胭脂等。

1. 胭脂　原料与香粉基本相同，不同之处在于色素比香粉用量多，一般以红色、棕色为主；香精比香粉用量少。此外，为使胭脂能制成块状，必须加入适量的胶粘剂。

胶粘剂有水溶性胶粘剂，如甲基纤维素、羧甲基纤维素等，用量在0.1%～3.0%之间；脂肪性胶粘剂，如液状石蜡、凡士林、脂肪酸酯等，用量在0.2%～2.0%；乳化型胶粘剂，如单硬脂酸甘油酯、液状石蜡和水配合使用等；粉类胶粘剂，如硬脂酸锌、硬脂酸镁等。其配方如下(表13-12)：

表 13-12　胭脂配方

组分	质量分数(%)		
	(1)	(2)	(3)
滑石粉	45.0	50.0	60.0
高岭土		16.0	10.0
氧化锌	15.0		10.0
硬脂酸锌		4.0	6.0
碳酸镁	20.0	6.0	
硬脂酸镁	10.0		
碳酸钙		4.0	
淀粉			7.0
钛白粉		7.5	
色素	9.5	12.0	6.0
香精	0.5	0.5	1.0
胶粘剂	适量	适量	适量

2. 胭脂膏　有两种类型：一类是用油脂、蜡、色素和粉质原料制得的油膏型胭脂(表13-13)；另一类是用油脂、蜡、粉质原料、乳化剂和水制得的膏霜型。膏霜型胭脂按使用原料和所形成的乳化体不同又分为雪花膏型(表13-14)和冷霜型(表13-

15)。

表 13-13　油膏型胭脂配方

组分	质量分数(%)	组分	质量分数(%)
A：高岭土	20.0	B：地蜡	15.0
钛白粉	4.2	凡士林	20.0
红色氧化铁	0.5	肉豆蔻酸异丙酯	10.0
橙黄色 203 号	0.3	羊毛酸异丙酯	3.0
液状石蜡	23.0	香精、抗氧剂	适量
滑石粉	4.0		

制法：将 A 组各组分研磨混合均匀为色素部分；B 组各组分混合加热至 70℃熔化，将色素部分加入 B 组混合液中，搅拌混合均匀，冷却至 50℃，加入香精和抗氧剂。

表 13-14　雪花膏型胭脂配方

组分	质量分数(%)	组分	质量分数(%)
A：硬脂酸	16.0	尼泊金甲酯	0.15
单硬脂酸甘油酯	4.0	色素	8.0
羊毛脂	1.0	蒸馏水	61.85
B：甘油	8.0	香精	0.5
三乙醇胺	0.5		

制法：将 A 组组分混合，加入 B 组的尼泊金甲酯，加热至 75℃熔化。将 B 组中色素和甘油混合均匀。将水加热至 77℃，混入三乙胺醇，在搅拌下将此水溶液加入 A 组中，待冷却至 60℃时加入色素和甘油混合物，搅拌冷却至 45℃时加入香精。

表 13-15　冷霜型胭脂配方

组分	质量分数(%)	组分	质量分数(%)
A：液状石蜡	25.0	B：硼砂	1.1
凡士林	20.0	蒸馏水	23.0
蜂蜡	16.0	防腐剂	0.1
鲸蜡	4.0	色素	5.3
地蜡	5.0	香精	0.5

制法:将色素和液状石蜡研磨混合成浆状物,然后将油相组分加热至70℃,水相组分加热至75℃,搅拌下将水相物加入至油相物中,搅拌15分钟后加入色素浆状物,搅拌冷却至45℃时加入香精,研磨混合均匀。

3. 胭脂水　是流动性液体,可分为悬浮体胭脂水和乳化体胭脂水两种。

(1) 悬浮体胭脂水:是将色素悬浮于水、甘油等液体中,因单纯将色素分散于溶液中易发生沉淀,因此为了防止沉淀,提高分散体的稳定性,可加入各种悬浮剂如单硬脂酸甘油酯或丙二醇酯等。其配方如下(表13-16):

表13-16　悬浮胭脂水配方

组分	质量分数(%)	组分	质量分数(%)
甘油	5.0	单硬脂酸丙二醇酯	10.0
色素	5.0	蒸馏水	76.5
鲸蜡醇	2.0	香精、防腐剂	0.5
十二烷基硫酸钠	1.0		

制法:将单硬脂酸丙二醇酯加热至熔化,将其加入其余组分混合物中。

(2) 乳化体胭脂水:是将色素悬浮于可流动的乳化体中,为防止出现分离的现象,可用增稠剂如羧酸酯、粉质性原料等来调整。其配方如下(表13-17):

表13-17　乳化胭脂水配方

组分	质量分数(%)	组分	质量分数(%)
A:失水山梨醇单硬脂酸酯	5.0	C:钛白粉	3.0
单硬脂酸丙二醇酯	5.0	硬脂酸锌	1.5
肉豆蔻酸异丙酯	5.0	蒸馏水	66.0
B:聚氧乙烯失水山梨醇单月桂酸酯	5.0	色素	2.0
聚氧乙烯失水山梨醇单硬脂酸酯	5.0	香精、防腐剂	0.5
硼酸	2.0		

制法;将A组组分混合加热至60℃,加入C相组分,制得油相;将B相组分与水混合加热至60℃制得水相。在搅拌下将水相加入油相中,使之完全乳化后冷却至45℃加入香精,继续搅拌冷却至室温。

第二节　唇部用化妆品

唇部用化妆品是指涂敷于唇部的唇膏、唇线笔等，其作用是赋予唇部色彩，具有光泽，使整个唇形有明显的变化，同时还有防止干裂的作用。因它直接涂于唇部易进入口中，所以它的安全性要求很高，无毒、对黏膜无刺激性等。

唇部用化妆品主要有唇膏、唇线笔等。

一、唇　膏

唇膏是涂敷于唇部，使其具有红润健康的色彩，不仅可以修饰唇部的轮廓，而且还对唇部起到滋润保护作用的化妆品。唇膏分为口红、口白两种，口红是将无毒的色素溶解或悬浮于脂蜡基内制成的棒状物，而口白除含有滋润唇肤的成分外，还添加有营养性成分，也可制成棒状物，但不含有色素成分。

品质优良的唇膏应具有下列特性：

(1) 光亮度、油润性好，膏体细腻，表面光洁，涂于唇肤上油润、光亮，起到滋润、柔软和保护作用。

(2) 柔软度适中。即柔软滑爽，涂抹感觉舒适，无油腻感，膏体不受气候条件影响。

(3) 色泽鲜艳、均匀一致，附着性好，不易褪色，涂敷后无色条出现。

(4) 安全性好，对唇部皮肤无毒、无刺激。

唇膏的组成包括色素、脂蜡基、滋润性物质和香精等。

1. 唇膏的色素　色素是唇膏的主要成分，唇膏用的色素分为两类：一类是溶解性染料，另一类是不溶性颜料，两者可以合用，也可以单独使用。

(1) 溶解性染料：溴酸红是唇膏常用的可溶性染料，能溶于油脂中，特点是色泽牢固持久。单独使用它制得的唇膏是橙色，涂敷后，因受 pH 值的影响，变成鲜红色。为提高它在脂蜡基中的溶解度，多用蓖麻油、多元醇脂肪酸酯等起助溶作用。

(2) 不溶性颜料：不溶性颜料主要是色淀，如铝、钙、钡、锶等盐的色淀，以极细的固体粉末混入脂蜡基中，其色彩好，但附着力不好，所以多与可溶性染料合用，用量一般为 8%～10%。

(3) 珠光颜料：为使唇膏具有珠光色泽，常加入珠光颜料，如合成珠光颜料、氯氧化铋、云母-二氧化钛膜等。

2. 脂蜡基　是唇膏的骨架成分，除了对染料的溶解性能外，还必须具有一定的触变性，即柔软性，能轻易地涂于唇部，形成均匀的薄膜，能适应温度的变化，不干、不脆裂等，还使口唇润滑、有光泽，无过分油腻感。

脂蜡基的主要原料：蓖麻油、高级脂肪醇及多元醇的高级酯类。

滋润剂：增强对口唇的滋润作用，常用的滋润剂有羊毛脂、鲸蜡、凡士林、卵磷脂、单硬脂酸甘油酯等。

硬化剂：地蜡、巴西棕榈蜡等。其配方如下（表 13-18）：

表 13-18　原色唇膏、变色唇膏、无色唇膏配方

组分	质量分数(%)		
	原色唇膏	变色唇膏	无色唇膏
蓖麻油	35.0	35.8	
凡士林	4.0	4.0	40.0
巴西棕榈蜡	4.0	4.0	
单硬脂酸甘油酯	40.0	42.0	26.0
棕榈酸异丙酯	8.0		
鲸蜡			7.0
液状石蜡		6.0	26.0
羊毛脂		3.0	
溴酸红	2.0	5.0	
色淀	5.0		
尿囊素			0.1
香精	2.0	适量	0.4
抗氧剂、防腐剂	适量	0.2	0.5

制法：将溴酸红分散于蓖麻油中，再将色淀调入于已熔化的液体油中，经研磨分散均匀，将蜡类物质熔化，然后将三者混合，再研磨均匀，略降温后，加入香精，混合均匀后即可浇模成型。

亮唇膏是涂抹于唇肤，增强美感，易铺展、润而不腻的唇膏（表 13-19）。

表 13-19　亮唇膏配方

组分	质量分数(%)	组分	质量分数(%)
巴西棕榈蜡	3.6	蓖麻油	72.2
无水羊毛脂(油溶性)	8.0	尼泊金甲酯	0.1
乙酰化羊毛脂	3.0	大戟类植物提取蜡	6.0
地蜡(76℃)	7.0	樟脑	0.1

二、唇线笔

唇线笔是为使唇形轮廓更清晰饱满，给人以美观细致的感觉而使用的唇部美容化妆品。它是将油脂、蜡和色素混合，研磨、压条而制成笔芯后，黏合于木杆中。笔芯要求：软硬适度、描画容易、色彩自然、不易断裂。其配方如下（表 13-20）：

表 13-20　唇线笔配方

组分	质量分数(%)	组分	质量分数(%)
蓖麻油	56.0	地蜡	3.0
蜂蜡	10.0	氢化羊毛脂	6.0
巴西棕榈蜡	4.0	颜料	10.0
小烛树蜡	7.0	香精	适量
微晶蜡	4.0	防腐剂、抗氧剂	适量

第三节　眼部用化妆品

眼部化妆品是指用于眼睑、眼角、睫毛和眉毛等眼睛周围处的化妆品。涂敷化妆品后，达到修饰、弥补缺陷等作用，使眼睛秀美、有神。

按施用部位眼部化妆品可分为眼影、眼线、睫毛膏、眉笔等用品。

一、眼　影

眼影是用来涂敷于眼窝周围的上下眼皮和外眼角，形成阴影，塑造眼睛轮廓，增强立体感，使眼睛美丽、有神的化妆品。

眼影有粉质眼影块、眼影膏和眼影水等之分。

1. 粉质眼影块　类似于胭脂，其原料和粉质块状胭脂基本相同，主要有粉质原料如：滑石粉、高岭土、碳酸钙、钛白粉、硬脂酸锌等，还有颜料和胶粘剂等。其配方如下（表 13-21）：

表 13-21　粉质眼影块配方-1

组分	质量分数(%)	组分	质量分数(%)
滑石粉	39.5	涂钛云母	40.0
高岭土	7.0	棕榈酸异丙酯	6.0
硬脂酸锌	6.0	防腐剂	0.5
无机颜料	1.0		

制法：同粉质块状胭脂。

表 13-22 粉质眼影块配方-2

组分	质量分数(%)	组分	质量分数(%)
高岭土	47.5	蜂蜡	2.0
钛白粉	5.0	软脂酸十六醇酯	5.0
红色氧化铁	6.0	单硬脂酸甘油酯	0.5
黄色氧化铁	8.0	香精	适量
黑色氧化铁	6.0	防腐剂	适量
珠光颜料	20.0		

制法：将蜡、酯、香精、防腐剂混合加热熔化，均匀加入已研细的粉质料中，混合均匀后、磨细、过筛、压制成型。

2. 眼影膏 与胭脂膏相似，主要成分为油脂、蜡、粉质原料及表面活性剂等，可以制成油蜡基和乳化型的眼影膏。其配方如下(表 13-23)：

表 13-23 油蜡型眼影膏配方

组分	质量分数(%)	组分	质量分数(%)
凡士林	63.0	液状石蜡	16.5
羊毛脂	4.0	地蜡	10.0
蜂蜡	6.5	色素	适量

制法：与胭脂膏相同。

表 13-24 乳化型眼影膏配方

组分	质量分数(%)	组分	质量分数(%)
A：硅酸铝镁	1.75	钛白粉	5.5
羧甲基纤维素钠	0.1	氧化铁(各种颜色)	4.5
蒸馏水	43.65	D：硬脂酸	0.8
B：聚萘磺酸钠	0.3	单硬脂酸甘油酯	2.0
丙二醇	5.0	羊毛脂	4.0
蒸馏水	6.0	芝麻油	2.0
三乙醇胺	0.4	橄榄油	1.0
C：高岭土	2.0	肉豆蔻酸异丙酯	3.0
滑石粉	18.0	防腐剂	适量

制法：将A组各组分混合、搅拌均匀，加入经混合的B组中，将C组研磨后加入A、B混合物中，加热至60～65℃，保温。将D组混合，加热至70℃，加入上述A、B、C组混合物中混合均匀，脱气，至冷。

3. 眼影水　也称眼影液，它是以水为介质，将色素分散于水中，为使制得的悬浮液稳定，加入增稠剂，同时具有增加其黏附性作用。其配方如下(表13-25)：

表13-25　眼影水配方

组分	质量分数(%)	组分	质量分数(%)
硅酸铝镁	2.5	防腐剂	适量
聚乙烯吡咯烷酮	2.0	蒸馏水	85.5
色素	10.0		

二、眼　线

眼线是用来描涂眼皮上下睫毛处的化妆品，描涂眼线后，使眼睛轮廓扩大，清晰、层次分明，能加深眼睛给人的印象，显得有神，加强眼影效果。

眼线有固体状即眼线笔、眼线液两类。

1. 眼线笔　是由油脂、蜡类和色素为主要原料制得的笔芯。要求有一定的柔软性，且不受汗液和泪水影响而化开，使眼圈发黑。其硬度可由加入蜡的量和熔点来调节。其配方如下(表13-26)：

表13-26　眼线笔配方

组分	质量分数(%)	组分	质量分数(%)
地蜡	15.0	三山嵛酸甘油酯	10.5
氢化蓖麻油	10.0	聚乙二醇二硬脂酸酯	5.0
三异辛酸甘油酯	10.0	色素	50.5

制法：将油脂、蜡等混合熔化，加入色素，混合均匀，注入模型，制成笔芯。

2. 眼线液　有三种类型：油/水型乳剂型、抗水性乳剂型和非乳化型眼线液。从使用效果看，前者缺乏抗水性能，眼部遇到水时即溶化。而抗水性乳剂型则较受欢迎。该眼线液特点是将含色素的丙烯酸共聚物在水中乳化制成，涂描后，水分蒸发后即可形成薄膜，耐水性强，色素不会渗出，卸妆时用水洗去即可。色素分散均匀，有良好的涂描性。其配方如下(表13-27)：

表 13-27 抗水性乳剂型眼线液配方

组分	质量分数(%)	组分	质量分数(%)
黑色氧化铁	15.0	丙烯酸共聚乳液	15.0
大豆磷脂	1.0	蒸馏水	62.0
聚氧乙烯硬脂醇醚	1.0	尼泊金甲酯	0.15
丙二醇	5.0	尼泊金丙酯	0.15
聚乙烯醇	0.7		

制法:将各组分溶解于水,氧化铁经磨细、过筛、混入,再搅拌均匀即可。

三、睫毛膏

睫毛膏也称眼毛膏,用来涂染睫毛,而使睫毛增强色泽,显得又浓又长,有增加立体感的效果。睫毛膏质量要求:容易涂敷,不会立刻干燥,也不易流下,没有结块和干裂的感觉,对眼无刺激,容易洗去等。

睫毛膏类型有固体块状和乳化型膏霜两种。其颜色主要以黑色和棕色为主。固体块状是色素与皂类,如硬脂酸三乙醇胺和油蜡基混合;而乳化型则是在膏霜基质中加入色素。其配方如下(表 13-28):

表 13-28 睫毛膏配方

组分	质量分数(%)	
	固体块状	乳化型膏霜
硬脂酸三乙醇胺	33.0	
石蜡	30.0	
蜂蜡	10.0	9.0
羊毛脂	10.0	
巴西棕榈蜡	2.0	6.5
单硬脂酸甘油酯		1.25
油酸		4.75
三乙醇胺		2.5
羧甲基纤维素钠		1.0
色素	15.0	8.5
蒸馏水		66.5
抗氧剂、防腐剂	适量	适量

制法：固体块状睫毛膏是将蜡质组分熔化后，加入色素混合，研磨均匀，将其以熔化状态浇模。乳化型睫毛膏是将油相组分加热熔化至 60℃，再将水相加热至 62℃，然后将水相在搅拌下加入油相中，并加入色素搅拌均匀，研磨后冷却至室温灌装。

四、眉　笔

眉笔是用来描眉用的化妆品，可使眉毛颜色增浓，与脸型、眼睛相协调。眉笔有铅笔状、推管式、粉块状之分。质量要求：软硬适度、易涂敷、不断裂、不发汗（不出白霜）、色彩自然。为满足这些要求，通常采用油脂和蜡加上色素，在非离子型表面活性剂作用下而制得。其配方如下（表 13-29）：

表 13-29　眉笔配方

组分	质量分数(%)		
	铅笔型	推管式	粉块状
石蜡	25.0	33.0	
凡士林	12.0	10.0	
液状石蜡	3.0	3.0	
蜂蜡	8.0	18.0	
巴西棕榈蜡	5.0		
硬脂酸三乙醇胺	20.0		1.0
羊毛脂	7.0	10.0	10.0
钛白粉			20.0
滑石粉			10.0
羊毛脂蜡		12.0	10.0
角鲨烷			4.0
色素	20.0	14.0	55.0
香精			适量

第四节　指甲用化妆品

指甲用化妆品用于美化、保护指甲，包括指甲油、指甲白、指甲抛光剂、指甲油去除剂和指甲保养剂等，其中使用最多的是指甲油和指甲油去除剂。

一、指甲油

指甲油是涂于指甲上增加其美观的化妆品。指甲油涂于指甲表面上能形成一层坚牢、耐摩擦的薄膜，起到保护、美化指甲的作用。

指甲油质量要求：易涂敷、干燥成膜快，色调正，光亮度好，薄膜牢固、耐磨，不易破裂和剥落，容易除去干净，对指甲无损害、无毒性。

指甲油的主要成分有成膜剂、树脂、增塑剂、溶剂和色素等。其中成膜剂和树脂对指甲油的性能起关键作用。成膜剂种类较多，其中最常用的是硝酸纤维素，它在硬度、附着力、耐磨等方面均优良。树脂作用是增加亮度、厚度和附着力等，其中常用的树脂有丙烯酸树脂、对甲苯磺酰胺甲醛树脂等。增塑剂作用是使薄膜柔软、持久等。溶剂作用是溶解成膜剂、树脂、增塑剂等，使指甲油有适宜的流动性、黏度、挥发度以保证成膜效果。其他还有稀释剂等。其配方如下(表 13-30)：

表 13-30 指甲油配方

组分	质量分数(%)	
	(1)	(2)
硝酸纤维素	14.0	12.0
醇酸树脂	13.0	
对甲苯磺酸胺/甲醛树脂		10.0
樟脑	6.0	1.5
丙烯酸共聚物		0.5
邻苯二甲酸二丁酯		5.0
乙酸丁酯	10.0	30.0
乙酸乙酯	25.0	11.0
甲苯	27.0	25.0
异丙醇		4.0
乙醇	5.0	
色素	适量	1.0

制法：将纤维素、增塑剂和溶剂调成浆状物，研磨均匀至细，然后加入经研细的色素搅拌均匀即可。

二、指 甲 白

指甲白是涂于指甲尖的里面，使指甲变白、变美的化妆品。其配方如下(表 13-31)：

表 13-31 指甲白配方

组分	质量分数(%)	组分	质量分数(%)
钛白粉	10.0	羊毛脂	9.0
蜂蜡	55.0	蓖麻油	8.0
可可脂	9.0	抗氧剂	适量
硬化棉子油	9.0		

制法：将油脂和蜡加热熔化后，加入钛白粉，混合均匀，制成笔芯。

三、指甲油去除剂

顾名思义，指甲油去除剂即用来去除已涂敷在指甲上油膜的制品，其主要成分是溶剂，它既可以是单一溶剂，也可以用混合溶剂。通常，其中加入一定量的油脂和蜡，以减轻溶剂对指甲的脱脂而产生的干燥不良感觉。其配方如下（表13-32）：

表13-32　指甲油去除剂配方

组分	质量分数（%）	
	(1)	(2)
乙酸丁酯	24.0	25.0
乙酸乙酯	45.0	40.0
丙酮	30.0	30.0
橄榄油		4.0
羊毛脂	1.0	
蓖麻油		1.0

制法：先将油脂加热溶于酯类，然后加入丙酮溶解均匀即可。

第五节　香水类化妆品

香水类化妆品也称芳香化妆品，它是以散发出怡人的芳香气味，给人以嗅觉美感的化妆用品。按产品形态可分为乙醇溶液香水、乳化香水和固体香水三种。

一、乙醇溶液香水

乙醇溶液香水包括香水、古龙水和花露水三种。它们都是以乙醇溶液为基质的透明液体，其主要原料有香料或香精、乙醇和水等。它们的区别在于香精（或香料）的香型和用量、乙醇的浓度不同。

1. 香水　香水具有芳香、浓郁、持久的香气，是应用较广的芳香化妆品，常喷洒于衣襟、手帕及身体某些部位，散发出悦人的香气，起到添香和除臭的作用。

香精是香水的主要成分，也可以说是香水的"灵魂"，香精用量一般为15%～25%。所用的香精与香水品级高低有关，高级香水中的香精多用天然植物净油，如茉莉净油、玫瑰净油等，以及天然动物香料，如麝香、灵猫香、龙涎香等调配而成。品级低的香水则大多是用合成香料调配成的香精。香水中所用香精的香型以花香型为主，但也有非花香型的。

香水用乙醇浓度一般为90%～95%，乙醇都是经过预先处理精制（详见香精和

香料章节)。有的香水还需添加少量螯合剂提高产品的透明度。香水配方举例如下(表 13-33):

表 13-33 玫瑰麝香型香水配方

组分	质量分数(%)	组分	质量分数(%)
玫瑰麝香型香精	15.0	乙醇(95%)	79.5
豆蔻酸异丙酯	0.5	色素	适量
蒸馏水	5.0		

制法:①混料:将香精和 5 倍量的乙醇适量混合;另将蒸馏水和余下的乙醇相混合,然后加入香精乙醇溶液中,同时加入豆蔻酸异丙酯,搅拌混合均匀,放入密闭容器内。②熟化(陈化):静置密闭存放一周左右后,难溶物基本沉淀完全。③冷冻:熟化过程中生成的难溶物有些仍处于半溶解状态,经 0～－5℃的低温冷冻,则沉淀更完全,便于过滤除去杂质。④过滤:一般采用真空或加压过滤除去不溶物。⑤调色:选择醇溶性色素,得到色泽鲜艳的香水。

2. 古龙水　因创制于德国科隆(Cologne)城而得名,故又称科隆水。它也是乙醇溶液香水,它的香气没有香水那样浓郁,但香气清爽、淡雅,是男士喜欢使用的香水用品。

古龙水的香精用量一般在 3%～8%,其香精多含有香柠檬油、柠檬油、橙花油、甜橙油、迷迭香油和薰衣草油等香料成分。

古龙水用乙醇浓度可为 70%～90%,如果香精用量为 2%～5%时,则乙醇浓度可为 75%～80%。用于古龙水的乙醇也需处理。但比香水用乙醇处理方法简单。常用 0.01%～0.05%$KMnO_4$ 溶液和 30%H_2O_2 溶液氧化,再经活性炭脱色。古龙水配方举例如下(表 12-34):

表 13-34 古龙水配方

组分	质量分数(%)	组分	质量分数(%)
古龙香型香精	4.0	乙醇(95%)	75.0
甘油	1.0	色素	适量
蒸馏水	20.0		

制法:与香水制法相同。

3. 花露水　用途较多,既可以在沐浴后喷洒于身体皮肤,起到清爽、祛汗的作用,又可以防止痱子或蚊虫叮咬,也能止痒消肿、杀菌、消毒等。常用作夏令卫生用品。

花露水是香水类化妆品中香精和乙醇含量最低的一种。香精用量仅为 2%～5%,乙醇的浓度一般采用 70%～75%。花露水的香精以清香的薰衣草油为主体。其乙醇处理方法同古龙水。花露水配方举例如下(表 12-35,12-36):

表 13-35　花露水配方-1

组分	质量分数(%)	组分	质量分数(%)
玫瑰麝香型花露水香精	3.0	蒸馏水	22.0
豆蔻酸异丙酯	0.2	乙醇(95%)	74.7
麝香草酚	0.1	色素	适量

制法：与香水制法相同。

表 13-36　花露水配方-2

组分	质量分数(%)	组分	质量分数(%)
橙花油	2.0	乙醇(95%)	75.0
玫瑰香叶油	0.1	蒸馏水	21.7
香柠檬油	1.0	色素	适量
安息香	0.2		

制法：与香水制法相同。

二、乳化香水

乳化香水是将香精添加于乳化体中而制得的具有浓香的乳浊液体或半固体香水化妆品。其作用和用法与乙醇溶液香水一样，可以涂敷于耳后、肘弯、膝后等处，也可以涂敷于身体及手上，散发香气。

乳化香水具有的特点是组分中含有油蜡类物质而有保香作用，使香气持久；对皮肤有滋润作用、刺激性小等优点。克服了乙醇溶液香水的乙醇含量高和无滋润性物质对皮肤产生刺激性的缺点。

乳化香水的主要成分有香精、乳化剂、油蜡类物质、多元醇和水等。其香精用量为 5%～10%，也可根据香精香味和香水类型而定，但要求香精在乳化体中稳定，不易变质或分解等。一般含有芳香醇类及醚类的香精是较稳定的，制得稳定的乳化香水的关键是选择合适的乳化剂，阴离子、阳离子和非离子型乳化剂都可应用于乳化香水。多元醇既起到溶剂作用，又起到保持水分和降低乳化香水冰冻点的作用。油蜡类物质有滋润皮肤和保香作用。乳化香水配方举例如下(表 13-37，13-38)：

表 13-37　液体乳化香水配方

组分	质量分数(%)	组分	质量分数(%)
A：硬脂酸	2.5	羧甲基纤维素(低黏度)	0.2
鲸蜡醇	0.3	尼泊金甲酯	0.1
单硬脂酸甘油酯	1.5	蒸馏水	82.2
B：丙二醇	5.0	色素	适量
三乙醇胺	1.2	C：香精	7.0

制法:分别将A组和B组组分加热至65℃,使之熔化或溶解,在搅拌下将A组缓慢加入B组中,并快速搅拌使乳化完全,冷却至45℃,加入香精,搅拌均匀至室温。

表 13-38 半固体乳化香水配方

组分	质量分数(%)	组分	质量分数(%)
A:硬脂酸	16.0	尼泊金甲酯	0.1
鲸蜡	1.0	氢氧化钾	1.2
蜂蜡	1.5	蒸馏水	69.2
B:甘油	6.0	C:香精	5.0

制法:将A组组分加热至70℃使之融化,再将B组组分加热至65℃溶解,在搅拌下将A组加入B组中,搅拌乳化完全后,冷却至45℃,加入香精,搅拌均匀至室温。

三、固体香水

固体香水是将香料或香精溶解在固化剂中,制成棒状并固定在密封较好的管形容器中。其特点是香气持久,携带和使用方便,对皮肤有凉爽的感觉,外观呈半透明等。

质量好的固体香水关键是固化剂的选择,通常采用硬脂酸钠作为固化剂。可以直接加入硬脂酸钠,也可以在制作固体香水过程中以氢氧化钠中和硬脂酸而得到硬脂酸钠。其他的固化剂还有蜂蜡、加洛巴蜡、小烛树蜡、松脂皂等。

为了改善固体香水的可塑性、防止固体香水棒的破碎,阻止使用时涂敷在皮肤上薄膜干燥太快或在皮肤上形成白粉层,需加入一些多元醇类如丙二醇、甘油、山梨醇、乙氧基二甘醇醚和聚乙二醇等作为增塑剂,同时多元醇还是固化剂的良好溶剂。

固体香水中含有少量的水,一般在5%左右,不超过10%,其作用是溶解硬脂酸钠。如水量过多,会产生硬脂酸钠和硬脂酸微小结晶,出现白色斑点。

由于固化剂是硬脂酸钠,因此固体香水呈碱性,选择香精或香料时要尤为注意,应选择在碱性条件下稳定的香料或香精。其配方如下(表13-39):

表 13-39 固体香水配方

组分	质量分数(%)	
	(1)	(2)
硬脂酸钠	6.0	
硬脂酸		5.6
氢氧化钠		0.9

续表 13-39

组分	质量分数(%)	
	(1)	(2)
甘油		6.5
丙二醇	4.0	
二甘醇一乙醚	3.0	
蒸馏水	5.0	4.0
乙醇	80.0	80.0
香精、色素	2.0	3.0

制法：

(1) 直接使用硬脂酸钠，将除香精和色素以外的组分加热至 70℃，完全溶解后，冷却至 65℃时加入香精和色素搅拌均匀，即可灌模。

(2) 在制备过程中制得硬脂酸钠，将水溶解的氢氧化钠溶液搅拌下加入其余组分的溶液中，在 65℃时加入香精和色素搅拌均匀，即可灌模。

第十四章

毛发用化妆品

人体的毛发主要是指头发而言，它不仅具有保护作用，而且还具有美容的功能。清洁、健康的头发和漂亮的发型，可以增加人的俊美，使人精神焕发。因此，头发的清洁、保护和修饰是美容的重要内容，毛发用化妆品则提供了所必需的物质基础。为了能对毛发用化妆品的作用和功效有较全面的了解，本章首先介绍毛发的结构和性质，然后分别介绍清洁、护发、固发和剃须用化妆品等方面内容，有关美发如卷发、染发等化妆品则在特殊用途化妆品章节中介绍。

第一节　毛发的结构和性质

一、毛发的分类与组织结构

1. 毛发的分类　人体的毛发分为长发、短发和毳毛。长毛又称终毛，包括头发、胡须、阴毛和腋毛，一般长度在 1cm 以上，较粗而色泽浓；短发包括眉毛、睫毛、鼻毛和外耳道毛，其长度在 1cm 以下；毳毛又称毫毛，比较细软，无色素、无髓，分布于全身。

人体的头发又有直发、波状发和卷发之分。我国多数民族的头发直而不卷，其断面呈圆形；白种人多为波状发，断面呈卵圆形；黑种人的头发卷曲更甚，其断面变化较大。头发颜色有黑色、金黄色、灰白色、白色之分，这与人种、性别、年龄、生活环境及营养情况等有关。

根据人体的健康、分泌和保养情况，又可将头发分为中性发、干性发、油性发和受损发四种情况：

(1) 中性发：是健康的正常头发，具有光泽、柔顺、健康的发质，既不油腻也不干燥，软硬适度，丰润柔软，有自然的光泽，适合做各种发型，是理想的发质。

(2) 干性发：头发干燥，触摸有粗糙感，不润滑，缺乏光泽，造型后易变形。

(3) 油性发：头发油腻，触摸有黏腻感，有时头屑多，使之缺乏光泽。不适合平直的发型，应使头皮更多地接触空气，减少头部油脂的产生。

(4) 受损发：是指因物理或化学因素损害的头发。头发干燥，触摸有粗糙感，颜色枯黄，缺乏光泽，发尾易分叉，不易造型。

2. 毛发的组织结构　由毛干、毛根、毛乳头等组成，如图 14-1 所示。毛发在皮肤表面以上的部分称为毛干；在皮肤下面处于毛囊内的部分称为毛根；毛根的下方膨大如球，称毛球；毛乳头位于毛球的向内凹入部分，它包含有结缔组织、神经末梢及毛细血管，为生长中的毛发提供营养。如果毛乳头被破坏或退化，头发就停止生长并逐渐脱落。在毛乳头上有许多分裂的细胞，这就是毛球。毛球是毛发的发端，在毛球的上半球生有色素细胞。在真皮层中，有与毛囊一同深入的皮脂腺，它的主要作用是分泌油脂，滋润毛发。

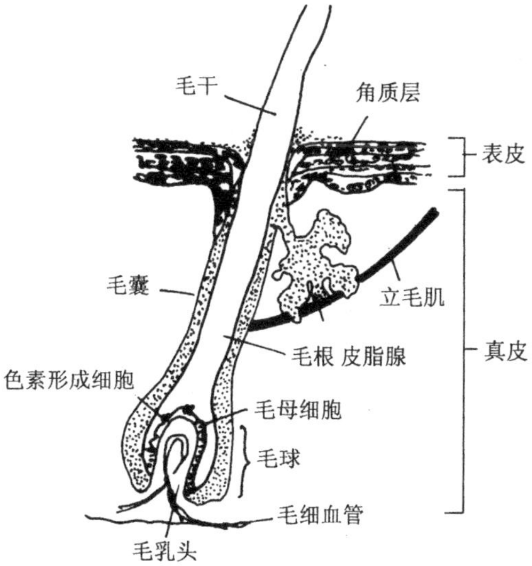

图 14-1　毛发的结构

发干可分为三层：表皮层、皮质层、髓质层。表皮层围绕着皮质层，是由角质细胞所组成的一种鳞状物质。这种鳞状物质越接近头皮部分越平滑，越远离头皮，则越粗糙和不规则。一般毛发的表皮层是由 6～12 层的角质鳞状物所组成。不同的发质有不同的形状，结实程度及拉力也不相同。皮质层是毛发最重的部分，约占整个发茎的 45%，控制毛发的水分，决定毛发韧性、弹性和强度。髓质层是毛发中心部分，为皮质细胞所围绕，髓质层中间有色素存在。

二、毛发的生长

人的头发数量约 10 万～15 万根，正常人每天脱落 50～100 根头发，同时也有等量的头发再生。因此，少量脱发是正常现象。

头发的生长周期可分为三个阶段，即生长期、休止期和脱落期。头发的生长期约为3～7年，甚至有长达25年者；休止期约为3～4个月，这时头发停止生长；脱落期3～4个月，旧发脱落后至新发再生。头发每日生长约0.27～0.4mm，每年生长15cm。头发的生长受神经及内分泌系统的控制及调节，特别是受内分泌的影响较明显。

三、毛发的化学组成和结构

1. 毛发的化学组成　主要成分是角蛋白，角蛋白是由多种氨基酸组成，其中以胱氨酸的含量最高，其他各种氨基酸的相对含量如表14-1所示。

表14-1　组成毛发的氨基酸及含量

氨基酸名称	结构式	质量分数(%)
甘氨酸	H_2NCH_2COOH	4.1～4.2
丙氨酸	$CH_3CH_2(NH_2)COOH$	2.8
亮氨酸	$(CH_3)_2CHCH_2CH(NH_2)COOH$	11.1～13.1
丝氨酸	$HOCH_2CH(NH_2)COOH$	7.4～10.6
苏氨酸	$CH_3CH(OH)CH(NH_2)COOH$	7.0～8.5
半胱氨酸	$HSCH_2CH(NH_2)COOH$	0.5～0.8
胱氨酸	$HOOCCH(NH_2)CH_2SSCH_2CH(NH_2)COOH$	16.6～18.0
蛋氨酸	$CH_3SCH_2CH_2CH(NH_2)COOH$	0.7～1.0
天冬氨酸	$HOOCCH_2CH(NH_2)COOH$	3.9～7.7
谷氨酸	$HOOCCH_2CH_2CH_2CH(NH_2)COOH$	13.6～14.2
精氨酸	$H_2N—C(=NH)—NH—CH_2CH_2CH_2CH(NH_2)COOH$	8.9～10.8
赖氨酸	$H_2NCH_2CH_2CH_2CH_2CH(NH_2)COOH$	1.9～3.1
苯丙氨酸	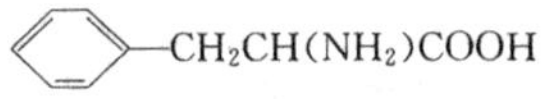	2.4～3.6
酪氨酸	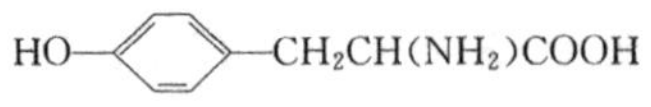	2.2～3.0
脯氨酸	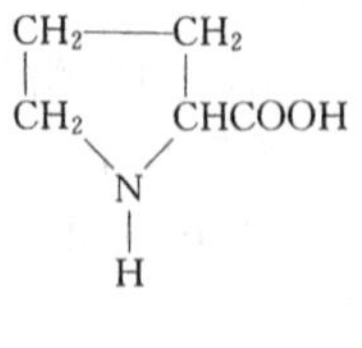	4.3～9.6
组氨酸	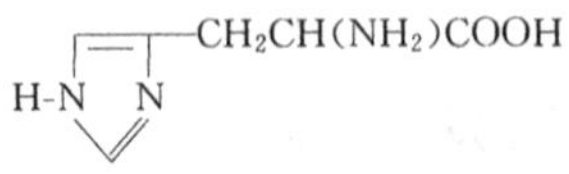	0.6～1.2
色氨酸	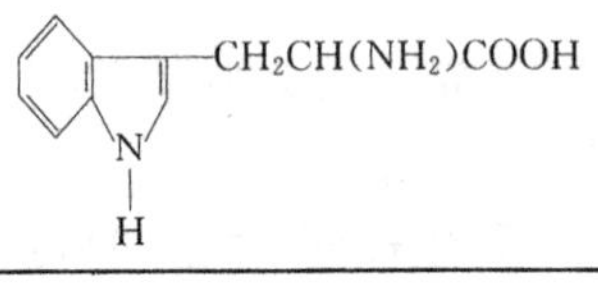	0.4～1.3

因角蛋白是硬蛋白，不溶于水、稀中性盐、稀酸、稀碱和一般有机溶剂，所以，毛发具有角蛋白的特性，与其组成和结构有密切关系。

2. 毛发的化学结构　毛发所含有的上述十几种氨基酸以怎样方式联结，现已基本清楚。氨基酸分子多具有-NH_2和-COOH，两个氨基酸分子之间，以一个氨基酸的羧基-COOH 和另一个氨基酸的氨基-NH_2 发生脱水缩合反应，形成酰胺键-CO-NH-即肽键，将两个氨基酸连接在一起。这样，多个氨基酸分子之间通过肽键，以重复的形式使之彼此连接，组成了多肽链的主要连接方式，即主链。可用下列通式表示其主链：

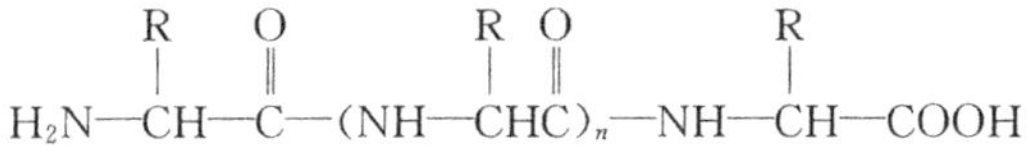

由形成纵轴的多个肽链与在其中间起连接作用的其他连接方式如二硫键、盐键、氢键、酯键等形成了具有网状的天然高分子结构。毛发的化学结构中，具有这些结构形式，如图 14-2 所示。

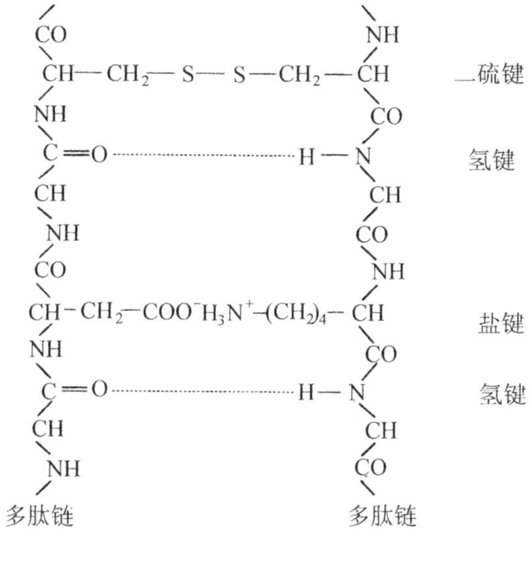

图 14-2　毛发角蛋白的结构示意图

(1) 二硫键：是由两个半胱氨酸氧化成胱氨酸时形成的一种化学键，可以在两条肽链之间，也可以在一条肽链的不同部位之间，如：

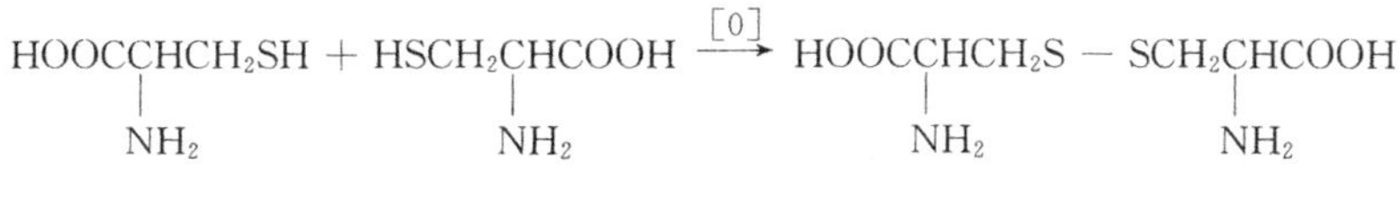

所形成的二硫键能够使两个肽链之间紧密地靠近，再与这两个多肽链存在的其他的键的作用下，使多肽链的结构上形成大小不等的肽环结构。

在毛发的卷曲过程中，二硫键的还原断裂及其后的氧化复原起着重要的作用。

(2) 盐键：也称离子键。在多肽链的侧链间存在着带正电的氨基和带负电的羧基；相互之间的静电吸引作用而形成化学键。如下式：

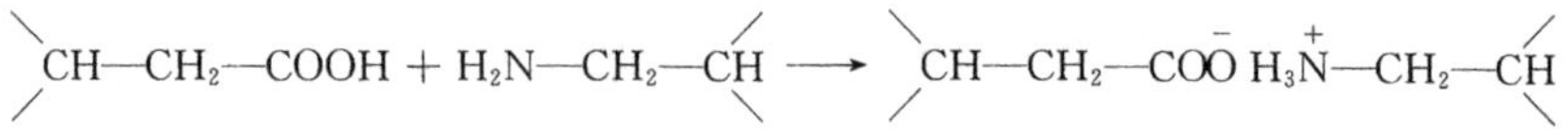

如赖氨酸带正电的氨基和天冬氨酸带负电的羧基之间，由于静电相互作用而形成的离子键。

(3) 氢键：由于肽键具有极性，多以一个肽键上的羧基的 >C=O 和另一个肽键上的酰胺基的 >N—H 之间可能发生相互作用，形成氢键：

在角蛋白分子中，在主链肽键之间，或侧链与主链、侧链与侧链之间都可以形成氢键，如图 14-3 所示。

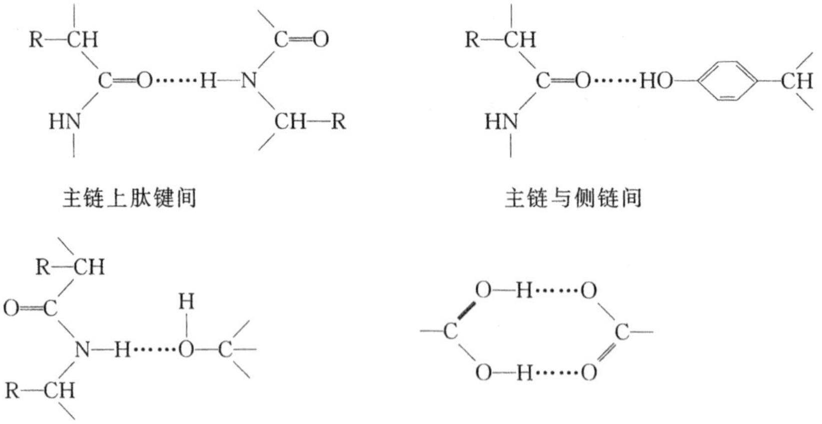

主链上肽键间　　主链与侧链间

主链与侧链间　　侧链与侧链间

图 14-3　氢键的形成

氢键的键能很小，是一种较弱的相互作用，但由于在一条多肽链中可以存在多个氢键，所以，它们也是多肽结构上的一个重要稳定因素。

(4) 酰胺键：存在于多肽链的主要成键形式，也称为肽键。此外，肽链也可横向

连接成酰胺键。例如,谷氨酸和精氨酸之间也可形成酰胺键:

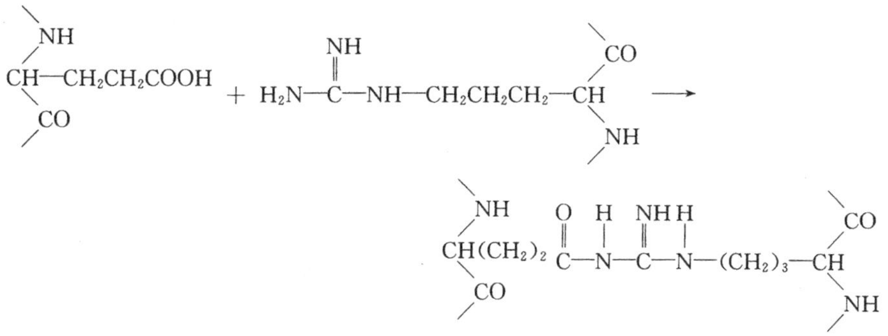

(5) 酯键:含有羟基的氨基酸的羟基和另一氨基酸的羧基在主链的横向以酯键的形式连接。例如,苏氨酸和谷氨酸之间可以形成酯键:

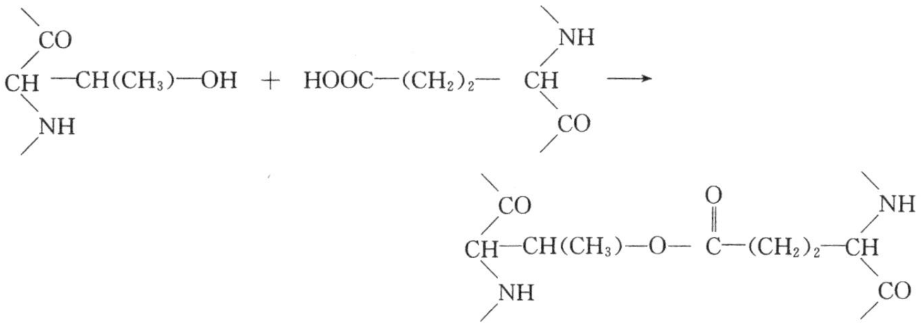

除上述几种键合之外,多肽链间还有非极性基团间的疏水键、范德华力的连接,它们都是分子间作用力,此作用力很弱,一般可以忽略不计。

3. 毛发的空间结构 在蛋白质分子中,由于肽单元的相互旋转,可使主链出现各种空间构象形式,即蛋白质的二级结构。1952 年,鲍林(Pauling)首先提出了 α-螺旋结构,即多肽链以肽单元为单位,以 α-碳原子为转折点,以螺旋方式伸展。在 α-螺旋结构内,分子中的亲水基团大部分分布在螺旋周围,又可以形成如前所述的盐键、二硫键、氢键等。由于这些键合的存在,使毛发角蛋白大分子形成了网状空间结构。由于这样的结构使毛发具有了拉伸性和弹性,在一定条件下具有柔韧性,即曲折或拉伸后,它又可以恢复原来状态。

四、毛发的化学性质

毛发是一种角蛋白,将它水解后得到的氨基酸都是 α- 氨基酸,如表 14-1 所示。所以,它除具有氨基酸的化学性质外,还具有所组成的角蛋白的特有性质。可以利用和控制这些化学性质,改变毛发的性质,达到卷发、染发等目的。

1. 氢键断裂 通常情况下,毛发不溶于水,但有一定的吸水性,如毛发被水湿润或水洗后,毛发膨胀而变得柔软;干燥后,毛发又恢复原状。这是由于毛发的角蛋白分子结构中，含有许多亲水性极性基团，如-NH_2、-COOH、-OH 等，均能和水分子形成氢键。同样水分子还可以进入毛发纤维结构内部，破坏了原来分子结构内的氢键，使水分子与原来形成氢键的基团，形成水分子与这些基团之间的氢键，使毛发膨胀而变软。

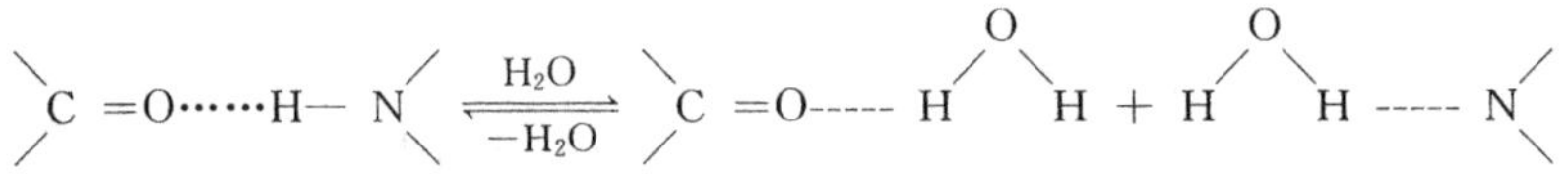

如干燥后失去水分子，被破坏的氢键可能又恢复到原来氢键状态，毛发恢复到原来状态，仍具有弹性和拉伸性。因此，卷发、染发之前，必须将毛发润湿，使之更容易达到预期效果。

在热水中(100℃以下)，毛发缓慢水解，在高温、高压下，毛发中的胱氨酸的二硫键被水解成巯基和亚磺酸基：

$$R—S—S—R' + H_2O \xrightarrow[\text{高压}]{\text{高温}} RSH + R'SOH$$

所以，一般卷发、染发和护发不要在较高温度下进行，适宜温度即可，以免对毛发的破坏。

2. 酸碱对盐键的破坏　通常情况，冷稀酸、碱溶液对角蛋白无明显作用。但在一定条件下，酸碱溶液可使毛发结构中的盐键发生变化。如在 0.1mol · L^{-1}HCl 溶液中，毛发的盐键发生下列断裂：

$$R—\overset{+}{N}H_3\overset{-}{O}OC—R' + HCl \longrightarrow R—\overset{+}{N}H_3Cl^- + R'—COOH$$

其结果使毛发纤维易伸长，如用水彻底冲洗，将酸洗掉，盐键将恢复原来的状态。在高浓度的强碱并且加热情况下，就有显著的破坏作用，其破坏程度与溶液的 pH 值有关。

在碱溶液条件下，盐键有如下反应：

$$R—\overset{+}{N}H_3\overset{-}{O}OC—R' + NaOH \longrightarrow R—NH_2 + NaOOC—R' + H_2O$$

这时，毛发纤维更容易伸长，这是由于碱不仅破坏盐键，而且也涉及二硫键的断裂。

3. 碱对二硫键的破坏　在碱性条件下，毛发角蛋白大分子间的盐键容易被破坏。当溶液碱性较强时，其二硫键也易发生断裂。其结果使毛发易于伸直，纤维变得粗糙、无光泽、强度下降、易断裂等。

碱对毛发的破坏程度受碱的浓度、溶液的 pH 值、温度、作用时间等因素有关。温度越高，pH 值越高则碱性越强；作用时间越长，则破坏越严重。认为碱与二硫键反应，破坏了二硫键，而且进一步反应是损失硫，使之不能被复原。如用氢氧化钠溶液处理羊毛，在 70℃、pH 值为 10 时，开始失去硫，如果温度越高，pH 值越高，处理时间越长，损失硫就越多。其反应式如下：

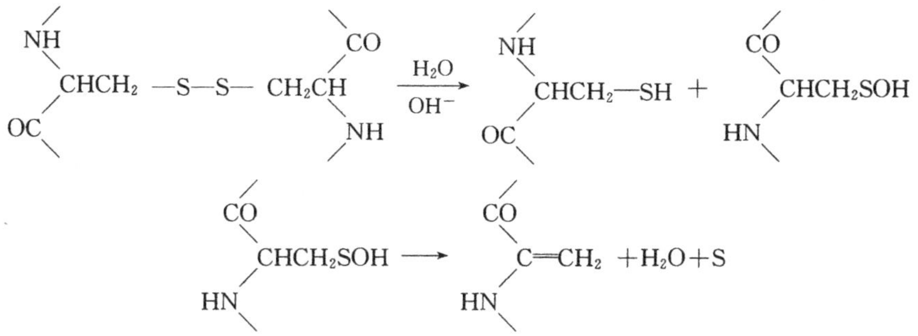

4. 氧化剂的作用　对毛发的作用主要是对其中的二硫键发生氧化作用，生成磺酸基，结果使之不能再还原成巯基或二硫键，致使毛发纤维强度下降，毛发变得粗糙、缺乏弹性和光泽、易断裂等。如胱氨酸残基被氧化成两个磺基丙氨酸残基，其反应式如下：

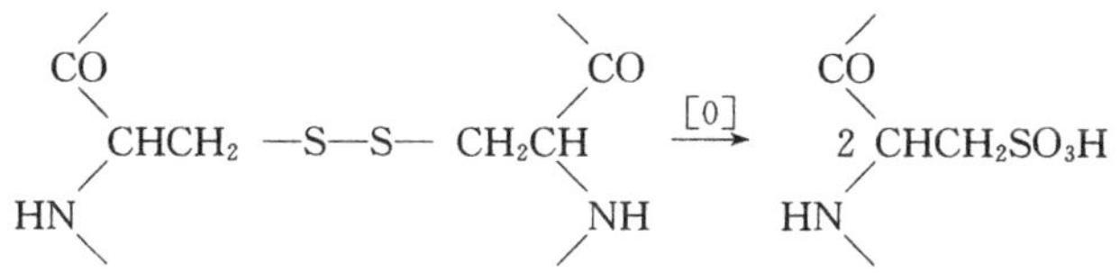

氧化剂对毛发的损害程度与氧化剂溶液的浓度、温度、pH 值有关。当用过氧化氢漂白头发时，一般用低浓度的过氧代氢溶液，否则浓度高时，则对毛发损害严重。金属铁与铬能强烈地催化双氧水的氧化作用，应予以注意。

5. 还原剂的作用　也可与角蛋白的二硫键发生还原反应，使二硫健断裂生成巯基。可作为还原剂的多为含硫化合物，如 Na_2SO_3、$NaHSO_3$、$HSCH_2COOH$、$HSCH_2COOM$、$HSCH_2CH(NH_2)COOH$ 等。其与二硫键反应与溶液的 pH 值密切相关。当在 pH 值为 10 以上时，碱性溶液对毛发纤维的溶胀作用增强，氧化剂易进入纤维结构内，而易与二硫键反应，使之破坏，生成巯基。

例如，巯基化合物还原二硫键的反应式如下：

$$R—S—S—R + HSR' \longrightarrow 2RSH + R'S—SR'$$

角蛋白中的二硫键的断裂，生成巯基化合物，使毛发变得柔软易于弯曲。生成的巯基在酸性条件下相对稳定，不易再被氧化成二硫键。而在碱性条件下，则容易又被氧化成二硫键。其反应如下：

$$2R—SH + \frac{1}{2}O_2 \longrightarrow R—S—S—R + H_2O$$

此反应如在痕量的金属离子，如铁、锰、铜离子存在时，其氧化速度加快。

毛发的卷曲就是利用上述化学反应，在还原剂的作用下（一般 pH 值为 9.2～9.5），将毛发部分二硫键破坏，使毛发变得柔软易于卷曲，卷曲成型后，再在氧化剂的作用下，使二硫键重新复原，保持毛发成型。

6. 其他反应　除上述盐键、二硫键的反应外，其他有活性的支链也可以起反应，如酪氨酸侧链的酚环可以与碘发生取代反应，其反应式如下：

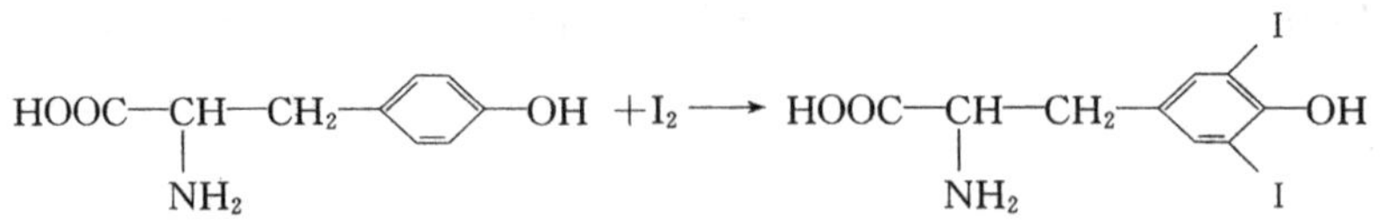

生成的取代产物与对磺酸苯胺重氮盐反应，生成橘黄色产物，反应式如下：

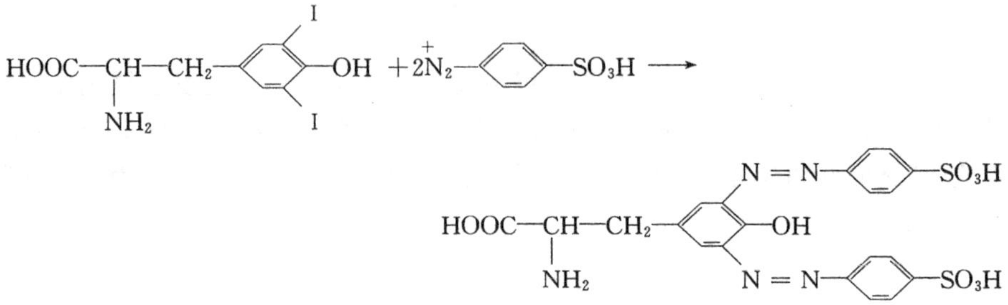

在毛发中引进这些基团，将使毛发显著地改变染色性质。

第二节 清洁毛发用化妆品

清洁毛发用化妆品是指用于清洁附着在头发和头皮上分泌的油脂、汗垢、脱落的头屑及聚集的灰尘等作用的清洁用品。它不仅具有清洁作用，而且还有对头发、头皮的生理机能起促进作用，使头发光亮、美观和柔顺等作用。专门用于清洁毛发用的化妆品多称为洗发剂或洗发香波。

香波是英语“Shampoo”的音译，原意是洗发。这个译名形象地反映了该类产品的特点，即洗后留有芳香气味。现已成为人们对洗发膏、洗发乳等各种洗发用品的统称。洗发香波的发展经历了由椰子油皂为原料的洗发用品；月桂醇硫酸钠为原料的液体乳化型香波和膏状乳化型香波；特别是近年来的洗发、护发、去头屑、止痒等多功能作用的洗发香波已成为现代洗发香波的主流产品，如“二合一”和“三合一”等洗发香波已被人们广泛应用。

理想的洗发香波应具有的性能特点：起泡性好，即泡沫丰富而细腻，在常温下泡沫稳定；有适度的去污能力，不能过分脱脂；洗后头发爽洁、柔软而有光泽；不产生静电、易于梳理；性能温和，对皮肤和眼睛刺激性小；能赋予头发自然感和保持良好的发型；能保护头发，促进新陈代谢；还有去头屑、止痒、抑制头皮过度分泌油脂等作用。

一、洗发香波的组成

香波主要成分为表面活性剂和添加剂。表面活性剂起去污、发泡等作用，添加剂起赋予香波各种性能的作用。

1. 表面活性剂

(1) 阴离子型表面活性剂：阴离子型表面活性剂在香波中用的最多、最广泛，下面仅介绍其中代表性的阴离子型表面活性剂及在香波中的性能和作用。

1) 脂肪醇硫酸盐 ($ROSO_3M$)：香波中最常用的阴离子表面活性剂之一，包括钠盐、钾盐和乙醇胺盐。其中月桂醇硫酸钠即十二烷基硫酸钠($C_{12}H_{25}OSO_3Na$)的发泡力最强，去污力强(脱脂性强)，并有一定的刺激性，但低温下溶解性较差(即耐寒性差)。一般适用于粉状、膏状和乳浊状香波。乙醇胺盐溶解性能好，低温下仍能保持透明，不产生混浊现象，适用于液体透明香波的原料。

2) 聚氧乙烯脂肪醇醚硫酸盐[$RO(CH_2CH_2O)_nSO_3M$]：是目前应用于香波的主要阴离子表面活性剂，具有优良的起泡性能和良好的去污能力，刺激性较小，与许多种表面活性剂和添加剂相容性好，易调节稠度，且生物降解性也极好，适宜于配制液体香波。

3) 琥珀酸酯磺酸盐类[$RCOOCCH_2CH(SO_3Na)COOM$]：是近年来新开发的新型阴离子表面活性剂，其种类很多(详见表面活性剂章节)。这类表面活性剂具有良好的洗涤性和发泡性，对皮肤和眼睛刺激性小，且有良好的渗透性能，属温和型表面活性剂，与其他表面活性剂混合使用，可适用于配制各种不同性能的香波。

4) 脂肪酸单甘油酯硫酸盐 [$RCOOCH_2CH(OH)CH_2OSO_3M$]：作为香波的原料已有较长的历史，一般采用月桂酸单甘油酯硫酸铵[$C_{11}H_{23}COOCH_2CH(OH)CH_2OSO_3NH_4$]，其溶解性好，有良好的泡沫性，洗后使头发柔软而有光泽，适合于配制弱酸性和中性香波。

(2) 非离子表面活性剂：非离子表面活性剂在香波中起辅助作用，作为增溶剂和分散剂，可增溶和分散水中不溶性物质，如软化剂、油脂和香精等。也可改善阴离子表面活性剂的刺激性，调节香波的黏度、稳定泡沫等。

常用的非离子表面活性剂有脂肪酸甘油酯、聚乙二醇脂肪酸酯、聚氧乙烯失水山梨醇脂肪酸酯、脂肪酸烷醇酰胺等。

(3) 两性表面活性剂：与头发有良好的亲和吸附性和调理性，它与离子型和非离子型表面活性剂相容性好，可与它们混合使用。在香波中用作增稠剂、调理剂等。常用于香波的两性表面活性剂主要是甜菜碱和咪唑啉类衍生物。

(4) 阳离子表面活性剂：去污力和发泡性能都比阴离子表面活性剂差得多，主要用作头发调理剂。因为阳离子表面活性剂易在头发表面上吸附而形成保护膜，能赋予头发光滑、光泽和柔软性，使头发易梳理、抗静电，而且还有润滑和杀菌作用。将阳离子表面活性剂与富脂剂(如高级醇、羊毛脂及其衍生物、蓖麻油等)复配能增强皮肤和头发的弹性，防止头皮干燥、皲裂等。

香波中常用的阳离子表面活性剂多为长链基的季铵盐，如十六烷基三甲基氯化铵 $C_{16}H_{33}-N^+(CH_3)_3Cl^-$、阳离子纤维素聚合物(JR-400)、阳离子瓜尔胶(GuAR)等。

2. 添加剂 洗发香波的添加剂种类很多，如调理剂、增稠剂、滋润剂、遮光剂、澄清剂、酸化剂、螯合剂、稀释剂、防腐剂、色素及香精等。它们赋予香波各种不同的功能，具体如下所述：

（1）调理剂：主要作用是改善洗后头发的手感，使头发光滑、柔软、易于梳理，并且梳理后有成型作用。其调理作用的原理是，这些调理剂在头发表面上易被吸附。在本章第一节已介绍了毛发是氨基酸多肽角蛋白质构成的网状高分子聚合物，从化学结构与性质来说，同系物及其衍生物之间有着较强的亲和性。因此，各种氨基酸、水解胶蛋白、卵磷脂等，都对头发有一定的调理性作用。

阳离子表面活性剂，如十八烷基三甲基氯化铵[$C_{18}H_{37}N^+(CH_3)_3Cl^-$]、十二烷基氧化胺($C_{12}H_{25}NH_2 \rightarrow O$)、十二烷基甜菜碱[$C_{12}H_{25}N^+(CH_3)_2CH_2COO^-$]等是较早应用于香波中作为调理剂的。

现代洗发香波则多应用阳离子高分子化合物作为调理剂，如阳离子纤维素聚合物(JR-400)、阳离子瓜尔胶(AuAR)、阳离子高分子迪恩普(DNP)、阳离子高分子蛋白肽等。其次是有机硅表面活性剂、羊毛脂类及其衍生物等，都是目前多功能香波的理想调理剂。代表性调理剂：

阳离子纤维素聚合物(JR-400)在头发表面具有较强的吸附力，对头发的调理作用非常明显，与阴离子、两性离子和非离子表面活性剂有很好的配伍性。可用在透明的多功能洗发香波中。同时还有一定的增稠作用，一般用量为0.2%～0.5%。

阳离子瓜尔胶(GuAR)有较耐久的柔软性和抗静电性，可赋予头发光泽、蓬松感，与其他的表面活性剂有很好的配伍性。同时还是一种好的增稠剂、悬浮剂和稳定剂，一般用量为0.5%～1.0%。

阳离子高分子迪恩普(DNP)具有抗静电、杀菌、柔软等功能，能赋予头发良好的梳理性和蓬松感，与其他表面活性剂有很好的配伍性，可用于透明香波中。在弱酸性pH值小于6时，它具有明显的吸附性和增稠性，一般用量为0.5%～2.0%。

阳离子高分子蛋白肽是由天然蛋白质改性制得，对头发有很好的附着性，能赋予头发良好的柔软性和梳理性，保持头发光泽、改善发型，并对受损头发有修复功能，一般用量为2.0%左右。有机硅表面活性剂能显著改善头发的湿梳理性和干梳理性，赋予头发抗静电性、润滑性、柔软性和光泽性，对受损头发有修复作用，并能降低阴离子表面活性剂的刺激性，一般用量为2.0%～5.0%。羊毛脂及其衍生物能有效地吸附在头发上，形成油脂性膜而起到补充油脂、抑制头发水分散失、使头发有湿润感和润滑作用。洗涤过程中起到加脂作用，能抑制脱脂作用，洗后头发有光泽、易梳理。

（2）增稠剂：可增加香波的稠度，获得适宜的黏度，提高香波的稳定性。常用的增稠剂有无机增稠剂和有机增稠剂两大类。

无机增稠剂：主要有氯化钠、氯化铵、硫酸钠、三聚磷酸等。一般无机增稠剂不能多加，否则会产生盐析现象而分层和增大刺激性。氯化钠和氯化铵主要用于透明香波增稠，用量一般不超过3%。硅酸铝镁与少量纤维素混合，增稠效果明显而稳定，适用于不透明香波增稠，一般用量0.5%～2.5%。

有机增稠剂：目前常用的有机增稠剂有聚乙二醇酯类，如聚乙二醇(6000)二硬脂酸酯、聚乙二醇(6000)二月桂酸酯等，还有卡波(Carbopol)树脂是交联的丙烯酸聚合物，可用来增稠和稳定乳液香波；聚乙烯吡咯烷酮不仅有增稠作用，而且有调理和抗敏作用。纤维素衍生物也可用来调节香波的稠度。脂肪酸烷醇酰胺不仅有增泡、稳泡作用，也可用作增稠剂。

(3) 去头屑止痒剂：人们对头皮屑的成因有较一致的看法，认为是头皮上新陈代谢的产物。头皮表层细胞的不完全角化和卵圆糠疹菌的寄生是头屑增多的主要原因。头屑的产生为微生物的生长和繁殖提供了有利条件，其结果刺激头皮，引起瘙痒，加速表皮细胞的异常增殖。因此，抑制细胞角化速度，降低表皮新陈代谢的速度和杀菌是防治头屑的途径。去屑止痒剂有硫化硒(SeS)、水杨酸及其盐、六氯化苯羟基喹啉、聚乙烯吡咯烷酮-碘配合物及某些季铵化合物等。下述是目前比较有效的去头屑止痒剂。

1) 吡啶硫酮锌(zinc pyrithione, ZPT)：化学名称双(1-氧-2-巯吡啶)锌，化学结构式 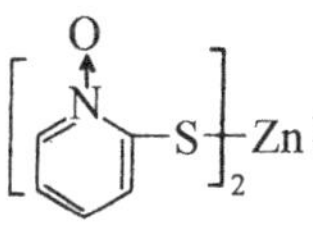 是一种高效、安全的去屑止痒剂，也是一种高效广谱杀菌剂，不仅可以延缓头发衰老，而且也能减少脱发和白发产生，被认为是一种具有较好疗效的洗发、护发添加剂。但它难以单独加入香波基质中，必须配加一定的悬浮剂或稳定剂才能形成稳定体系，否则会易形成沉淀而产生分离；另外，对眼睛刺激性较大，一般用量为0.2%～0.5%。

2) 十一碳烯酸单乙醇酰胺琥珀酸酯磺酸钠[$CH_2=CH\text{-}(CH_2)_8\text{-}CONHCH_2CH_2OOCCH_2\text{-}CH(SO_3Na)COONa$]，它是一种阴离子表面活性剂，具有良好的去污性、泡沫性和分散性，与皮肤、黏膜等有良好的相容性，刺激性小；与其他表面活性剂配伍性好，是一种强有力的去屑、杀菌、止痒剂；还能抑制脂溢性皮肤病的产生。其去屑作用机制是抑制表皮细胞的分离，延长细胞变换率，减少老化细胞产生和积存现象，而达到去屑、止痒的目的。一般用量为2%。

吡啶酮乙醇胺(octopirox)是近年来研制并生产的一种新水溶性去屑止痒剂。其作用机制是通过杀菌、抗氧化作用和分解过氧化物等方法，从根本上切断头屑产生的外部渠道，而有效地根治头皮发痒和头屑的产生。其适用pH值为5～8，一般用量为0.2%～0.5%。

(4) 螯合剂：其作用是防止在硬水中洗发时生成钙、镁皂而黏附在头发上，增加去污力和洗后头发光泽性。

常用的螯合剂有柠檬酸、酒石酸、乙二胺四乙酸钠(EDTA)或非离子表面活性剂，如烷醇酰胺、聚氧乙烯失水山梨醇油酸酯等。

(5) 澄清剂：在配制透明香波时，有时加入脂肪类、香精等油溶性物质，会出现不透明变混浊现象，可加入少量醇类物质，如乙醇、甘油(丙三醇)、丁二醇、己二醇、山梨醇或非离子表面活性剂，如壬基酚聚氧乙烯醚等，增加溶解度，而使之保持和提高香波透明度。

(6) 珠光剂：珠光剂也称遮光剂，添加适量珠光剂，使香波液体产生悦目的珍珠光泽感，提高产品的视觉效果。

常用的珠光剂主要有硬脂酸金属盐(钙、镁、锌盐)、鲸蜡醇、脂蜡醇、氯氧化铋及合成的乙二醇单硬脂酸酯($C_{17}H_{35}COOCH_2CH_2OH$)和乙二醇双硬脂酸酯($C_{17}H_{35}COOCH_2CH_2OOCC_{17}H_{35}$)等。

(7) 酸化剂：弱酸性洗发香波对头发护理、减少刺激性是有利的。在香波配制时，因加入碱性物质而引起碱性增强；某些调理剂要起到调理性作用必须在 pH 值 6 以下；用无机盐如 NaCl、NH_4Cl 做增稠剂时，在弱酸性条件，其增稠效果明显；防止氨挥发，在 pH 值低于 7 时，固定氨作用强等要求，需要调节其 pH 值为弱酸性。因此，适当加入酸性物质即酸化剂，如柠檬酸、酒石酸、磷酸、硼酸及乳酸等，同时还可能起到其他添加剂的作用。

(8) 营养剂：为使香波具有护发、养发功能，常在香波中添加滋润、营养等作用的营养剂。主要有：

1) 维生素类：如维生素 E 、维生素 B_5 等，能赋予头发光泽，保持润湿，修补头发的损伤，增加头发的营养成分等作用。

2) 氨基酸类：如丝肽、水解蛋白等，起到营养和修复损伤头发的作用，同时也具有一定的调理作用。

3) 中草药提取液：如人参、何首乌、芦荟、当归等的提取液，加入香波中除营养作用外，还可以促进皮肤血液循环、促进头发生长和防止脱发等作用。坚持使用可使头发具有光泽、乌黑、柔顺等效果。

二、香波的分类

香波的种类很多，按功能分类，有普通香波、调理香波、去头屑香波、烫发香波、染发香波及儿童香波等。此外，还有兼有洗发、护发功能的“二合一”香波；兼有洗发、护发、去头屑和止痒功能的“三合一”香波等。

按添加特殊原料分类有皂角香波、氨基酸香波、蛋白香波、珠光香波、芦荟香波、水果味香波等。

按产品形态分类，有液体、膏状、粉状等洗发香波。其中液体香波是应用最多、最广泛的一种香波，由于它使用方便，深受人们欢迎。液体香波又可分为透明液体香波、乳液香波、凝胶状香波等。

还有适用于不同发质的干性头发、中性头发、油性头发洗发香波之分。

目前，洗发香波向洗发、护发、调理、去屑、止痒等多功能方向发展是其主流。

常用的洗发香波有如下几种：

1. 普通香波　是大众化通用洗发用品，其特点是突出洗发作用，泡沫丰富、容易漂洗、使用方便、价格便宜等。其配方举例如下(表 14-2,14-3)：

表 14-2　膏状普通香波(洗发膏)配方

组分	质量分数(%)	组分	质量分数(%)
A：硬脂酸	5.0	单硬脂酸甘油酯	2.0
KOH 溶液(19%)	5.0	蒸馏水	67.0
B：十二烷基硫酸钠	20.0	C：香精、色素、防腐剂	适量
烷基醇酰胺	1.0		

制法：分别将 A 组和 B 组组分加热至 75℃，搅拌下将 A 组加入 B 组中，搅拌冷却至 45℃时，加入 C 组，搅拌均匀即可。

表 14-3　液状普通香波配方

组分	质量分数(%)	
	(1)	(2)
月桂醇硫酸钠	54.0	20.0
椰子油单乙醇酰胺		1.0
硬脂酸酸钠	5.0	
羊毛脂	1.0	
单硬脂酸丙二醇酯		2.0
硬脂酸		5.0
NaOH		0.75
蒸馏水	39.0	71.25
香精、色素	1.0	适量

制法：

(1) 将水加热至 75℃，搅拌下依次加入各组分溶解乳化，温度降至 45℃时加入香精、色素，搅拌均匀即可。

(2) 将硬脂酸加入水中，加热搅拌至 90℃时，加入月桂醇硫酸钠、碱等其他原料，冷却至 50℃时加入香精、色素，搅拌均匀即可。

2. 透明液体香波　具有外观呈透明，使用时泡沫丰富、易于清洗等特点。为了保持其透明度，一般选用浊点较低、低温时仍能保持透明清晰、不出现沉淀等表面活性剂是十分重要的，如脂肪醇硫酸三乙醇胺、聚氧乙烯脂肪酸酯、烷醇酰胺等。并加入适量的螯合剂、澄清剂等。配方举例如下(表 14-4)：

表 14-4 透明液体香波配方

组分	质量分数(%)		
	(1)	(2)	(3)
月桂醇硫酸钠	15.0	12.0	
月桂酰二乙醇胺	2.7	5.0	15.0
聚氧乙烯(20)失水山梨醇单油酸酯	10.0		
聚氧乙烯(16)羊毛醇醚			9.0
月桂醇硫酸三乙醇胺			16.0
EDTA 四钠	0.05	0.05	
蒸馏水	72.05	82.6	60.0
磷酸	适量		
柠檬酸		适量	适量
氯化钠	适量	适量	适量
防腐剂	适量	0.15	适量
香精	0.2	0.2	适量

制法:将表面活性剂及其他添加剂加入水中,加热至 60℃搅拌溶解均匀,冷却至 40℃时加入香精,用酸调节 pH 值至 7 左右,用氯化钠调节至适宜黏度即可。

3. 乳液香波 外观不透明,原料使用范围较广,除具有洗涤作用的表面活性剂外,多应用高碳醇、羊毛脂及其衍生物、硬脂酸盐等不易溶于水的原料。配方举例如下(表 14-5,14-6):

表 14-5 乳液香波配方-1

组分	质量分数(%)	组分	质量分数(%)
月桂醇硫酸钠	20.0	碳酸钠	3.0
硬脂酸	6.0	氢氧化钾	1.0
羊毛脂	3.0	蒸馏水	59.0
烷醇酰胺	3.0	香精、色素、防腐剂	适量
甘油	5.0		

制法:将除香精以外的各组分依次加入水中,加热至 75℃搅拌溶解,冷却至 45℃时加入香精,搅拌均匀即可。

表 14-6 乳液香波配方-2

组分	质量分数(%)	组分	质量分数(%)
月桂醇硫酸三乙醇胺	16.0	羊毛脂	3.0
月桂酰二乙醇胺	15.0	蒸馏水	57.0
聚氧乙烯羊毛醇醚	9.0	香精、色素、防腐剂	适量

制法：同配方-1。

4. 调理香波 是指具有洗发和调理头发双重功能的香波。洗涤后使头发有光泽、柔顺、富有弹性，可抗静电、易梳理，并防止头发松散、保护头发。常见的"二合一"调理香波、双相调理香波等都属于这种类型香波。

调理香波常用的调理剂有：水解蛋白质，如水解角蛋白、水解动物胶；阳离子聚合物，如聚季铵化合物、丙烯酰胺聚合物、阳离子瓜耳胶等；表面活性调理剂，如麦芽油衍生物；非离子表面活性剂，如聚氧乙烯脂肪醇醚、聚氧乙烯失水山梨醇脂肪酸酯、聚氧乙烯乙二醇醚等。还有油脂性物质，如鲸蜡醇、硅油、羊毛脂及其衍生物、多元醇酯等。配方举例如下(表 14-7,14-8)：

表 14-7 透明液体调理香波配方

组分	质量分数(%)
聚氧乙烯月桂醇醚硫酸钠(60%)	12.0
琥珀酸油酰胺基乙酯磺酸二钠	20.0
琥珀酸麦芽油酰胺基乙氧基乙酯磺酸二钠	5.0
麦芽油酰胺基丙基甜菜碱	4.0
柠檬酸(调节 pH=5.5)	适量
氯化钠(调黏度)	适量
蒸馏水	59.0
香精、防腐剂、色素	适量

制法：将各组分加入水中，加热搅拌至 40℃，呈清晰溶液，用柠檬酸调 pH 值至 5.5，加入香精、防腐剂和色素，用氯化钠调节黏度至 2Pa·s。

表 14-8 普通液体调理香波配方

组分	质量分数(%)
磺基丁二酸月桂酯	5.0
十二烷基二甲基氧化胺	3.0
十二烷基硫酸三乙醇胺	4.0
椰子油酰二乙醇胺	1.0
聚氧乙烯月桂醇醚硫酸钠	20.0
蒸馏水	67.0
色素、香精、其他添加剂	适量

制法：将各组分加入水中搅拌均匀后，加入色素、香精及其他添加成分。

该调理香波采用混合表面活性剂，刺激性小，易冲洗，并能提高头发梳理性。

5. 去头屑香波　除了洗涤作用的表面活性剂外，添加了具有杀菌、抗霉、抗氧化、抑制头皮油脂分泌，使头发恢复正常新陈代谢的状态的成分，如水杨酸及其盐、十一碳烯酸衍生物、硫化硒、吡啶硫酮锌(ZPT)、甘宝素(二唑酮)、Octopirox、聚乙烯吡咯烷酮-碘配合物及某些季铵化合物等。

头发正常代谢过程是表皮细胞从基低层逐渐增殖成熟向外推移，形成角质层面脱落，由于精神紧张、疲劳或者受到微生物、细菌作用使头发细胞代谢异常，细胞变大、增厚、聚集，脱落成皮屑，医学上称为“头部脂漏症”。引起头屑过多的原因有两种：一种是皮脂太多，细胞干后形成细碎头皮，称为干性脂漏；另一种是皮脂太少，细胞角质化脱落后黏附在头皮上，称为头部秕糠疹。秕糠屑多了可以引起头皮发痒，甚至还会引起脱发。

去头屑香波的作用是洗涤头发和去头屑，减少了头屑而达到止痒的作用。

配方举例如下(表 14-9，14-10)：

表 14-9　去头屑香波配方-1

组分	质量分数(%)	组分	质量分数(%)
A：黄原胶	0.5	月桂酰肌氨酸钠	10.0
色素	0.5	吡啶硫酮锌(ZPT)(48%溶液)	3.0
蒸馏水	61.3	尼泊金甲酯	0.2
B：月桂醇醚硫酸三乙醇胺	25.0	香精	适量

制法：将 A 中黄原胶分散于水中，加热至 70℃溶解后加入色素，搅拌均匀，将 B 组组分混合均匀，加入 A 中，混合均匀，40℃时加入香精，搅拌均匀即可。

表 14-10　去头屑香波配方-2

组分	质量分数(%)	组分	质量分数(%)
A：月桂醇醚硫酸三乙醇胺(40%)	40.0	B：聚丙烯酸三乙醇胺盐	0.5
月桂酸二乙醇酰胺	3.0	C：吡啶硫酮锌(ZPT)	1.0
蒸馏水	55.4	D：香精	0.1

制法：将 A 组组分混合加热至 90℃，搅拌下加入 B，加完后继续搅拌 10 min，制得糊状溶液，冷却至 40℃加入 C 和 D，搅拌均匀即可。

6. 珠光香波　与普通香波的区别：外观呈珠光光泽，其黏度也较普通香波的黏度略大些，它是在普通香波的配方基础上添加珠光剂，如乙二醇单硬脂酸酯或双硬脂酸酯等，添加量为 1%～5%。珠光的产生与结晶的形式有关，这与加入后搅拌速度和冷却的快慢及温度有密切关系。即控制搅拌、冷却的速度，可使珠光剂结晶增大，因而可获得闪烁晶莹的光泽。其配方举例如下(表 14-11)：

表 14-11　珠光香波配方

组分	质量分数(%)	组分	质量分数(%)
A：月桂醇硫酸钠	45.0	B：海藻酸钠 1%溶液	6.0
硬脂酸	5.5	三乙醇胺	2.0
硬脂酸锌	3.5	蒸馏水	35.5
乙二醇单硬脂酸酯	2.0	C：香精、色素、防腐剂	0.5

制法：将 A 组组分混合加热至 70℃，将 B 组组分混合加热至 70℃，在严格控制搅拌速度下，将 B 组加入 A 组中，缓慢冷却至 35℃，加入 C 组组分，搅拌均匀即可。

7. 双相洗发香波　静置时可分为上下两层，使用前摇动两层相互分散。上层为油性层，不能与水相混溶，含有油脂性成分，如液状石蜡、硅油及酯类等；下层为水溶性层，含有可溶性洗涤剂和水溶性成分等。配方举例如下(表 14-12)：

表 14-12　双相洗发香波配方

组分	质量分数(%)	
	(1)	(2)
A：十二烷基硫酸三乙醇胺(40%水溶液)	26.88	23.57
聚氧乙烯椰子油酸单乙醇胺硫酸盐		
(40%水溶液)	8.75	8.9
B：椰子油二乙醇酰胺	2.5	3.0
聚氧乙烯椰子油酸单乙醇胺	1.0	
C：六偏磷酸钠(40%水溶液)	35.0	18.0
磷酸三钠		1.0
磷酸二氢钠		10.0
氢氧化钠(调 pH 至 7.0)	适量	适量
香精、色素	适量	适量
	余量	余量

制法：先将 B 组组分和香精混合，然后分别加入 A 组组分和 C 组组分搅拌混合均匀，最后用 NaOH 调节 pH 值至 7.0，加入水量使水相：油相为 6：4。

8. 干洗香波　对于长期从事野外作业或外出人员，以及长期卧床不起的患者，洗发产生困难。为此，干洗香波可解决这些问题。它是利用干洗香波中的挥发性油对污垢和角质头屑有较好的浸透力和软化作用，并与头发相容性好，不发黏，易除等特点，达到清洁头发的目的。

使用方法是将干洗香波涂抹在头发上，充分润湿头发，再用手轻轻搓擦头发，使头发和头皮上的污垢、头屑等显露于外面，然后用梳子梳理，即可将头发清洁干净。其配方如下(表 14-13)：

表 14-13 干洗香波配方

组分	质量分数(%)	组分	质量分数(%)
硅酮油	50.0	肉豆蔻酸异丙酯	10.0
乙醇	30.0	春黄菊精	10.0

制法：先将硅酮油和乙醇混合，再加入其他组分。

9. 染发香波 是将洗发、染发、护发一次完成的洗染用品。染发香波中除了洗涤剂和调理剂外，还添加有氧化性染发剂，如苯胺衍生物；氧化剂如过硼酸钠、尿素过氯化物、过氧化氢等；耦合剂如酚类化合物等。配方举例如下(表 14-14)：

表 14-14 染发香波配方

组分	质量分数(%)	组分	质量分数(%)
十二烷基硫酸钠	60.0	过硼酸钠	15.0
三聚磷酸钠	6.5	谷氨酸钠	3.5
对苯二胺	15.0		

制法：将上述各组分以颗粒或粉末形式混合均匀，得粉状制品。每次洗发只需将 2g 左右固体溶于水，然后用作洗发液用，连续使用，可使头发保持黑色。

第三节 护发用化妆品

健康的头发表面上有一层薄的油膜，可保持头发的光泽并维持头发的油水平衡。如果常用脱脂能力较强的洗发剂洗发或因染发、烫发等破坏了油膜，而使头发变得干燥、发脆、枯黄等时，需要适当补充油分和水分，以使头发滋润、柔软、增加强度、恢复原有的光泽。

护发用化妆品的主要作用是补充头发油脂和水分的不足，赋予头发色泽自然、光亮、健康的外表。同时，减轻或消除头发或头皮的不正常现象，如头屑过多等，达到滋润和保护头发的作用，兼有修饰和固定发型的作用。

常用的护发用化妆品有护发素、发油、发蜡、发乳、发膏、发霜、焗油等。

一、护发素

护发素也称为润丝，是一种保持头发和头皮清洁、保护头发和补充营养，促使头发健康的护发用品。洗发后立即将它揉搽在头发上，用适量水漂洗，其中所含的阳离子表面活性剂分子可吸附在头发表面上形成一层单分子膜，阳离子的正电荷可抵消头发上的静电，使头发变得柔软、光滑、容易梳理。护发素有透明和乳状液两种类型。透明状护发素常含有螯合剂、澄清剂等，可清除钙、镁皂等残留物，有助于恢复头发的光泽和梳理性，适用于油性头发使用碱性香波洗发之后的调理；而乳状护发素含有阳离子型季铵盐，适用于油性和正常头发。

护发素的主要成分为阳离子表面活性剂、油性成分、胶性成分等。

阳离子表面活性剂常用的有溴化季铵盐、氯化季铵盐如十八烷基三甲基溴化铵、十八烷基三甲基氯化铵、十八烷基二甲基苄基溴化(氯化)铵等。

水溶性高分子化合物等胶性成分起增稠、增黏或成膜作用，有助于护发定型。多采用天然胶粘剂，如阿拉伯胶、黄蓍胶等，以及合成胶粘剂，如聚乙烯吡咯烷酮、聚乙烯醇等。

辅助成分的加入可提高护发素的护发性能和使用性能，保湿剂，如甘油、丙二醇、山梨醇和聚乙二醇等有保湿、调理、调节黏度作用。富脂剂，如白油、植物油、羊毛脂、高级脂肪醇等油性成分，可补充头发油性成分不足，起到护发、柔润性和光泽性作用。乳化剂多采用非离子表面活性剂，如单硬脂酸甘油酯、聚氧乙烯脂肪醇醚、聚氧乙烯脂肪醇酯等，主要起乳化作用，兼有护发、滋润、柔软等作用。

护发素配方举例如下(表 14-15～表 14-18)：

表 14-15　护发素配方-1

组分	质量分数(%)
调理剂　硬脂基三甲基氯化铵	2.0
保湿剂　甘油	5.0
胶粘剂　聚乙烯醇	1.0
富脂剂　十六醇	3.0
表面活性剂　聚氧乙烯(20)失水山梨醇	
其他　单硬脂酸酯	1.0
防腐剂	0.2
香精	0.5
蒸馏水	86.3

制法:将水相组分混合加热至90℃,将油相加热熔化,在75℃时,将水相加入油相中,搅拌乳化,冷却至45℃时加入其他成分,搅拌均匀冷却至室温即可。

表 14-16 护发素配方-2

组分	质量分数(%)	组分	质量分数(%)
油相:硅油	3.0	水相:硬脂基三甲基氯化铵	0.7
液状石蜡	1.0	甘油	3.0
鲸蜡醇	1.5	蒸馏水	89.8
硬脂醇	1.0	香精、色素、防腐剂	适量

制法:同配方-1。

表 14-17 滋润性护发素配方

组分	质量分数(%)	组分	质量分数(%)
油相:角鲨烷	1.0	水相:十六烷基三甲基氯化铵	1.0
聚氧乙烯(20)油醇醚	4.0	聚乙烯吡咯烷酮酸钠	0.1
单硬脂酸甘油酯	2.0	透明质酸	0.05
单硬脂酸乙二醇酯	2.0	尼泊金甲酯	0.1
聚氧乙烯(20)失水山梨醇单油酸酯	2.0	蒸馏水	87.75
		香精	适量

制法:同配方-1。

表 14-18 透明凝胶型护发素

组分	质量分数(%)	组分	质量分数(%)
聚氧乙烯改性聚氧硅烷	10.0	十六烷基三甲基氯化铵	2.0
甘油	10.0	香精	0.3
聚乙二醇	8.0	蒸馏水	61.7
双十八烷基二甲基氯化铵	8.0	色素	适量

二、发　油

发油又称头油。它是由动、植物和矿物油混合而成的透明油状液体,其主要作用是补充头发的油分不足,增加光亮度。洗发后晾干头发,涂擦发油可起到滋润、保护头发的作用,还有一定的修饰和固定发型的作用。质量好的发油应是清澈、透明、无异味,有良好的使用性能。

发油的主要原料是动、植物油或矿物油及其他油性原料。过去以天然植物油,如蓖麻油、橄榄油、杏仁油等,因其黏滞感强,现已部分被矿物油代替,如低黏度液状石蜡或白油。从使用效果如成膜透气性、润滑性等方面看,异构烷烃要好于正构烷烃矿物油。为提高矿物油性成分的滋润性、光泽性和溶解性,常添加植物油、脂肪酸酯类和羊毛脂的衍生物等。为防止油脂氧化酸败,添加抗氧剂是必须的。

发油配方举例如下(表 14-19):

表 14-19　发油配方

组分	质量分数(%)			
	(1)	(2)	(3)	(4)
液状石蜡	80.0		38.5	80.0
橄榄油		45.0		18.0
蓖麻油	10.0	6.0	38.5	
杏仁油	10.0	49.0		
肉豆蔻酸异丙酯			23.0	
香精、抗氧剂、色素	适量	适量	适量	2.0

制法:发油的制法比较简单,将上述油性原料混合加热至 40～60℃,加入香精、抗氧剂、色素至溶解后,搅拌均匀过滤、静置过夜即可。

三、发　蜡

发蜡是由半固体的油脂和蜡混合制成的不透明蜡状用品。主要作用是头发定型和增加头发的光亮度。由于黏性大、油腻感强及难以清洗等缺点,已逐渐被其他新型护发用品所代替。

发蜡的主要原料是矿物油脂和固体蜡类,矿物油脂如白油、凡士林,固体蜡类如石蜡、地蜡等,为了提高其性能,采用某些合成油脂和蜡类,如乙酰化羊毛脂、聚氧乙烯十六醇醚等。为防止氧化酸败,加入抗氧剂是必不可少的。其香精用量一般为 0.6%～1.0%,根据需要还可加入不同色泽的油溶性色素。

发蜡的配方举例如下(表 14-20,14-21):

表 14-20 发蜡配方

组分	质量分数(%)			
	(1)	(2)	(3)	(4)
凡士林	35.0	52.0	50.0	80.0
石蜡	15.0	6.0		6.0
地蜡	15.0		42.0	2.0
白油	30.0	10.0		20.0
橄榄油		30.0		
蜂蜡				2.0
羊毛脂	5.0		8.0	
香精	适量	2.0	适量	适量
抗氧剂、色素	适量	适量	适量	适量

制法:将油脂、蜡全部加热至熔化后,降温至50℃时,搅拌下加入香精、抗氧剂、色素,均匀后缓慢冷却。

表 14-21 乳化型发蜡配方

组分	质量分数(%)	组分	质量分数(%)
A:白油	3.0	B:蒸馏水	55.0
橄榄油	7.0	C:香精	适量
油醇	5.0	色素	适量
聚氧乙烯(14)十六醇醚	30.0	防腐剂、抗氧剂	适量

制法:将A相组分混合加热至70℃,将水加热至70℃,搅拌下将水加入A相中乳化,缓慢冷却50℃时加入C相组分,混合均匀、冷却。

四、发 乳

发乳是一种稠度适宜、洁白乳化型护发化妆品。主要作用是补充头发油和水分,使头发柔软、润滑、光泽性好,并有适度的整发效果。

其乳化体类型有油/水型和水/油型两种,尤其油/水型发乳用后感觉滑爽、无黏腻感。此外,还有去头屑、止痒、防止脱发等功能的药效发乳。

发乳可均匀地涂敷于头发上,水分挥发或吸收后,其油分可附着在头发上,形成油性薄膜,起到护发作用,使头发油润、光亮,并且易于梳理和定型。从使用效果看,油/水型发乳优于水/油型发乳,后者易使头发粘连,不易清洗。因此,油/水型发乳较为常用。

发乳的原料主要是油脂类、水分和乳化剂,此外,还有香精、抗氧剂及其他添加剂等。

油脂以白油、凡士林等矿物油脂为主，有时为了提高发乳的稠度、乳化体的稳定性及其光泽性，需加入高碳醇、蜡类和羊毛脂及其衍生物等。

为了制得膏体细腻、稳定性好的发乳，选择适当的乳化剂是十分重要的。常用的乳化剂有脂肪酸皂、脂肪醇硫酸盐、脂肪酸酯、聚氧乙烯衍生物等。

发乳配方举例如下(表14-22～表14-24)：

表 14-22　油/水型发乳配方

组分	质量分数(%)	
	(1)	(2)
A：白油	42.0	30.0
凡士林		10.0
聚氧乙烯失水山梨醇硬脂酸酯	2.0	
聚氧乙烯(16)羊毛醇醚		3.0
山梨醇单硬脂酸酯	2.0	
单硬脂酸甘油酯		5.0
乙酰化羊毛脂		2.0
乳酸十六酯	3.0	
B：十二烷基硫酸钠		0.8
蒸馏水	51.0	49.2
C：香精、防腐剂	适量	适量

制法：将A组和B组组分分别混合加热至90℃，在搅拌均匀后，趁热可包装。

表 14-23　水/油性发乳配方

组分	质量分数(%)	
	(1)	(2)
A：白油	56.4	53.4
羊毛酸异丙酯	2.0	3.0
蜂蜡	5.0	5.0
肉豆蔻酸异丙酯		2.0
地蜡	2.0	2.0
B：硼砂	0.6	0.5
蒸馏水	34.0	34.0
C：香精、防腐剂、抗氧剂	适量	适量

制法：将B组与防腐剂混合加热至80℃，将A组与抗氧剂混合加热至80℃，将水相加入油相中，搅拌乳化，待冷却至45℃时加入香精，搅拌均匀，冷却至室温即可。

表 14-24 水/油型药效发乳配方

组分	质量分数(%)	组分	质量分数(%)
A：液状石蜡	46.5	B：蒸馏水	31.3
蜂蜡	16.0	硼砂	1.0
鲸蜡	2.0	尼泊金甲酯	0.2
十六醇	2.0	C：香精	0.5
异黄酮类化合物	0.5		

制法：分别将A组和B组组分混合加热至80℃，搅拌下将A组加入B组中乳化，降至45℃时加入香精，搅拌均匀即可。

异黄酮类化合物是由豆油中提取分离得到的，对头发有促进生长作用。

五、发 膏

发膏是近年来比较流行的透明膏体状护发化妆品。主要有无水透明和乳化型透明发膏两种类型。

1. 无水透明发膏　在室温下是透明、胶体均匀的膏体，使用时无拉丝或发脆等特点，具有涂敷均匀、无黏腻感的优点。

其主要原料是由油脂和凝胶剂组成。油脂采用矿物油如白油或液状石蜡，凝胶剂主要是采用脂肪酸皂，如硬脂酸和棕榈酸的铝、镁、锌等金属皂。另外，加入适量的脂肪酸酯可改进膏体的脆性、收缩性等质量问题，提高使用效果。透明发膏配方举例如下(表14-25)：

表 14-25 无水透明发膏配方

组分	质量分数(%)		
	(1)	(2)	(3)
白油	89.0	84.0	95.5
聚氧(代)三硬脂酸铝			2.5
三氧基三硬脂酸铝	7.0	7.0	
12-羟基硬脂酸		2.0	
硬脂酸			1.5
异硬脂酸	3.0	2.0	
油酸	1.0		0.5
单月桂酸甘油酯		5.0	
香精、抗氧剂、色素	适量	适量	适量

制法：将各组所有原料加热至100～110℃，搅拌混合均匀，冷却至60℃时加入香精，搅拌均匀即可。

2. 乳化型透明发膏　是易涂布均匀，无油黏滞感，护发、定型效果良好，用后容易清洗的护发用品。

乳状液分散相的微粒子直径小于0.1μm时，乳状液外观呈透明状，又称为微乳状液。乳化型透明发膏即属于这种微乳状液。为了制得这种透明、稳定的微乳状液，要求分散相用量少，乳化剂的种类和用量等都是重要的影响因素。乳化型透明发膏多为油/水型微乳状液，其主要原料为油性成分、乳化剂、耦合剂(助乳化剂)等。

油性成分的种类、性能和用量对其透明度影响很大，油的结构必须与乳化剂相似，如碳氢链长短等。常用的是液状石蜡，也可适当地配以酯类、脂肪醇等。一般用量为15%～25%。

乳化剂的选择对形成透明微乳状液起着关键作用。大多采用聚氧乙烯脂肪醇醚及其磷酸酯类。也可以选用亲油性和亲水性乳化剂配合使用，其配比要依据HLB值。乳化剂的用量一般为10%～25%。

耦合剂又称为助乳化剂，多采用多元醇，如甘油、丙二醇、聚乙二醇等，既起到乳化剂的作用，又可起到保湿剂的作用，一般用量为3%～6%。

良好的乳化型透明膏体应具备下列性质：在6～43℃范围内保持透明，凝结温度在43～55℃，在贮存期内应保持透明状态。

乳化型透明发膏配方举例如下(表14-26,14-27)：

表 14-26　乳化型透明发膏配方-1

组分	质量分数(%)	组分	质量分数(%)
A：液状石蜡	21.0	蒸馏水	50.0
聚氧乙烯(20)羊毛醇醚	15.0	尼泊金甲酯	适量
聚氧乙烯(20)油醇醚	10.0	色素	适量
B：聚乙二醇(600)	2.0	C：香精	适量
2-乙基-1,3-已二醇	2.0		

制法：将A相组分混合加热至75～80℃，将B相组分混合加热至90℃，在80℃时，搅拌下将B相加入A相中，匀速搅拌，在50℃时加入香精，搅拌均匀，至膏体凝结后停止搅拌。

表 14-27 乳化型透明发膏配方-2

组分	质量分数(%)	
	(1)	(2)
液状石蜡	25.0	25.0
羊毛醇		3.0
聚氧乙烯(20)月桂醇醚	15.0	
聚氧乙烯(2)油醇醚	10.0	5.0
聚氧乙烯(10)油醇醚		10.0
聚氧乙烯(10)油醇醚磷酸酯		4.0
甘油	4.0	
蒸馏水	46.0	53.0
香精、防腐剂、抗氧剂	适量	适量

制法:同配方-1。

六、发　露

发露是用于定发型的透明液体化妆品。与油性的发蜡、发乳相比较,不但具有柔软头发的作用,而且用后感觉清爽,容易清洗。其主要成分为乳化剂、油性成分及乙醇。配方举例如下(表 14-28):

表 14-28 发露配方

组分	质量分数(%)	组分	质量分数(%)
聚氧乙烯丁醇醚	20.0	蒸馏水	23.0
羊毛脂衍生物	1.0	香精	1.0
乙醇	55.0	色素、防腐剂	适量

制法:除水、色素外,将其余组分溶于乙醇,然后加入水和色素,搅拌均匀,经过滤即可。

七、焗　油

焗油是近几年流行的、改善发质的护发用品，焗油的意思是通过蒸汽将油分和各种营养成分渗入发质内和发根，起到养发、护发的作用，其效果优于一般护发素。焗油可以使头发增加自然光泽、滋润柔软，尤其对损伤性头发，如经常染发、烫发或风吹日晒造成的干枯、无光、变脆等有修复功能。

焗油多半是液体或膏状的。使用时，一般先用香波将头发洗净，擦干后，将它涂于头发上，梳理均匀，既可用蒸汽加热，也可用热毛巾热敷保温一定时间，然后冲洗干净，以达到调理、修复的目的。

焗油的主要成分是油脂、多元醇类以及季铵或阳离子聚合物，其组成与护发素相近。配方举例如下(表 14-29，14-30)：

表 14-29　焗油配方-1

组分	质量分数(%)	组分	质量分数(%)
十八烷基三甲基氯化铵	3.0	聚氧乙烯(75)羊毛脂	0.5
羟乙基纤维素	0.5	聚氧乙烯(20)羊毛脂	0.5
乙醇胺	3.0	防腐剂	1.0
椰油基二甲基季铵纤维素	0.5	蒸馏水	89.5
聚氧乙烯(50)羊毛脂	1.5		

制法：将防腐剂、纤维素加入水中，加热溶解，然后加入季铵盐和乳化剂，充分搅拌均匀。

表 14-30　焗油配方-2

组分	质量分数(%)	组分	质量分数(%)
脱乙酰壳多糖(含游离胺基 90%)	0.3	三聚乙氧基十八烷基磷酸铵(50%)	2.0
硬脂醇	3.0	甲酸(10%)	0.7
凡士林	1.0	蒸馏水	92.0
羊毛脂	1.0		

制法：参考配方-1。

第四节　定发用化妆品

定发用化妆品也称整饰头发用化妆品，其主要作用为增加头发光泽、梳整头发、保持发型。由于这类产品在功能和用途上常是综合性的，有时难以与护发用化妆品区分。

定发用化妆品有发胶、喷雾发胶、摩丝、定型发膏等。作用特点是：在头发上铺展性好，用后能固定发丝，保持发型；赋予头发一定的光泽，易梳理；无油腻感，易于清洗；有一定的护发、养发效果。

为了达到固发作用，这类产品的组成特点是原料组分中含有醇溶性或水溶性成膜剂，能在头发表面上形成一层柔软而有一定韧性的薄膜，起到保持发型作用。按其使用方式又有气压式和非气压式之分。

一、气压式定发用品

气压式定发用品有喷发胶、摩丝等，其使用原理是将配制好的原液充入耐压气压容器内，安装阀门后充入喷射剂。使用时开启阀门，由喷射剂在气压容器内产生的压力将原液喷射出。这类用品具有使用方便、成膜均匀、定发效果好等特点。

1. 喷发胶　是用于喷在头发上，干燥后在头发表面上形成一层柔软而有韧性的薄膜，发丝相互黏合，而保持发型的定发用品。其主要成分包括成膜剂、增塑剂、溶剂、喷射剂等。

成膜剂是醇溶性合成树脂，如聚乙烯吡咯烷酮(PVP)、N-乙烯吡咯烷酮和醋酸乙烯酯共聚物(VP/VA 共聚物)及聚丙烯酸树脂类等。溶剂是乙醇。这些树脂溶于乙醇中形成醇溶性树脂物，喷在头发后，乙醇立即挥发，树脂则在头发上形成薄膜，起到定型作用。

增塑剂是使形成的薄膜柔软、可塑并有韧性，主要有高碳醇类、羊毛脂、硅油、蓖麻油等。

喷射剂主要是氟氯代烃类，如三氯一氟甲烷(氟里昂-11)、二氯二氟甲烷(氟里昂-12)、一氯二氟甲烷(氟里昂-22)等。因氯氟代烃类对大气臭氧层有破坏作用，从环保角度现已逐渐被淘汰，而改用丁烷、丙烷及二甲醚等代替。它们都是低沸点化合物，常温下在密闭容器内产生一定的压力，当开启阀门时，则可将醇溶性物质一起喷射出。

气压式喷发胶配方举例如下(表 14-31)：

表 14-31　气压式喷发胶配方

组分	质量分数(%)		
	(1)	(2)	(3)
聚乙烯吡咯烷酮(PVP)	2.5		
PVP/丙烯酸酯共聚物			10.0
丙烯酸树脂		2.2	
2-氨基-2-甲基丙醇		0.3	0.5

续表 14-31

组分	质量分数(%)		
	(1)	(2)	(3)
硅油		0.1	
十六醇		0.05	
羊毛脂	0.1		
鲸蜡醇	0.2		
聚乙二烯	0.1		
无水乙醇	31.9	32.1	34.4
氟里昂-12	16.0	39.0	
氟里昂-11	49.0	26.0	
丁烷			55.0
香精	0.2	0.25	0.1

制法:将辅助原料和树脂依次加入无水乙醇中,搅拌使其充分溶解(必要时稍加热),然后加入香精,搅拌均匀经过滤制得原液,冲入气压容器内。

2. 摩丝　由 Mousse 音译而得名,又称泡沫发胶,是一类较新型的定发用化妆品。使用时将气压容器振摇,开启阀门,发胶自行以泡沫状胶液喷出,涂擦在头发上,泡沫消失,随即在发丝上形成一层树脂胶,而起到固定发型作用。同时,对头发有柔软、易梳理、抗静电等作用。

摩丝的组成有成膜剂、表面活性剂、溶剂、喷射剂等。成膜剂以高聚物树脂为主,与喷发胶基本相同。具有定发和调理功能的摩丝也可以不加成膜剂。表面活性剂起到泡沫基质和发泡剂的作用,多采用非离子表面活性剂(HLB 值为 12～16),如聚氧乙烯油醇醚、聚氧乙烯失水山梨醇脂肪酸酯等。溶剂是以水和乙醇混合形式代替全部乙醇。喷射剂用量一般少于喷发胶。摩丝常添加脂肪酸酯、羊毛脂衍生物、硅油等或营养成分,改善摩丝的滋润、可塑及护发性能。摩丝配方举例如下(表 14-32,14-33):

表 14-32　气压式摩丝配方

组分	质量分数(%)		
	(1)	(2)	(3)
PVP/丙烯酰胺共聚物		14.0	
丙烯酰胺/丙烯酸/丙烯酸酯共聚物	3.0		
聚氧乙烯(20)油醇醚		0.5	

续表 14-32

组分	质量分数(%)		
	(1)	(2)	(3)
壬基酚聚乙二醇醚	0.5		
聚氧乙烯羊毛脂			1.0
羊毛醇			2.5
脂肪酸甘油酯			0.5
硅油	0.2		
甘油	0.3		
2-氨基-2-甲基丙醇	0.3		
无水乙醇	25.0	15.0	25.8
水解蛋白	0.2		
蒸馏水	60.3	55.4	55.0
氟氯代烃	10.0	15.0	15.0
香精	0.2	0.1	0.2
防腐剂	适量	—	—

制法:将树脂加入乙醇中,搅拌溶解后,依次加水及其他组分,溶解后混合均匀,过滤,加入气压容器内,再灌入喷射剂。

表 14-33 护发保湿摩丝配方

组分	质量分数(%)	组分	质量分数(%)
PVP/VA 共聚物	5.0	表面活性剂	适量
聚季铵盐-11	4.0	喷射剂	适量
透明质酸	0.1	香精、防腐剂	适量
维他命原 B_5	0.5	蒸馏水	余量

制法:与气压式摩丝相同。

二、非气压式定发用品

非气压式定发用品与气压式定发用品的不同在于,它是以水为主要溶剂的定发用品,包括定型发胶和定型发膏等。避免使用氟氯代烃或低碳烷烃作为喷射剂而引起环保或易燃等不安全问题。

1. 定型发胶　也称定型液或定发水。它是将溶解性胶黏性物质的水和乙醇混合溶液装入一般容器内，由喷射口以细雾状形式喷出，使其均匀地喷射在梳理成型的头发上，达到保持发型的作用。所以，它的配方组分中除了不含有喷射剂外，基本上与喷发胶相似。主要成分为成膜剂、增塑剂、柔软剂、溶剂等。

成膜剂主要有聚乙烯吡咯烷酮、聚丙烯酸钠、聚乙烯吡咯烷酮与醋酸乙烯酯共聚物、丙烯酸树脂烷醇胺等合成胶质类，它们可溶于水和乙醇混合溶剂。多元醇、羊毛脂衍生物等既可作为增塑剂，也可作为保湿剂，以起到使成膜柔软、可塑的作用和对头发滋润、保湿的作用。定型发胶配方举例如下(表 14-34)：

表 14-34　定型发胶配方

组分	质量分数(%)	
	(1)	(2)
聚乙烯吡咯烷酮/醋酸乙烯共聚物	5.0	
聚乙烯吡咯烷酮		2.0
聚氧乙烯(24)胆甾醇醚		1.0
硅酮油	0.5	
甘油	2.0	2.0
乙醇	30.0	30.0
蒸馏水	62.5	65.0
香精、色素、防腐剂	适量	适量

制法：将甘油、硅酮油溶解于水中，将树脂等其余组分溶解于乙醇，然后将水溶液加入乙醇溶液中溶解均匀，即可灌装入带有阀门的一般容器中(塑料、玻璃)。

2. 定型发膏　是透明胶冻状膏体的头发定型用品。其作用和组成与定型发胶相似，为使之能形成膏体形式，一般不采用乙醇作为溶剂，加入黏胶剂，如纤维素类水溶性黏胶剂。成膜剂仍为聚乙烯吡咯烷酮、聚丙烯酸等水溶性合成树脂等。其配方举例如下(表 14-35，14-36)：

表 14-35　透明定发膏配方-1

组分	质量分数(%)	组分	质量分数(%)
PVP/二甲氨丙基甲基烯酰胺共聚物(15%水溶液)	5.0	三乙醇胺	0.2
		蒸馏水	94.3
羟乙基纤维素	0.5	香精、色素、防腐剂	适量

制法：将水加热至 85℃，加入纤维素混合溶解后，立即加入树脂物，再加入香精、色素搅拌均匀，用三乙醇胺中和。

表 14-36 透明定发膏配方-2

组分	质量分数(%)	组分	质量分数(%)
丙烯酸树脂	0.6	二苯酮	0.1
PVP/VA 共聚物	1.5	防腐剂	0.3
氢氧化钠	0.25	蒸馏水	97.15
EDTA	0.1	香精、色素	适量

制法:将一半水量中依次加入共聚物、碱、防腐剂等其他组分,并搅拌混合均匀;将丙烯酸树脂加入另一半水中混合均匀,搅拌下加入上述混合液中,搅拌直至形成透明均匀胶冻状为止。

第五节 剃须用化妆品

剃须用化妆品是供男性剃须用化妆品,按其使用又可分为剃须前和剃须后用化妆品之分。剃须前用化妆品的作用是使胡须溶胀、软化、容易剃除,防止剃须对皮肤的损伤及引起皮肤皲裂,并使皮肤有良好的感觉。主要有泡沫剃须膏、无泡沫剃须膏和气雾型剃须膏等。剃须后用化妆品的作用是缓解剃须对皮肤的刺激,可以起到清洁、收敛、调理皮肤的功能。有的还有预防感染的作用等。主要有剃须后用洗剂、凝胶、霜膏和粉剂等。

一、泡沫剃须膏

泡沫剃须膏主要由乳化泡沫剂、滋润剂、保湿剂及其他组分组成。

乳化泡沫剂是由脂肪酸与碱反应生成的脂肪酸皂类,如其钾、钠和三乙醇胺皂,起到乳化发泡和碱的作用,可将胡须溶胀、软化,容易剃除。

滋润剂是未皂化的脂肪酸,动、植物油脂,如羊毛脂、椰子油、鲸蜡醇等,以及合成油脂。起到滋润、减轻皮肤的刺激及增加膏体的稳定性等作用。

保湿剂是多元醇等,起到对皮肤和胡须滋润、柔软作用,而且对膏体有保湿和提高稠度及光亮度等作用。其他成分,如薄荷脑等具有清凉、收敛、杀菌等作用。泡沫剃须膏配方举例如下(表 14-37):

表 14-37 泡沫剃须膏配方

组分	质量分数(%)	
	(1)	(2)
硬脂酸	32.0	25.0
肉豆蔻酸		5.0
棕榈酸		5.0

续表 14-37

组分	质量分数(%)	
	(1)	(2)
椰子油	5.0	10.0
KOH	6.2	7.0
NaOH	1.3	1.5
甘油	15.0	10.0
羊毛脂	5.0	
薄荷脑	0.2	0.2
香精	0.5	0.5
防腐剂	0.2	0.2
蒸馏水	38.6	35.6

制法:分别加热溶解、熔化水相和油相组分至 80～85℃,然后将水相加入油相中,搅拌下加热至其皂化完全,搅拌冷却至 40℃时,加入薄荷脑、香精,冷却至室温时停止搅拌,静置过滤。

二、无泡沫剃须膏

无泡沫剃须膏也称免刷剃须膏,它是以雪花膏为基质的膏体剃须剂,其主要成分为硬脂酸、保湿剂、表面活性剂等。

硬脂酸与三乙醇胺反应生成的硬脂酸三乙醇胺盐作为阴离子表面活性剂,起到乳化剂的作用,余下的硬脂酸则为滋润剂。也常用非离子表面活性剂起助乳化和滋润的作用。

滋润剂是对皮肤和须毛起润湿和软化作用,常用的为油脂类,如羊毛脂、单硬脂酸甘油酯、硅酮油等。保湿剂仍为常用的多元醇等。其他成分与泡沫剃须膏基本相同。无泡沫剃须膏配方举例如下(表 14-38):

表 14-38 无泡沫剃须膏配方

组分	质量分数(%)	
	(1)	(2)
硬脂酸	18.0	18.0
白油	5.0	6.0
聚氧乙烯失水山梨醇单硬脂酸	5.0	2.0
甘油	5.0	2.0

续表 14-38

组分	质量分数(%)	
	(1)	(2)
硼砂	2.0	
三乙醇胺	1.0	1.0
硅酸镁钠		1.0
硅油	1.0	
香精	0.2	0.2
蒸馏水	61.8	69.8
防腐剂	适量	适量

制法:分别加热油相和水相组分至熔化和溶解,85℃时将水相加入油相中,搅拌冷却至50℃时加入香精,搅拌均匀静置过滤后即可。

三、气雾型剃须膏

气雾型剃须膏也称气溶胶型剃须膏,其使用方式与气压式定发用品喷发胶、摩丝等相同。

气雾型剃须膏的成分与上述剃须膏相似,只是组分配比不同,而且与喷射剂同装入耐压气压式容器内。其乳化溶液要求稠度稀,易于喷射出。因此,多采用硬脂酸三乙醇胺作为乳化剂,使制得的乳化溶液稠度稀,使用方便、泡沫丰富。其配方举例如下(表 14-39):

表 14-39 气雾型剃须膏配方

组分	质量分数(%)	
	(1)	(2)
硬脂酸	5.9	6.5
椰子油酸	2.5	
椰子油酰基肌氨酸钠		7.0
70%山梨醇溶液	9.3	3.0
三乙醇胺	4.3	6.0
硅酸铝镁		1.5
蒸馏水	71.0	69.0
香精	适量	适量
防腐剂	适量	适量
氟里昂 12/14(57∶43)	7.0	7.0

制法：分别将水相和油相组分溶解、熔化后，在75℃时，搅拌下水相加入油相中，搅拌乳化30分钟，冷却至35℃时加入香精，灌装、压盖、充氟里昂。

四、剃须后用化妆品

剃须后用化妆品的作用是减轻剃须对皮肤的刺激和不适感觉，并能使皮肤清新、凉爽及抗菌作用。其主要组成为湿润剂、收敛剂和增溶剂等。其配方举例如下(表14-40)：

表14-40　剃须后收敛剂配方

组分	质量分数(%)	组分	质量分数(%)
A：聚乙二醇辛酸酯与癸酸甘油酯混合物	5.0	硼酸	0.3
甘油	1.5	蒸馏水	34.8
薄荷醇	0.2	C：乙醇(96%)	58.0
B：柠檬酸	0.2	D：香精	适量

制法：将B组组分溶解后，搅拌下加入A组组分，再加入乙醇和香精，搅拌均匀即可。

第十五章

特殊用途化妆品

按照我国《化妆品卫生监督条例》规定，特殊用途化妆品是指用于育发、染发、烫发、脱毛、美乳、健美、除臭、祛斑、防晒等目的化妆品。通常，它们具有药效活性并有一定的治疗作用，可以说，它们在一些性质上介于化妆品和药品之间，它们都各自具有不同的效用，在本章将分别介绍。

第一节　育发化妆品

育发化妆品也称为生发用化妆品，俗称生发水或育发水。它是在乙醇溶液中添加各种生发、养发成分及各种杀菌消毒剂而制得的液体制品。涂擦在头发和头皮上，可以刺激头皮和发根，滋养发根，促进头皮的血液循环，提高头皮的生理功能，有助于毛发生长，减少脱发和断发。同时，还有去屑、止痒、杀菌、消毒等作用。

一、原料组成

育发化妆品主要原料组成有毛发再生剂、刺激剂、滋润剂和溶剂等。

脱发的主要原因是内分泌异常而引起皮脂分泌过多，形成栓塞，促进毛囊萎缩，导致脱发；血液循环不好，毛发乳头部分供血不足引起脱发；毛发根部受到细菌感染、发炎也可导致脱发。因此，杀菌、促进血液循环、抑制皮脂过多分泌等都可起到良好的生发效果。国外报道，嘧啶类化合物：6-(1-哌啶基)-3-氧-2，4-二氨基嘧啶是较好的毛发再生活性成分。与其配合使用的嘧啶重氮氧化物效果更好。我国中草药，如生姜、首乌、黄芪、羌活、黄柏、川椒等乙醇水溶液提取液也具有较好的生发作用。

刺激剂常用的有金鸡纳酊（0.1%～1.0%）、辣椒酊剂（1%～5%）、间苯二酚、水杨酸等。但必须按规定要求，如果是化妆品组分中禁用物质，不能随意使用（附录表 2）。

滋润剂为油脂性物质，如蓖麻油、羊毛脂及其衍生物、胆固醇等。多元醇如甘油、丙二醇等可起保湿剂和滋润剂作用。

二、配　方

育发化妆品多为乙醇水溶液，乙醇具有溶解其他组分作用，还有杀菌、消毒作用。其浓度要合适，太浓对头发和头皮有强的脱水作用，易使头发干燥、发脆；太稀则使溶解效果差，出现混浊和沉淀。其配方举例如下(表 15-1，15-2)：

表 15-1　含嘧啶类生发水配方

组分	质量分数(%)	组分	质量分数(%)
6-(1-哌啶基)-2，4-二氨基嘧啶-3-氧化物	0.5	乙醇	70.0
2-甲基-2，4-戊二醇	20.0	蒸馏水	19.5

制法：依次溶于水和乙醇中。

表 15-2　中药生发水配方

组分	质量分数(%)	组分	质量分数(%)
黄柏提取液	15.0	甘油	3.0
水杨酸	0.5	乙醇	70.0
甘草亭酸	0.1	香精	0.3
辣椒酊剂	0.5	蒸馏水	10.5
薄荷脑	0.1		

制法：将上述组分依次加入乙醇中，然后加入水中即可。

第二节　染发用化妆品

染发用化妆品是指用于改变头发颜色，达到美化毛发目的的化妆品。它可将白色或灰白色头发染成黑色；也可以将黑色头发染成棕色、金黄色及漂白脱色等，具有这些作用的化妆品称为染发剂。

一、染发剂的分类

染发剂的分类可根据染色的牢固程度和产品的形式进行分类。按染色的牢固程度可分为暂时性、半持久性染发剂和持久性染发剂三类。而按产品的形态分类，又可分为液体、乳状液、粉状和香波型等染发剂。

染发剂也可按所采用的染料不同又可分为合成有机染料染发剂、天然有机染料染发剂、无机染料染发剂及头发漂白剂等。

良好的染发剂应具有以下特点：染色性能好，不损伤头发；无毒、无刺激性、无过敏性，对身体无害；对洗发、护发化妆品稳定，不易溶出又不易褪色；对日光、空气、酸碱、氧化剂和还原剂稳定，不易褪色。

二、暂时性染发剂

暂时性染发剂的牢固度较差，不耐洗涤，染发剂只是黏附或沉淀在头发表面上，经一次洗涤即可全部除去。常用于演员化妆、临时性化妆或染发后修饰鬓发等。

这种染发剂常用分子量较大的染料，只能以黏附或沉淀形式附着在头发表面而不会渗透到头发内部。常采用碱性染料、酸性染料、分散性染料等，如偶氮类、蒽醌类、三苯甲烷类等染料。

暂时性染色剂一般有两种使用方法。一种是简单地将染料与水或水-醇溶液混合在一起，配制成染发液，直接用毛刷涂敷于润湿的头发上，也可将染料和油脂或蜡混合配制成棒状、条状或膏状，使用时像唇膏那样直接涂擦在头发上。另一种方法是配制成染发定型液，将染料溶于含有透明聚合物的液体介质中，通过喷雾器喷雾到头发上。其配方举例如下(表 15-3，15-4)：

表 15-3 油性棒状暂时性染发剂配方

组分	质量分数(%)	组分	质量分数(%)
A：蜂蜡	15.0	聚氧乙烯(20)倍半油酸酯	1.2
木蜡	10.0	B：炭黑	2.0
蓖麻油	66.8	C：香精、抗氧剂	5.0

制法：将 A 组组分加热熔化混合均匀后，加入 B 组分散均匀，冷却至 45℃时加入 C 组，浇模冷却后即可。

表 15-4 膏状暂时染发剂配方

组分	质量分数(%)	组分	质量分数(%)
A：单硬脂酸甘油酯	5.0	蒸馏水	12.5
硬脂酸	13.0	C：阿拉伯胶	3.0
蜂蜡	22.0	蒸馏水	12.5
B：甘油	10.0	D：色素	15.0
三乙醇胺	7.0		

制法：分别将 A 组和 B 组组分混合加热至 75℃熔化或溶解，搅拌下将 B 组加入 A 组中，完全乳化后，加入色素混匀，再将 C 组在 75℃下溶解后加入上述乳化液中，混合均匀即可。

三、半持久性染发剂

半持久性染发剂仅能耐洗数次，并能保持色泽3～4周，由于此类染发剂不用氧化剂，对于不适宜使用氧化型染发剂染发的人是最合适的染发用品。

半持久性染发剂所用的染料分子小，能渗入到头发皮质中而直接染发，并不需要氧化剂就可将头发染成各种颜色。

半持久性染发剂一般使用对毛发角质亲和性好的低分子染料，主要有硝基对苯二胺、硝基氨基酚、氨基蒽醌及其衍生物、偶氮染料、萘醌染料等，这类染料在染发香波中应用较为普遍。配方中表面活性剂的作用是洗涤、发泡、促进染料分子渗透作用等。其配方举例如下（表15-5）：

表15-5　半持久性染发剂配方

组分	质量分数(%)	组分	质量分数(%)
2-羟基-1,4-萘醌	2.0	乳酸	1.0
月桂酰二乙醇胺	20.0	蒸馏水	75.8
月桂醇硫酸三乙醇胺	1.2		

制法：将乳酸溶解于水后，再将其他组分分别溶解于水溶液中，最后加入染料分散均匀即可。

四、持久性染发剂

持久性染发剂是目前普遍使用的一种染发剂。由于它主要采用因氧化作用而染色的染料，所以又称为氧化型染发剂。另外，这种染发剂最常用的是合成有机染料，因此，也简称为合成染发剂。

这类染发剂所用的是低分子量的染料中间体，如对苯二胺、邻苯二胺、对氨基苯酚等有机芳香胺类、氨基酚类化合物。通常，这些染料中间体本身是无色的，但经氧化剂作用后则生成有色的大分子化合物，如能渗透到头发纤维结构内或与头发结构中的某些基团形成化学键而结合地较为牢固，从而使头发改变颜色，并耐洗、耐光、耐酸碱等，可保持6～7周不易褪色，所以称为持久性染发剂。

目前市场上销售的氧化型染发剂有多种形式，如液体、膏状、粉状及香波等。一般多是将含有染料的基质或载体（称主染料）和氧化剂分别盛装，使用时将两者混合后，均匀地涂敷于头发上，混合液与头发接触20～30分钟，使其充分反应、然后将残留的染色剂冲洗干净，便可达到染色目的。

粉状染发剂大多采用单一的对苯二胺染料，再添加一些增稠剂等辅助原料而配制成的，染发后色泽呈乌黑，但无光泽，看上去不太自然。

液体染发剂一般以溶剂作染料载体，与氧化剂混合后呈水状。所以，染发时不易黏附在头发表面上，而且易流失，沾染皮肤和衣物，使用不太方便。

膏状染发剂是在基质中加入一些表面活性剂、增稠剂等添加剂，与氧化剂混合后呈黏稠状半流动胶体。其特点是容易黏附在头发表面，有利于染料分子渗透到发质内部，并且不易沾染皮肤和衣物等。染发后具有色泽真实、自然等特点。

香波型染发剂一般是在含表面活性剂的香波基体中溶入水溶性染料中间体配制成的，其表面活性剂既起到清洁头发作用，又起到促进渗透作用，而有利于染发，所以是一种具有洗发和染发双重功能的染发剂。由于染发香波使用方法简单，适宜在家庭中使用。

1. 氧化型染发剂的染色机制

(1) 染料分子的渗透：人们对氧化染色机制以及染料中间体分子结构与染色的关系研究发现：氧化型染发剂一般呈弱碱性，在染发过程中，头发角蛋白在碱性条件下产生膨胀，染料中间体分子容易渗透到头发纤维结构内部，发生一系列氧化和缩合反应，染料中间体分子氧化缩合成大分子锁闭在头发内，从而达到染色作用和染色持久的目的。

试验中发现，染料分子渗入发质内部，不仅与染料分子大小有关，而且与头发的状态有密切关系。染料中间体分子直径小、分散性好、渗透力强；分子直径大则刚好相反。用于染发剂的染料分子直径一般在 0.6～0.8nm 范围，染色效果好。头发损伤程度直接影响染色的效果，经试验证实，完整无损的头发染色较慢；而最易染色的是经烫发或脱色过的头发；被碱性剂处理或机械损伤的头发染色也相对快些。这是因为正常无损的头发结构比较紧密，而被损伤过的头发结构比较疏松，使头发孔隙增多，有利于染料分子的渗入。

因此，染发前，先将头发清洗或用碱剂等进行预处理，则可加速染料分子的渗透作用，染色效果好。

(2) 染料分子的氧化和缩合反应：氧化型染发剂分子是以小分子形式先渗入头发结构内部，然后再由氧化剂将其氧化生成锁闭在头发内部的大分子，并且是不溶性的有色缩合物。如果使用不同的染料中间体分子，当这些中间体分子被氧化、缩合生成大小不同的缩合物时，其颜色也有所不同。

通常，由白色、灰白色头发染成黑色的染料中间体主要为对苯二胺类等，在氧化剂(过氧化氢、过硼酸钠、过氧化脲等)作用下，可进行一系列氧化、缩合反应，先生成亚胺类化合物进而缩和，其过程可表示如下：

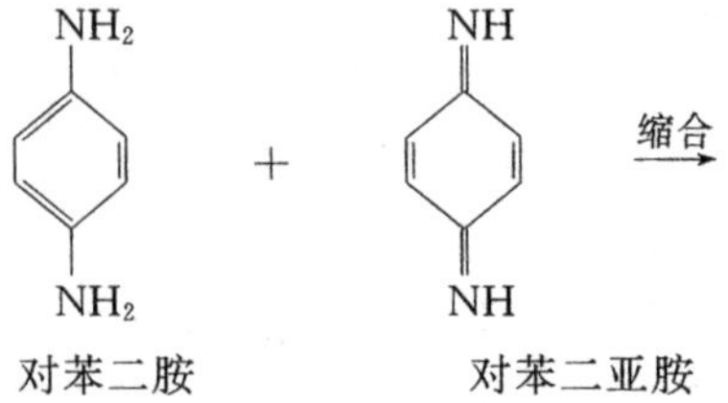

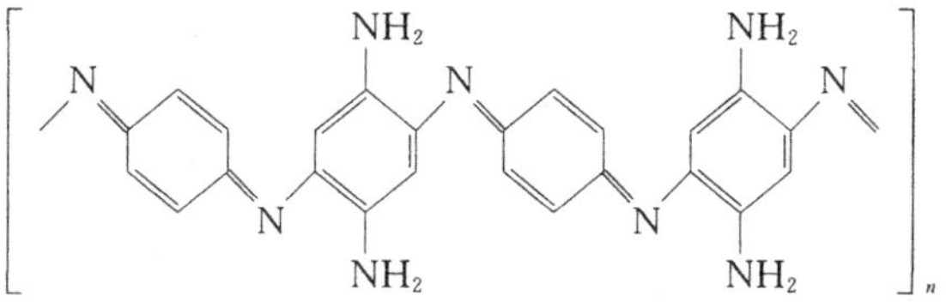

缩合物

由缩合物的结构可见，它们是高度共轭体系。根据色素生色理论（详见第六章第二节），其可以吸收一定波长的光而反射出某一特定波长的光，使之具有颜色。如果存在某种基团（助色基团），则有利于增强色调。因此，为了提高对苯二胺的染色效果，常在配方中添加少量的间苯二酚、邻苯二酚（增色剂）等，可使染色光亮、着色牢固。这是由于对苯二胺氧化生成的亚胺，再与增色剂发生缩合反应，生成茚哒类染料，使之具有助色基团的共轭结构。其反应式如下：

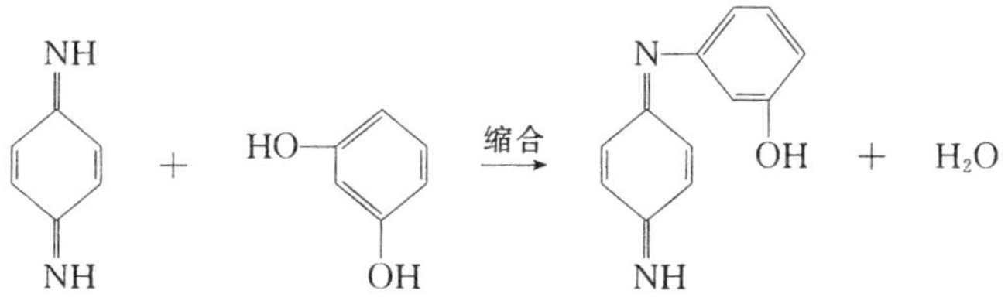

对苯二亚胺　　间苯二酚　　缩合物

上述的对苯二胺用过氧化氢氧化，其反应过程进行并不快，室温下，约需 10～15 分钟。因此，有足够的时间使部分氧化染料小分子渗透到头发内部，然后再氧化成闭锁在头发内的黑色大分子。所以，对苯二胺是主要的有机氧化染发剂，它的优点是使头发染后有良好的光泽和自然的色彩。研究和实验证明，目前还没有不含对苯二胺而性能良好的染发剂。其他的有机染料可用来产生不同的颜色。例如，邻苯二胺可使头发染成金黄色；对甲苯二胺可染成褐色，如将这些主要的染料以不同比例混合又可产生其他色彩。

影响染发的色调和染色力的因素有：染料的品种、染料的浓度、染料基质及其 pH 值、染色的时间长短和头发的状态等。

有机染料虽有许多优点，能制成优良的染发剂，但却具有相当的毒性、刺激性和过敏性。例如，对苯二胺会使易过敏的人引起发痒、水肿、气喘、胃炎、贫血等现象产生，严重的有时引起中毒而死亡。如果将对苯二胺的氨基转化，生成 4-氨基苯胺基甲磺酸钠，则毒性就会大大减弱。如下式所示：

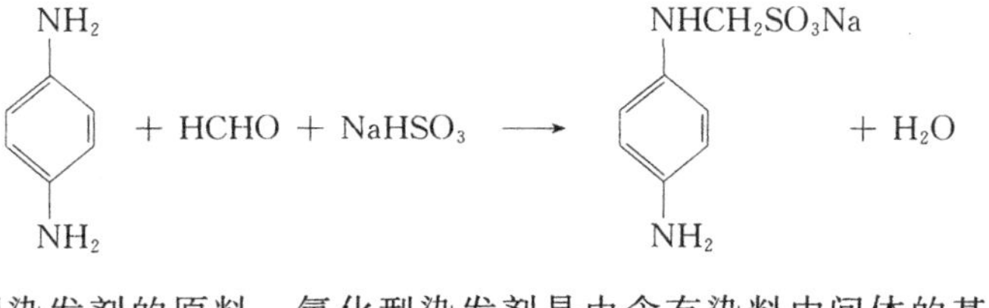

2. 氧化型染发剂的原料　氧化型染发剂是由含有染料中间体的基质或载体和氧化显色剂两部分组成的。

(1) 染料中间体：用作氧化型染发剂的染料中间体主要有对苯二胺、甲基苯二胺及其衍生物等。另外，还有氨基酚、苯二酚及其衍生物作为辅助染料等。其中对苯二胺能产生棕黑色；氯代对苯二胺能产生深褐色；邻苯二胺能产生金黄色；2-甲氧基对苯二胺能产生浅灰色；邻甲苯二胺能产生浅褐色；2,5-二氨基酚可产生红棕色等。

(2) 氧化染发剂基质：由表面活性剂、溶剂、均染剂、调理剂、抗氧剂、抑制剂、保湿剂、碱剂、螯合剂和香精等组成。

1) 表面活性剂：基质中可以选用阴离子、两性离子和非离子表面活性剂，表面活性剂在染发剂中具有多种作用，既可用作分散剂、渗透剂、发泡剂，也可作为洗发香波中的清洁剂。常用的表面活性剂有高级脂肪醇硫酸酯、乙氧基烷基酯等，其中最适用的是聚乙二醇对壬基酚醚。

脂肪酸皂类也是经常使用的阴离子表面活性剂，它是染料中间体的溶剂和分散剂。以油酸、硬脂酸、棕榈酸、月桂酸、椰子油脂肪酸等制得的脂肪酸铵皂，其中油酸铵最为适宜。

2) 溶剂：染发剂中的染料中间体必须溶解在适当的溶剂中，常用的溶剂是低碳醇、多元醇、多元醇醚。例如乙醇、丙二醇、异丙醇、甘油、山梨醇、二乙二醇乙醚等。其中甘油、丙二醇等具有保湿作用，乙醇和异丙醇能促进染料对头发的渗透作用，异丙醇是常用的溶剂。

3) 头发调理剂：上述许多原料也具有头发调理剂作用。此外，还有羊毛脂及其衍生物、蛋白质、氨基酸、聚乙烯吡咯烷酮等也常用作头发调理剂。

4) 抗氧剂：染料中间体自身易被空气氧化，而造成部分失效，为了防止氧化作用发生，应在染发基质中加入足够的抗氧剂，用以阻滞染料的自身氧化。广泛使用的抗氧化剂是亚硫酸钠，其用量一般不超过 0.5%。

5) 增稠剂：它在染发剂中起增稠、稳定泡沫等作用。染发剂具有一定的稠度，才能易于黏附于头发上，有利于渗透。常用的增稠剂有高碳醇类、聚乙氧烯脂肪醇醚、纤维素类等。

6) 抑制剂：也称氧化减缓剂。将染发剂与氧化剂混合后，如果氧化作用太快，而使染料中间体还未充分渗入到发质内部，结果造成染发不均匀而降低染色效果。因此，需要加入氧化抑制剂，使染料中间体有充分的时间渗透、扩散后再发生氧化反应，形成锁闭在头发内的大分子化合物而显色。常用的抑制剂有多元酚、1-苯基-3-甲基吡唑啉酮及其类似物等。

7) 碱剂：在碱性条件下，能使头发柔软和膨胀，有利于染料中间体分子渗透，并且能提高氧化剂的氧化能力。因此，氧化染发剂呈碱性，其 pH 值为 9～10.5，染发效果好。最常用的碱是氨水，一些有机胺如乙醇胺、烷基酚胺等也可采用和部分代替氨水。

8) 螯合剂：由于染料及其基质中常含有微量重金属，当过氧化物与染料混合时，重金属可促进过氧化物的分解，而加速染料中间体的自动氧化，影响染发的效果。因此，在染发剂中应加入一定量的螯合剂来控制上述影响。常用的螯合剂为乙二胺四乙酸钠(EDTA-Na)，其用量为0.2%～0.5%。

9）香精：因染发剂中的某些组分具有令人不愉快的气味，故需要加入一定量香精，用以掩盖其气味，同时还能在染后的头发上留下芬芳的香气。所用的香精应避免使用醛类化合物，以防止醛类化合物在碱性条件下会发生缩合而变味，或易被氧化剂氧化生成羧基化合物。香精用量一般为0.3%～0.5%。

(3) 氧化剂：是氧化染发剂的另一主要组成部分。它既可以与染料基质分别包装，配制成两剂型，也可以与染料基质混合在一起，配制成一剂型包装。同时，应根据不同剂型，选择不同的活性物作氧化剂。

通常使用的氧化剂为过氧化氢，使用浓度为6%，使用量与含染料中间体的基质等量，使用前混合。过氧化氢易分解，但在酸性条件下比较稳定，在配制过氧化氢溶液时应控制其pH在3～4。为了防止过氧化物分解，还需要加入稳定剂，常用的稳定剂是非那西汀、磷酸氢钠等。

除过氧化氢外，其他氧化剂有过硼酸钠、过硫酸钾、过氧尿素等。

3. 氧化型染发剂配方(表15-6～表15-8)

表15-6　两剂型氧化染发剂配方

组分	质量分数(%)		
	黑色	黑色	金黄色
A:染料中间体			
对苯二胺	1.56	2.70	0.15
间苯二胺	0.20	0.50	1.00
邻氨基苯酚	0.48	0.20	0.20
2,4-二氨基苯甲醚	0.78	0.40	0.01
4-硝基邻苯二胺	0.02		
对氨基苯酚			0.20
B:基质			
油酸	20.0	20.0	20.0
油醇	15.0	15.0	15.0
水溶性羊毛脂	3.0		
聚氧乙烯(5)羊毛醇醚		3.0	3.0
丙二醇	12.0	12.0	12.0
异丙醇	10.0	10.0	10.0
羧甲基纤维素	1.0	1.0	1.0
EDTA钠盐	0.5	0.5	0.5
亚硫酸钠	0.5	0.5	0.5
氨水(28%)	适量	适量	适量
蒸馏水	余量	余量	余量

制法：将油酸、油醇、羊毛脂或聚氧乙烯羊毛醇醚、异丙醇等混合均匀；另将EDTA、亚硫酸钠和羧甲基纤维素溶解于丙二醇、水混合液中，分别加热至65～70℃，搅拌混合均匀，冷却至50℃时加入染料中间体各组分，搅拌至室温时，用适量氨水调pH值至9～10.5，即为染料基质。

表15-7 液体氧化剂配方

组分	质量分数(%)	组分	质量分数(%)
过氧化氢(30%水溶液)	20.0	蒸馏水	余量
非那西汀	0.05		

制法：将非那西汀溶解于水，然后加入30%过氧化氢溶液混合均匀，调节pH值至3.0～4.0，即为液体氧化剂。

表15-8 固体氧化剂配方

组分	质量分数(%)	组分	质量分数(%)
过硼酸钠	94.7	δ-葡萄酸内酯	3.2
柠檬酸	2.1		

制法：将三种组分混合均匀即可。

如前所述，使用时将上述制得的染料基质与氧化剂混合后，即可用于染发，根据需要可选用液体或固体氧化剂。

五、无机染料染发剂

无机染料染发剂又称矿物性染发剂或金属染发剂。实际上，无机染料染发剂不是染料，并不能渗入头发结构内部，而是金属盐自身的颜色螯合于头发角蛋白的表面上。所以，经过摩擦、梳理和洗涤等会脱去颜色，而且金属盐染发后，出现头发变硬、发脆等现象。一般应用的较少，只适用于不能使用氧化染料染发剂的人染发。

无机染料染发剂所使用的金属盐有铅、银、铋、铜、铁、锌、锰等盐类。不同的金属盐所产生的色调也不一样，如铅盐可将灰白头发染成黄色到棕色、黑色；银盐可染成金黄色到黑色等。由于铅、银等金属盐对人体有潜在的毒性，早已被铁、锌、锰盐的染发剂取代。

金属盐染发剂的作用原理：先用稀碱性溶液或表面活性剂溶液将头发的角蛋白溶胀，呈易螯合的状态，接着与金属盐作用，使之能螯合成牢固的形式，最后用丹宁酸、没食子酸等显色，使头发变成黑色。使用方法相对较麻烦，低温时还需要用热毛巾保温。其配方举例如下(表15-9，15-10)：

表 15-9 铁盐染发剂(黑色)配方

组分	质量分数(%)	组分	质量分数(%)
A:羟乙基纤维素	0.7	B:羟乙基纤维素	0.7
硫酸亚铁	0.1	3,4-二羟基苯乙醇酸	0.4
蒸馏水	99.2	蒸馏水	98.9

使用方法:先用 A 液处理头发约 30 分钟,用水洗净;再用 B 液显色后处理约 30 分钟,用水洗净即可。A、B 液单独不显色。

表 15-10 乳化型铁盐染发剂(黑色)配方

组分	质量分数(%)	组分	质量分数(%)
液状石蜡	25.0	十六烷基硫酸钠	1.5
凡士林	5.0	聚氧乙烯失水山梨醇硬脂酸酯	1.0
单硬脂酸甘油酯	4.5	没食子酸	1.0
十四酸异丙酯	4.5	硫酸亚铁	1.0
单硬脂酸乙二醇酯	3.5	香精	0.5
石蜡	3.0	蒸馏水加至	100
地蜡	2.0		

六、头发漂白剂

头发漂白剂又称头发脱色剂。通常是利用氧化剂对头发黑色素进行氧化分解作用而使头发褪色。使用头发漂白剂可使灰白或花白的头发漂成白色,也有的是为头发染色做准备。黑色或棕色头发漂白脱色与氧化剂的浓度、氧化剂作用于头发的时间、漂白的次数有关,由深逐渐变浅。

目前最常用的头发漂白剂是过氧化氢(俗称双氧水)。因它不稳定,在碱性条件下极易发生分解,同时释放出活性氧。其氧化性能很强,可对头发黑色素产生氧化分解作用。一般采用 3%~4%的过氧化氢水溶液,添加少量氨水,使其溶液呈碱性,增加漂白活性,即可达到漂白作用。

漂洗方法是将头发用香波洗净、干燥后,使头发全部浸入过氧化氢水溶液中不断绞洗。在溶液中浸洗时间越长,漂白效果越好,可依漂洗的颜色情况,随时用大量热水冲洗而中止漂白作用,不需要再用香波洗发。应指出的是,漂白的时间越长或次数越多,对头发损伤也越严重,头发强度下降、缺少光泽等。所以,漂洗后的头发应使用护发用品保护是十分重要的。

除过氧化氢外,还有固体过氧化物,如过氧化尿素、过硼酸钠等。为了防止过氧化物分解或铁、铜等金属促进分解,常在配方中添加少量的非那西汀等稳定剂,或加入 EDTA 与金属离子生成配合物等。其配方举例如下(表 15-11,15-12):

表 15-11 头发漂白液配方

组分	质量分数(%)	组分	质量分数(%)
过氧化氢(35%)	15.0	磷酸(10%)调节 pH 值至 4	适量
非那西汀	0.03	蒸馏水	84.97

制法:各组分溶于水后,用磷酸调节 pH 值至 4,使用时用氨水调节 pH 值为 9.5～10,即可直接使用。

表 15-12 头发漂白乳液配方

组分	质量分数(%)	组分	质量分数(%)
油酸	40.0	异丙醇	15.0
十八烷基胺	20.0	氨水(28%)	9.0
丙二醇	15.4	EDTA	0.6

制法:将各组分混合均匀即可,调节 pH 值为 9.5～10,使用前将本溶液与 7% 过氧化氢溶液以 1∶2 的比例混合均匀,涂布在头发上,保留 1 小时后洗去,即可将头发漂白。

第三节 卷发用化妆品

卷发用化妆品是指用来卷曲、美化头发的一类化妆品,也称为烫发用化妆品。卷发是改变头发形态的一种整发术,是美化发型的基本方式之一。较早期的头发卷曲主要是利用物理方法,如水蒸气、火剪、电加热等方法来使头发的结构发生变化而达到相对持久的卷曲状态,故称烫发。

另一种方法是利用化学方法即化学卷发剂来使头发的结构发生变化而达到卷发目的。化学卷发剂分为热烫卷发剂和冷烫卷发剂。热烫是以电作为供热源,所以也称电烫。热烫卷发剂多是采用亚硫酸钠(钾)、碳酸钠、硫代硫酸钠及氨水等碱性较强的物质,因对头发损伤较大,而且加热等操作不方便,现在已基本不被采用。

冷烫卷发又称化学烫发,是在略比常温高的温度下进行卷发,所用的卷发剂俗称冷烫剂。它的主要成分是巯基乙酸铵或巯基乙酸的氨溶液等,虽然这种化学卷发剂有难闻的氨气味,并对皮肤和眼睛有一定的刺激性,但成本低廉、卷发效果好,容易洗净等,所以现在广泛使用。

新型的化学卷发剂即无刺激性氨味、对头发损伤程度极低的产品已问世,不久将会推广使用。

一、头发卷曲的原理

在第十四章第一节已详细介绍了头发的化学结构及其化学性质,可以认为头发的卷曲实际上首先破坏了头发结构内多肽链间的氢键、盐键、二硫键等,即为软化过程；然后是借用外力使头发内多肽链有规则的拉伸或卷曲，使一定数量的肽键呈卷曲倾向，即为卷曲过程；最后则是将软化过程所破坏的键进行修复，使卷曲后的发型固定下来，即为定型过程。所以，头发卷曲包括软化、卷曲（或拉伸）、定型三个过程。

下述各过程所涉及的有关化学反应式在此不再多述，请参考前面有关章节。

1. 头发的软化　头发的软化过程实际上是断裂头发结构中的多肽链之间的各种化学键过程。

（1）氢键的断裂：头发湿润后变软和膨胀，其原因是由于水分子渗入头发结构内，切断了原来肽链间的氢键。所以，卷发前先将头发洗净、润湿的作用就在于此。但是水的这种作用只是暂时性的，如当水分蒸发、头发干燥后，肽链间的氢键又可恢复到原来状态。

（2）盐键的断裂：盐键是存在于多肽链的侧链之间一种离子键，是由多肽链的侧链间的氨基和羧基相互作用而产生的离子键。如果改变头发表面 pH 值，即用酸或碱作用时，则可以断裂其盐键，也可以使头发变得柔软易于弯曲，中和或用水洗去酸碱，使头发恢复到原有的 pH 值（pH＝4～7）后，头发又可恢复原来状态。所以，只能说改变 pH 值对头发卷曲有一定的影响，但不是关键因素。

（3）二硫键的断裂：二硫键是多肽链上两个半胱氨酸之间形成的化学键，是一种比较稳定的键，可使多肽链的两个不同区域之间能紧密地靠拢起来，是结构稳定的重要因素。正常情况下，二硫键不受水或碱的影响，但是二硫键可以被还原剂如巯基化合物、亚硫酸盐等作用，发生断裂。在碱性条件下，巯基化合物可以较容易地使二硫键断裂，即二硫键被还原成巯基。

因此，头发软化过程必须破坏维持头发结构的多肽链间的氢键、盐键和二硫键，使多肽链间作用松解开，头发才能变软而易于卷曲。

2. 头发的卷曲　是将已软化的头发卷曲成所需要的各种形状。它是采用各种式样的卷发器，施加了复杂的外力，使软化的头发沿卷发器样式有规则地卷曲或拉伸。

3. 头发的定型　是将已破坏的各种化学键进行修复。因为头发卷曲成型后，这些已破坏的化学键如不修复，发型难以固定下来，也不能形成持久的卷曲状态。所以，这些化学键的修复是卷曲头发定型的关键。

头发干燥、水分除去后，可恢复氢键；调节 pH 值至 4～7，可使盐键恢复；而破坏的二硫键恢复，一般需要氧化剂将断裂形成的巯基氧化成二硫键。结果使头发恢复为原来一定程度的刚韧性，同时也保留了持久的卷曲状态，最后达到头发卷曲的目的。

二、冷烫卷发剂

冷烫卷发剂是指在略比常温高的温度下所使用的化学卷发剂。它主要包括卷曲剂和中和剂两部分。卷曲剂按产品剂型分类可分为粉剂型、膏霜型、乳剂型和水剂型等。

1. 卷曲剂　主要组成有还原剂、碱性促进剂、表面活性剂、稳定剂等。

(1) 还原剂：是卷曲剂的主要组分，它的作用是将二硫键还原，即断裂二硫键。用作卷曲剂的还原剂主要是巯基化合物，如巯基乙酸（又称硫代乙醇酸）及其盐类（铵盐、钾盐、钠盐等）、巯基乙酸单乙醇胺、半胱氨酸、巯基乙醇、α-巯基丙酸（硫代乳酸）等。

影响巯基化合物还原性的因素巯基化合物种类、使用浓度、pH 值与头发作用时间等。例如，试验结果表明巯基乙酸铵用量为 6%，pH 值为 9.2～9.5 时，室温下 20～30 分钟，就可达到较好的卷发效果。

较新的还原剂 2-亚氨基噻吩烷（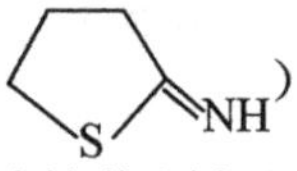

），用量为 6%～ 7.5%，pH 值为 9.2～9.5 时，与相同情况下的巯基乙酸铵作用相近，但它具有无刺激性氨味，对头发损害极低等优点，预期不久将会广泛使用。

(2) 碱剂：在碱性条件下，巯基化合物具有较强的还原性，这是由于碱的作用可使头发角蛋白发生膨胀，有利于还原剂的渗透，可提高卷曲效果。试验结果表明，卷曲剂的 pH 值在 9.0～9.5 范围内卷曲效果较好。

用作卷曲剂的碱剂有氨水、乙醇胺、碳酸氢铵、磷酸氢二铵、尿素等。其中常用的是氨水，其作用温和，分子较小，易于渗透，易挥发，易被水洗净，但有刺激性氨味的缺点。

(3) 表面活性剂：表面活性剂不仅可使卷曲剂易于分散、渗透、促进头发的软化膨胀，而且也可使不溶性成分在水中分散和乳化，提高卷曲效果，改善头发卷曲的持久性。可使用阴离子、阳离子和非离子表面活性剂。

(4) 稳定剂：巯基化合物还原能力较强，因而也易被氧化，尤其在碱性条件下金属离子可促进还原剂的分解。所以，常加入稳定剂，如 EDTA、柠檬酸和抗氧剂亚硫酸钠等。

卷曲剂使用方法：是将头发洗净，保持湿润状态，用卷发器卷曲成型同时涂抹卷曲剂，之后停留一定的时间，一般为 20 分钟左右。如果要缩短卷发时间或提高卷曲效果，可用热毛巾热敷或电热帽保温（50～70℃）10 分钟即可。冷烫卷曲剂配方如下（表 15-13～表 15-16）：

表 15-13　冷烫卷发剂配方-1

组分	质量分数(%)	组分	质量分数(%)
巯基乙酸铵(50%)	6.3	乙醇	1.1
碳酸氢钠	0.1	酒石酸	0.05
氨水(28%)	1.25	柠檬酸	0.05
乙醇胺	0.5	碘化钾	0.75
甘油	0.2	蒸馏水	89.7

制法：将各组分按顺序加入水中溶解后，用28%氨水调节pH值至9.4，混合均匀即可。

表 15-14　冷烫卷发剂配方-2

组分	质量分数(%)	组分	质量分数(%)
巯基乙酸	7.0	尿素	1.5
亚硫酸钠	1.5	甘油	3.0
聚氧乙烯(30)油醇醚	0.5	蒸馏水	81.7
氨水(28%)	4.8		

制法：同配方-1。

表 15-15　新型冷烫卷发剂配方

组分	质量分数(%)	组分	质量分数(%)
2-亚氨基噻吩烷盐酸盐	7.1	蒸馏水	余量
氨水(28%)(调节pH至9.2～9.5)	适量		

制法：将2-亚氨基噻吩烷盐酸盐溶解于部分水中，用氨水调节pH值为9.2～9.5后，加入剩余量水。

表 15-16　气压式冷烫卷发剂配方

组分	质量分数(%)	组分	质量分数(%)
椰子油乙醇胺皂	6.0	椰子油醇硫酸三乙醇胺	2.0
巯基乙酸二乙醇胺	5.0	乙醇胺(调节pH至9.3)	适量
巯基乙酸一乙醇胺	5.0	蒸馏水	71.0
乙醇	6.0	丙烷	5.0

制法：将各组分溶解于水和乙醇混合液中，用乙醇胺调节pH值至9.3后，混合均匀灌装气压容器内，压盖后充入喷射剂丙烷即可。

2. 中和剂　是将已被还原破坏的二硫键进行氧化复原，使头发的化学结构在卷曲成型后恢复到原有结构状态，从而使卷发形状能够固定下来，并同时中和残余的卷发剂。在卷发过程中，卷发剂起的是还原作用，而中和剂则是起的氧化作用，又称为中和氧化剂。

中和剂主要有氧化剂、有机酸、表面活性剂、稳定剂等。

常用的氧化剂有溴酸钾(钠)、过硼酸钠、过氧化氢、过硫酸钾等。溴酸盐、过硼酸钠等常用于制备粉状的中和剂，加入有机酸等酸性物质是提高其氧化性和在水中的溶解性等。过氧化氢只能用于制备液体中和剂，加入少量的乙酰苯胺可作为其稳定剂。

除了上述中和剂外，也可利用空气的氧化作用使还原剂氧化或使二硫键重新恢复。实际操作中，使用电吹风即有干燥头发、整理发型的作用，又有氧化作用，但其作用需要时间长。

冷烫卷发剂的中和剂，配方举例如下(表 15-17，15-18)：

表 15-17 液体卷发中和剂配方

组分	质量分数(%)	组分	质量分数(%)
十二烷基硫酸铵	10.0	乙酰苯胺	0.02
过氧化氢(30%)	7.5	蒸馏水	余量
乳酸(80%)	1.0		

制法：将各组分溶于水中，并用乳酸调节 pH 值至 4 左右，混合均匀即可。

表 15-18 固体中和剂配方

组分	质量分数(%)	组分	质量分数(%)
溴酸钠	56.0	碳酸钠	1.2
磷酸二氢钠	42.8		

制法：将各组分研磨成粉状，然后按比例混合均匀，使用时稀释成 4%～5%溶液即可。

第四节 脱毛化妆品

脱毛化妆品是指用来脱除或减少不需要的体毛所用的化妆品。它不同于一般的剃除方法，而是采用脱毛剂将体毛从毛孔中除去，因此，脱毛后不仅使体毛生长缓慢，而且皮肤表面光滑，不留下痕迹。

脱毛剂按其脱毛作用原理可分为物理脱毛剂和化学脱毛剂。

一、物理脱毛剂

物理脱毛剂是蜡状黏性物质以物理方法拔除体毛，也称拔毛蜡。拔毛蜡一般是蜡、松香和树脂等的混合物，使用前将其熔化，然后涂敷于需要拔除体毛的部位，待蜡冷却凝固后，从皮肤上除去，被黏附于凝固蜡中的体毛也就从皮肤表面被拔出来。由于这种方法使用时感觉并不舒服愉快，如果使用不当还可能对皮肤有一定损伤，所以，现在已基本不被采用，仅用于不能使用化学脱毛剂的人使用，配方如下(表 15-19)：

表 15-19 拔毛蜡配方

组分	质量分数(%)	组分	质量分数(%)
松香	50.0	凡士林	8.0
蜂蜡	25.0	香精	2.0
石蜡	15.0		

制法：将除香精外的全部组分加热熔化、混合均匀，在40℃时加入香精后混合均匀即可。

二、化学脱发剂

化学脱发剂是利用化学物质对体毛的软化膨胀作用，然后能容易地连同体毛拔除。其作用机制与卷发剂相似，后者只是部分地破坏和改变胱氨酸的二硫键，而脱毛剂则是完全破坏二硫键，以使体毛完全脱除。

好的化学脱毛剂应要求在5分钟内使体毛完全作用成柔软可塑性物质，容易从皮肤上除去或洗去，对皮肤没有刺激性和损伤，使用方便，不污染皮肤和衣服等。

化学脱毛剂按其组成可分为无机脱毛剂和有机脱毛剂两类。

1. 无机脱毛剂　主要是无机化合物，如钠、钾、钡、锶等金属的碱性硫化物，其中应用较多的是硫化钡、硫化锶。由于钠盐、钾盐的刺激性强，所以用的较少。这类硫化物不稳定，易分解生成硫化氢而释放出来，产生不愉快气味，所以，这类脱毛剂中必须添加稳定剂。其配方举例如下(表15-20)：

表15-20　粉状无机脱毛剂配方

组分	质量分数(%)	组分	质量分数(%)
硫化钡	15.0	月桂醇硫酸钠	5.0
硫化锶	20.0	薄荷脑	0.2
淀粉	38.7	麝香草酚	0.1
滑石粉	10.0	香精	1.0
二氧化钛	10.0		

制法：将香精、薄荷脑和麝香草酚与部分淀粉混合均匀，过筛后与其他组分混合均匀即可。使用时可用水调成糊状。

2. 有机脱毛剂　起脱毛作用的主要是巯基乙酸的钙、钠、镁、锶等碱金属盐，其中常用的是巯基乙酸钙$(HSCH_2COO)_2Ca$，也可采用两种以上的巯基乙酸盐。

与无机脱毛剂相比，有机脱毛剂虽然作用缓慢，但对皮肤的刺激性较小，几乎无硫化氢臭味。有机脱毛剂一般制成膏状或液状形式，用后容易清洗。一般pH值控制在10～12.5，对皮肤刺激性小，脱毛效果好，其配方举例如下(表15-21，15-22)：

表15-21　膏状有机脱毛剂配方-1

组分	质量分数(%)	组分	质量分数(%)
A：月桂醇硫酸钠	5.0	氢氧化钙	12.0
蒸馏水	30.0	二氧化钛	1.0
B：羊毛脂	5.0	蒸馏水	37.0
鲸蜡醇	1.0	D：香精	1.0
C：巯基乙酸	8.0		

制法：将A组溶解、B组熔化后，将B组加入A中搅拌乳化，另将C组搅拌混合成浆状物，加入上述乳化液中，搅拌均匀后加入香精，继续搅拌均匀即可。

表 15-22 膏状有机脱毛剂配方-2

组分	质量分数(%)	组分	质量分数(%)
A：白凡士林	15.0	B：巯基乙酸钙	5.0
液状石蜡	10.0	蒸馏水	52.0
十六醇	3.0	C：甘油	5.0
十八醇	3.0	钛白粉	1.0
聚氧乙烯(50)油醇醚	4.0	D：香精	适量
聚氧乙烯(8)硬脂醇醚	1.7	氨水(28%)(调节pH值至12.7)	适量
抗氧剂	适量		
防腐剂	适量		

制法：将油相A各组分混合搅拌加热至90℃，将水相B中巯基乙酸钙分散于水中加热至90℃，搅拌下缓慢将B相加入A相中，混合乳化。搅拌冷却至70～75℃时，加入预先研磨混合好的甘油钛白粉糊液，搅拌冷却至55～58℃时加入香精，直至膏体形成停止搅拌。待膏体冷却至室温后，用28%氨水调节pH值为12.7，搅拌均匀即可。

第五节 防晒化妆品

防晒化妆品是一类具有吸收紫外线作用，防止或减轻皮肤晒伤、黑色素沉着及皮肤老化的化妆品。防晒化妆品是在配方中添加一定量的防晒剂，因而具有一定的防晒功能。防晒剂是能够保护皮肤免受紫外线伤害的物质。有关紫外线对皮肤的作用、防晒剂的分类、防晒机制详见第四章。

防晒剂按其作用机制不同可分为化学防晒剂与物理防晒剂两种类型。化学防晒剂吸收紫外线能量后，再以热能或其他无害能量形式释放，以达到防晒目的；物理防晒剂大多为无机粉质原料，主要是通过自身的散射或折射作用阻止紫外线与皮肤接触，从而防止紫外线对皮肤的晒伤。

防晒化妆品的防晒效果一般以SPF值的高低来表示。SPF(sun protection factor)即防晒倍数，又称防晒系数，是指化妆品能延长皮肤受日晒引起泛红所需的时间倍数。一般低度防晒品的SPF值为2～6，中度为6～10，高度为10～15，高强度为15以上。不同皮肤或不同季节可选用不同SPF值的防晒化妆品。例如，一般类型皮肤选用SPF值为8～15的防晒化妆品；对阳光敏感的皮肤，要选择SPF值为15～20；在春季、夏季可选用大于12的防晒化妆品。为保证有更好的防晒效果，还可选用防水型防晒化妆品。

目前，常用的防晒化妆品，按其形态主要有防晒油、防晒水、防晒乳液和防晒霜等。

一、防晒油

将油溶性防晒剂溶于植物油、矿物油中制得的防晒油，具有较好的防晒作用，油份多，不易被水洗去。除防晒剂外，植物油脂等对皮肤也有一定的保护作用，但使用后皮肤有油腻感是其缺点。防晒油配方举例如下(表15-23)：

表15-23　防晒油配方

组分	质量分数(%)	组分	质量分数(%)
橄榄油	35.0	水杨酸-2-乙基己基酯	5.0
液状石蜡	60.0	香精、色素、抗氧剂	适量

制法：将除香精以外的所有组分，搅拌混合加热至完全溶解，冷却至45℃时加入香精，混合均匀即可。

二、防晒水

为了避免防晒油在皮肤上的油腻感，可用乙醇作为溶剂而制得的防晒水。添加的滋润剂是作为薄膜剂以帮助防晒剂黏附于皮肤上，有助于防晒效果。防晒水用后，皮肤感觉爽快，但容易被水冲洗去。其配方举例如下(表15-24)：

表15-24　防晒水配方

组分	质量分数(%)	组分	质量分数(%)
A：油醇	10.0	B：蒸馏水	23.5
乙醇	65.0	香精、色素	适量
4-甲氧基肉桂酸-2-乙基己基酯	1.5		

制法：将A组组分溶解，在搅拌下加入水中，最后加入适量的香精和色素即可。

三、乳化体型防晒用品

乳化体型防晒用化妆品是将护肤作用和防晒作用两者结合起来的一种防晒用品。从使用效果看，它既能保持一定的油润性，又不会感到过分油腻，所以是一类比较受欢迎的防晒化妆品。因此，其配方结构可以在乳液、雪花膏、冷霜等基础上添加防晒剂，可制得油/水型或水/油型的乳化体防晒用品。可根据皮肤类型、季节、日晒等因素来选择不同SPF值或不同乳化体型的防晒用品。其配方举例如下(表15-25～表15-27)：

表 15-25 防晒乳液配方

组分	质量分数(%)	组分	质量分数(%)
A:硬脂酸	4.0	三乙醇胺	1.7
二甲基苯基硅油	1.0	水杨酸三乙醇胺	5.0
十六酸异丙酯	3.5	防腐剂	1.0
水杨酸辛酯	10.0	蒸馏水	70.4
B:聚乙二醇 400	3.0	C:香精	0.4

制法:将 A、B 组组分分别混合加热至 80℃,在快速搅拌下将 B 组加入到 A 组中,继续搅拌、冷却至 45℃时,加入香精,充分搅拌均匀,冷却至室温即可。

表 15-26 冷霜型(水/油)防晒霜配方

组分	质量分数(%)	组分	质量分数(%)
A:蜂蜡	10.0	单硬脂酸甘油酯	0.75
鲸蜡醇	2.5	尼泊金丙酯	0.15
羊毛酸异丙酯	3.0	B:硼砂	0.75
液状石蜡	20.0	尼泊金甲酯	0.05
苯甲酸 C12~C15 烷基酯	25.70	蒸馏水	34.10
对二甲氨基苯甲酸辛酯	3.0	C:香精	适量

制法:分别将 A、B 组组分混合,加热至 85℃,搅拌下将 B 组加入 A 组中,搅拌冷却至 45℃时,加入香精,充分搅拌均匀即可。

表 15-27 雪花膏型(油/水)防晒霜配方

组分	质量分数(%)	组分	质量分数(%)
A:硬脂酸	3.0	抗氧剂	适量
角鲨烷	10.0	防腐剂	适量
凡士林	5.0	B:1,3-丁二醇	7.0
十八醇	3.0	二氧化钛	5.0
聚丙烯酸乙酯	1.0	三乙醇胺	1.0
2-羟基-4-甲氧基二苯酮	2.0	EDTA 二钠	0.05
单硬脂酸甘油酯	3.0	蒸馏水	54.95
对甲氧基肉桂酸辛酯	5.0	C:香精	适量

制法:分别将 A、B 组组分混合,加热至 70℃,二氧化钛充分分散后,将 A 组加入 B 组中,充分搅拌乳化后,冷却至 45℃时加入香精,混合均匀即可。

第六节　祛斑化妆品

祛斑化妆品是用来减轻或淡化面部皮肤表皮色素沉着的化妆品。常见的面部色素沉着而产生的色素增加性皮肤病有雀斑、黄褐斑、老年斑及皮肤继发性色素沉着症等。这些色斑的产生或出现既有共同性的原因，也有各自的特殊原因。归纳为如下几种原因：遗传因素；身体患有某种疾病，使内分泌功能发生变化；脑下垂体分泌黑色素细胞刺激素的功能增强，酪氨酸酶的活性增加；紫外线照射，酪氨酸易发生氧化反应；年龄增长，体内自由基增加等。对于不同性别、不同年龄的人所产生色斑等情况也不相同，下面将分别介绍色斑的分类、黑色素的形成、祛斑剂及相关祛斑化妆品的配方。

一、色斑的分类

1. 雀斑　是皮肤内黑色素堆积而形成的黑色小斑。雀斑是一种常见染色体显性遗传性皮肤病，一般在青春期开始出现，有时6～7岁就出现雀斑，20岁左右达到高潮，30岁左右不再增加。

雀斑主要生在面部的双侧面颊和眼部下方较为密集，也可见于颈部、手背等暴露部位。其症状是针尖到豆粒大小棕褐色斑点，呈对称性分布，每个斑点孤立存在，并不融合成片状，其表面平滑无鳞屑，不高出皮肤，无自觉症状。

雀斑多见皮肤细白者；女性多于男性；夏季时气温升高，日晒后易使雀斑颜色加深或数量增多，冬季则颜色变淡。

雀斑的发病除遗传因素外，其主要原因是日光照射，尤其紫外线照射后颜色变深，有碍容颜。因此，最重要的是防晒，对于面部、手及经常暴露的部位；春夏季、日光照射强烈的地区及在室外工作的人，应避免日光过度照射，防止黑色素的产生，使用防晒用具和涂擦防晒霜。此外，多吃含维生素C的水果、蔬菜等，对防止黑色素产生和增白皮肤是有益的。

2. 黄褐斑　是发生于面部的常见的色素沉着性皮肤病。俗称肝斑、蝴蝶斑，多由于后天病因所致，常见于眼周、面颊、额头、鼻、口周围等，均匀成片，边界清楚，形状大小不一。其表面平滑，与皮肤相平，呈黄褐色，无鳞屑，无明显自觉症状。

黄褐斑是一种常见于女性的皮肤病。它的产生原因比较复杂，与内分泌失调、妊娠、神经精神因素、常服用某些药物、某些慢性内脏疾病等因素有关。日晒及长期精神抑郁可使黄褐斑颜色加深。对于因使用化妆品不当引起的色素沉着斑应与黄褐斑加以区别。

黄褐斑的祛除或减轻应首先除去病因；注意避免日晒；保持心情舒畅，精神愉快；生活起居要有规律。饮食方面要多吃含维生素C的水果、蔬菜，多饮水，保持大便通畅，使体内毒素及时排出。可选用具有脱色增白作用的化妆品等。

3. 黑皮病　可能不是一个病因独立性疾病，其发病原因可能使用了含有焦油及其衍生物的劣质化妆品，其化妆品中含有的焦油色素等在光的作用下诱发接触性皮炎，所以，又称焦油黑变病或光接触性皮炎。

其表现为皮肤呈褐色或蓝灰色，边缘有毛囊，周围的小色素斑点很像小黑网。常发生于面颊、额部、耳后及颈部等处。对于黑皮病尚无特效治疗方法，首先停止使用化妆品，服用维生素C或外用涂擦祛斑液和使用面膜，可以淡化、增白，但难以短时间彻底治愈。

4. 老年斑　是常见于老年人的一种皮肤问题。其色斑症状是淡褐色或褐黑色隆起性斑块，色斑大小不等，表面粗糙，呈乳头状，多发于面部、手背等处。其原因虽不明确，但普遍认为与皮肤衰老有关，即随着年龄增长，体内自由基不断增加，而可俘获自由基的超氧化物歧化酶(SOD)随年龄增长而减少，过量的自由基对皮肤的正常生理功能造成破坏，加速皮肤的老化，使色素沉着形成老年斑。

经常服用维生素C和维生素E，坚持皮肤的护理，延缓皮肤衰老，对减轻或淡化老年斑是有利的。

二、黑色素的形成

上述几种皮肤色斑是属于色素障碍性皮肤疾病，色斑产生的原因是由于黑色素沉着所造成的。而黑色素的形成与人体的内分泌作用是密切相关的。黑色素形成原因是比较清楚的，认为黑色素是在黑色素细胞内形成的，酪氨酸在酪氨酸酶的作用下氧化生成多巴，进而氧化成多巴醌，最后聚合生成黑色素(其反应表示式详见第四章)。酪氨酸酶的活性受人体内分泌中枢——脑下垂体分泌的黑色素细胞刺激激素(melanin stimulation hormore，MSH)的控制，还受到雌性激素、前列腺激素等的影响。由此可见，黑色素形成的条件是酪氨酸、酪氨酸酶、氧及黑色素体等，如果体内的酪氨酸酶的活性高，含量也多，越容易形成黑色素。因此，抑制酪氨酸酶的活性、清除活性氧或自由基、减少紫外线照射，阻止氧化反应发生等，是减少黑色素形成的有效方式。

对于各种色斑的防治，目前尚无特效方法。普遍认为防止黑色素的形成，减轻或淡化色素沉着所采用的方法也是多种的。首先去除身体病因，使身体的机能处于正常状态；服用具有抑制黑色素形成的维生素C和维生素E或食用含丰富维生素C的食物，如水果、蔬菜等；避免日光过度照射，使用防晒化妆品或防晒用具等。对于有色斑的皮肤可选用含有祛斑的祛斑化妆品等。

三、祛 斑 剂

祛斑剂添加于化妆品中可起到抑制酪氨酸酶的活性、阻断酪氨酸氧化反应、消除体内自由基等作用，而达到阻止黑色素形成和祛除色斑沉着的效果。

根据我国《化妆品卫生标准》规定，早期使用的具有增白作用的汞盐和祛斑作用的氢醌(对苯二酚)及其衍生物，因其毒性和长期使用会引起接触性皮炎或引起皮肤刺激、色素加深甚至出现白斑等不良作用，现已严禁添加于化妆品中。与氢醌有相似的作用的 4-异丙基-1，2-苯二酚，仅限量为 1%～3%，如用量大，也会产生刺激性、过敏性等问题。

化学祛斑剂还有水杨酸苯酯、二氧化钛等，其作用是防止紫外线的照射，降低氧化的程度，从而减少黑色素的生成，不能从生理上抑制黑色素的产生。

近年来，生物祛斑剂已代替了传统的化学祛斑剂，广泛应用于祛斑化妆品。例如，用超氧化物歧化酶(SOD)配制的化妆品，通过抑制和消除体内超氧负离子自由基的作用来减少黑色素的生成。

曲酸(2-羟甲基-5-羟基-4-吡喃酮)及其衍生物添加到化妆品中而制得的化妆品，祛除黄褐斑效果显著，无不良反应，是理想的祛斑化妆品。它的作用机制是经皮肤吸收后直接对酪氨酸氧化成多巴的反应具有较强的抑制作用，能够消除细胞内的黑色素沉积，基本祛除或明显减轻雀斑、黄褐斑及继发性色素沉着等。曲酸用量一般为 1.5%～2.5%。

生物祛斑剂还有果酸、熊果苷、甘草酸等，以及沙棘、银杏、芦荟、胎盘和海藻等提取物用作祛斑剂添加于化妆品而制得的祛斑化妆品。对于抑制黑色素的生成、减轻或淡化色斑均有明显作用。

此外，目前雀斑化妆品中，也有一些使用中草药提取物作为祛斑剂的，如白芨、白术、白茯苓、黄芪、白僵蚕、人参、当归、川芎、薏米仁、防风等，常与维生素 C、维生素 E、SOD 等配合使用，对祛除色素沉着或增白皮肤效果显著。

祛斑化妆品可制成乳液、膏霜类等乳化体形式，不仅有祛斑、增白和防止黑色素生成的作用，而且还有护肤、养颜等作用。

祛斑化妆品配方举例如下(表 15-28，15-29，15-30)：

表 15-28　祛斑增白霜配方

组分	质量分数(%)	组分	质量分数(%)
硬脂醇	10.0	钛白粉	2.0
白油	10.0	丙二醇	5.0
聚氧乙烯(15)单硬脂酸甘油酯	2.0	4-异丙基-1，2-苯二酚	1.5
单硬脂酸甘油酯	2.0	蒸馏水	67.5
		香精、防腐剂	适量

制法：制法同膏霜类化妆品。

表 15-29　雪花膏型祛斑霜配方

组分	质量分数(%)	组分	质量分数(%)
硬脂酸	10.0	二氧化钛	2.0
硬脂醇	2.0	氢氧化钾	0.5
甘油	5.0	蒸馏水	70.5
单硬脂酸甘油酯	1.0	香精、防腐剂	适量
水杨酸苯酯	10.0		

制法;与雪花膏制法相同。

表 15-30 中药祛斑霜配方

组分	质量分数(%)	组分	质量分数(%)
A:三辛酸甘油酯	10.0	肉桂皮提取物	1.0
单硬脂酸甘油酯	5.0	防腐剂	适量
山嵛醇	1.0	B:1,3-丁二醇	5.0
液状石蜡	1.0	蒸馏水	74.0
聚乙二醇硬脂酸酯	2.0	C:香精	适量
曲酸单硬脂酸酯	1.0		

制法:将 A 组组分混合加热至 70℃,将 B 组组分混合至 70℃,在搅拌下将 A 组加入 B 组中,温度降至 45℃时加入香精,搅拌均匀即可。

第七节 防粉刺化妆品

粉刺又称痤疮或青春痘,是大多数青年男女在青春发育期存在的较普遍的皮肤疾病。

粉刺发生的原因是由于青春发育期,体内雄性激素水平增高,促进皮脂腺发育旺盛,皮脂分泌量增多,同时也使表皮和角质的增生加快,角质堵塞住毛囊孔和皮脂腺开口部,妨碍皮脂的正常排泄,形成毛囊口角化栓塞。增多的皮脂不能及时排除,因而形成粉刺。

若毛囊孔被角质层覆盖,则形成白头粉刺;积聚于毛囊口的皮脂类物质经日光照射、空气的氧化及灰尘污染而变化,则形成常见的黑头粉刺。

毛囊内痤疮杆菌大量繁殖,引起毛孔发炎则形成痤疮,痤疮有如下几种情况:

(1) 丘疹型痤疮:多见于痤疮初起或较轻的阶段,以红色小丘疹为主,部分皮疹中央有黑色粉刺。

(2) 脓疱型痤疮:其痤疮中间见到小脓疱,伴有轻度压痛。

(3) 结节型痤疮:痤疮为红色或暗红色硬结,炎症部位比较深,消退较慢,如处理不当易留下瘢痕。常由脓疱型痤疮发展而成。

(4) 囊肿型痤疮:是皮脂腺囊肿,皮肤表面见不到明显突起,用手触摸时感觉皮下有囊性物,当发炎时,可形成红色大小不等的囊性丘疹,化脓破溃后会留下瘢痕。

患粉刺或痤疮的多见于油性皮肤,男性多于女性。对于粉刺重要的是预防,特别是在初期,使用清除皮脂和含有杀菌、消炎作用的防粉刺用品,即可收到良好效果。防止粉刺必须要有耐性,并注意皮肤的保健卫生:用温水、清洁用品每天至少两次清洁面部;尽量使头发不直接与面颊和额部接触;避免用手触摸或挤压患处;不宜使用含油较多的化妆品或勿用含油性粉末的化妆品,以免阻塞毛孔;注意饮食,少食用高脂肪、高糖类和辛辣刺激性食物；生活要有规律，保证足够睡眠等。

虽然已逐渐掌握了粉刺发生的原因，对粉刺的治疗进行了广泛研究，但到目前为止还没有十分满意的治疗结果。例如，服用抗菌药物消炎；用硫磺、间苯二酚等配制的外用杀菌剂，也主要是用来杀菌、防止继发性感染，但不能从根本上达到预期效果。近年来，用维A酸(维生素A衍生物)制得的防粉刺类制品，对于治疗粉刺有较好的结果。维A酸局部敷用皮肤有较强的药理作用，可使正常的角化作用受到抑制，并伴有细胞活性的增加。用维A酸配制的粉刺霜，能使皮肤表面增厚，角化细胞凝聚作用降低，黑头变松弛，并使角化细胞脱落，致使黑头从毛囊肿排除，达到治疗粉刺作用。其用量一般为0.05%，如用量超过0.2%以上，则使皮肤血管扩张，出现红斑，产生强烈的刺激作用，出现皮炎症状。

多年来，我国中医中药在治疗痤疮方面是卓有成效的，采用辨证施治。针对痤疮发生病因和发病情况，使用不同方剂，以内服外用、养颜排毒等方法进行治疗，有很好的消炎、止痛、排脓作用，对治疗粉刺或痤疮有较好的效果。而利用中草药的提取物添加于化妆品中，同样也取得了较好的治疗效果。

防粉刺化妆品主要是霜类和水剂。霜类一般是在雪花膏配方基础上添加治疗粉刺的有效成分；而水剂则是以水、乙醇再添加有效成分而制得的。配方举例如下(表15-31，15-32)：

表 15-31　粉刺露配方

组分	质量分数(%)	组分	质量分数(%)
胶体状硫磺	0.3	卤化碳	0.1
甘草酸二钾	0.2	乙醇	10.2
丙烯酸聚合物	0.2	蒸馏水	88.8
二异丙醇胺	0.2	香精	适量

制法：将甘草酸二钾溶解于水，搅拌下加入硫磺和聚合物，并分散均匀，再加入溶有卤化碳的乙醇溶液，最后加入二异丙醇胺，充分搅拌混合成黏稠状液体，加入香精，搅拌均匀即可。

表 15-32　痤疮霜配方

组分	质量分数(%)	组分	质量分数(%)
A：十六醇	10.0	B：甘油	5.0
白油	10.0	蒸馏水	71.45
单硬脂酸甘油酯	1.5	C：维A酸	0.05
聚氧乙烯(15)单硬脂酸甘油酯	2.0	D：香精	适量
防腐剂	适量		

制法：将A、B组组分分别加热至85℃后，搅拌下将A组加入B组中乳化，温度降至65℃时加入维A酸，使其分散均匀，降至45℃时加入香精，搅拌均匀，冷却

至室温时停止搅拌。

第八节 抑汗、祛臭化妆品

抑汗、祛臭化妆品是用来祛除或减轻汗分泌物的臭味或防止这种臭味产生的特殊用途的化妆品。

人体具有两种汗腺，即小汗腺和顶泌汗腺。小汗腺遍布全身皮肤表面，顶泌汗腺主要分布在腋窝下等处。这些汗腺不时分泌汗液，起到保持皮肤表面湿润和排泄废物的作用。由于每个人的生理情况不同，汗液的分泌情况也不相同。有的人腋下顶泌汗腺异常发达，数量多、分布密，分泌和排泄作用十分旺盛，其分泌物比较浓稠，散发出刺鼻难闻的臭味，这种臭味称为腋臭或狐臭。夏季、气温高、汗腺分泌旺盛时，臭味尤为难闻，用一般的香水、花露水等也难以掩盖或消除。

通常，一般汗液本身并无臭味，但皮肤在分泌汗液同时还分泌一些可以产生臭味的脂肪、蛋白质等物质，这些物质可被局部繁殖的细菌分解，而产生了有臭味的物质。因此，为了消除或减轻臭味，应从两方面采取措施：一是抑制出汗，使汗腺收敛而制止过量排汗；二是杀菌，防止分泌物被细菌分解、变臭，即消除产生臭味的来源。

抑汗、祛臭用化妆品就是为了达到上述作用而制得的。

一、抑汗化妆品

抑汗化妆品的主要作用就是利用收敛剂的作用，抑制汗液的过多分泌，吸收分泌的汗液，间接地防止汗臭。

抑汗化妆品的主要成分是收敛剂，它能使皮肤表面的蛋白质凝结，使汗腺口膨胀，阻塞汗液的排出，从而起到抑制或减少汗液分泌量的作用。

收敛剂的种类很多，一般可分为两类：一类是金属盐类，最常用于化妆品的收敛剂是铝盐和锌盐，如氯化锌、硫酸锌、对羟基苯磺酸锌、氯化铝、碱式氯化铝、硫酸铝钾（明矾）、二羟基尿囊素铝、氯羟基尿囊素铝等；另一类是有机酸，如单宁酸、乳酸、柠檬酸、酒石酸、琥珀酸等。

大多数有收敛剂作用的盐 pH 值都较低（2.5～4.2），有可能刺激皮肤和腐蚀织物，配方中如含有表面活性剂，更会增强刺激作用。一般可加入少量的氧化锌、氧化镁、氢氧化铝或三乙醇胺等碱性物质来调节酸度，以减少对皮肤的刺激性。

抑汗化妆品可以制成粉状、液状和膏霜三种类型。

1．粉状抑汗化妆品　是以滑石粉等粉质类物质作为基质，再加入一定量的收敛剂等而配制成，使之具有抑汗、吸汗和滑爽等作用。其配方举例如下（表 15-33）：

表 15-33　粉状抑汗剂配方

组分	质量分数(%)	组分	质量分数(%)
滑石粉	87.0	液状石蜡	3.0
碱式氯化铝	5.0	香精	适量
氧化锌	5.0		

制法:将粉末组分充分混合后,再将香精溶解于液状石蜡的混合物中,充分粉碎并混合均匀,压缩成块状即可。

2. 液体抑汗化妆品　主要成分是由收敛剂、保湿剂、分散剂、香精、酒精和水等组成的。也可以根据需要加入祛臭剂和缓冲剂,以缓冲氯化铝或硫酸铝的过强酸性。氯化铝的刺激性强,用量不易过多,而碱式氯化铝性质缓和,可以不用缓冲剂。配方中常加入少量非离子表面活性剂作为香精的分散剂,使之形成透明的溶液。祛臭剂必须溶解于液体溶液中。保湿剂起到对皮肤保湿和防止溶液蒸发的作用。添加的香精具有祛臭、增加香味的作用,选用的香精要求在酸性溶液中不变色。水和乙醇是作为溶剂,而乙醇也具有一定的收敛作用。其配方举例如下(表 15-34):

表 15-34　液体抑汗祛臭剂配方

组分		质量分数(%)
收敛剂	碱式氯化铝	15.0
祛臭剂	六氯二羟基二苯甲烷	0.1
保湿剂	丙二醇	5.0
溶剂	乙醇	50.0
	蒸馏水	29.65
其他	香精	0.25

制法:将祛臭剂和香精溶解于丙二醇和乙醇中,另将收敛剂溶解于水之后,搅拌下缓慢将水溶液加于醇溶液中,搅拌均匀,静止两天后过滤即可。

3. 膏霜型抑汗化妆品　大多是在雪花膏型膏霜配方基础上加入收敛剂而制得的油/水型乳化体。因收敛剂多为水溶性盐类,所以,溶解在水中作为连续相的油/水乳化体中才能产生较好的收敛抑汗效果。

一般收敛剂用量为 15%～20%,因其具有酸性,所选用的乳化剂必须具有耐酸性,并与收敛剂配伍性好才能制得较满意的乳化体。通常,非离子表面活性剂如脂肪酸甘油酯、聚氧乙烯脂肪酸酯等;阴离子表面活性剂如烷基硫酸盐、烷基苯磺酸盐等都可用作乳化剂,其用量与自身的类型、性质及所用的油蜡性质有关。乳化剂的用量对乳化体的稠度有影响,用量多则形成较软的膏体。

乳化体中油蜡用量一般为 15%～20%,多选用多元醇的脂肪酸酯和鲸蜡等。多元醇用作保湿剂一般用量为 3%～10%。

为了缓冲收敛剂酸性的刺激性和腐蚀性,可用碱性物质作为缓冲剂调节,一般用量为 5%～10%。为了提高乳化体的浊度和增白作用,多用白色的粉质原料,如钛白粉等。用量为 0.5%～1.0%。

其配方举例如下(表 15-35):

表 15-35 抑汗霜配方

组分		质量分数(%)
收敛剂	硫酸铝	18.0
乳化剂	单硬脂酸甘油酯	16.0
助乳化剂	十六烷基硫酸钠	1.5
增稠剂	鲸蜡	5.0
缓冲剂	尿素	5.0
保湿剂	丙二醇	5.0
增白剂	钛白粉	0.5
其他	蒸馏水	48.8
	香精	0.2

制法:将助乳化剂、保湿剂加入水中加热溶解,另将增稠剂和乳化剂加热熔化,在 80～85℃时,搅拌下将水相加入油相中乳化,然后加入增白剂分散均匀,冷却40℃时加入收敛剂和香精,冷却至室温时加入缓冲剂,搅拌均匀,再经碾磨成细致膏体。

二、祛臭化妆品

祛臭化妆品是用于减少汗液分泌,破坏其中间产物,抑制细菌繁殖,而达到祛除汗臭作用的用品。

祛臭化妆品中除有少量抑汗收敛剂外,主要成分是具有杀菌、抑菌作用的杀菌祛臭剂,如六氯酚、卤二苯脲、三氯二苯脲等(详见第五章第一节);以及具有杀菌、抑菌作用的阳离子表面活性剂,即各种季铵盐类,如十二烷基二甲基苄基溴化铵、十六烷基三甲基溴化铵等。

此外,还有氧化锌、硼酸、叶绿素衍生物、β-环糊精和香精制得的包结复合物等,它们也都具有杀菌、抑菌作用。

祛臭化妆品可以制成粉状、液状和膏霜状三种类型。

1. 粉状祛臭化妆品　采用与粉状抑汗剂相似的基体,以滑石粉等粉质类原料作为基质,再添加一定量的抑汗剂、祛臭杀菌剂等而配制成,使之既有抑汗作用,又有杀菌、祛臭等作用。但必须注意的是,祛臭杀菌剂必须与香精或其他组分不起变化。其配方举例如下(表 15-36):

表 15-36 粉状祛臭剂配方

组分	质量分数(%)	组分	质量分数(%)
滑石粉	61.0	麝香草酚	1.0
轻质碳酸钙	20.0	薄荷脑	1.5
硬脂酸镁	5.0	香精	1.5
硼酸	10.0		

制法：将香精与部分滑石粉混合均匀，再将剩余部分滑石粉与其余成分混合均匀，再将两部分粉料混合均匀，研磨过筛混匀即可。

2. 液状祛臭化妆品 主要成分是由祛臭杀菌剂、收敛剂、保湿剂、香精等组成的。其中祛臭杀菌剂多为可溶于水的季铵盐类，一般混合季铵盐类效果好于单一季铵盐。收敛剂多为锌、铝盐类，起到抑汗作用。保湿剂仍以多元醇为主。酒精和水作为溶剂的液状祛臭化妆品配方如下(表 15-37)：

表 15-37 液状祛臭剂配方

组分		质量分数(%)
杀菌剂	十二烷基二甲基苄基溴化铵	1.0
	十六烷基三甲基溴化铵	2.0
收敛剂	对羟基苯磺酸锌	5.0
保湿剂	甘油	9.0
	丙二醇	10.0
溶剂	酒精(95%)	60.0
	蒸馏水	12.3
	香精	0.7

制法：将收敛剂溶于丙二醇，另将杀菌剂溶于水中，加入酒精、甘油混合均匀后，将丙二醇溶液加入，最后加入香精，混合均匀，过滤即可。

3. 膏霜状祛臭化妆品 可以是水/油型乳化体，也可以是油/水型乳化体。现多以祛臭剂添加于雪花膏型基质中而制得油/水型乳化体。如果用六氯酚类祛臭剂，则要严格地选择与其相和谐的乳化剂，所以，一般不能选用影响杀菌性能的非离子表面活性剂作为乳化剂。其配方举例如下(表 15-38)：

表 15-38 油/水型祛臭霜配方

组分	质量分数(%)	组分	质量分数(%)
A：单硬脂酸甘油酯	10.0	B：甘油	10.0
硬脂酸	4.0	氢氧化钾	1.0
豆蔻酸异丙酯	4.0	蒸馏水	68.0
鲸蜡醇	2.0	C：六氯酚	0.5
		D：香精	0.5

制法：将祛臭剂 C 与油相 A 混合加热熔化，保持 75℃；将水相 B 混合加热至 75℃，在搅拌下将水相加入油相中，搅拌乳化完全，冷却至 45℃时加入香精，搅拌冷却至室温，静置过夜。

第十六章

口腔卫生用品

口腔卫生对保持人体健康和预防疾病是十分重要的，注意口腔卫生可以减少龋齿、牙周炎、口腔溃疡、口臭等疾病的发生。保持口腔卫生最有效的方法是刷牙、漱口等，常用的口腔卫生用品有牙膏、牙粉、漱口剂等，其中牙膏是应用最广、最普及的口腔卫生用品。因此，本章将主要介绍牙膏的作用、分类、组成及相关的配方；简单介绍另一类口腔卫生用品——漱口剂的组成及配方。

第一节　牙　膏

一、牙膏的作用和分类

牙膏的作用是和牙刷配合，通过刷牙可以清洁牙齿，除去牙齿表面的食物残渣、牙垢等，使口腔内洁净，感觉清爽舒适，同时还具有祛除口臭，预防或减轻龋齿、牙周炎等作用，而达到保持牙齿的洁白、健康和美观的作用。因此，牙膏可以定义为：牙膏是与牙刷配合，通过刷牙达到清洁、保护、健美牙齿作用的一种口腔卫生用品。

为了能达到上述作用，牙膏应具有如下性能要求：

(1) 具有适宜的摩擦力：能够尽可能的除去牙齿表面的菌斑、牙垢、牙结石等，而又不损伤牙釉或牙本质。

(2) 具有良好的发泡性：虽然牙膏的质量并不完全取决于泡沫的多少，但具有良好的发泡性和适度的泡沫，可使刷牙感觉舒适，而且泡沫对于清除污物有着重要的作用。因此，良好的发泡性，能提高牙膏的清洁作用。

(3) 具有抑菌和防龋作用：口腔内常有能损伤牙齿健康的致病菌（如乳酸杆菌、变性链球菌等），其能分解食物而生成乳酸，并对牙齿产生腐蚀，或发生龋齿。因此，在牙膏中添加有效成分，使之具有抑菌作用，可以提高牙齿抗酸、抗病能力，减少龋齿的发生，而达到保护牙齿的作用。

(4) 有舒适的香味和口感：在牙膏中添加适当的香精和矫味剂，可使在刷牙过程或刷牙之后，感到凉爽、清新，并能除去口腔内异味。

(5) 稳定性好：即具有一定的化学及物理稳定性，在贮存和使用期间内必须稳定性好，不腐败变质，膏体不被破坏，pH 值不变等。

(6) 安全性好：要求牙膏无毒性，尤其对口腔黏膜无刺激性。

随着人民生活水平的提高，文明生活方式的需要，现在牙膏的种类很多，其分类方法也较多。有的按添加香精香型分类，如薄荷香型、留兰香型、水果香型等；有的按牙膏酸碱性分类，如中性、酸性和碱性牙膏；有的按牙膏作用的摩擦剂分类，如碳酸钙型、磷酸氢钙型和氢氧化铝型等；还有的按牙膏功能分类，如普通牙膏、药物牙膏，其中药物牙膏又可分为脱敏牙膏、防龋牙膏、消炎止血牙膏等。

二、牙膏的组成

牙膏的组成主要有摩擦剂、洗涤发泡剂、胶粘剂、保湿剂、甜味剂、防腐剂和香精等。此外，具有特殊作用的牙膏还要加入起特殊作用的添加成分。

1. 摩擦剂　是牙膏具有清洁牙齿作用的主要成分。可以除去附着于牙齿表面的污物和色斑性物质。作为摩擦剂，应具有适宜的硬度和粒度，有较好的清洁能力，不损伤牙齿组织，化学上稳定、无毒、无刺激性、无臭、无味等。常用的多为无机粉末摩擦剂，一般占配方的 20%～50%。例如：

(1) 碳酸钙($CaCO_3$)：有轻质、重质及天然碳酸钙，均为无臭、无味的白色粉末，粒度直径大部分在 2～6μm，摩擦力一般比磷酸钙大，常用于中、低档牙膏中。

(2) 二水合磷酸氢钙($CaHPO_4 \cdot 2H_2O$)：是最常用的一种比较温和的优良摩擦剂，对牙釉的摩擦力适中。由它制得的牙膏膏体光洁美观，但价格较贵，常用于高档牙膏。此外，长期保存，在膏体中易使之失去结晶水，使膏体发硬，所以，常添加焦磷酸钠、磷酸镁等稳定剂。由于它与大多数氟化物不相容，所以，不能用于含氟牙膏。

(3) 焦磷酸钙($Ca_2P_2O_7$)：是白色、无臭、无味粉末。其结晶形式有 α、β、γ 之分，其中 β、γ 型结晶与氟化物相容性好，其摩擦性能优良，属软型摩擦剂。

(4) 水不溶性偏磷酸钠$(NaPO_3)_n$：它的摩擦力适度，与钙盐混合使用时，其摩擦作用要比单独使用效果好。与氟化物配伍性好，但价格较贵。

(5) 氢氧化铝 [$Al(OH)_3$]：稳定性较好，是理想的摩擦剂之一，特别是它与氟化物的相容性好，适用于药物牙膏。

(6) 二氧化硅($Si_2O \cdot xHO_2$)：用作摩擦剂的二氧化硅是无定型粉末状，其摩擦力适中，与氟化物相容性好，适用于药物牙膏。它的折光率与液相的折光率常相近，其膏体是透明状态，因此，常用作透明牙膏的摩擦剂。

此外，还有磷酸钙、铝硅酸钠等无机粉末摩擦剂。

除无机粉末摩擦剂外，也有使用热塑性树脂作为摩擦剂，其优点是对氟化物稳定、有良好的配伍性。常用的热塑性树脂粉末有聚丙烯、聚氧乙烯、聚甲基丙烯酸甲酯等,其用量为30%~50%。它们还常与2%~5%的硅酸锆混合使用。

2. 胶粘剂　是牙膏中胶质性原料,其主要作用是防止牙膏的粉末成分与液体成分分离,并赋予膏体以适当的黏弹性和挤出成型性。一般用量为1%~2%。常用于牙膏的胶粘剂有天然胶粘剂,如海藻酸钠、黄蓍树胶、阿拉伯胶等;改性天然胶粘剂,如羧甲基纤维素、羟乙基纤维素等;合成胶粘剂,如聚乙烯醇、聚乙烯吡咯烷酮、聚丙烯酰胺等;无机胶粘剂,如胶性二氧化硅、硅酸铝镁等(详见第七章)。

3. 洗涤发泡剂　牙膏中的洗涤发泡剂即是牙膏中添加的表面活性剂,其作用是使牙膏具有去污、起泡的能力。通过表面活性剂的洗涤、发泡、乳化、分散等作用,能使牙膏在口腔迅速扩散,降低污物、食物残渣等在牙齿表面的附着力,并被丰富的泡沫乳化而悬浮,随漱口水清除出去,达到清洁牙齿和口腔的作用。

用作牙膏洗涤发泡剂的表面活性剂应无毒、无刺激性,不影响牙膏的其他性能,其用量一般为2%~3%。

常用的洗涤发泡剂有十二烷基硫酸钠、月桂酰基肌氨基酸钠、月桂醇磺乙酸钠、月桂酰基谷氨酸钠等。

4. 保湿剂　牙膏的保湿剂又称赋形剂,其作用是保持膏体水分,不易变干、硬而易于挤出;还可以使膏体具有一定黏度和光滑度。其用量在普通牙膏中一般为20%~30%,透明牙膏中高达70%。

用作牙膏保湿剂一般为多元醇,如丙二醇、甘油、山梨醇、木糖醇、聚乙二醇等。丙二醇的吸湿性很大,但略带有苦味;甘油、山梨醇有适度的甜味;木糖醇既有蔗糖的甜味,又有保湿性和防腐作用。

5. 甜味剂　是用于矫正香精的苦味、摩擦剂的粉尘味等。用作牙膏甜味剂的有:糖精($C_6H_4CONHSO_2$)、木糖醇、甘油等。用量一般为0.05%~0.25%。

6. 香精　作用是用来掩盖牙膏中各种成分所产生的异味,并能在刷牙之后感到有清新、爽口香味的感觉。牙膏常用的香精香型有留兰香型、薄荷香型、果香型及冬青香型等。用量为1%~2%。

7. 防腐剂　牙膏的防腐剂作用是防止添加的胶粘剂、甜味剂等因长时间贮存易发生霉变,常用的防腐剂有苯甲酸钠、尼泊金甲酯或丙酯和山梨酸等,用量为0.05%~0.5%。

8. 中草药提取液　近年来,中草药提取液添加于药物牙膏中,起到防龋、脱敏等作用。如两面针、草珊瑚、田七、三七、芦丁、连翘、杜仲等提取液。

三、牙膏的配方

1. 普通牙膏　是指不添加任何药物成分的牙膏,其主要作用是刷净牙齿表面,清洁口腔,预防牙垢和龋牙的发生,保持牙齿洁白和健康。由于其防止牙病的能力差,逐渐被具有疗效的药物牙膏替代。普通牙膏配方举例如下(表16-1):

表 16-1　普通牙膏配方

组分		质量分数(%) (1)	质量分数(%) (2)
摩擦剂	二水合磷酸氢钙	49.0	
	碳酸钙		48.0
稳定剂	焦磷酸钠	1.0	
保湿剂	甘油	25.0	30.0
胶粘剂	羧甲基纤维素	1.2	1.0
发泡剂	十二烷基硫酸钠	3.0	3.2
甜味剂	糖精	0.3	0.3
其他	蒸馏水	19.2	16.3
	香精	1.3	1.2
	防腐剂	适量	适量

制法:将甘油与胶粘剂均匀分散,加入水后使胶粘剂溶胀成胶溶体。放置一定时间后,拌入摩擦剂,并加入发泡剂、甜味剂、香精、防腐剂等,经研磨、贮存陈化,真空脱气,即制得膏体。

普通牙膏从外观上有透明牙膏与不透明牙膏之分,上述配方是不透明牙膏配方。而透明牙膏的摩擦剂多为二氧化硅,用量在20%左右,保湿剂用量也相应增加,可达50%～70%。其配方举例如下(表16-2):

表 16-2　透明普通牙膏配方

组分		质量分数(%)
摩擦剂	二氧化硅	25.0
保湿剂	山梨醇(70%)	30.0
	甘油	25.0
胶粘剂	羧甲基纤维素钠	0.5
发泡剂	十二烷基硫酸钠	2.0
甜味剂	糖精	0.2
其他	蒸馏水	16.3
	香精	1.0
	防腐剂	适量

制法:同普通牙膏制法相同。

2. 防龋牙膏　主要具有防止龋齿,防治牙龈炎、消除口臭等作用。防龋牙膏有含氟化物牙膏、加酶牙膏、中草药牙膏等。其作用主要通过抑制乳酸菌等,降低由于细菌产生的酸对牙齿的腐蚀;促进氟化物在牙釉质表面形成不溶物沉淀,而增强牙釉质表面的硬度等,达到防治龋齿的作用。

含氟化物牙膏是应用最广的防龋牙膏,它是将能够离解为氟离子的水溶性氟化物加入膏体中制得的。常用的氟化物有氟化钠、氟化亚锡、氟化锶、单氟磷酸钠等。其用量一般在1%以下，还要根据氟化物的种类不同而定，一般要求按氟化物的分子式计算量为10^{-9}。对于饮用水含氟量高的地区，不宜用含氟牙膏。其配方举例如下（表16-3）：

表16-3　防龋牙膏配方

组分		质量分数(%)
摩擦剂	氢氧化铝	52.0
保湿剂	山梨醇(70%)	27.0
胶粘剂	羧甲基纤维素钠	1.1
发泡剂	十二烷基硫酸钠	1.5
防龋剂	单氟磷酸钠	0.8
甜味剂	糖精	0.2
其他	蒸馏水	16.55
	香精	0.85
	防腐剂	适量

制法：将胶粘剂与粉质原料预先混合均匀，在捏合过程中将水、保湿剂等其他成分加入，再捏合均匀即可。

3. 防牙垢牙膏　牙垢又称牙结石。由于牙结石和牙菌斑的产生是引起龋齿和牙周病的重要原因，因此，抑制和清除牙结石和牙菌斑是预防牙病和保护牙齿的有效方法。用于牙膏中起到抑制和清除牙结石和牙菌斑的主要成分有两类：一类是化学去垢成分，另一类是酶制剂成分。

化学去垢成分有尿素、柠檬酸锌、聚磷酸盐等。尿素添加于牙膏中可以防止牙垢的沉积，并使已形成的结石脱除；柠檬酸锌的锌离子能阻止过饱和的磷酸离子与钙离子生成磷酸钙沉淀。柠檬酸锌与氟化钠等配合使用，其溶解牙结石和抑制菌斑形成效果较好。聚磷酸盐是有效的抗结石剂。这些化学成分一般与焦磷酸钙、氢氧化铝、二氧化硅等摩擦剂配伍性好。其配方举例如下（表16-4）：

表16-4　透明防结石牙膏配方

组分		质量分数(%)
摩擦剂	二氧化硅	12.0
保湿剂	山梨醇(78%)	35.0
	甘油	26.0
胶粘剂	羟乙基纤维素	1.7
发泡剂	十二烷基硫酸钠	1.5
甜味剂	糖精	0.2
抗结石剂	柠檬酸锌	0.5
	三聚磷酸钠	1.0
	氟化钠	0.23
其他	蒸馏水	20.87
	香精	1.0

制法：同普通牙膏制法相同。

酶制剂作用是利用酶的催化性能，使难溶解的沉淀物转化为水溶性物质，而达到抑制和清除牙结石和牙菌斑的作用。添加的酶类有聚糖酶、淀粉酶、蛋白酶和溶菌酶等。加酶牙膏在配制过程中重要的问题是保持酶的活性。其配方举例如下（表16-5）：

表 16-5　酶制剂防结石牙膏配方

组分		质量分数(%)
摩擦剂	氢氧化铝	44.0
保湿剂	山梨醇	30.0
胶粘剂	角叉胶	1.0
发泡剂	十二烷基硫酸钠	1.5
缓冲剂	十二烷二乙醇胺	0.5
杀菌剂	十六烷基吡啶氯化铵	0.01
抗结石剂	单氟代磷酸钠	0.75
酶制剂	内型糊精酶(80 万单位/g)	0.9
	外型异麦芽糖糊精酶(80 万单位/g)	0.1
甜味剂	糖精	0.1
其他	蒸馏水	20.64
	香精	0.8

制法：同普通牙膏制法相同。

4. 脱敏牙膏　对因牙根部分裸露，而使牙齿遇冷、热、酸和甜等引起牙痛的过敏症有一定疗效。其膏体中通常加入化学脱敏剂或中草药脱敏剂等，可起到脱敏作用。

化学脱敏剂有氯化锶（$SrCl_2$）、硝酸钾、甲醛、柠檬酸及其盐类等。中草药脱敏剂有细辛、荆芥、川芎、藁木、草珊瑚等中草药提取液。其配方举例如下（表16-6）：

表 16-6　透明型化学脱敏牙膏配方

组分		质量分数(%)
摩擦剂	二氧化硅	24.0
保湿剂	甘油	25.0
胶粘剂	羟乙基纤维素	1.6
发泡剂	聚氧乙烯(20)失水 山梨醇单月桂酸酯	2.0
脱敏剂	硝酸钾	10.0
甜味剂	糖精	0.2
其他	蒸馏水	36.2
	防腐剂	适量

制法:同普通牙膏制法相同。

表 16-7 普通型中草药与脱敏牙膏配方

组分		质量分数(%)
摩擦剂	磷酸氢钙	50.0
保湿剂	甘油	20.0
胶粘剂	羧甲基纤维素	1.0
发泡剂	十二烷基硫酸钠	2.5
稳定剂	焦磷酸钠	0.5
甜味剂	糖精	0.3
脱敏剂	中草药脱敏剂	0.5
其他	蒸馏水	24.2
	香精	1.0
	防腐剂	适量

制法:同普通牙膏制法相同。

第二节 漱口剂

漱口剂也称口腔清洁剂,简称漱口水。漱口水的特点是漱洗方便,不需要用牙刷配合就可以达到清洁口腔的目的。它的主要作用是杀菌、除去腐败、发酵食物碎屑;祛除口臭和预防龋齿等。

漱口剂是由杀菌剂、保湿剂、表面活性剂、香精、防腐剂、酒精等组成。

杀菌剂主要是阳离子表面活性剂,如含 C12~C18 长碳链的季铵盐类,还有硼酸、苯甲酸、氯己定等。除起杀菌作用外,还起发泡等作用。

表面活性剂除上述阳离子表面活性剂外,还有非离子、阴离子表面活性剂,主要起发泡、增溶、清除食物碎屑等作用。

保湿剂在漱口剂中起到增稠、增加甜味和缓冲刺激作用,一般用量为 5%~20%。常用的保湿剂如甘油、山梨醇等多元醇。

乙醇与水是组成漱口剂的主要溶液部分,乙醇除有溶剂作用外,还有杀菌、防腐等作用。

香精在漱口剂中起到重要作用,它使漱口剂具有愉快的香味,漱口后在口腔内留有芬香气味,掩盖口臭,常用的香精有冬青油、薄荷油、黄樟油和茴香油等,其用量为 0.5%~2.0%。

此外,还需加入适量的甜味剂,如糖精、葡萄糖和果糖等,用量为 0.05%~2.0%。漱口剂配方举例如下(表 16-8):

表 16-8　漱口剂配方

组分		质量分数(%)	
		(1)	(2)
杀菌剂	十六烷基吡啶氯化铵	0.1	
	月桂酰甲胺乙酸钠		1.0
发泡增溶剂	聚氧乙烯失水山梨醇单硬脂酸酯	0.3	
	聚氧乙烯失水山梨醇单月桂酸酯		1.0
保释剂	甘油		13.0
	山梨醇(70%)	20.0	
缓冲剂	柠檬酸	0.1	
	醋酸钠		2.0
矫味剂	薄荷油	0.1	0.3
	肉桂油	0.05	
溶剂	乙醇	10.0	18.0
	蒸馏水	69.35	63.9
其他	香精	适量	0.8
	色素	适量	适量

制法：将增溶剂、矫味剂、香精等加入乙醇中搅拌溶解，另将杀菌剂、缓冲剂等加入水中搅拌溶解，将水溶液加入乙醇溶液中混合，并加入色素混合均匀，陈化、冷却(5℃)，然后过滤即可。

本书主要参考文献

冯兰宾等. 1987. 化妆品工艺学. 北京：中国轻工业出版社
刘程等. 1992. 表面活性剂大全. 北京：北京工业大学出版社
宋国艾等. 1994. 化妆品原料技术标准. 北京：中国轻工业出版社
孙绍曾. 1988. 乡镇企业实用日用化学品制造技术. 北京：化学工业出版社
陶锦等. 1999. 新编化学配方集锦. 北京：科学技术文献出版社
王培义. 1999. 化妆品-原料·配方·生产工艺. 北京：化学工业出版社
相宝荣. 1992. 日用化学与精细化工配方. 北京：中国轻工业出版社
张书琴等. 1998. 美容整形临床应用解剖学. 北京：中国医药科技出版社
Drew Myers. 1988. Surfactant Science and Technology. VCH, Publisher, Inc.

附录一　化妆品技术法规和化妆品行政法规

化妆品卫生标准(GB　7916—87)

1　总则

1.1　为向广大消费者提供符合卫生要求的化妆品，确保化妆品的卫生质量和使用安全，加强化妆品的卫生监督管理，保障人民身体健康，特制定本标准。

1.2　化妆品系指涂、擦、散布于人体表面任何部位(如表皮、毛发、指甲、口唇等)或口腔黏膜，以达到清洁、护肤、美容和修饰目的的产品。

1.3　在国内从事化妆品生产、销售都必须遵守本标准。进口化妆品也必须符合本标准的规定。

1.4　地、市以上(含地、市)卫生防疫部门负责对辖区内的化妆品生产实行卫生监督；县以上(含县)卫生防疫部门负责对所辖区内的化妆品销售实行卫生监督。

1.5　在卫生部下设“化妆品安全性评审组”，负责对全国化妆品安全性的有关重大和疑难问题进行评审。其办事机构负责受理进口化妆品原料及化妆品产品的注册、登记、审查等事宜。

2　化妆品卫生标准

2.1　一般要求

2.1.1　化妆品必须外观良好，不得有异臭。

2.1.2　化妆品不得对皮肤和黏膜产生刺激和损伤作用。

2.1.3　化妆品必须无感染性，使用安全。

2.2　对原料的要求

2.2.1　禁止使用表 2 中所列物质为化妆品组分。

2.2.2　凡以表 3 至表 6 中所列物质为化妆品组分的，必须符合表中所做规定。

2.2.3　凡使用两种以上表 3 至表 6 中所列物质为化妆品组分时，必须符合如下规定：具有同类作用的物质，其用量与表中规定限量之比的总和不得大于 1。

2.3　对产品的要求

2.3.1　化妆品的微生物学质量应符合下述规定：

2.3.1.1　眼部、口唇、口腔黏膜用化妆品以及婴儿和儿童用化妆品细菌总数不得大于 500 个/ml 或 500 个/g。

2.3.1.2　其他化妆品细菌总数不得大于 1000 个/ml 或 1000 个/g。

2.3.1.3　每克或每毫升产品中不得检出粪大肠菌群、铜绿假单胞菌(绿脓杆菌)和金黄色葡萄球菌。

2.3.2　化妆品中所含有毒物质不得超过表 1 中规定的限量。

2.4　化妆品包装材料必须无毒和清洁。

2.5　化妆品标签上应用中文注明产品名称、生产企业、产地，包装上要注明批号。对含药物化妆品或可能引起不良反应的化妆品尚需注明使用方法和注意事项。

2.6　对演员化妆品的某些特殊要求另订。

表 1 化妆品中有毒物质限量

有毒物质	限量，$\times 10^{-6}$	备注
汞	1	含有机汞防腐剂的眼部化妆品除外(见表 4)
铅(以铅计)	40	含乙酸铅的染发剂除外(见表 6)
砷(以砷计)	10	
甲醇	0.2%	

3 化妆品的卫生检验和监督

3.1 对化妆品卫生指标的检验按(GB 7917.1～7917.4—87)《化妆品卫生化学标准检验方法》和(GB 7918.1～7918.5—87)《化妆品微生物标准检验方法》进行。

3.2 对化妆品原料和产品的安全性评价按 GB 7919—87《化妆品安全性评价程序和方法》进行。

3.3 化妆品监督部门有权派人员到所辖区化妆品生产厂检查生产过程的卫生情况以及抽样检查产品的卫生质量。

3.4 监督人员抽检的样品，必须立即贴上封条，并贴标签注明采样地点、日期、采样人和其他有关事项。

3.5 监督部门应有计划地对化妆品生产和销售的卫生管理和产品的安全卫生问题进行不定期的检查。

表 2 化妆品组分中禁用物质

序号	中文名称	英文名称
1	[乙二酰双(亚氨乙烯)]双[(*o*-氯苄基)二乙基铵]盐类；例如：安贝氯铵(酶斯的明)	[oxalylbis (iminoethylene)] bis [(*o*-chlorobenzyl) diethylammonium] salts, e. g. ambenomium chloride
2	乙硫烟胺	ethionamide (2-ethylisonicotinthioamide: *a*-ethylisonicotinic thioamide; 2-ethyl-4-thiocarbamoylpyridine)
3	3-乙基-5′,6′,7′,8′-四氢-5′,6′,8′,8′-四甲基-2′-乙酰萘(乙酰乙基四甲萘满，AETT)	3′-ethyl-5′,6′,7′,8′-tetrahydro-5′,6′8′,8′-tetramethyl-2′-acetonaphthalene (acetyl ethyl tetramethyl tetralin, AETT)
4	乙酰胆碱及其盐类	(2-acetoxyethyl)trimethylammonium hydroxide (acetylcholine) and its salts
5	二甲己胺及其盐类	octodrine(1,5-dimethylhexylamine;2-amino-6-methylheptane) and its salts
6	1,3-二甲戊胺及其盐类	1,3-dimethylpentylamine and its salts
7	二羟西君及其盐类	dioxethedrin [1-(3, 4-dihydroxyphenyl)-2-ethylamino-1-oropanol] and its salts
8	二甲苯胺类及它们的同分异构体、盐类以及卤化的和磺化的衍生物	xylidines, their isomers, salts and halogenated and sulphonated derivatives

续表 2

序号	中文名称	英文名称
9	2,3-二氯-2-甲基丁烷	2,3-dichloro-2-methylbutane
10	二硫化碳	carbon disulphide
11	*O*,*O'*-二乙酰基-*N*-烯丙基-*N*-去甲基吗啡碱	*O*,*O'*-diacetyl-*N*-allyl-*N*-normorpnine
12	5(α,*β*-二溴苯乙基)-5-甲基乙内酰脲	5(α,*β*-dibromophenethyl)-5-methylhydantoin
13	二氯乙烷(氯化乙烯)	dichloroethanes(ethylene chlorides)
14	二氯乙烯(氯化乙炔)	dichloroethylenes(acetylene chlorides)
15	二甲胺	dimethylamine
16	二甲双胍及其盐类	metformin (1,1-dimethylbiguanide; *N*,*N*-dimethylguanylguanidine) and its salts
17	二硝基苯酚同分异构体	dinitrophenol isomers
18	5,5-二苯基-4-咪唑酮	5,5-diphenyl-4-imidazolidone
19	二苯沙嗪	difencloxazine[4-[2-(*p*-chloro-*α*-phenylhenzyloxy)ethyl]morpholine]
20	4,4'-二羟基-3,3'-(3-甲基硫代亚丙基)双香豆素	4,4'-dihydroxy-3,3'-(3-methylthiopropylidene)-dicoumarin
21	二甲亚砜	dimethyl sulfoxide
22	二噁烷	dioxane
23	二氯 *N*-水杨酰苯胺	dichlorosalicylanilides
24	二溴 *N*-水杨酰苯胺	dibromosalicylanilides
25	二甲基甲酰胺	dimethylformamide
26	二氢速甾醇	dihydrotachysterol(dichystrol)
27	二苯拉林及其盐类	diphenylpyraline and its salts
28	二次亚碘酸 5,5'-二异丙基-2,2'-二甲基联苯-4,4'-二基酯	5,5'-di-isopropyl-2,2'-dimethylbiphenyl-4,4'-diyl dihypoiodite
29	丁卡因(地卡因)及其盐类	tetracaine(deanol *p*-butylaminobenzoate)and its salts
30	丁苯那嗪及其盐类	tetrabenazine [1,3,4,6,7,llb-hexahydro-3-isobutyl-9,10-dimethoxy-2H-benzo(a)quinolizin-2-one]and its salts
31	丁二腈(琥珀腈)	succinonitrile
32	1-丁基-3-(*N*-巴豆酰对氯基苯磺酰)脲	1-butyl-3-(*N*-crotonoylsulphanilyl)urea
33	三碘甲腺丙酸及其盐类	thyropropic acid and its salts[4-(4-hydroxy-3-iodophenoxy)-3,5-diiodohydrocinnamic acid]
34	三氯乙酸	trichloroacetic acid
35	三甲沙林(天然精油中规定量除外)	trioxysalen(4,5,8-trimethylpsoralen;trioxsalen)except for normal content in the natural essences used

续表 2

序号	中文名称	英文名称
36	三氟哌丁苯	trifluperidol [1-[3-(*p*-fluorobenzoyl) propyl]-4-(*m*-trifluoromethylpheryl)-4-piperidinol]
37	三乙蜜胺	tretamine[2,4,6-tris(1-aziridinyl)-*s*-triazine;triethylenemelamine]
38	三氯硝基甲烷(氯化苦)	trichloronitromethane(chloropicrine)
39	2,2,2-三氯化烷-1,1-二醇	2,2,2-trichloroethane-1,1-diol
40	3,4,5-三甲氧苯乙基胺及其盐类	3,4,5-trimethoxyphone thylamine and its salts
41	2,2,2-三溴乙醇	2,2,2-tribromoethancl(tribromoethyl alcohol)
42	三硝酸甘油酯(硝酸甘油)	propane-1,2,3-triyl trinitrate
43	三氯氮芥及其盐类	trichlormethine [tris (2-chloroethyl) amine; 2, 2′, 2″-trichlorotriethylamine] and its salts
44	马钱子和它的草药制剂	strychnos species and their galenical preparations
45	马钱子碱(布鲁生)	brucine
46	*a*-山道年	*a*-santonin[(35, 5*aR*, 9*bS*)-3, 3*a*, 4, 5, 5*a*, 9*b*-hexahydro-3, 5*a*, 9-trimethyl-naphto (1,2-*b*)furzn-2,8-dione]
47	士的宁及其盐类	strychnine and its salts
48	己环酸钠	sodium hexacyclonate[sodium 2-(1-hydroxymethylcy-clohexyl)acetate]
49	己丙氨酯	hexapropymate[1-(2-propynyl)cyclohexanol carb-amate]
50	土荆芥(精油)	chenopodium ambrosioides(essential oil)
51	双香豆素	dicoumarol[3,3′-methylenebis(4-hydroxyconmarin)]
52	*N*,*N*-双(2-氯乙基)甲胺-*N*-氧化物及其盐类	*N*,*N*-bis(2-chloroethyl)methylamine *N*-oxide and its salts
53	双硫仑和单硫仑(舒非仑)	disulfiram [tetraethylthiuram disulfide; bis (diethylthiocarbamyl) disulfide] and monosulfiram(sulfiram;tetraethylthiuram monosulide)
54	2,5-双(1-氮杂环丙烯基)-3,6-二丙氧基-1,4-苯醌	inproquone[2,5-bis(1-aziridinyl)-3,6-dipropoxy-1,4-benzoquinone]
55	双(4-羟基-2-氧代-1-苯并吡喃-3-基)乙酸乙酯及酸的盐类	ethyl bis (4-hydroxy-2-oxo-1-benzopyran-3-yl)acetate and salts of the acid
56	巴比妥酸盐类	barbiturates
57	巴豆(巴豆油)	croton tiglium(oil)
58	匹莫林及其盐类	pemoline(2-amino-5-phenyl-2-oxazolin-4-one)and its sals
59	匹哌氮酯及其盐类	pipazethate [2-(2-piperid-1-ylethoxy) ethyl ester of 10*H*-pyrido(3,2-*b*)(1,4)benzothiazine 10-carboxylic acid]and its salts
60	乌头碱及其盐类	aconitine(principal alkaloid of *Aconitum napellus* L.)and its salts
61	五氯乙烷	pentachloroethane

续表 2

序号	中文名称	英文名称
62	五氰亚硝酰基高铁酸碱金属盐	alkali pentacyannitrosylferrate(2-)
63	五甲溴铵	pentamethonium bromide[*N*, *N′*-pentamethylenebis(trimethylammonium) bromide]
64	六氯代苯(1,2,3,4,5,6-六氯环己烷)	1,2,3,4,5,6-hexachlorocyclohexane (BHC-ISO)
65	六氯乙烷	hexachloroethane
66	六甲溴铵	hexamethonium bromide[*N*, *N′*-hexamethylenebis(trimethylammcnium) bromide]
67	比他维林	bietamiverine(2-diethylaminoethyl *α*-phenyl-1-piperi-dineacetate)
68	贝托卡因及其盐类	betoxycaine[2-(2-diethylaminoethoxy)ethyl 3-amino-4-butoxybenzoate]and its salts
69	贝美格(美解眠)及其盐类	bemegride(3-ethyl-3-methylglutarimide)and its salts
70	贝那替秦	benactyzine(2-diethylaminoethyl benzilate)
71	天仙子碱及其盐类和衍生物	hyoscine,its salts and derivatives
72	天仙子胺及其盐类和衍生物	hyoscyamine,its salts and derivatives
73	天仙子的叶、种子、粉末和草药制剂	E*yoscyamus niger* L. (leaves,seeds,powder and galenical preparations)
74	无机亚硝酸盐类(亚硝酸钠除外)	inorganic nitrites,with the exception of sodium nitrite listed in annex 3
75	木防己苦毒素(印防己毒素)	picrotoxin
76	毛果芸香碱(匹鲁卡品)及其盐类	pilocarpine[5-[(4-ethyl-2,3,4,5-tetrahydrofuran-5-on-3-yl)methyl]-1-metnylimidazole]and its salts
77	毛果芸香及其草药制剂	pilocarpus jaborandi holmes and its galenical preparations
78	月桂树籽油	oil from the seeds of *Laurus nobilis* L.
79	2-甲基庚胺及其盐类	2-methylheptylamine and its salts
80	8-甲氧补骨脂素(天然精油中规定量除外)	8-methoxypsoralen(methoxsalen)except for normal content in the natural essences used
81	甲氨嘌呤	methotrexate [*N*-[*p*-[(2, 4-diamino-6-pteridylmethyl) methylamino] benzoyl]-L-(+)-glutamic acid]
82	甲苯胺类及其同分异构体、盐类以及卤化和磺化衍生物	toluidines,their isomers,salts and halogenated and sulphonated derivatives
83	甲苯磺丁脲	tolbutamide[1-butyl-3-(*p*-toluenesulfonyl)urea;1-butyl-3-tosylurea]

续表 2

序号	中文名称	英文名称
84	甲乙哌酮及其盐类	methyprylon(3,3-diethyl-5-methyl-2,4-piperidinedione)and its salts
85	甲巯咪唑	thiamazole(1-methyl-2-imidazolethiol)
86	甲丙氨酯	meprobamate(2-methyl-2-propyl-1,3-propanediol dicarbamate)
87	4-甲基-间-苯二胺及其盐类	4-methyl-*m*-phenylenediamine andits salts
88	2-[4-甲氧苄基-*N*-(2-吡啶基)氨基]乙基二甲胺马来酸盐	2-[4-methoxybenzyl-*N*-(2-pyridyl)amino] ethyldimethylamine maleate
89	甲胺苯丙酮及其盐类	metamfepramone(2-dimethylaminopropiophenone) and its salts
90	甘露氮芥及其盐类	mannomustine [1,6-bis (2-chloroethylamino)-1,6-dideoxy-D-mannitol] and its salts
91	卡溴脲	carbromal [1-(2-bromo-2-ethylbutyryl) urea]
92	卡普托胺	captodiame [2-(*p*-butylmercaptobenzhydrylmercapto)-*N*, *N*-dimethylethylamine]
93	卡拉米芬及其盐类	caramiphen (2-diethylaminoethyl ester of 1-phenylcyclopentane-carboxylic acid) and its salts
94	卡立普多	carisoprodol (2-carbamyloxymethyl-2-isopropylcarbamyloxymethylpentane)
95	四氯乙烯	tetrachloroethylene
96	四氯化碳	carbon tetrachloride
97	四乙溴铵	tetrylammonium bromide (tetraethylammonium bromide)
98	四氯 *N*-水杨酰苯胺	tetrachlorosalicylanilides
99	四溴 *N*-水杨酰苯胺	tetrabromosalicylanilides
100	四磷酸六乙基酯	hexaethyl tetraphosphate
101	布坦卡因(丁苯胺卡因)及其盐类	butanilicaine (2-butylamino-6′-chloro-*o*-acetotoluidide) and its salts
102	布托哌啉及其盐类	butopiprine(2-butoxyethyl *α*-phenyl-l-piperidineacetate) and its salts
103	右美沙芬及其盐类	dextromethorphan [(+)-3-methoxy-*N*-methylmorphinan] and its salts
104	右丙氧吩	dextropropoxyphene [*α*-(+)-4-dimethylamino-3-methyl-1, 2-diphenyl-2-butanol propionate ester]
105	对中枢神经系统起作用的拟交感胺类	sympathomimetic amines acting on the central nervous system
106	对乙氧卡因及其盐类	parethoxycaine (2-diethylaminoethyl ester of *p*-ethoxybenzoic acid) and its salts

续表 2

序号	中文名称	英文名称
107	对硫磷(硝苯硫磷脂、拍拉息昂)	*O*,*O*′-diethyl *O*-(4-nitrophenyl) phosphorothioats (parathion-ISO)
108	丙戊酰脲	allylisopropylacetylurea [(2-isopropylpent-4-enoyl) urea; apronalid; apronal]
109	丙二腈	malononitrile
110	丙磺舒	probenecid [*p*-(dipropylsulfamoyl) benzoic acid]
111	丙帕硝酯	propatylnitrate [2-ethyl-2-(hydroxymethyl)-1, 3-propanediol trinitrate 1,1,1-trisnitrato methylpropane]
112	加兰他敏	galantamine [1,2,3,4,6,7,7*a*,11*c*-octahydro-9-methoxy-2-methylbenzofuro-(4,3,2-*e*,*f*,*g*)(2)benzazocin-2-ol]
113	加拉碘铵	gallamine triethiodide [1,2,3-tris(2-diethylaminoethoxy) benzene triethiodide]
114	孕激素	progestogens
115	白藜芦的根及草药制剂	*Veratrum album* L. (roots and galenical preparations)
116	北美黄连碱和北美黄连次碱以及它们的盐类	hydrastine, hydrastinine and their salts
117	北美山梗菜及其草药制剂	*Lobelia inflata* L. and its galenical preparations
118	石榴皮碱(异石榴皮碱)及其盐类	pelletierine (isopelletierine) and its salts
119	司巴丁(鹰爪豆碱、金雀花碱)及其盐类	sparteine and its salts
120	戊胺卡因	amydricaine [benzoate of 1-dimethylamino-2-(dimethylaminomethyl)-2-butanol] and ist salts
121	戊四氯醛	petrichloral [1, 1′, 1″, 1‴-(neopentanetetryltetraoxy) tetrakis (2, 2, 2-trichloroethanol)]
122	(白)海葱及其药草制剂	urginea scilla stern. and its galenical preparations
123	去甲肾上腺素及其盐类	noradrenaline (norepinephrine) and its salts
124	龙葵及其草药制剂	*Solanum nigrum* L. and its galenical preparations
125	曲帕拉醇	triparanol [2-(*p*-chlorophenyl)-1-[*p*-(2-diethylaminoethoxy)phenyl]-1-(*p*-tolyl)ethanol]
126	曲吡那敏	tripelennamine [(*N*-benzyl-*N*′,*N*′-dimethyl-*N*-(2-pyridyl) ethylenediamine]
127	吗啉及其盐类	morpholine (diethylene imidoxide) and its salts

续表 2

序号	中文名称	英文名称
128	异艾剂	(1*R*,4*S*,5*R*,8*S*)-1,2,3,4,10,10-hexachloro-1,4,4*a*,5,8,8*a*-hexahydro-1,4:5,8-dimethanonaphthalene(isodrin-1SO)
129	异丙肾上腺素	isoprenaline[3,4-dihydroxy-α-(isopropylaminomethyl)benzyl alcohol]
130	异庚胺及其同分异构体和盐类	isoaminoheptane(2-aminoheptane;2-heptylamine),its isomers and salts
131	异卡波肼	isocarboxaxid[1-benzyl-2-(6-methylisoxazol-3-ylcarbonyl)hydrazine]
132	异丙安替比林	propyphenzzone(4-isopropyl-2,3-dimethyl-1-phenyl-3-pyrazolin-5-one)
133	戊诺酰胺	valnoctamide(2-ethyl-3-methylvaleramide)
134	异美丁及其盐类	isometheptene(6-methyl-2-methylaminohept-5-ene) and its salts
135	异狄氏剂	(1*R*,4*S*,5*R*,8*S*)-1,2,3,4,10,10-hexachloro-6,7-epoxy-1,4,4*a*,5,6,7,8,8*a*-octahydro-1,4:5,8-dimethanonaphthalene(endrin-ISO)
136	吐根(根、粉末及草药制剂)	ipecacuanha(cephaelis ipecacuanha brot. and related species)(roots, powder and galenical preparations)
137	吐根酚碱及其盐类	cophaeline and its salts
138	吐根碱(依米丁、土根素),及其盐类和衍生物	emetine its salts and derivatives
139	那可丁及其盐类	noscapine[(—)-1-(6,7-dimethoxy-3-phthalidyl)-8-methoxy-2-methyl-6,7-methylenedioxy-1,2,3,4-tetrahydroisoquinoline] and its salts
140	合成箭毒类	synthetic curarizants
141	亚硝酸戊酯类	amyl nitrites
142	肉桂酸-3-二乙氨基丙酯	3-diethylaminopropyl cinnamate
143	夹竹桃苷(奥多诺苷)	odoroside
144	多西拉敏及其盐类	doxylamine [2-[*a*-(2-dimethylaminoethoxy)-α-methylbenzyl]pyridine; histadoxylamine] and its salts
145	地美戊胺及其盐类	dimevamide (4-dimethylamino-2,2-diphenylvaleramide) and its salts
146	地芬诺酯	diphenoxylate[ethyl ester of 1-(3-cyano-3,3-diphenylpropyl)-4-phenylisonipecotic acid]
147	地阿诺醋谷酸盐	deanol aceglumate (dimethylaminoethyl hydrogen *N*-acetylglutamate)

续表 2

序号	中文名称	英文名称
148	托硼生	tolboxane(5-methyl-5-propyl-2-*p*-tolyl-1,3,2-dioxaborinane)
149	过氧化氢酶	catalase
150	华法林及其盐类	warfarin and its salts [3-(*a*-acetonylbenzyl)-4-hydroxycaumarin]
151	西药毒药品(凡是中华人民共和国药政法规定管制的医疗用西药毒药品品种)	toxic pharmaceuticals(toxic pharmaceuticals used for therapeutic purposes controlled by the Drug Administration Law of the People's Republic of China)
152	羊角拗质素及其糖苷配基以及相应的衍生物	strophanthines,their aglucones and their respective derivatives
153	羊角拗及其草药制剂	strophantus and their galenical preparations
154	辛可芬及其盐类,衍生物以及衍生物的盐类	cinchophen(2-phenylcinchoninic acid)its salts,derivatives and salts of these deivatives
155	辛可卡因及其盐类	cinchocaine[2-butoxy-*N*-(2-diethylamincethyl)cinchoninamide]and its salts
156	辛戊胺	octamylamine(2-isoamylamino-6-methylheptane)and its salts
157	辛肼	octamoxin[1-(1-methylheptyl)-hydrazine]and its salts
158	阿洛拉胺及其盐类	alloclamide and its salts (2-allyloxy-4-choro-*N*-(2-diethylaminoethyl)benzamide)
159	阿扑吗啡及其盐类	apomorphine [*R*5, 6, 6*α*, 7-tetrahydro-6-methyl-4*H*-dibenzo (*de*, *g*)-quinoline-10,11-diol]and its salts
160	阿托品及其盐类和衍生物	artopine,its salts and derivatives
161	阿米替林及其盐类	amitriptyline[5-(3-dimethylaminopropylidene)-10, 11-dihydro-5*H*-dibenzo-(*a*,*d*)cycloheptene]and its salts
162	阿扎环醇及其盐类	azacyclonol(*a*,*a*-diphenyl-*a*-piperid-4-ylmethanol)and its salts
163	阿密及其草药制剂	ammi majus and its galenical preparations
164	阿米卡因及其盐类	amylocaine(1-dimethylaminomethyl-1-methylpropyl benzoate) and its salts
165	阿扎溴铵	azamethonium bromide[*N*,*N'*-[(methylimino)diethylene]bis(ethyldimethylamonium]bromide
166	麦角二乙胺及其盐类	lysergide(*N*,*N*-diethyllysergamide;lysergic acid diethylamide)and its salts
167	麦角菌及其生物碱和草药制剂	*claviceps purpurea* Tul. ,its alkaloids and galenical preparations
168	汞和汞化合物(表 4 化妆品组分中限用防腐剂中的汞化合物除外)	mercury and its compounds with the exception of those given in annex 4
169	氯美扎酮(芬那露)	chlormezanone[2-(*p*-chlorophenyl)tetrahydro-3-methyl-4*H*-1,3-thiazine-4-one 1,1-dioxide]

续表 2

序号	中文名称	英文名称
170	苄氟噻嗪及其衍生物	bendroflumethiazide (3-benzyl-3, 4-dihydro-6-trifluoromethyl-2*H*-1, 2, 4-benzothiadiazine-7-sulfonamide 1,1-dioxide and its derivatives
171	抗生素类	antibiotics
172	呋喃妥因	nitrofurantoin[1-(5-nitro-2-furfurylideneamino)-hydantoin]
173	呋喃唑酮	furazolidone[3-(5-nitro-2-furfurylideneamino)-2-oxazolidinone]
174	沙立度胺及其盐类	thalidomide[*N*-(2,6-dicxopiperid-3-yl)phthalimide]and its salts
175	吩噻嗪	phenothiazine(dibenzoparathiazine;thiodiphenylamine)
176	邻苯二胺及其盐类	*o*-phenylenediamine and its salts
177	库美他罗	coumetarol[3,3′-(2-methoxyethylidene)bis (4-hydroxycoumarin)]
178	苯胺及其盐类以及卤化、磺化的衍生物类	aniline,its salts and its halogenated and sulphonated derivatives
179	苯	benzene
180	苯并咪唑-2(3*H*)-酮	benzimidazol-2(3*H*)-one
181	苯磺酸钴	cobalt benzenesulphonate
182	苯扎托品及其盐类	benzatropine[tropine benzhydryl ether;3-(diphenylmethoxy)tropane]
183	苯甲吗啡及其衍生物和盐类	phenmetrazine(3-methyl-2-phenylmorpheline)its derivatives and salts
184	苯乙酰脲	phonacemide[1-(2-phenylacetyl)urea]
185	苯茚二酮	phenindione(2-phenylindan-1,3-dione)
186	苯丁酰脲	ethylphenacemide[1-(2-phenylbutyryl)urea]
187	苯丙香豆醇	phenprocoumon[4-hydroxy-3-(1-phenylpropyl)coumarin]
188	苯环丙胺及其盐类	tranylcypromine(DL-trans-2-phenylcyclopropylamine)and its salts
189	苯海拉明及其盐类	diphenhydramine(2-diphenylmethoxy-*N*,*N*-dimethylaminc;dimedrol)and its salts
190	4-苯基丁-3-烯-2-酮	4-phenylbut-3-en-2-one
191	苯丙氨酯	phenprobamate(3-phenylpropyl carbamate)
192	苯扎明(优卡因 B)及其盐类	benzamine(eucaine B;benzoate of 2,2,6-trimethyl-4-piperidinol)and its salts
193	苯咯溴铵	benzilonium bromide (1, 1-diethyl-3-hydroxypyrrolidinium bromide benzilate)
194	非那二醇	phenaglycodol[2-(*p*-chlorophenyl)-3-methyl-2,3-butanediol]
195	非诺唑酮	fenozolone(2-ethylamino-5-phenyl-2-cxazolin-4-one)
196	非尼拉朵	fenyramidol[*a*-(2-pyridylaminomethyl)benzyl alcohol]

续表 2

序号	中文名称	英文名称
197	育亨宾及其盐类	yohimbine (16*a*-carbomethoxyyohimban-17*a*-ol; me ester of yohimbic acid) and its salts
198	4-叔丁基苯酚	4-tert-butylphonol
199	4-叔丁基邻苯二酚	4-tert-butylpyrocatechol
200	金盐类	gold salts
201	放射性物质	radioactive substances
202	苦味酸(2,4,6-三硝基苯酚)	picric acid (2,4,6-trinitrophenol)
203	钕和钕盐类	neodymium and its salts
204	肼肼的衍生物以及它们的盐类	hydrazine ,its derivatives and their salts
205	帕拉米松	paramethasone (6*a*-fluoro-16*a*-methylpregna-1,4-diene-11*β*,17,21-triol-3,20-dione)
206	依索庚嗪及其盐类	ethoheptazine (4-carbethoxy-1-methyl-4-phenylhexamethylenimine) and its salts
207	环美酚及其盐类	cyclomenol (2-cyclohexyl-3, 5-xylenol; 2-cyclohexyl-3, 5-dimethylphenol) and its salts
208	环磷酰胺及其盐类	cyclophosphamide[2-[bis(2-chloroethyl)amino]tetralydro-2*H*-1,3,2-oxazaphesphorine 2-oxide]and its salts
209	环拉氨酯	cyclarbamate[1,1-bis(phenylcarbamoyloxymethyl)cyclopentane]
210	环香豆素	cyclocoumarol[3,4-dihydro-2-methoxy-2-methyl-4-phenyl-2*H*,5*H*,pyrano(3,2-*c*)-(1)benzopyran-5-one]
211	肾上腺素	epinephrine(3,4-dihydroxy-*a*-methylaminomethylbenzyl alcohol;adrenaline)
212	炔醇类以及它们的酯类、醚类	alkyne alcohols,their esters and ethers
213	咔唑的硝基衍生类	nitroderivatives of carbazole
214	具有雄激素效应的物质	srbstances with androgenic effect
215	侧金盏花及其制剂	*adonis* L. and its preparations
216	欧前胡内酯	imperatorin[9-(3-methylbut-2-enyloxy) furo(3,2-*g*) chromen-7-one]
217	欧乌头属(叶子、根和草药制剂)	*acomitum napellus* L. (leaves,rocts and galenical preparations)
218	欧夹竹桃苷	oleandrin
219	季戊四醇四硝酸酯	pentaerithrityl tetranitrate(pentaerythritol tetranitrate)
220	泊尔定甲硫酸盐	poldine metilsulfate (2-benzilyloxymethyl-1, 1-dimethylpyrrolidinium methosulfate)

续表 2

序号	中文名称	英文名称
221	美加明(3-甲氨基异莰烷)	mecamylamine(3-methylaminoisobornane)
222	美庚嗪及其盐类	metheptazine (4-carbomethoxy-1, 2-dimethyl-4-phenylhexamethylenimine) and its salts
223	美索庚嗪及其盐类	metethoheptazine (4-ethoxycarbonyl-1,3-dimethyl-4-phenylhexamethylenimine)and its salts
224	美沙吡林及其盐类	methapyrilene [*N*, *N*-dimethyl-*N'*-(2-thenyl)-*N'*-[(2-thenyl) ethylenediamine]and its salts
225	美非氯嗪及其盐类	mefeclorazine [1-(*o*-chlorophenyl)-4-(3, 4-dimethoxyphenethyl] piperazine) and its salts
226	美索巴莫	methocarbamol[3-(*o*-methoxyphenoxy)-1,2-propanediol 1-carbamate]
227	美替拉酮	metyrapone(2-methyl-1,2-dipyrid-3-yl-1-propancne)
228	美芬辛及其酯类	mephenesin[*o*-cresyl glyceryl ether; 3-(*o*-methylphenoxy)-1,2-propanediol] and its esters
229	秋水仙碱(秋水仙素)及其盐类和衍生物	colchicine,its salts and derivatives
230	秋水仙糖苷及其衍生物	colchicoside and its derivatives
231	秋水仙及其草药制剂	*colchicum autumnale* L. and its galenical preparations
232	胆碱盐类及它们的酯类,例如氯化胆碱	choline salts and their esters, *e*, *g*. choline chloride [(2-hydroxyethyl)-trimethylammonium chloride]
233	哌甲酯(哌醋甲酯)及其盐类	methylphenidate (methyl *a*-phenyl-2-piperid-2-ylacetate)and its salts
234	哌苯甲醇及其盐类	pipradrol(*a*-piperid-2-ylbenzhydrol)and its salts
235	氟哌啶醇	haloperidol [4-[4-(*p*-chlorophenyl)-4-hydroxypiperidino]-4'-fluorobutyrophenone]
236	氟阿尼酮	fluanisone [4'-fluoro-4-[4-(*o*-methoxyphenyl) piperazin-1-yl]butyrophenone]
237	氟苯乙砜	fluoresone(ethyl *p*-fluorophenyl sulfone)
238	氟尿嘧啶	fluorouracil(5-fluorouracil)
239	癸亚甲基双(三甲铵)盐类。例如十烃溴铵	decamethylenebis(trimethylammonium)salts,*e g*. decamethonium bromide
240	氢氟酸及其正盐,络合物以及氢氟化物(表3化妆品组分中限用物质表中的氟化合物除外)	hydrofluoric acid,its normal salts,its complexes and hydrofluorid with the exception those given in annex 3
241	洛贝林(山梗菜碱)及其盐类	lobeline [2-(*β*-hydroxyphenethyl)-1-methyl-6-phenacylpiperidine] and its salts
242	毒芹碱	coniine
243	毒芹	*cicuta virosa* L.
244	毒参(果实、粉末和草药制剂)	*conium maculatum* L. (fruit,powder,galenical preparations)

续表 2

序号	中文名称	英文名称
245	毒扁豆碱(依色林)及其盐类	eserine or physostigmine and its salts
246	毒扁豆	physostigma venenosum balf
247	毒性中药(凡是中华人民共和国药政法规定管制的毒性中药品种及其制剂和毒性成分提取物。表 3 化妆品组分中限用物质表内用于头发用品的斑蝥酊除外)	toxic traditional chinese medicines (toxic traditional chinese medicines controllde by the drug administration law of the People's Reprblic of China , with the exception of cantharides tincture listed in annex 3
248	除虫菊及其草药制剂	*pyrethrum album* L. and its galenical preparations
249	疫苗、毒素或血清	vaccines toxins or serums
250	胍乙啶及其盐类	guanethidine[1-[2-(1-azacyclooctyl)ethyl]guanidine]and its salts
251	骨化醇和胆骨化醇(维生素 D_2 和 D_3)	ergocalciferol and cholecalciferol(vitamins D_2 and D_3)
252	钡盐类(除硫酸钡,表 3 中的硫化钡及表 6 中着色剂的不溶性钡盐,色淀和颜料外)	barium salts ,with the exception of barium sulphate,barium sulphide under the conditions laid down in annex 3. and lakes,salts and pigments prepared from the colouring agents listed with the reference in annex 6
253	洋地黄苷和紫花洋地黄的各种异苷类	digitaline and all heterosides of digitalis purpurea L
254	保泰松	phenylbutazone(4-butyl-2,2-diphenyl-3,5-pyrazolidinedione)
255	氨基己酸及其盐类	aminocaproic acid(6-aminohexanoic acid)and its salts
256	2-氨基-1,2-双(4-甲氧苯基)乙醇及其盐类	2-amino-1,2-bis(4-methoxyphenyl)ethanol and its salts
257	4-氨基水杨酸及其盐类	4-aminosalicylic acid and its salts
258	*N*-(3-氨甲酰基-3,3-二苯丙基)-*N*,*N*-二异丙基甲基铵盐类。例如:碘异丙米特	*N*-(3-carbamoyl-3, 3-diphenylpropyl)-*N*, *N*-diisopropylmethylammonium salts, *e. g.* isopropamide iodide
259	氨苯蝶啶(三氨蝶呤)及其盐类	triamterene (2,4,7-triamino-6-phenylpteridine)and its salts
260	氨磺丁脲	carbutamide[N'-(butylcarbamoyl)srlfanilamide;1-butyl-3-sulfanilylurea]
261	铃兰毒苷	convallatoxin
262	格列环脲	glycyclamide[1-cyclohexyl-3-(*p*-toluenesulfonyl)urea]
263	格鲁米特及其盐类	glutethimide(2-ethyl-2-phenylglutarimide)and its salts
264	泰尔登(氯丙硫蒽)及其盐类	chlorprothixene[trans isomer of 3-(2-chlorothioxanthen-9-ylidene)-*N*,*N*-dimethylpropylamine;taractan]and its salts
265	砷及砷化合物	arsenic and its compounds
266	盐酸柠檬酸柯衣定盐	4-phenylazophenylene-1, 3-diamine citrate hydrochloride(chrysoicine citrate hydrochloride)
267	莫诺苯宗	monobenzone(monobenzyl ether of hydroquinone; *p*-benzyloxyphenol)
268	莫非保松	mofebutazone(4-butyl-1-phenyl-3,5-pyrazolidinedione)
269	铅和铅化合物(表 6 化妆品用着色剂中用于染发剂的醋酸铅除外)	lead and its compounds,with the exception of lead acetate listed in annex 6
270	铍及铍化合物	beryllium and its compounds

续表 2

序号	中文名称	英文名称
271	铊和铊的化合物	thallium and its compounds
272	氧化乙烯	ethylene oxide
273	烟碱(尼古丁)及其盐类	nicotine[3-(1-methyl-2-pyrrolidyl)pyridine]and its salts
274	羟嗪	hydroxyzine [2-[2-[4-(*p*-chlore-*a*-phenylbenzyl)-1-piperazinyl] ethoxy] ethanol]
275	[4-(4-羟基-3-碘苯氧基)-3,5-二碘苯基]乙酸及其盐类	[4-(4-hydroxy-3-iodophenoxy)-3,5-diodophenyl]acetic acid and its salts
276	3-羟基-4-苯基苯甲酸-2-二乙氨乙酯及其盐类	2-diethylaminoethyl 3-hydroxy-4-phenylbenzoate and its salts
277	羟芬利定及其盐类	oxpheneridine[ethyl ester of 1-(*β*-hydroxyphenethyl)-4-phenylpiperidine-4-carboxylic acid]and its salts
278	4-羟基-3-甲氧基肉桂醇的苯甲酸酯(天然精油中的规定含量除外)	benzoates of 4-hydroxy-3-methoxycinnamyl alcohol except for normal content in natural essencee used
279	萝芙木生物碱类及其盐类	rauwolfia serpentina alkaloids and their salts
280	烯丙基芥子油(异硫氰酸烯丙酯)	allyl isothiocyanate
281	烯丙吗啡及其盐类和醚类	nalorphine (*N*-allylnormorphine; *N*-allyl-*N*-desmethylmorphine), its salts and ethers
282	2-(4-烯丙基-2-甲氧苯氧基)-*N*,*N*-二乙基乙酰胺及其盐类	2-(4-allyl-2-methoxyphenoxy)-*N*,*N*-diethylacetamide and its salts
283	硒和硒化合物(表3化妆品组分中限用物质表中用于头发制品的二硫化硒除外)	selenium and its compounds, with the exception of selenium disulphide listed in annex 3
284	铬、铬酸及其盐类	chromium;chromic acid and its salts
285	麻黄碱及其盐类	ephedrine and its salts
286	麻醉药类(凡是中华人民共和国药政法规定管制的麻醉药品品种)	narcotics (narcotics controlled by the Drug Administration Law of the People's Republic of China)
287	酚二唑	fenadiazole[*o*-(1,3,4-oxadiazol-2-yl)phenol]
288	*O*-烷基二硫代碳酸的盐类	salts of *O*-alkyldithiocarbonic acids
289	2-萘酚	2-naphthol
290	1-萘胺和2-萘胺及它们的盐类	1-and 2-naphthylamines and their salts
291	3-(1-萘基)-4-羟基香豆素	3-(1-naphthyl)-4-hydroxycoumarin
292	萘甲唑啉及其盐类	naphazoline[2-(1-naphthylmethyl)-2-imidazoline]and its salts
293	曼陀罗及其草药制剂	*datura straponium* L. and its galenical preparations
294	黄花夹竹桃苷提取物	thevetia neriifolia juss. glycoside extract
295	黄樟素(黄樟脑)	safrole
296	*N*-5-氯苯噁唑-2-基乙酰胺	*N*-5-chlorobenzoxazol-2-ylacetamide

续表 2

序号	中文名称	英文名称
297	氯苯唑胺	zoxazolamine(2-amino-5-chlorobenzoxazole)
298	氯	chlorine
299	氯磺丙脲	chlorpropamide[1-(*p*-chlorophenylsulfonyl)-3-propylurea]
300	氯唑沙宗	chlorzoxazone(5-chloro-2-benzoxazolinone)
301	2-氯-6-甲基嘧啶-4-基二甲基胺	2-chloro-6-methylpyrimidin-4-yldimethylamine(crimidine-ISO)
302	氯非那胺	clofenamide(4-chloro-1,3-benzenedisulfonamide)
303	氯苯沙明	chlorphenoxamine (2-[1-(*p*-chlorophenyl)-1-phenylethoxy]-*N*,*N*-dimethylethylamine)
304	氯乙烷	chloroethane
305	氯乙烯	vinyl chloride monomer
306	氯噻酮	chlortalidone (2-chloro-5-(1-hydroxy-3-oxo-1-isoindolinyl) benzenesulfonamide)
307	氯鼠酮	2-[2-(4-chlorophenyl)-2-phenylacetyl] indan-1, 3-dione (chlorophacinone-ISO)
308	斑蝥(表 3 化妆品组分中限用物质表所列仅用于头发用品的斑蝥酊除外)	cantharides, cantharis vesicatoria, mylabris, mylabris phalerata pallas and mylabris cichorii linnaeus, with the exception of cantharides tincture listed in annex 3
309	斑蝥素(表 3 化妆品组分中限用物质表所列仅用于头发用品的斑蝥酊中所含斑蝥素除外)	(1*R*, 2*S*)-hexahydro-1, 2-dimethyl-3, 6-epoxyphthalic anhydride (cantharidin), with the exception of cantharides tincture listed in annex 3
310	替法唑啉及其盐类	tefazoline[2-(5,6,7,8-tetrahydronaphth-1-ylmethyl)-2-imidazoline] and its salts
311	奥沙那胺及其衍生物	oxanamide(2,3-epoxy-2-ethylhexanamide)and its derivatives
312	联苯胺(4,4′-二氨基联苯)	benzidine(4,4′-diaminobiphenyl)
313	锑及锑化合物	antimony and its compounds
314	普鲁卡因胺及其盐类和衍生物	procainamide [*p*-amino-*N*-(2-diethylaminoethyl) benzamide] its salts and derivatives
315	氮芥及其盐类	chlormethine [2, 2′-dichloro-*N*-methyldiethylamine; bis (2-chloroethyl) methylamine]and its salts
316	氰化氢及其盐类	hydrogen cyanide and its salts
317	硝基苯	nitrobenzene
318	硝酸异山梨酯	isosorbide dinitrate(1,4 : 3,6-dianhydrosorbitol 2,5-dinitrate)
319	硝羟喹啉	nitroxoline(5-nitro-8-quinolinol)and its salts
320	硝基均二苯代乙烯(硝基 1,2-二苯乙烯)类,它们的同系物和衍生物	nitrostilbenes, their homologues and their derivatives

续表 2

序号	中文名称	英文名称
321	硝基甲酚类及其碱金属盐	nitrocresols and their alkali metal salts
322	磺吡酮(硫氧唑酮)	sulfinpyrazone [1, 2-diphenyl-4-(2-phenylsulfinylethyl)-3, 5-pyrazolidine-dione]
323	硫脲	thiourea
324	焦磷酸四乙酯	tetraethyl pyrophosphate;TEPP(ISO)
325	硫氯酚	bithionol[2,2′-thiobis(4,6-dichlorophenol)]
326	舒噻喹	sultiame {sulthiane; [2-(*p*-sulfamoylphenyl) tetrahydro-1, 2-thiazine 1, 1-dioxide]}
327	蒽油	anthracene oil
328	溴(元素状态)	bromine,elemental
329	溴苄铵托西酸盐	bretylium tosilate[*o*-bromobenzyl)ethyldimethylammonium *p*-toluenesulfonate]
330	溴苯那敏及其盐类	brompheniramine [3-(*p*-bromophenyl)-*N*, *N*-dimethyl-3-pyrid-2-ylpropylamine] and its salts
331	溴米索伐	bromisoval[1-(2-bromo-3-methylbutyryl)urea]
332	塞兰姆	thiram[tetramethylthiuram disulfide;bis-(dimethylthiocarbamoyl) disulfide; TMTD;TMTDS]
333	酰肼类及其盐类	hydrazides and their salts
334	碘	iodine
335	愈创甘油醚	guaifenesin[3-(*o*-methoxyphenoxy)-1,2-propanediol;glyceryl guaiacolate]
336	新斯的明及其盐类。例如溴化新斯的明	neostigmine and its salts(*e. g.* neostigmine bromide)
337	新疆圆柏的叶子、精油及其草药制剂	*Juniperus sabina* L. (leaves,essential oil and galenical preparations)
338	滴滴涕	clofenotane DDT(ISO)
339	赛洛西宾	psilocybine[3-(2-dimethylaminoethyl)indol-4-yl dihydrogen phosphate]
340	赛克力嗪及其盐类	cyclizine(1-benzhydryl-4-methylpiperazine)and its salts
341	赛洛唑啉及其盐类	xylometazoline[2-(4-tert-butyl-2, 6-dimethylbenzyl)-2-imidazoline]and its salts
342	副醛(聚乙醛,介乙醚)	metaldehyde
343	槟榔碱	arecoline(methyl 1,2,5,6-tetrahydro-1-methylnicotinate)
344	雌激素类	oestrogens
345	碲及碲化合物	tellurium and its compounds
346	精神药物(凡是中华人民共和国药政法所规定管制的精神药物品种)	psychotropic drugs (psychotropic drugs controlled by the Drug Administration Law of the People's Republic of China)
347	镉和镉的化合物	cadmium and its compounds
348	箭毒和箭毒碱	curare and curatine

续表 2

序号	中文名称	英文名称
349	醋硝香豆醇	acenccoumarol[3-[2-acetyl-1-(*p*-mitrophenyl)ethyl]-4-hydroxyconmarin]
350	磺胺类药物(磺胺和其氨基的一个或多个氢原子被取代的衍生物)及其盐类	sulphonamides(sulphanilamide and its derivatives obtained by substitution of one or more H-atome of the NH_2 groups)and their salts
351	颠茄及其制剂	*Atropa belladona* L. ad its preparations
352	糖皮质激素类	glucocorticoids
353	噻替派	thiotepa[tris(1-zaziridinyl)phosphine sulfide]
354	螺内酯(安体舒通)	spironolactone (17-hydroxy-7-mercapto-3-oxo-17*a*-pregn-4-ene-21-carboxylic acid γ-lactone 7-acetate)
355	糠基三甲基铵盐类,例如:呋索碘铵	furfuryltrimethylammonium salts, *e. g.* furtrethonium iodide
356	藜芦碱及其盐类	veratrine, and its salts
357	磷酸三甲酚酯	tritolyl phosphate
358	磷及金属磷化物	phosphorus and metal phosphides
359	磷酸二乙基-4-硝基苯基酯	diethyl 4-mitrophenyl phosphate

表 3 化妆品组分中限用物质

序号	物质名称	英文名称	化妆品中最大允许浓度(%)	允许使用范围及限制条件	标签上必要说明
1	二氯甲烷	dichloromethane	35(当与1,1,1-三氯乙烷混合,总浓度不超过35%)	最大杂质含量为0.2%	
2	二氨基酚	diaminophenols	10(以游离基计)	用于染发的氧化着色剂 1. 一般使用 2. 专业使用	1. 含有“二氨基酚”;不可染睫毛或眉毛;会引起过敏反应,使用前应做适当的过敏试验 2. 含有“二氨基酚”;会引起过敏反应,使用前应做适当的过敏试验
3	双氯酚	dichlorophen (INN) (2, 2′-methylenebis 4-chlorophenol)	0.5	可作防腐剂使用	含有“双氯酚”

续表 3

序号	物质名称	英文名称	化妆品中最大允许浓度(%)	允许使用范围及限制条件	标签上必要说明
4	二硫化硒	selenium disulphide	0.5	用作香波中的去头屑剂	含有“二硫化硒”使用后冲洗掉,避免与眼睛接触
5	二羟基丙酮	dihydroxyacetone	5	用于除口腔用品外的产品中	
6	二氟化 3-(*N*-十六烷基-*N*-2-羟乙基胺)丙基双 2-羟乙基铵	3-(*N*-hexadecyl-*N*-2-hydrox-yethylammonium) propylbis (2-hydroxyethyl) ammonium difluoride	0.15(F)当与其他氟化物混合时,本附件允许的总氟浓度不超过0.15%	用于口腔卫生用品	含有“二氟化 3-(*N*-十六烷基-*N*-2-羟乙基胺)丙基双(2-羟乙基)铵”
7	二氢氟酸 *N*,*N′*,*N′*-三(聚氧乙烯)-*N*-十六烷基丙邻二胺	*N*, *N′*, *N′*-tris (polyoxyethylene)-*N*-hexadecyl-propylen ediamine dihydr ofluoride	0.15(F)当与其他氟化物混合时,本附件允许的总氟浓度不超过0.15%	用于口腔卫生用品	含有“二氢氟酸 *N*,*N′*,*N′*-三(聚氧乙烯)-*N*-十六烷基丙邻二胺”
8	三溴沙伦(3,4′,5-三溴水杨酰替苯胺)	tribromsalan (3,4′,5-tribrom-osalicylanilide)	1	用于肥皂类产品,纯度标准:3,4,5-三溴化水杨酰苯胺最低含量98.5%,其他溴化水杨酰苯胺最高含量1.5%,4,5-二溴化水杨酰苯胺最高含量0.1%,无机溴化物(以 NaBr 计)最高含量0.1%	含有“三溴水杨酰替苯胺”
9	丁基羟基苯甲醚(BHA)	butylated hydroxyanisole	0.15		
10	丁基羟基甲苯(BHT)	butylated hydroxytoluene	0.15		
11	1,1,1-三氯乙烷(甲基氯仿)	1,1,1-trichloroethane (methylchloroform)	35(与二氯乙烷混合时总浓度不超过35%)	用作气溶胶分散剂	不可在任何明火和白炽物上喷洒

续表 3

序号	物质名称	英文名称	化妆品中最大允许浓度(%)	允许使用范围及限制条件	标签上必要说明
12	水溶性锌盐(对-羟基苯磺酸锌和吡啶硫酮锌除外)	water-soluble zinc salts with the exception of zinc 4-hydroxy benzenesulphonate and zinc pyrithione	1(以 Zz 计)		
13	1,3-双(羟甲基)咪唑亚基-2-硫酮	1,3-bis (hydroxymethyl) imidazolidene-2-thione	2	气溶胶喷洒产品禁用,用于护发制品中	
14	甲基苯二胺和它的 *N* 位取代衍生物及其盐类(不包括:对-甲基-间-苯二胺及其盐类)	methylphenylenediamines,their *N*-substiuted derivatives and their salts with the exception of 4-methyl-*m*-phenylenedia-mine and its salts	10(以游离基计)	染发用的氧化着色剂 1. 一般使用 2. 专业使用	1. 含有"苯二胺",不可以染睫毛和眉毛;会引起过敏反应,用前应作适当的过敏试验 2. 含有"苯二胺",会引起过敏反应,用前应作过敏试验
15	氯胺 T	tosylchoramide sodium(*) (sodium derivative of *N*-chloro-*p*-toluene-sulfon-amide trihydrate)	0.2		
16	6-甲基香豆素	6-methylcoumarin	0.003	用于口腔产品	
17	甲醇	methanol	0.2		
18	过氧化氢	hydrogen peroxide	12(以过氧化氢计)(40volume)	用于美发产品	含有"过氧化氢",避免与眼部接触,如果接触进入眼内应立即冲洗
19	亚硝酸钠	sodium nitrite	0.2	用作抑制剂,不能与形成亚硝酸胺的仲胺和叔胺物质合用	

续表 3

序号	物质名称	英文名称	化妆品中最大允许浓度(%)	允许使用范围及限制条件	标签上必要说明
20	间和对-苯二胺类和它们 *N*-取代衍生物及其盐;邻苯二胺类的 *N* 位取代衍生物	*m* and *p*-phenylenediamines, their *N*-substituted derivatives and their salts; *N*-substituted derivatives of *o*-phenylenediamines	6(以游离基计)	用于染发着色剂 1. 一般使用 2. 专业使用	1. 含有"苯二胺",不可染睫毛和眉毛,用前做过敏试验 2. 含有"苯二胺",用前做过敏试验
21	没食子酸丙酯	propyl gallate	0.10		
22	间苯二酚	resorcinol	5	染发用的氧化着色剂 1. 一般使用 2. 专业使用	1. 含有"间苯二酚",使用后把头发洗净;不能染睫毛和眉毛;与眼睛接触后立即冲洗 2. 仅用于专业染发;含有"间苯二酚",与眼睛接触后立即冲洗
			0.5	用于发露和香波中	含有"间苯二酚"
23	1,2,3-苯三酚(焦格酚)	pyrogallol	5	染发用的氧化着色剂 1. 一般使用 2. 专业使用	1. 含有"1,2,3-苯三酚",不能染睫毛和眉毛;与眼睛接触后立即冲洗 2. 仅用于专业染发;含有"1,2,3-苯三酚",与眼睛接触后立即冲洗
24	苯甲醇	benzyl alcohol		用作溶剂,香料	
25	单氟磷酸铵	ammomium monofluo-rophosphate	0.15(F)当与其他氟化物混合时,本附件允许总氟浓度不超过0.15%	用于口腔卫生产品	含有"单氟磷酸铵"
26	单氟磷酸钠	sodium monofluorophosphate	同25	同25	含有"单氟磷酸钠"
27	单氟磷酸钾	potassium monofluorophosphate	同25	同25	含有"单氟磷酸钾"
28	单氟磷酸钙	calcium monofluorophosphate	同25	同25	含有"单氟磷酸钙"
29	氟化钙	calcuim fluoride	同25	同25	含有"氟化钙"

续表 3

序号	物质名称	英文名称	化妆品中最大允许浓度(%)	允许使用范围及限制条件	标签上必要说明
30	氟化钠	sodium fluoride	同 25	同 25	含有“氟化钠”
31	氟化钾	potassium fluoride	同 25	同 25	含有“氟化钾”
32	氟化铵	ammonium fluoride	同 25	同 25	含有“氟化铵”
33	氟化铝	aluminium fluoride	同 25	同 25	含有“氟化铝”
34	氟化亚锡	stannous fluoride	同 25	同 25	含有“氟化亚锡”
35	氟化十六烷基铵	hexadecyl ammonium fluoride	同 25	同 25	含有“氟化十六烷基铵”
36	氟化十八烯基铵	octadecenyl-ammonium fluoride	同 25	同 25	含有“氟化十八烯基铵”
37	氟硅酸钠	sodium fluorosillicate	同 25	同 25	含有“氟硅酸钠”
38	氟硅酸钾	potassium fluorosillicate	同 25	同 25	含有“氟硅酸钾”
39	氟硅酸铵	ammonium fluorosillicate	同 25	同 25	含有“氟硅酸铵”
40	氟硅酸镁	magnesium fluorosillicate	同 25	同 25	含有“氟硅酸镁”
41	草酸及其酯类和碱性盐类	oxalic acid, its esters and alkaline aslts	5	用于护发用品	仅用于专业
42	氢醌(对苯二酚)	hydroquinone	2	染发用的氧化着色剂 1. 一般使用 2. 专业使用	1. 含有“氢醌”;不能染睫毛和眉毛,如与眼睛接触应立即冲洗 2. 仅用于专业使用;与眼睛接触后立即冲洗

续表 3

序号	物质名称	英文名称	化妆品中最大允许浓度(%)	允许使用范围及限制条件	标签上必要说明
43	氢氧化钾(或钠)	potassium or sodium hydroxide	2	用于一般直发剂	含有“碱”,能引起失明,避免与眼睛接触;放在孩子拿不到的地方
			4.5	用于专业直发剂	仅在专业上使用,能引起失明,避免与眼睛接触
			5	指甲(护)膜溶除剂	含有“碱”,能引起失明,避免与眼睛接触
			pH<12.7	脱毛剂的 pH 调节剂	避免与眼睛接触,放到孩子拿不到的地方
			pH<11	一般 pH 调节剂	
44	奎宁及其盐类	quinine and its salts	0.2(奎宁计)	用于发露	
			0.5(奎宁计)	用于香波	
45	氨水	ammonia	6(氨计)		含量大于 2%时,注明含有“氨”
46	α-萘酚	α-naphthol	0.5	用于染发着色剂	含有“α-萘酚”
47	酚及其碱性盐类	phenol and its alkali salts	1(酚计)	用于香波产品	含有“酚”
48	4-羟基苯磺酸锌	zinc 4-hydroxybenzene sulphonate	6(以无水物计)	用于除臭剂、抑制剂收敛性洗液	避免与眼睛接触
49	8-羟基喹啉和双(8-羟基喹啉鎓)的硫酸盐	quinolin-8-ol and bis-(8-hydroxyquinolinium) sulphate	0.3	用于氧化物的稳定剂。日光浴后使用的化妆品和三岁以下儿童使用的爽身粉中禁用	三岁以下儿童禁用
50	巯基乙酸及盐类、酯类	thioglycollic acid, its salts and esters	2(巯基乙酸计)	用于用后冲洗掉的护发产品	含有“巯基乙酸盐(酯)”,按说明使用
			5(pH12.7 时)	用于脱毛剂	
			8(pH9 时)	用于一般的直发和卷发产品	
			11(pH11 时)	用于专业使用的直发和卷发产品	仅用于专业产品,按说明使用
51	硝酸银	silver nitrate	4	惟一用于染睫、眉毛的产品	含有“硝酸银”,进入眼内立即冲洗

续表 3

序号	物质名称	英文名称	化妆品中最大允许浓度(%)	允许使用范围及限制条件	标签上必要说明
52	硝基甲烷	nitromethane	0.3	用于铁锈抑制剂	
53	斑蝥酊	cantharides tincture	1	用于生发用品	含有"斑蝥酊",不得进入眼内
54	硼酸	boric acid	0.5	用于口腔用品	三岁以下儿童禁用
			3	用于其他产品	
			5	爽身粉中使用,但三岁以下儿童用品除外	
55	碱金属的氯酸盐类	chlorates of alkali metals	3	用于其他产品	
			5	用于牙膏产品	
56	碱金属的硫化物类	alkali sulphides	2(以硫计) pH:12.7	用于脱毛剂	避免与眼睛接触;放在儿童拿不到的地方
57	碱土金属的硫化物类	alkaline earth suiphides	6(以硫计) pH:12.7	用于脱毛剂	同 56

表 4 化妆品组分中限用防腐剂

序号	物质名称	英文名称	化妆品中最大允许浓度(%)	限用范围和必要条件	标签上必要说明
1	硫柳汞(乙基汞硫代水杨酸钠)	thiomersal(INN)(sodium ethylmercurithiosalicylate)	0.007(汞计)	仅用于眼部化妆品和眼部卸妆品	含有"乙基汞硫代水杨酸钠"
2	十一-10-碳烯酸:盐类,酯类,酰胺,单和双(2-羟乙基)酰胺和它们的磺基丁二酸盐类	undec-10-enoic acids: salts, esters, the amide, the mono-and bis-(2-hydroxethyl) amides and their sulphosuccinates	0.2(酸)		
3	1-十二烷基胍乙酸盐	1-dodecylguanidinium acetate	0.5	用于使用后清洗掉产品	
			0.1	用于其他化妆品	

续表 4

序号	物质名称	英文名称	化妆品中最大允许浓度(%)	限用范围和必要条件	标签上必要说明
4	6,6-二溴-4,4-二氯-2,2′-亚甲基-二苯酚(溴氯双酚)	6,6-dibrome-4,4-dichloro-2,2′-methylene-diphenol (bromochlorophen)	0.1		
5	3,4-二氯苄醇	3,4-dichlorobenzyl alcohol	0.15		
6	2,4-二氯苄醇	2,4-dichlorobenzyl alcohol	0.15		
7	双氯酚	dichlorophen (INN)[2,2′-methylenebis(4-chlorophenol)]	0.2		含有"双氯酚"
8	2,4-二氯-3,5-二甲苯酚	2,4-dichloro-3,5-xylenol	0.1		
9	6-乙酰氧基-2,4-二甲基-*m*-二噁烷(二甲克生)	6-acetoxy-2,4-dimethyl-*m*-dioxane(dimethoxane)	0.2		
10	3,3′-二溴-4,4′-六亚甲基-二氧代二苄脒(二溴六脒)和其盐类(包括羟基乙磺酸盐)	3,3′-dibromo-4,4′-hexamethylene dioxydibenzamidine (dibromohexamidine) and its salts (including is ethionate)	0.1		
11	二溴丙脒及其盐类(包括羟乙磺酸盐)	dibromopropamidine (INN)[4,4′-(trimethylenedioxy) bis (3-bromobenzamide)]and its salts(including isethionate)	0.1		

续表 4

序号	物质名称	英文名称	化妆品中最大允许浓度(%)	限用范围和必要条件	标签上必要说明
12	2,6-二乙酰基-1,2,3,9*b*-四氢-7,9-二羟-8,9*b*-二甲基二苯并呋喃-1,3-二酮(地衣酸)和其盐类(包括铜盐)	2,6-diacetyl-1,2,3,9*b*-tetrahyty-dro-7,9-dihydroxy-8,9*b*-dimethyl-dibenzolfuran-1,3-dione(usnic acid) and its salts (including the copper salt)	0.2		
13	2,2′-二硫代双(1-氧代吡啶)与三水合硫酸镁加成物	2,2′-dithiobis (pyridine 1-oxide), addition product with magnesium sulphate trihydrate	0.5		
14	1,2-二溴-2,4-二氰丁烷	1,2-dibromo-2,4-dicyanobutane	0.1	不可用于防晒化妆品中	
15	4,4′-二甲基-1,3-噁唑烷	4,4′-dimethyl-1,3-oxazolidine	0.1	仅用于用后清洗掉产品中,成品的 pH 不得低于 6	
16	山梨酸(六-2,4-二烯酸)及其盐类	sorbic acid(hexa-2,4-dienoic acid) and its salts	0.6(酸计),如以山梨酸酯类混合,其最大浓度仍为 0.6(酸)		
17	山梨酸酯类	esters of sorbic acid (hexa-2,4-dienoic acid)	同 16		

续表 4

序号	物质名称	英文名称	化妆品中最大允许浓度(%)	限用范围和必要条件	标签上必要说明
18	三氯卡班(3,4,4′-三氯均二苯脲)	triclocarban(INN)(3,4,4′-trichlorocarbanilide)	0.2		
19	*N*-(三氯甲基硫代)环己-4-烯-1,2-二羧基酰亚胺	*N*-(trichloromethylthio)cyclohex-4-ene-1,2-dicarboximide	0.5		
20	卤卡班[4,4′-二氯-3-(三氟甲基)均二苯脲]	halocarban(INN)[4,4′-dichloro-3-(trifluoromethyl)carbanilide]	0.3		
21	三氯生(2,4,4′-三氯-2′-羟基二苯基醚)	triclosan(INN)(2,4,4′-trichloro-2′-hydroxydiphenyl ether)	0.3		
22	水杨酸及其盐类	salicylic acid and its salts	0.5(酸)	除香波外,三岁以下儿童用品禁用	三岁以下儿童禁用
23	无机亚硫酸盐类和硫酸氢盐	inorganic sulphites and hydrogensulphites	0.2(SO_2计)		

续表 4

序号	物质名称	英文名称	化妆品中最大允许浓度(%)	限用范围和必要条件	标签上必要说明
24	六氯酚	hexachlorphen (INN) [2, 2'-methylene bis-(3, 4, 6-trichlorophenol]	0.1	禁止在三岁以下儿童用品和个人卫生用品中使用	含有“六氯酚”,三岁以下儿童禁用
25	己脒定及其盐类(包括羟乙磺酸盐和 4-羟基苯甲酸盐)	hexamidine(INN)(4,4'-hexamethylenedioxydibenzamidine) and its salts (including isethionate (INN) and 4-hydroxybenzoate)	0.1		
26	海克替啶	hexetidine(INN)[5-amino-1, 3-bis (2-ethylhexyl) hexahydro-5-methyl-pyrimidime]	0.2		
27	3,3'-双(1-羟甲基-2,5-二氧代咪唑-4-基)1,1'-亚甲基双脲(咪唑烷基脲)	3,3'-bis(1-hydroxymethyl-2,5-dioxoimidazolidin-4-yl)-1,1'-methylenediurea (imidazolidinylurea)	0.6		
28	1,3-双(羟甲基)-5,5-二甲基咪唑啉-2,4-二酮	1, 3-bis (hydroxymethyl)-5, 5-dimethylimidazolidine-2,4-dione	0.2(甲醛),游离值或理论有效值		当浓度大于 0.05%时,注明含有“甲醛”
29	丙酸及其盐类	proprionic acid and its salts	2(酸计)		
30	甲酸	formic acid	0.5(酸)		
31	四溴-邻-甲苯酚	tetrabromo-*o*-oresol	0.3		
32	4-异丙基-*m*-甲苯酚	4-isopropyl-*m*-cresol	0.1		

续表 4

序号	物质名称	英文名称	化妆品中最大允许浓度(%)	限用范围和必要条件	标签上必要说明
33	吡啶硫酮锌	pyrithione zinc (INN)[bis(1-hydroxy-2-(1*H*)-pyridinethionato]zinc	1.5	仅限于去头屑洗发产品中使用	
34	吡啶硫酮钠	pyrithione sodium (INN) (pyri dine-2-thione 1-oxide sodium derivative)	0.5		
35	吡啶硫酮铝樟磺酸盐	pyrithione aluminium camsilate	0.2		
36	苯甲酸及其盐类、酯类	benzoic acid, its salts and esters	0.5(酸计)		
37	2-苯氧基乙醇	2-phenoxyethanol	1		
38	1-苯氧丙烷-2-醇	1-phenoxypropan-2-ol	1		
39	苯基汞化卤(包括硼酸盐)	phenylmercuric salts (including borate)	0.007(汞)	仅用于眼部化妆品和卸妆品	含有“苯基汞化合物”
40	苄醇	benzyl alcohol	1		
41	苄索氯铵	benzethonium cholride(INN) [benzyldimethyl-(2(2-(-1,1,1,3-tetramethylbutyl-phenoxy)ethoxy)-ethyl) ammonium chlo ride]	0.1		
42	苄氯酚(2-苄基-4-氯苯酚)	clorofene(INN) (2-benyl-4-chlorophenol)	0.2		

续表 4

序号	物质名称	英文名称	化妆品中最大允许浓度(%)	限用范围和必要条件	标签上必要说明
43	碘化 3-庚基-2-(3-庚基-4-甲基-4-噻唑啉-2-亚基甲基)-4-甲基噻唑啉鎓	3-heptyl-2-(3-heptyl-4-methyl-4-thiozolin-2-ylidenemethyl)-4-methylthiazolinium iodide	0.002	用于乳剂、香波和化妆水	
44	氯己定(洗必泰)、葡萄糖酸洗必泰、醋酸洗必泰和盐酸洗必泰	chlorhexidine and its digluconate, diacetate and dihydrochloride	0.3		
45	1-氧代-2-羟基-吡啶	pyridin-2-ol-1-oxide	0.2	仅用于冲洗掉的产品中	
46	4-羟基苯甲酸及其盐类、酯类(苄基酯除外)	4-hydroxybenzoic acid and its salts and esters except benzyl ester	单一酯:0.4(酸) 混合酯:0.8(酸)		
47	4-羟基苯甲酸苄酯	4-hydroxybenzoic acid benzyl ester	0.1(酸)		
48	8-羟基喹啉及其盐类	quinolin-8-ol and its salts	0.3	日光浴后使用的化妆品中禁用,三岁以下儿童用的爽身粉禁用	三岁以下儿童禁用
49	1-羟甲基-5,5-二甲基-乙内酰脲	1-hydroxymethyl-5,5-dimethyl-hydantoin	0.2(甲醛)游离值或理论有效值	仅在使用后清洗掉产品中使用	当浓度大于0.05%时,注明含"甲醛"
50	1-羟基-4-甲基-6-(2,4,4-三甲基戊基)-2-吡啶酮及其单乙醇胺盐	1-hydroxy-4-methyl-6-(2,4,4-trime thylpentyl)-2-pyridon and its monoethanolamine salt	0.1	仅用在使用后清洗掉产品中	
			0.5	用于其他产品中	
51	溴化烷基(C12~C22)三甲基铵氯化物(包括西曲溴铵)	alkyl (C12 ~ C22) trimethylammonium bromide and chloride (including cetrimonium bromide)(INN)	0.1		

续表 4

序号	物质名称	英文名称	化妆品中最大允许浓度(%)	限用范围和必要条件	标签上必要说明
52	邻-苯基苯酚及其盐类	biphenyl-2-ol(*o*-phenylphenol) and its salts	0.2(苯酚)		
53	碘酸钠	sodium iodate	0.1	仅用于用后清洗掉的产品中	
54	三氯叔丁醇(氯丁醇)	chlorobutanol (INN)	0.5	除作泡沫剂外，禁止在气溶胶产品中使用	含有"氯丁醇"
55	4-氯-2-甲苯酚	4-chloro-2-cresol	0.2		
56	4-氯-3,5-二甲苯酚	4-chloro-3, 5-xylenol	0.5		
57	2-氯-*N*-(羟甲基)乙酰胺	2-chloro-*N*-(hydroxymethyl) acetamide	0.3(氯乙酰胺计)	仅用在用后清洗掉的产品	
58	2-氯乙酰胺	2-chloroacetamide	0.3		含有"氯乙酰胺"
59	5-氯-2-甲基-异噻唑-3(2*H*)-酮和2-甲基噻唑-3(2*H*)-酮与氯化镁及硝酸镁的混合物	mixture of 5-chloro-2-methylisothiasol-3(2*H*)-one and 2-methylisothiazol-3(2*H*)-one with magnesium chloride and magnesium nitrate	0.005		
60	1-(4-氯苯氧基)-1-(咪唑-1-基)3,3-二甲丁烷-2-酮	1-(4-chlorophenoxy)-1-(imidazol-1-yl) 3, 3-dimethylbutan-2-one	0.5		
61	硼酸	boric acid	0.5	仅用于口腔用品中	
			3	用于其他产品	
62	3-乙酰基-6-甲基-2*H*-吡喃-2,4(3*H*)-二酮(脱氢乙酸)及其盐类	3-acetyl-6-methyl-2*H*-pyran-2,4(3*H*)-dione (dehydroacetic acid) and its salts	0.6(酸)		

续表 4

序号	物质名称	英文名称	化妆品中最大允许浓度(%)	限用范围和必要条件	标签上必要说明
63	溴硝丙醇(2-溴-2-硝基-1,3-丙二醇)	bronopol(INN)(2-bromo-2-nitro-1,3-propanediol)	0.1		
64	5-溴-5-硝基-3,3-二噁烷	5-bromo-5-nitro-1,3-dioxane	0.1	仅用于用后清洗掉产品中	
65	盐酸聚六亚甲基双胍	polyhexamethylene biguanide hydrochloride	0.3		
66	乌洛托品(六亚甲基四胺)	methenemine (INN)(hexamethylenetetramine)	0.2(甲醛)游离值或理论有效值		当游离甲醛浓度大于0.65%,注明含有"甲醛"

注:1. 本表所列防腐剂均为一种起抑制化妆品中微生物生长的物质。
2. 化妆品产品中其他可具有抗微生物的物质不包括在本表中。
3. 本表中"盐类"指阳离子钠、钾、钙、镁、铵、醇胺类和阴离子氯化物、溴化物、硫酸、乙醇的盐类。
4. 本表中"酯类"指甲基、乙基、丙基、异丙基、丁基、异丁基、苯基的酯类。
5. 本表中最大允许浓度一项中,数值下角标志系指以此种物质计算。
6. INN:International Non-proprietory Names。

表 5 化妆品组分中限用紫外线吸收剂

序号	物质名称	英文名称	化妆品中最大允许浓度(%)	限用范围及必要条件	标签上必要说明
1	对-双(羟丙基)氨基苯甲酸乙酯(混合异构体)	ethyl-4-bis (hydroxypropyl)-aminobenzoate, mixed isomers	5		
2	乙氧基化-对-氨苯甲酸	ethyl-4-bis (hydroxypropyl)-aminobenzoate, mixed isomers	10		
3	对-二甲氨基苯甲酸-2-乙基己酯	2-ethylhexyl-4-dimethylaminobenzoate thyl-amino	8		
4	邻-(4-苯基苯甲酰基)苯甲酸-2-乙基己酯	2-ethylhexyl 2-(4-phenylbenzoyl) benzoate	10		

续表 5

序号	物质名称	英文名称	化妆品中最大允许浓度(%)	限用范围及必要条件	标签上必要说明
5	对-甲氧基肉桂酸-2-乙基己酯	2-ethylhexyl 4-methoxycinnamate	10		
6	帕地马酯(对-二甲基氨基苯甲酸戊酯)	padimate (INN) (pentyl *p*-dimethylaminobenzoates)	5		含有"对-二甲基氨基苯甲酸戊酯"
7	3,4-二羟基-5-(3,4,5-三羟基苯甲酰氧基)苯甲酸,三油酸酯	3, 4-dihydroxy-5-(3, 4, 5-trihydroxybenzoyloxy) benzoic acid, trioleate	4		
8	3,4-二甲氧基苯基乙醛酸钠	sodium 3,4-dimethoxyphenylglyoxylate	5		
9	5-(3,3-二甲基-8,9,10-三降冰片-2-亚基)戊-3-烯-2-酮	5-(3,3-dimethyl-8, 9, 10-trinorborn-2-ylidene) pent-3-en-2-one	3		
10	邻-乙酰氨基苯甲酸-3,3,5-三甲基环己酯	3,3,5-trimethylyoyolohoxyl-2-acetamidobenzoate	2		
11	水杨酸高莶酯	homosalate(INN) (homomenthylsalicylate;3,3,5-trimethylcyclohexyl salicylate)	10		
12	水杨酸盐(钾、钠和三乙醇胺盐)	salicylic acid salts (potassium, sodium and triethanolamine salts)	2(酸)	成品中不得释放出酸性物质	三岁以下儿童禁用

续表 5

序号	物质名称	英文名称	化妆品中最大允许浓度(%)	限用范围及必要条件	标签上必要说明
13	水杨酸苯酯	phenyl solicylate，salol	1		
14	对-甲氧基肉桂酸盐(钾、钠和二乙醇胺盐)	4-methoxycinnamic acid salts (potassium，sodium and diethanolamine salts)	3(酸)		
15	美可西酮	mexenone(INN) (2-hydroxy-4-methoxy-4′-methylbenzophenone)	4		含有"美可西酮"
16	5-甲基-2-苯基苯并噻唑	5-methyl-2-phenylbenzoxazole	4		
17	3-(4-甲基亚苄基莰烷-2-酮)	3-(4-methylbenzylidene)-bornan-2-one	6		
18	对-甲氧基肉桂酸戊酯的混合异构体	amyl 4-methoxycinnamate mixed isomers	10		
19	对-甲氧基肉桂酸丙酯	propyl 4-methoxycinnamate	3		
20	水杨酸-4-异丙基苄酯	4-isopropylbenzyl salicylate	4		
21	肉桂酸钾	potassium cinnamate	2		
22	3-亚苄基莰烷-2-酮	3-benzylidene-bornan-2-one	6		
23	4-氨基苯甲酸	4-aminobenzoic acid	5		
24	对氨基苯甲酸单甘油酯	glycerol 1-(4-aminobenzoate)	5	不能含苯佐卡因	

续表 5

序号	物质名称	英文名称	化妆品中最大允许浓度(%)	限用范围及必要条件	标签上必要说明
25	对甲氧基肉桂酸环己基酯	cyclophexyl 4-methoxycinnamate	1		
26	1-(4-特丁基苯基)丙烷-1,3-二酮	1-(4-tert-butylphenyl)propane-1,3-dione	5		
27	2-苯基苯咪唑-5-磺酸及其钾、钠和三乙醇胺盐	2-phenylbenzimidazole-5-sulphonic acid and its potassium,sodium and triethanolamine salts	8(酸)		
28	3-咪唑-4-基丙烯酸及乙基酯	3-imidazol-4-yl-acrylic acid and its ethyl ester	2(酸)		
29	1-*p*-枯烯基-3-苯基丙烷-1,3-二酮	1-*p*-cumenyl-3-phenylpropane-1,3-dione	5		
30	α-(2-氧代冰片-3-亚基)-*p*-二甲苯-2-磺酸)	α′-(2-oxoborn-3-ylidene)-*p*-xylene-2-sulphonic acid	6		
31	α-(2-氧代冰片-3-亚基)甲苯-4-磺酸及其盐类	α-(2-oxoborn-3-ylidene) toluene-4-sulphonic acid and its salts	6(酸)		
32	羟苯甲酮	oxybenzone(INN)(2-hydroxy-4-methoxybenzophenone)	10		含有"羟苯甲酮"
33	2-羟基-4-甲氧基二苯甲酮-5-磺酸及钠盐	sulisobenzone (INN)(5-benzoyl-4-hydroxy-1-methoxybenzene-sulfonic acid)and sulisobenzone sodium (INN)	5(酸)		

续表 5

序号	物质名称	英文名称	化妆品中最大允许浓度(%)	限用范围及必要条件	标签上必要说明
34	α-氰基-4-甲氧基-肉桂酸及其己基酯	α-cyano-4-methoxycinnamic acid and hexyl ester	5		
35	西诺沙酯(对-甲氧基肉桂酸-2-乙氧基乙酯)	cinoxate (INN) (2-ethoxyethyl-*p*-methoxycinnamate)	5		
36	水杨酸-2-乙基己酯	2-ethylhexyl salicylate	5		

注:1. 表中所列紫外线吸收剂系指防晒化妆品含有的物质,主要用于滤去一定的紫外射线,以保护皮肤不受这些射线危害。

2. 本表不包括用于保护产品避免紫外线照射而加入的紫外线吸收剂。

表 6 化妆品组分中暂用着色剂

序号	染料索引号 (Color Index)		染料索引名称色号 (C. I. Generic Name)	中文名称	Food And Drug Administration Official Name	允许使用范围及限制条件(见注 2)
1	45430	食品红 14	Food Red14	食用樱桃红	FD&C Red No. 3	Ⅲ
2	14700	食品红 1	Food red 1		FD&C Red No. 4	Ⅳ
3	16035	食品红 17	Food Red 17		FD&C Red No. 40	Ⅲ
4	15850	颜料红 57	Pigment Red 57		D&C Red No. 6	Ⅲ
5	15850∶1	颜料红 57∶1	Pigment Red 57∶1		D&C Red No. 7	Ⅲ
6	15585	颜料红 53	Pigment Red 53		D&C Red No. 8	Ⅱ 唇膏中用量<6%
7	15585∶1	颜料红 53∶1	Pigment Red 53∶1		D&C Red No. 9	Ⅱ 唇膏中用量<6%
8	26100	溶剂红 23	Solvent Red 23		D&C Red No. 17	Ⅳ
9	45170	盐基紫 10	Basic Violet 10		D&C Red No. 19	Ⅳ
10	45380∶2	溶剂红 43	Solvent Red 43		D&C Red No. 21	Ⅲ
11	45380	酸性红 37	Acid Red 87		D&C Red No. 22	Ⅲ
12	45410∶1	溶剂红 48	solvent Red 48		D&C Red No. 27	Ⅲ
13	45410	酸性红 92	Acid Red 92		D&C Red No. 28	Ⅲ
14	73360	还原红 1	Vat Red 1		D&C Red No. 30	Ⅲ
15	15800∶1	颜料红 64∶1	Pigment Red 64∶1		D&C Red No. 31	Ⅳ
16	17200	酸性红 33	Acid Red 33		D&C Red No. 33	Ⅱ 唇膏中用量<6%
17	15880∶1	颜料红 63∶1	Pigment Red 63∶1		D&C Red No. 34	Ⅳ
18	12085	颜料红 4	Pigment Red 4		D&C Red No. 36	Ⅱ 唇膏中用量≤3%
19	11920	食品橙 3	Food Orange 3	食用苏丹黄		Ⅲ

续表 6

序号	染料索引号 (Color Index)		染料索引名称色号 (C. I. Generic Name)	中文名称	Food And Drug Administration Official Name	允许使用范围及限制条件(见注 2)
20	19140	食品黄 4	Food Yellow 4	食用柠檬黄	FD&C Yellow No. 5	Ⅲ
21	15985	食品黄 3	Food Yellow 3	食用橘黄	FD&C Yellow No. 6	Ⅲ
22	45350 : 1	溶剂黄 94	Solvent Yellow 94		D&C Yellow No. 7	Ⅳ
23	45350	酸性黄 73	Acid Yellow 73		D&C Yellow No. 8	Ⅳ
24	47005	酸性黄 3	Acid Yellow 3		D&C Yellow No. 10	Ⅲ
25	47000	溶剂黄 33	Solvent Yellow 33		D&C Yellow No. 11	Ⅳ
26	10316	酸性黄 1	Acid Yellow 1		Ext. D&C Yellow No. 7	Ⅳ
27	15510	酸性橙 7	Acid Orange 7		D&C Orange No. 4	Ⅳ
28	45370 : 1	溶剂红 72	Solvent Red 72		D&C Orange No. 5	Ⅲ唇膏中用量<6%
29	45425 : 1	溶剂红 73	Solvent Red 73		D&C Orange No. 10	Ⅳ
30	45425	酸性红 95	Acid Red 95		D&C Orange No. 11	Ⅳ
31	12075	颜料橙 5	Pigment Orange 5		D&C Orange No. 17	Ⅳ
32	42053	食品绿 3	Food Green 3		FD&C Green No. 3	Ⅲ
33	61570	酸性绿 25	Acid Green 25		D&C Green No. 5	Ⅲ
34	61565	溶剂绿 3	Solvent Green 3		D&C Green No. 6	Ⅳ
35	59040	溶剂绿 7	Solvent Green 7		D&C Green No. 8	Ⅳ外用品用量≤0.01%
36	42090	食品蓝 2	Food Blue 2	食用亮蓝	FD&C Blue No. 1	Ⅲ
37	42090	酸性蓝 9	Acid Blue 9		D&C Blue No. 4	Ⅳ
38	60725	溶剂紫 13	Solvent Violet 13		D&C Violet No. 2	Ⅳ
39	60730	酸性紫 43	Acid Violet 43		Ext. D&C Violet No. 2	Ⅳ
40	20170	酸性橙 24	Acid Orange 24		D&C Brown No. 1	Ⅳ
41	77000	铝粉	Pigment Metal 1	铝粉	Aluminium Powder	Ⅱ
42	75130	β-胡萝卜素	Natural Yellow 26	β-胡萝卜素	β-Carotene	Ⅰ
43	77163	氯氧化铋	Pigment White 14′31	氯氧化铋	Bismth Oxychloride	Ⅰ
44	77499	氧化铁黑(人造)	Pigment Black 11	氧化铁黑(人造)	Black Iron Oxide (synthetic)	Ⅰ
45	77400	青铜粉	Pigment Metal 2	青铜粉	Bronze Powder	Ⅰ
46	75470	胭脂红	Natural Red 4	胭脂红	Carmine	Ⅰ
47	77289	氢氧化铬绿	Pigment Green 18	氢氧化铬绿	Chromium Hydroxide Green	Ⅱ
48	77288	氧化铬绿	Pigment Green 17	氧化铬绿	Chromium Oxide Green	Ⅱ
49	77400	铜粉	Pigment Metal 2	铜粉	Copper Powder	Ⅰ
50	77520	亚铁氰化铁铵	Pigment Blue 27	亚铁氰化铁铵	Ferric Ammonium Ferrocyanide	Ⅱ

续表 6

序号	染料索引号 (Color Index)		染料索引名称色号 (C. I. Generic Name)	中文名称	Food And Drug Administration Official Name	允许使用范围及限制条件(见注 2)
51	77510	亚铁氰化铁	Pigment Blue 27	亚铁氰化铁	Ferric Ferrocyanide	Ⅱ
52	75170	鸟嘌呤	Natural White 1	鸟嘌呤	Guanine	Ⅰ
53	75480	指甲花	Natural Orange 6	指甲花	Henna	仅用于染头发制品,标明不能接触眼睛
54	77742	锰紫	Pigment Violet 16	锰紫	Manganese Violet	Ⅰ
55	77019	云母	Pigment White 20&26	云母	Mica	Ⅰ
56	75810	叶绿酸钾钠铜	Natural Green 3	叶绿酸钾钠铜	Potassium Sodium Copper Chlorophyllin	仅用于牙膏,用量≤0.1%
57	77491	氧化铁红(人造)	Pigment Red 101	氧化铁红	Red Iron Oxide (synthetic)	Ⅰ
58	77891	二氧化钛	Pigment white 6	二氧化钛	Titanium Dioxide	Ⅰ
59	77007 77013	群青绿、蓝(人造)	Pigment Blue 29 Green 24	群青	Ultramarine Blue Green	Ⅱ
60	77492	氧化铁黄(人造)	Pigment Yellow 42843	氧化铁黄	Yellow Iron Oxide (synthetic)	Ⅰ
61	77947	氧化锌	Pigment White 4	氧化锌	Zinc Oxide	Ⅰ
62	16045	食品红 4	Food Red 4	食用大红		Ⅲ
63	16255	食品红 7	Food Red 7	食用胭脂红		Ⅲ
64	16290	食品红 8	Food Red 8	食用杨梅红		Ⅲ
65	16185	食品红 9	Food Red 9	食用苋菜红		Ⅲ
66	73015	食品蓝 1	Food Blue 1	食用靛蓝		Ⅲ
67				乙酸铅	Lead acetate	仅用于染头发制品中,制品铅含量<1%(m/V,Pb 计),包装上要标明含有乙酸铅及注意事项

注:1. 表 6 中所列着色剂中的合成有机染料类与铝、钙、钡、锶和锆所生成的不可溶性盐及色淀,也包括在本表内。

2. Ⅰ类:一般化妆品均可使用。

Ⅱ类:不得用于口腔及唇部化妆品。

Ⅲ类:不得用于眼部化妆品。

Ⅳ类:不得用于眼部、口腔及唇部化妆品。

附录二　国际日用香料香精协会“开业章法”中有关日用香料使用规定

编号	香料名称	使用规定	理由	公布年月
1	苯亚甲基丙酮(benzylidene acetone)	禁用	导致敏化作用(sensitization)	1974/6
2	硝基苯(nitrobenzene)	禁用	高毒性和皮肤中毒	1974/6
3	二氢香豆素(dihydrocoumarin)	禁用	导致敏化作用	1974/10
4	亚茴香基丙酮(anisylidene acetone)	禁用	导致敏化作用	1974/11
5	丙烯酸乙酯(ethyl acrylate)	禁用	导致敏化作用	1974/11
6	土木香(elecampane 或 Allanroot)油(取自 *Inula helenium* 者)	禁用	导致敏化作用	1975/6
7	马来酸二乙酯(diethyl maleate)	禁用	导致敏化作用	1975/6
8	对叔丁基苯酚(*p*-*tert*-butyl phenol)	禁用	导致敏化及脱色素(depigmentation)作用	1975/6
9	氢化松香醇(hydroabietyl alcohol)	禁用于化妆品香精中	弱的导致敏化作用	1976/5
10	柠康酸二甲酯(dimethyl citraconate)	禁用	导致敏化作用	1976/10
11	1,1,4,4-四甲基-7-乙酰基-1,2,3,4-四氢萘(AETT,即万山麝香)	禁用	导致神经中毒(neurotoxicity)	1977/11
12	甲位甲基亚茴香基丙酮	禁用	导致敏化作用	1977/11
13	巴豆酸甲酯(methyl crotonate)	禁用	导致敏化作用	1978/3
14	兔耳草醇(cyclamen alcohol)	禁用(在兔耳草醛中含量应<1.5%)	导致敏化作用	1978/10
15	6-甲基香豆素	禁用	导致光过敏作用(photoallergy)	1979/2
16	7-甲基香豆素	禁用	导致光过敏作用	1979/2
17	2-亚戊基环己酮(2-pentylidene cyclohexanone)	禁用	导致敏化作用	1979/2
18	假性紫罗兰酮类(pseudoionones)	禁用(在紫罗兰酮类中含量应<1%)	导致敏化作用	1979/2
19	假性甲基紫罗兰酮类(pseudomethylionones)	禁用(在甲基紫罗兰酮类中含量应<1%)	导致敏化作用	1979/2
20	4,6-二甲基-8-叔丁基香豆素	禁用	导致光过敏作用	1979/2
21	7-甲氧基香豆素	禁用	导致过敏及光过敏作用	1979/2

续附录二

编号	香料名称	使用规定	理由	公布年月
22	6-异丙基萘烷-2-醇(6-isopropyl 2-decalol)	禁用	导致敏化作用	1979/6
23	4-甲基-7-乙氧基香豆素	禁用	导致光过敏作用	1979/6
24	2,3-异庚二酮(acetyl isovaleryl)	禁用	导致敏化作用	1980/2
25	无花果(fig)叶净油	禁用	导致敏化及光中毒作用	1980/10
26	对苯二酚单乙醚(hydroquinone monoethyl ether)	禁用	导致脱色素作用	1983/10
27	对苯二酚单甲醚	禁用	导致脱色素作用	1983/10
28	广木香(costus)根油,浸膏和净油(取自 *saussurea lappa* Clarke 者)	禁用(除非取自无敏化作用的植物品种,经证明可用者)	导致敏化作用	1982/6
29	桧(savin)油(取自 *Juniperus sabina* L. 者)	禁用(只有取自 *Juniperus phoenicea* L. 者,经证明可用者,方得使用)	高度急性中毒作用(acute toxicity)	1982/6
30	美国苏合香树胶(American styrax gum)	禁用(只有取自 *Liquidambar styracifula* L. Var. *macrophylla* 的树胶并经处理证明可用者)	导致敏化作用	1982/6
31	亚洲苏合香树胶(Asian styrax gum)	禁用(只有取自 *Liquidambar orientilis* Mill. 的树胶并经处理证明可用者)	导致敏化作用	1982/6
32	秘鲁香膏(Peru balsam)(取自 *Myroxylon pereirae* (Royle) Klotzsch 者)	禁用(除非经过处理如蒸馏等证明可用者)	导致敏化作用	1982/6
33	甲位亚己基环戊酮(α-hexylidene cyclopentanone)	任何香料制品中含量超过 8%者,禁用	导致敏化作用	1983/2
34	反式庚烯-2-醛	禁用	导致敏化作用	1985/2
35	反式己烯-2-醛二甲缩醛	禁用	导致敏化作用	1985/2
36	反式己烯-2-醛二乙缩醛	禁用	导致敏化作用	1985/2
37	黄樟素(safrole)	禁用(在香精中总含量不得大于 0.05%)	导致敏化作用	1985/2

续附录二

编号	香料名称	使用规定	理由	公布年月
38	庚炔羧酸甲酯(methyl heptine carbonate)	在香精中用量应≤0.01%	在香精久储后有导致敏化作用的因素	1976/10
39	1,1,2,3,3,6-六甲基-5-乙酰基-2,3-二氢化茚(1,1,2,3,3,6-hexamethyl-5-acetyl indan, 即 phantolid)	除可用于从肤发洗去的加香洗涤制品的香精外,在其他可能遇阳光照射的加香肤发制品的香精中,用量应<5%	有导致光敏中毒的因素	1978/10
40	当归(*angelica*)根油(取自 *angelica archangelica* 者)	除可用于从肤发洗去的加香洗涤制品的香精外,在其他可能遇阳光照射的加香肤发制品的香精中,用量应<3.9%	有导致光敏中毒的因素	1978/10
41	香柠檬(bergamot)油	除可用于从肤发洗去的加香洗涤制品的香精外,在其他香精中应使其中的香柠檬脑(bergaptene 或 5-methoxypsoralen)的含量不超过 75mg/kg	有导致光敏中毒的因素	1978/10
42	冷压苦橙(bitter orange)油	除可用于从肤发洗去的加香洗涤制品的香精外,在其他香精中的用量应≤7%	有导致光敏中毒的因素	1978/10
43	冷压柠檬(lemon)油	除可用于从肤发洗去的加香洗涤制品的香精外,在其他香精中的用量应≤10%	有导致光敏中毒的因素	1978/10

续附录二

编号	香料名称	使用规定	理由	公布年月
44	冷压白柠檬(lime)油	除可用于从肤发洗去的加香洗涤制品的香精外,在其他香精中的用量应≤3.5%	有导致光敏中毒的因素	1978/10
45	*N*-甲基邻氨基苯甲酸甲酯	除可用于从肤发洗去的加香洗涤制品的香精外,在其他香精中的用量应≤50%	有导致光敏中毒的因素	1978/10
46	芸香(reu)油(取自 *ruta graveolens* 者)	除可用于从肤发洗去的加香洗涤制品的香精外,在其他香精中的用量应≤3.9%	有导致光敏中毒的因素	1978/10
47	枯茗(cumin)油	除可用于从肤发洗去的加香洗涤制品的香精外,在其他香精中的用量应<0.1%	有导致光敏中毒的因素	1978/10
48	亚丙基苯酞(propylidene phthalide)	在香精中用量应≤0.05%	有导致敏化作用的因素	1979/2
49	异丁子香酚(isoeugenol)	在香精中用量最好≤1%	稍有导致敏化作用的因素,进一步试验中	1980/5
50	中国肉桂(cassia)油	在香精中用量应≤1%	有弱的导致敏化作用的因素	1980/10
51	斯里兰卡肉桂皮(cinnamon bark)油	在香精中用量应≤1%	有导致敏化作用的因素	1980/10
52	肉桂醇	在香精中用量应≤4%	有弱的导致敏化作用的因素	1983/5
53	3-甲基壬烯-2(3)-腈	在香精中用量应<1%	有导致敏化作用的因素	1983/5
54	紫苏醛(perilla aldehyde)	在香精中用量应<0.5%	有导致敏化作用的因素	1983/5

续附录二

编号	香料名称	使用规定	理由	公布年月
55	葵子麝香(musk ambrette)	在漱用水、古龙水、剃须制品香精中,用量不应超过0.1%,在其他香精中用量不应超过4%	有导致光敏化作用的因素,有皮肤病者不宜用	1983/10
56	柠檬醛(citral)	要与有防止敏化作用的物质同用。如与其用量25%(重量)的右旋苧烯或混合柑橘萜烯或甲位蒎烯同时用于香精中	有导致敏化作用的因素	1975/10
57	苯乙醛(phenylacetaldehyde)	要与有防止敏化作用的物质同用,如与相等重量的苯乙醇或二聚丙二醇同时用于香精中	有导致敏化作用的因素	1975/10
58	肉桂醛(cinnamic aldehyde)	要与有防止敏化作用的物质同用,如与相等重量的丁子香酚或右旋苧烯同时用于香精中	有导致敏化作用的因素	1978/3
59	圆柚酮(nootkatone)	除含量在98%以上,熔点为>32℃者外,凡含量不低于86%者,要与其用量4倍以上的右旋苧烯同时用于香精,但用量应在1%以下	有导致敏化作用的因素	1981/6
60	肉桂醛或邻氨基苯甲醛生成的席夫碱(schiff base)	要与有防止敏化作用的物质同用,如每2份席夫碱与1份丁子香酚同时用于香精中	有导致敏化作用的因素	1983/5
61	烯丙醇酯类(allyl esters)	要求酯中游离烯丙醇含量<0.1%者方可用	烯丙醇有刺激性	1977/2

续附录二

编号	香料名称	使用规定	理由	公布年月
62	防风根(opopanax)	只有用乙醇自防风根树胶提取的乙醇萃取液方可使用	只有乙醇萃取液不会导致敏化作用	1978/3
63	松科(pinacea)精油	松科精油[如取自松属(*Pinus*)与冷杉(*Abies*)属者]中的过氧化物含量≤10mmol/L者方可使用	过氧化物有导致敏化的作用	1979/2